우리 세대를 위한
창의적 전도

LIVING PROOF

네비게이토 선교회는
국제적이며 복음적인 기독교 기관이다.
예수 그리스도께서는 자기를 따르는 자들에게
"너희는 가서 모든 족속으로 제자를 삼으라"
(마태복음 28:19)는 지상사명을 주셨다.
네비게이토 선교회는 세계 모든 국가에서
예수 그리스도의 일꾼들을 배가시켜
이 지상사명의 성취를 돕는 것을
근본 목표로 하고 있다.

네비게이토 출판사는
네비게이토 선교회의 문서 선교를 담당하고 있다.
본 출판사에서는 그리스도인의 영적 성장을 돕는
서적과 자료들을 출판하여,
그리스도인의 삶의 기초가 견고한
헌신된 제자로 성장하게 하고,
나아가 성숙한 인격과 지도력을 갖춘
일꾼이 되도록 돕고 있다.

Translated by permission
Title originally published in English as
LIVING PROOF by NavPress
Copyright © 1989 by Jim Petersen
Korean Copyright © 1994, 2025
by Korea NavPress

우리 세대를 위한
창의적 전도

▲▼▲▼▲▼▲▼▲▼▲▼▲▼▲▼▲

LIVING PROOF

생활 속에서 자연스럽게 복음을 나누는 법

짐 피터슨

네비게이토 출판사
TO KNOW CHRIST AND TO MAKE HIM KNOWN

차 례

저자 소개   7
머리말   9
글을 시작하며   13

제 1 부 이 시대의 모습
1. 이 시대에 대한 이해   25
2. 이 시대 사람들을 이해함   45
3. 예수님과 그 당시 사람들   61
4. 이 시대를 위한 메시지   75
5. 격리의 문제   87
6. 격리에서 대화로   101

제 2 부 전도의 두 측면
7. 복음의 선포   115
8. 복음의 확증   131

제 3 부 메시지를 전하는 사람이 메시지를 확증한다
9. 어두움을 밝힘   147
10. 삶과 신앙의 일치   155
11. 메시지를 흐리지 말라   179

12. 누가 누구에게 적응하는가   187
13. 몸 된 교회의 증거   195
14. 동시에 역사하는 세 가지   207

제 4 부 삶으로서의 전도에 대한 실제적 안내
 들어가는 말: 방법보다 마음이 우선이다   215
 15. 전도는 팀의 협력이다   221
 16. 첫걸음을 내디딤   233
 17. 무관심에서 믿음으로 연결하는 다리   245
 18. 근원적인 자료로 나아감   255
 19. 믿음의 성경적 기초   267
 20. 회심의 원동력   279
 21. 말씀을 사용하여 인도함   299
 22. 심을 때와 거둘 때   319
 23. 기회를 넓히라   337

 끝맺는 말: 다양성 속의 일치   351

 부록 A: 요한복음 성경공부   355
 부록 B: 유용한 질문 유형 12가지   421

저자 소개

짐 피터슨(1932-2022)은 평생을 그리스도의 제자를 삼고 일꾼을 배가하는 일에 자신을 드렸습니다. 대학 시절인 스물한 살 때 예수님께 헌신한 후 예수님을 깊이 알고자 하는 열망으로 불타게 되었습니다. 다음 해에 네비게이토 선교회 간사인 에드 라이스를 만나 개인적인 양육을 받으면서 영적으로 성장하기 시작했습니다. 그러면서 하나님께 쓰임받고자 하는 열망도 자라 갔습니다. 저자는 에드를 통해 이러한 열망을 채워 주는 비전과 사역의 기술을 배웠는데, 이에 대해 늘 고마워했습니다.

그 후 전임 사역자가 되어 1958년부터 1961년까지 미니애폴리스에서 네비게이토 선교회 지역 대표로 사역을 하였고 콜로라도스프링스에 있는 국제 본부에서 섬기다가 남미에서 네비게이토 사역을 개척하기 위해 1963년에 브라질로 파송되었습니다. 브라질 사역을 통해 주님의 은혜로 많은 사람이 주님께로 돌아왔고 그리스도의 제자와 일꾼들이 세워졌습니다. 1972년에 네비게이토 선교회의 라틴

아메리카 지역 책임자가 되어 1985년까지 섬겼습니다. 이 책은 브라질 사역을 통해 주님께서 가르쳐 주신 값진 교훈을 기초로 하여 쓴 것입니다.

머리말

이 책은 전에 쓴 **생활 방식으로서의 전도**와 **우리 세대를 위한 전도**라는 두 책을 하나로 엮은 것입니다. 그 과정을 소개하는 게 필요할 듯하여 대략 설명해 보겠습니다.

나는 브라질에서 10년간 사역을 한 뒤 1970년대 중반에 미국으로 돌아와 2년간 새로운 임무를 수행했습니다. 오랫동안 타국에 살다가 고국으로 돌아오면 대개 큰 변화에 부딪히는 법입니다. 미국을 떠나 있던 10년 동안에 사람들의 가치관과 태도에 일어난 변화를 보고 충격을 받았습니다. 특히 믿지 않는 사람들의 세계는 상상 밖이었습니다. 예를 들어, 한 사회나 개인의 행동을 지배하는 절대적인 가치관이 있으리라는 생각은 좀처럼 찾아보기 힘들었습니다. 상대주의적 사고방식이 널리 팽배하였습니다.

나는 브라질에서 10년 동안, 기독교 전통을 떠나 세속적 가치관대로 살아가는 대학생과 젊은 직장인을 대상으로 사역을 하여 많은 열매를 거두었기에 미국에서도 이런 부류의 사람들을 성공적으로 도울 수 있으리라 믿었습니다. 또한 유럽의 영적 기후가 냉랭해지고 있다는 사실도 이미 감지하였습니다. 이러한 영적 기후 변화를 촉진시키는 현상이 미국에서도 진행 중이었습니다. 이에 자극을 받아 미국에 머무는 2년 동안을 이 문제에 초점을 맞추어 지내기로 했습니다. 가는 곳마다 이 주제에 대해 얘기했습니다. 전달하고자 하는 메시지는 간단했습니다. "오늘날 우리 미국 사회의 과반수가 교회에 다니지 않으며, 믿는 우리와 대화하는 일도 거의 없고 우리를 만나거나 우리 그리스도인의 모임에 참석하려고 하지도 않는다. 그러나 우리가 그들을 찾아가 만날 수는 있기에 그들의 상황에 맞게 그리스도를 전하는 법을 배워야 한다"라는 내용이었습니다.

나는 이 내용이 별로 어렵지 않기에 다들 쉽게 이해할 거라 생각했습니다. 하지만 사람들은 이해가 안 된다는 듯 허공만 응시할 뿐이었습니다. 나는 아무도 모르는 것을 설명하는 듯한 느낌이 들었습니다.

2년 뒤 브라질에 돌아갔을 때에도 나의 관심은 계속되었습니다. 영적 기후의 변화에 대한 나의 느낌이 사실임을 확신하였습니다. 그와 동시에 교회 밖의 사람들을 개인적으로 접촉하면서 그들의 마음이 그리스도께 열려 있다는 사실을 확인하였습니다. 그러나 내가 보고 느낀 것을 말로 전달하는 데에는 부족함을 느꼈습니다. 이때 **생활 방식으로서의 전도**를 쓰기로 했습니다. 나는 이 책 안에 모든 것을 담아 나의 메시지를 전달하고 싶었습니다. 원고를 써서 출판을 의뢰한 후 하나님께서 역사하시기를 기도했습니다. 이 책이면 충분하리라고 생각했습니다.

그러자 여기저기서 문의하는 편지가 오기 시작했습니다. 나는 분명 기본적인 메시지를 다 전달했으나 실제적인 지침은 전혀 주지 못했던 것입니다. 미국에서 아주 멀리 떨어져 있다는 사실에 안도감을 느낄 정도였습니다! 그 후 캘리포니아에 사는 한 형제에게서 긴 편지를 받았습니다. 직접 만난 적이 없는 형제였습니다. 그 편지는 "어떻게?"라는 질문의 연속이었습니다. 이 편지에 대답하기 위해 다시 책을 썼습니다. 이게 **우리 세대를 위한 전도**입니다. 두 번째 책을 출판한 뒤 미국 기독실업인회로부터 비디오 세미나에 이 두 책을 사용하고 싶다는 제안을 받았습니다. 세미나 교재로 만드는 데에 또 1년이 걸렸습니다.

이 무렵 한 형제가 두 책을 하나로 엮으면 좋겠다는 제안을 했습니다. 이런 제안이 전부터 종종 있었지만 내가 맡은 여러 책임 때문에 엄두가 나지 않았습니다. 그래서 두 책을 하나로 엮는 일을 그 형제에게 부탁했습니다. 그는 이 두 책을 쓸 때 이미 세세한 부분까지 나와 함께했던 터였습니다. 그의 도움이 없었다면 이 책이 세상에 나오지 못했을 것입니다. 그는 한번 해 보겠다고 말한 후 다른 형제와 팀을 이루어 두 책을 하나로 엮는 작업을 진행했습니다. 얼마 후에 초고가 완성되었고, 나는 이를 세심하게 검토한 후에 마지막 작업까지 함께 끝냈습니다. 이렇게 해서 이 책이 빛을 보게 되었습니다.

이 책은 30년간의 많은 실패와 약간의 성공을 기초로 하여 나왔습니다. 나는 성경과 동역자들, 몇몇 참고 서적 그리고 불신자 친구들 및 나를 대적한 사람까지 자원으로 하여 이 책을 썼습니다. 말을 마치기 전에 함께 동역했던 소중한 친구들을 기억하며 한없는 감사의 인사를 전합니다. 그들 중에는 누구라도 충분히 이러한 책을 쓸 수 있다고 생각합니다.

글을 시작하며
전통적인 전도에 대한 새로운 접근

1963년, 우리 가족은 함께 배를 타고 브라질을 향해 가는 중이었습니다. 그곳에서 새로운 장을 열고자 하는 여행이었습니다. 우리는 그렇게 되기를 기대했습니다. 그런데 가는 도중에 배 위에서 보낸 이 16일간이 새로운 탐구의 출발점이 되리라고는 전혀 예상치 못했습니다. 이 책은 이 여행 이후 내가 전도에 대해 배운 내용을 나누려고 쓴 것입니다.

배에는 승객이 120명 있었습니다. 반은 관광객이었고 나머지 반은 우리와 같은 선교사였습니다. 관광객 60명과 선교사 60명이라니! 16일 동안 날마다 일대일의 비율이었습니다. 식사와 산책, 독서, 대화 외에는 할 일이 없었기에 나는 승객 중에 복음을 듣지 못하고 여행을 마치는 사람이 아무도 없을 거라고 생각했습니다. 전도하기에 이보다 이상적인 환경이 어디 있을까요?

처음 3일 동안 나는 아내와 함께 승객들을 사귀는 데 시간을 들였습니다. 대화를 서두르지 않았으나 이내 그들과 그리스도를 얘기하는 일에 깊이 빠지곤 했습니다.

사흘째 되던 날 나는 한 가지 걱정이 되었습니다. '다른 58명의 선교사들도 우리처럼 행동한다면 전도하는 사람이 너무 많아서 혼란스럽지는 않을까?' 하는 걱정이었습니다. 나는 함께 협력하여 전도를 할 사람을 알아보기로 했습니다. 마침 갑판에 있던 선교사 6명을 만날 기회가 생겼습니다. 나의 관심사를 말하면서 우리가 서로 보조를 맞추어 다른 승객들이 당황하지 않도록 하자고 제안했습니다.

내 이야기를 듣고 그들은 예상 밖의 반응을 보였습니다. 그들은 서로 멀뚱히 바라보기만 했습니다. 승객들에게 그리스도를 전해 본 적이 없는 게 분명해 보였습니다. 이윽고 한 사람이 말문을 열자 잇달아 다른 사람들도 얘기했습니다. "우리는 이제 막 신학교를 나왔고 거기서 전도를 배운 적이 없습니다." "저도 없습니다. 저는 전도라는 말을 들으면 왠지 자신이 없습니다." "저는 3년간 목사로 섬겼지만 개인적으로 전도해 본 적은 없습니다. 어떻게 하는지도 모릅니다." 그 말을 듣고 나는 16일 동안 선교사 60명이 60명의 사람들에게 복음을 전하지 못한다면 9천 5백만의 브라질 사람들에게 선교하는 일은 아예 꿈도 꾸지 않는 게 낫겠다고 말했습니다.

몇 시간 후 누가 우리 선실문을 두드렸습니다. 갑판에서 대화를 나누었던 사람 중 3명이었습니다. 그 배의 승무원들을 위해 주일 예배를 드려도 된다는 허락을 선장에게서 받았다고 하면서 내게 설교를 부탁하였습니다. 그들의 계획을 듣고 이렇게 말했습니다. "여러분은 제 얘기에 마음이 찔린 듯합니다. 그래서 예배를 제대로 드리지 못하는 선원들을 위해 예배를 계획한 것이겠죠. 예배를 드리는 건 좋습니다. 그러나 승객들은 어떻게 하죠?"

그들은 내 이야기를 이해했으나 예배를 드리려는 결심을 바꾸지는 않았습니다. 선장은 선원들 방마다 광고문을 붙였습니다. 예배 장소로는 조리실을 사용하기로 했습니다. 나는 참석은 하지만 설교는 하지 않기로 했습니다.

우리 네 명은 시간에 맞추어 조리실에 도착했습니다. 아무도 없었습니다. 가끔 선원 중에서 업무상 그 방을 통과해야 해서 들어왔지만 빨리 지나가 버렸고 분명 붙잡히지 않으려는 모습이 엿보였습니다. 마침내 선원 한 명이 와서 앉았습니다. 우리는 예배를 드렸습니다. 선교사 네 명과 선원 한 명!

그 이후 세 선교사는 승객들에게 접근할 방법을 생각하기 시작했습니다. 승객 중에 나이 든 그리스도인 부부가 있었습니다. 마침 남편 생일이었기에 세 선교사는 선상에서 축하 파티를 열고 전통 민요를 부를 계획을 세웠습니다. 프로그램이 시작될 때 나는 3층 갑판에 있었습니다. 한 승객이 신선한 밤공기를 즐기고 있었습니다. 나는 가져갔던 신약성경을 꺼내어 얘기하기 시작했습니다.

밑에서는 민요가 들려왔습니다. '스와니강', '켄터키 옛집', 그러고 나서는 '만세 반석', 또 다른 찬송, 그러고는 잠시 멈추었다 다시 진행되었습니다. 찬송, 간증, 그리고 설교.

모임이 끝난 후 세 선교사는 성취감에 들떴습니다. 거의 모든 승객에게 '전도'하는 데 성공한 셈이었습니다. 이틀 뒤 그들은 또 다른 모임을 계획했습니다. 그때도 나는 3층 갑판에 있었는데 이번에는 다른 60명이 나와 함께 있었습니다. 그들은 두 번 다시 잡히고 싶지 않았던 것입니다!

나중에 그 16일간을 돌이켜 보면서 그 상황이 오늘날 서구 교회가 처한 현실을 그대로 보여 준다는 생각이 들었습니다. 우리에게는 의미 있게 보인 전통적인 방법이나 활동이 주위 사람들에게 나아가는 데에 더 이상 효과적이지 않을 수도 있다는 사실입니다. 브라질에서 복음을 전하기 위해 새로운 문화와 언어에 적응하며 경험하는 과정을 통해 이를 더욱 확신하게 되었습니다.

문화와 언어의 장벽을 넘어 복음을 전하면서 경험한 한 가지 사실은, 의문의 여지가 없었던 여러 훌륭한 방법이 산산조각이 나 버렸다는 점입니다. 이전에는 효과가 있던 방법이 더 이상 효과가 없었습니다. 이를 통해 오랫동안 묻혀 있던 나의 무지를 발견하는 값진 경험을 하였습니다. 무지를 깨달음으로 배움의 길에 동이 트게 되었습니다.

이 모든 일이 오늘날까지도 계속 내게 질문을 던져 줍니다. "온 세상에 복음을 다 전한다는 것은 진정으로 무엇을 의미하는가?" 여러 해 동안 나는 복음 전파에 연관된 여러 질문을 숙고했습니다. 다음에 열거할 질문 중 몇 개를 포함해서 대답하기 어려운 게 많음을 느꼈습니다. 또한 몇몇 중요한 성경의 진리는 잊기 쉽다는 사실을 깨달은 것으로 만족해야 했습니다. 이러한 연구에 당신도 참여하여 복음이 온 세상에 전파되는 데 함께 기여하기를 바랍니다.

다음은 서구 세계의 그리스도인으로서 내가 마주했던 몇 가지 질문입니다.

우리가 사는 세상은 어떠한 세상인가? 이 세상에 대해 얼마나 정확하게 아는가? 주위 사람들의 마음이 무엇으로 가득 찼는지 이해하는가? 상대주의와 같은 사고방식이 이 시대 사람들에게 얼마나 퍼져 있는지 인식하는가? 사람들의 감정 상태가 어떠한지 아는가?

세속화에 대해서는? 주위 사람들이 어느 정도로 세속화되었는지 아는가? 세속화된 그 사람들과 어떻게 의사소통을 할 수 있는가? 그들과의 의사소통이 가능하기는 한가?

진실한 의사소통이란 무엇인가? 그리스도를 전할 때 우리는 상대방의 상태를 어느 정도까지 고려해야 하는가? 얘기한 복음이 전달되었는지를 어떻게 알 수 있는가? 전달이 안 되었다면 누구의 책임인가? 우리는 사람들에게 어떻게 적응해야 하는가?

'모든 사람'과 '모든 세상'에 복음이 전파되어야 한다는 예수님 말씀의 의미는 무엇인가? 우리는 어느 정도까지 이 명령을 완수했는가? 말씀을 다른 사람에게 전달했을 때인가, 아니면 그 이상의 것이 필요한가? '전도'와 '추수(거두는 일)'는 같은 말인가?

우리가 '세상 속에' 있어야 한다는 예수님의 말씀은 무엇을 의미하는가? 이 말씀과 '그들 중에서 나오라'는 명령을 어떻게 조화시킬 수 있는가? 세상 속에 있는 것과 따로 분리되는 것은 어떻게 균형을 이루어야 하는가? 예수님께서 세상에 있으라고 하실 때의 목적은 무엇인가?

교회의 대형화, 개혁 운동, 여러 가지 세미나 등 오늘날 교회에서 발생하는 큰일들은 어떠한가? 시간과 인력만 충분하면 그리스도의 지상사명을 이룰 수 있는가? 우리가 운용하는 프로그램과 제도는 그 필요를 만족시키는가? 아니면 중요한 무엇이 빠졌는가?

세계 복음화는 누구의 책임인가? 모든 그리스도인의 참여를 기대하는 것이 과연 현실적인가? 아니면 형제 자매들에게 그릇된 죄책감만 갖게 하는가? 개인 전도는 어떠한가? 그것이 해결책인가? 개인 전도는 은사를 받은 몇 사람만이 하는 것인가?

이에 대한 해답을 찾으면서, 그리스도께서 우리에게 주신 사명은 우리가 생각하는 것보다 훨씬 더 깊은 의미가 있다는 사실을 깨달았습니다. 기존에 성공적이었던 전도 방법일지라도 사고방식과 문화가 다른 사람들에게 복음을 전할 때에는 그 효과가 이전과 같지 않다는 사실을 경험하면서, 복음을 온 세상에 전하기 위해서는 더 배워야 할 성경의 진리가 반드시 있으리라는 생각을 하게 되었습니다. 우리는 세속화된 사람들이나 우리의 일상적인 전도 범위를 벗어난 수십억의 사람들과 효과적으로 의사소통을 못 하고 있다는 생각이 들었습니다.

서구 사회가 과거에는 효과적이었던 접근 방법이 점점 받아들여지지 않는 경향으로 바뀌어 갑니다. 동시에 우리는 전도의 의미를 단순하게 생각하여, 기존의 방법이 비효과적임에도 불구하고 이미 정해 놓은 방법을 따라 활동하기에만 바쁘고 아직 복음을 듣지 못한 주위 사람들에 대해서는 관심을 별로 쏟지 않는 듯한 경향을 보입니다.

오늘날 서구 세계에서 전도는 주로 양 떼에서 떠나 길을 잃은 양, 즉 이른바 교회 배경 속에서 성장한 사람들 사이에서 이루어집니다. 교회 내의 활동에 참여하면서 그들을 돌아보는 일만으로도 눈 코 뜰 새 없이 바쁩니다. 결과적으로 주위에 신앙적 배경이 없거나 성경이나 복음을 거의 접해 보지 못한 사람들에게 나아가는 일을 제대로 하는지 반성할 여유조차 없게 됩니다. 다른 각도에서 본다면, 세상 사람들은 제쳐 두고 같은 부류의 사람들에게만 이야기하는 셈이며, 자신이 이런 상황에 처한 것도 깨닫지 못하는 듯한 생각이 듭니다.

오랫동안 브라질에서 나와 동역한 켄 로티스는 이와 연관하여 훌륭한 실례를 하나 들려주었습니다. 그가 휴가 중에 생긴 일을 나누면서 한 이야기입니다.

그날 오후 약속 장소로 갈 때 저는 무슨 일이 일어날지 몰랐습니다. 전 지난 20년간 엘스워스 목사를 만나지 못했는데, 최근에 그가 저를 만나려고 편지도 보내고 전화도 했습니다. 그는 우리 부부를 만나러 아내와 함께 아주 먼 거리를 달려왔습니다.

우리가 처음 만난 것은 그가 갓 결혼하고 목사 안수를 받은 후

목회를 막 시작할 무렵이었습니다. 저 역시 결혼 초기였고 네비게이토에서 사역을 하며 잠시 그 교회에 출석한 적이 있었습니다. 그러다가 20년이 지난 지금 다시 만나려는 것입니다. 아내는 약속 장소에 들어서면서 "그들을 알아볼 수 있을까요?" 하며 걱정했습니다. 괜한 걱정이었습니다. 금방 알아볼 수 있었습니다. 아마도 우리와 모습이 비슷했기 때문이라 생각됩니다. 달라진 것이라곤 약간 희끗희끗한 머리, 눈가의 잔주름, 약간 불어난 체중이었습니다.

인사를 나눈 후 주로 서로의 가족을 회상하며 대화를 나누었습니다. 그러고는 지난 20년간의 사역으로 화제가 옮겨 갔습니다. 그 기간 그는 여러 교회에서 목회를 했습니다. 매번 더 큰 교회로 옮겼습니다. 현재 맡은 교회는 브라질 중서부 지방에 있는데, 중남미의 전형적인 농부와 목장주들이 주로 출석합니다.

제가 지난 20년간 네비게이토 사역을 하면서 브라질 젊은이들에게 복음을 전한 경험을 나누자, 그는 이렇게 말했습니다. "나는 담임했던 모든 교회의 사람들에게 전도 집회, 호별 방문 전도, 개인 전도 등 전통적인 전도 방법을 사용했었네. 그러다가 우연히 **생활 방식으로서의 전도**란 책을 보게 되었지. 자네와 짐 피터슨 선교사님이 브라질에서 사역을 하면서 경험한 교훈을 기록한 것임을 알았지. 그 책을 읽어 나가면서 지역 사람들을 전도하려는 우리 시도가 성공적이지 못한 이유를 몇 가지 발견하였다네."

"우리 교회는 중서부의 다른 교회와 마찬가지로 성경의 권위를 믿고 말씀을 전파하는 교회이며 주위에는 수만 명 정도가 거주하네. 지난해에 우리 교회는 일주일간 전도 집회를 가졌는데 전도 요원은 모두 훌륭했으며 참석 인원도 많았지만 대부분 이미 우리 교회에 나오던 사람들이었네."

"브라질의 세속화된 사람들 속에서 자네가 한 일을 읽으면서 우리 지역에도 세속화된 사람들이 많다는 사실을 알게 되었네. 그들이 지식인인 것은 아니네. 단지 교회와 그 메시지에 더 이상 흥미가 없는 사람들이지. 그들은 우리 교회 문에 절대 들어오려 하지 않네. 그래서 지금 어떻게 하면 그들에게 접근할지 기도하며 찾는 중이네."

이 이야기는 그리스도인들이 주위 사람들과 의사소통을 할 때 겪는 어려움을 몇 가지 보여 줍니다. 우리는 종종 그들과 우리 사이에 벌어진 간격을 모르는 경우가 많습니다. 현재 사용하는 방법으로는 우리 이야기가 진정 필요한 사람들에게 나아가기가 어려울 수 있다는 사실입니다. 우리는 이 점을 깨닫지 못할 수도 있으며 깨달았다 하더라도 어떻게 해야 할지 모르는 경우가 생깁니다.

그렇게 되어서는 바람직하지 않습니다. 우리는 모든 부류의 사람에게 충분히 복음을 효과적으로 전달할 수 있습니다. 하지만 그렇게 하려면 전도에 대한 성경의 가르침을 좀 더 잘 이해해야 합니다. 이것이 이 책의 목적입니다. 주위 사람에 대한 인식을 새롭게 하며 그동안 소홀히 한 몇 가지 성경의 진리에 관심을 기울여야 합니다. 예수님의 말씀과 사도들의 본을 통해 전도에는 다음과 같은 두 가지 내용이 들어 있음을 알아야 합니다. 그래야 전도의 의미를 온전히 이해할 수 있다고 믿습니다.

1. 복음의 선포: 불신자에게 복음의 핵심을 명확히 전달하는 행동
2. 복음의 확증: 전하는 메시지를 삶으로 본을 보이고 설명해 주는 과정

이 두 요소는 모든 사람에게 복음을 전하는 데에 필수입니다. 대개 첫 번째 방법인 복음의 선포에 친숙합니다. 그래서 종종 이것을 전도의 전부로 여기곤 합니다. 물론 복음의 선포는 필수입니다. 그러나 이는 전도의 전체 과정 중 일부일 뿐입니다. 사도 바울이 새로운 도시에 들어가 회당에서 사람들에게 말씀을 전하는 것처럼, 선포는 전도를 시작하는 첫 단계에 이루어지기도 하고 중간의 어느 단계에서 이루어지기도 하고 혹은 확증 과정이 거의 끝나는 가장 마지막 단계에서 이루어지기도 합니다. 과거에 우리는 복음을 전하면서 주로 복음의 선포에 초점을 맞추었고 복음을 확증하는 과정은 거의 지나쳤다 해도 과언이 아닙니다.

전도에 대한 성경적인 정의를 명확히 하게 되면 우리 사회에서 예상 외로 많은 사람에게 복음으로 접근 가능하다는 사실을 알게 됩니다. 비록 이 사람들이 당장 추수할 수 있는 상태는 아니지만 말입니다. 이제 우리는 복음으로 말미암아 현재보다 더 많은 사람이 어두움에서 해방되도록 적극적으로 하나님을 의뢰해야 합니다. 우리는 이 일을 할 수 있습니다. 그러기 위해서는 변화가 필요합니다.

제 1 부

이 시대의 모습

제4부

아세틸콜린

1
이 시대에 대한 이해
급변하는 세상

"**잇**사갈 자손 중에서 시세를 알고 이스라엘이 마땅히 행할 것을 아는 두목이 이백 명이니…"(역대상 12:32). 이 시대의 '잇사갈 자손'은 누구입니까?

서구 문화는 계속 변화합니다. 이 변화를 이해하려는 사람들마저도 어리둥절하게 될 정도입니다. 더군다나 과거에 일어난 일의 본질과 그 의미를 파악하기도 쉽지 않은 일인데 하물며 현재 처한 시대 상황을 제대로 읽고 이것이 우리에게 어떻게 영향을 끼치는가를 올바로 이해하기란 더더욱 어려운 일입니다.

미래학자들은 앞다투어 다양한 해석과 예측을 계속 내놓습니다. 이를 통해 새로운 시야를 얻기도 합니다. 그러나 시대의 변화가 너무나도 빨라 이런 부류의 책이 독자에게 다다를 즈음이면 시대에 이미 뒤떨어지는 경우도 많습니다. 게다가 책마다 근본적인 견해 차이가 있어서 혼란만 더해질 뿐입니다. 이러한 혼란 속에 의견 하나를 덧붙이려는 게 이 책의 의도는 아닙니다. 다만 한번 폭넓게 살펴봄으로써 우리 사회를 특징짓는 주된 경향을 이해해 보고자 합니다. 이번 장은 이 사회에서 일어나는 일을 알리려는 것이 아니라 우리 사회가 변화 중이라는 사실을, 그것도 끊임없이 변화 중이라는 사실을 민감하게 인식하도록 돕기 위한 것입니다.

우리가 눈치채지 못하는 사이에 변화는 빠르게 일어나는데 우리는 습관대로 살아갑니다. 그러나 온 천하에 다니며 만민에게 복음을 전파하라고 하신 예수님의 명령(마가복음 16:15)을 이루기 위해서는 이렇게 우물쭈물할 여유가 없습니다. 그리스도인인 우리는 세상에서 하나님의 동역자로 일하도록 임명받았습니다. 우리가 만나야 할 사람들이 이 세상에 매여 있기에 우리는 이 시대를 이해해야만 합니다. 만약 이 기본적인 실상을 이해하지 못한다면 그들과의 의사소통에서도 실패할 것입니다. 우리는 그들의 변화를 깨닫지 못하고 이전과 같은 방식으로 이야기를 걸게 되고 그들은 귀를 기울이지 않고 떠나갈 것입니다. 그러므로 우리는 깨어 있어야 합니다.

시대 흐름에 대한 일반적 인식

사람들이 우리 사회의 영적 분위기를 바라보는 시각은 다양합니다. 이 시대가 영적 가치관을 보기 드물 정도로 잘 받아들인다는 시각도 있고 그 반대도 있습니다.

낙관론자

미국의 저명한 사회학자이며, 경제학자인 제레미 리프킨과 테드 하워드는 교회 성장에 대해 매우 낙관적으로 예상합니다. 다음과 같이 긍정적인 평을 합니다. "점점 많은 역사학자와 생태학자, 경제학자, 인류학자가 '유물론을 대신할 것은 무엇인가?'라고 묻습니다. 인간 존재의 초점이 유물론이라는 수평면에서 유심론이라는 수직면으로 바뀔 것이라는 데에 대부분 동의합니다. 대대적인 영적 부흥만이 이 새로운 세계관과 이를 실행에 옮기는 데 필요한 믿음과 훈련을 제공할 수 있습니다."

같은 맥락에서, 존 나이스빗은 미국에 신앙과 교회의 부흥이 일어나 교회에 참석하는 숫자가 늘어나는 추세라고 주장합니다. 이는 격변하는 시대에 사는 사람들이 규모 있는 삶을 살기 원하기 때문이라고 했습니다. 사람들은 무엇인가 의지하고 매달릴 대상을 찾으며, 변화하는 시대 속에서 닻을 내릴 대상이 필요하다는 것입니다.

갤럽에서 1977년에 미국인을 대상으로 종교에 관한 설문 조사를 했는데 여러 가지 증거를 볼 때 70년대 말은 미국 내에서 종교 부흥이 시작되는 시점이 될 것이라고 했습니다.

종교적 경향이 긍정적으로 흐른다고 보는 이들의 견해는 공통적으로 다음과 같은 자료에 따른 것입니다. "미국의 성인 중 42%가 일주일에 한 번은 예배에 참석한다", "미국인은 대략 3명 중 1명이 현재 '거듭났다'고 생각한다", "미국의 라디오 방송국은 7개당 1개꼴인 1,300개가 그리스도인 소유이며 또한 그리스도인이 운영한다", "복음적인 기독교 도서는 국내 판매 서적의 3분의 1 이상을 차지한다."

이것은 사실입니다! 미국 내에서 복음주의 기독교가 붐을 일으키는 중입니다. 미국 전역에 걸쳐 일요일 아침마다 초대형 교회 주위에 생기는 수많은 자동차 홍수 속을 지나가기만 해도 이를 실감하게 됩니다. 이들 교회의 교역자들은 이 같은 성공에 도취되어 좀 더 크고 멀리 내다볼 기회를 갖지 못하고 활동에 파묻혀 쉴 틈이 거의 없습니다. 이보다 더 좋은 환경이 없어 보이기 때문입니다.

리프킨과 하워드는 이렇게 결론짓습니다. "우리는 두 가지를 확증할 수 있습니다. 즉 대대적인 종교적 각성이 일어나고 있으며 이 변화가 시작되는 거대한 소리가 이미 들려오고 있다는 사실입니다." 이들의 말이 과연 옳을까요?

비관론자

그러나 종교 면에서 미국의 장래와 연관하여 또 다른 견해가 있는데, 앞의 주장과 마찬가지로 근거가 확실하며 또한 인상적입니다. 이 주장은 교회 성장에 들뜬 그리스도인들에게는 매우 이상하게 들릴지도 모릅니다. 유명한 기독교 잡지의 편집자를 지낸 케네스 캔처는 이렇게 말합니다. "우리는 종교 개혁에서 러시아 혁명까지 이어진 한 시대의 종착점에 서 있습니다. 예외적인 전도의 열기가 있기는 하지만 영적 빙하기가 유럽과 북미에서 시작되었습니다. 물질주의적 사상이 세상 사람들의 지배적 가치관이 되었습니다. 기독교 문화와는 전혀 다른 이질적인 문화와 세속적 가치관이 우리 사회의 영적 가치관을 점차 무너뜨리고 심지어 교회 안까지 침투해 들어오는 상황입니다."

이 말이 뜻하는 바가 무엇입니까? 그는 낙관론자들이 간과한 여러 현상을 보고 있다고 생각되며 좀 더 큰 전망을 보여 줍니다. 앞에서 낙관론자들이 말한 종교적 경향은 인상적이긴 하지만 줄기가 되는 흐름은 아니라는 것입니다. 사회의 큰 물줄기와 명확히 대비되는 반대 흐름은 되지 못하며, 크기와 영향 면에서 볼 때 세속화의 물줄기가 압도적인 영향을 끼친다는 것입니다.

리프킨과 하워드는 현재 상황이 중요한 갈림길에 있다고 이야기합니다. 미국은 구조적으로 서로 밀접하게 연결된 두 개의 문화로 구성되어 있는데, 칼빈의 종교 개혁 문화가 그 기초를 형성하고 자유주의 사상이 그 위에 있다고 말합니다. 전도의 새로운 열기가 미국의 영적 분위기를 바꾸어 놓든지, 그렇지 못하면 오히려 세속적인 문화에 의해 변형되어 그 속에 흡수되어 버릴 것이라고 말합니다.

사람들마다 제각기 다른 의견을 내놓지만, 이 세상의 상당 부분이, 특히 서구 사회는 이러한 문화적 변화에 휩싸여 있음을 대부분이 인정합니다. 이전의 생활 방식이 사라지고 다른 것으로 대체되는 상황입니다.

이런 변화가 영적인 것을 받아들이는 면에서 우리 세대 사람들에게 어떤 영향을 줄지는 예상하기 힘듭니다. 이는 우리가 현 상황에 얼마나 깨어 대응하느냐에 달렸습니다. 또한 그 변화에 적절하게 대처할 줄 아는 능력과 유연성이 우리에게 있느냐 하는 것입니다.

미국의 명망 있는 역사학 교수인 크리스토퍼 래시는 저서인 **나르시시즘의 문화**를 통해 이 사회의 경향에 대해 견해를 밝힙니다. 그는 이른바 '경쟁적 개인주의 문화'는 죽고 그 계승자로서 '나르시시즘적인 자기도취적 행복을 추구하는 문화'의 등장을 알려 주는 여러 현상을 보여 줍니다.

래시는 기존의 정치 이론들이 여러 현상을 설명하는 능력을 잃었다고 말합니다. 경제 이론들도 동일한 길을 걸으며, 한때 생명의 신비를 밝히는 능력이 있다고 여기던 과학도 현 사회의 여러 문제를 해결하는 데는 기대할 바가 없다고 말합니다.

인문학 연구는 현대 사회를 이해하는 데 아무런 공헌도 못 한다면서 인문학도 역시 파산 상태에 이르렀다고 말합니다. 철학자들은 더 이상 사물의 본질에 대해 설명하지 않으며, 어떻게 살아야 하는지를 말해 주려 하지 않습니다. 예술가들도 예술은 단지 예술가 자신의 내면세계만을 반영할 뿐이라고 주장합니다. 역사가들 스스로도 이른바 역사의 '교훈'을 경계하라고 충고하는 실정입니다. 그 교훈은 우리와 무관한 것이 아니라 매우 위험하다는 것입니다.

이뿐 아니라, 천연 자원 고갈과 생태계 파괴로 인하여 생길 결과를 생각하면서 사람들은 근심이 늘어 갑니다. 곳곳에서 일어나는 테러나 전쟁과 같이, 이성을 잃은 행동은 핵으로 인한 멸망의 위협을 날마다 느끼게 합니다. 인플레이션 때문에 재정적 안정은 더 이상 기대할 수 없게 되었습니다. 심지어 가정조차도 공동생활의 기회를 제공하며 자녀를 양육하는 전통적인 기능을 상실했습니다. 사람들은 서로 일시적이고 피상적인 관계 속에 살아가는 것에 안주합니다.

래시는 계속해서 다음과 같이 말합니다. "오늘날 많은 현상들로 인해 종말이 이르렀다는 생각이 팽배합니다. 대재난에 대한 경고가 쏟아지고 대재난의 여러 징조와 조짐이 우리 시대를 사로잡습니다. 말세다 종말이 왔다는 생각이 이제 아주 대중화되었습니다."

미래는 너무 모호하거나 생각하기도 두렵기에 사람들은 개인 생활이나 자기 성취에만 몰두해 버립니다. 순간의 행복만을 위해서 사는 것이 열병처럼 퍼졌습니다. 앞 세대나 다음 세대는 고려하지 말고 자신만을 위해 살라는 것입니다. 어떤 방법으로도 자기 인생을 발전시킬 수 있는 길에 대한 희망이 없기에 사람들은 심리적으로나마 안정감을 누리는 게 더 중요하다고 생각하게 되었습니다. 이를 위해 건강식이나 명상과 요가, 헬스, 운동, 인간관계의 기술 등 자기 계발에 심취합니다.

진실은 그 둘 사이 어딘가에

사려 깊은 독자는 대대적인 영적 각성에 관한 낙관적인 견해와 나르시시즘에 빠진 사회에 대한 비관적인 견해가 둘 다 현실과는 거리가 있음을 압니다. 모두 지나치게 부풀려진 감이 있습니다. 둘

다 실제 상황을 근거로 하였지만 진정으로 무슨 일이 일어나고 있는지에 대해서는 균형 잡힌 모습을 제시하지 못합니다.

여러 면에서 세상은 지극히 정상적인 듯 보입니다. 젊은이들은 전통적인 목표인 성공을 추구합니다. 성공을 위해 열심히 공부합니다. 수입이 좋은 직업을 갖기 위해 온갖 힘을 다 기울입니다. 또한 과열되지는 않았지만 다시금 정치와 사회 문제에 관심을 나타내기 시작했습니다.

마치 '화려했던 옛날'로 돌아가는 듯 보입니다. 격심한 변화를 겪었던 60년대와, 무관심과 자기만족으로 수놓았던 70년대 이후 오늘날의 세계는 상당히 진보된 듯 보입니다. 종국에 와서 우리는 아무런 문제가 없어 보이는 시대에 살아갑니다. 그러나 이 세대는 이전 시대의 산물입니다. 그 속에는 아직도 두 시대의 잔재가 남아 있습니다. 시카고 대학 철학과 교수인 앨런 블룸은 그의 저서 **미국 정신의 종말**에서 다음과 같이 말했습니다. "교수로서 확신 있게 말할 수 있는 한 가지는, 대학에 들어오는 거의 모든 학생이 진리가 상대적이라고 믿거나 그렇게 말한다는 사실입니다." 개방적인 태도가 이 시대의 교육자들에게 가장 큰 덕목으로 여겨지기에 진리가 상대적이라는 주장은 이제 아주 기본적인 전제로 변해 버렸습니다. 그러나 일단 이 전제를 받아들였기에 실제로는 더 이상의 생각을 할 수 없게 되었습니다. 따라서 굉장한 개방이라고 선전되던 것이 실제로는 굉장한 폐쇄로 변해 버렸다고 그는 말합니다.

블룸은 우리가 이 장에서 다루는 주제와 밀접하게 연관된 내용을 다루었습니다. 그는 대학교수로서 초기 몇 년 동안은 학생들에게 성경을 알아야 한다고 말했으나 이제는 성경 지식이나 진정한 종교는 사라져 가는 상황으로 변했다고 말합니다. 결과적으로 부모는 자기 자녀가 더 이상 참된 지혜에 이르는 것을 바랄 수 없게 되었고 심지어 성경책이 없으면 성경의 순서도 모르는 상황으로 변했습니다.

블룸이 주장하는 대로, 절대적 진리가 존재한다는 개념이 사라지면, 옳고 그름은 자신이 속한 사회와 개인의 이익에 따라 결정됩니다. 따라서 그 어떤 것을 해도 괜찮습니다! 결과적으로 이 세대는 다른 어떤 세대보다도 더 세속적인 것에 기초를 두게 되었습니다. 낙태나 이혼을 대수롭지 않게 여기고 자녀의 정서적 안정에는 무관심합니다. 이런 게 바로 그리스도인답지 않은 세속적인 것입니다. 이런 풍조가 만연하는 한 우리 사회의 진정한 가치관에 대해 토론할 여지가 거의 없게 됩니다.

지금까지 우리 사회에 대하여 간단히 서술했는데, 이는 오늘날 사람들이 가진 세속적 가치관과 이에 맞서는 기독교 신앙이 조화를 이루지 못하고 있다는 사실을 설명하는 데 도움이 됩니다. 기독교 윤리가 믿음과 소망과 사랑에 뿌리를 내린 반면에, 이 세대에 널리 퍼진 가치관은 자기중심적인 것이 그 특징입니다. 1980년대 미국 젊은이들의 가치관과 특징을 다룬 책인 **단독 세대**의 저자 완다 어반스카는 이렇게 말했습니다. "우리는 모두 혼자입니다. 자기 성취만을 추구한 미국의 개척 시대의 사람들과 같습니다. 거의 본능적으로 평생 동안 자기 성찰과 자기 계발에만 몰두합니다." 자기 성취는 우리 사회의 주도적 가치관이 되어 버렸습니다.

이런 경향을 따르는 사람들은 영적 가치관을 진정으로 추구하지 않습니다. 대부분의 사람들은 그리스도를 믿는 것이 삶의 기초가 된다는 생각을 전혀 못 합니다. 대신에 행복감에 대한 순간적 환상을 추구함으로써 자신의 내적 공허함과 불안감을 해결하려고 합니다. 한 이웃은 이에 대해 다음과 같이 얘기합니다. "내 인생은 매번 각기 다른 경험의 연속입니다. 하지만 그 어떤 경험도 그 순간일 뿐 지속되는 건 아무것도 없습니다."

세속화란 무엇인가

오늘날 우리 사회에 널리 퍼져 있는 세계관을 '세속화'나 '세속주의'라는 말로 표현하지만 대개 이 말을 명확하게 이해하지는 못합니다. 세속화에 대한 대부분의 정의가 한 가지 생각에 집중되어 있습니다. 즉 세속화된 사람은 의식적으로든 무의식적으로든 하나님으로부터 독립을 주장한다는 것입니다. 세속화는 우리 사회에 전반적으로 흐르는 경향이므로 주의 깊게 정의해야 합니다.

사전에는, '세속적'이란 종교적이거나 영적이거나 거룩하지 아니한 것을 추구함, 세속의 범주를 벗어나지 못함을 의미한다고 나옵니다. 또한 '세속화'란 종교나 영적인 것에서 떠나 세상적이거나 영적이지 않은 것으로 변함이라고 나옵니다. 전자는 삶의 초점에 대한 것이고 후자는 그 초점이 바뀌었음을 암시합니다.

저명한 기독교 저술가인 오스 기니스는 '세속주의'와 '세속화'와 '세속화된 사람'을 각각 구분합니다. '세속주의'는 일종의 철학 사상입니다. 세속주의는 하나님을 믿지 않거나 부정하는 철학적 태도입니다. 그들은 인간은 신이 없이도 살아갈 수 있다고 믿습니다. 그들의 생각에서 하나님을 배제시킵니다. '세속화'는 일종의 과정인데 '영적인 개념이 점점 그 의미를 잃어 가고 종교 제도가 점차 주변으로 밀려나서 영향력이 줄어드는' 과정을 의미합니다. 세속화는 철학과는 달리 전염성이 있기 때문에 사람들 사이에 퍼져 나가며, 근대화가 진행되는 곳에서는 어느 정도의 감염은 피할 수 없습니다. '세속화된 사람'이란 이미 감염된 사람이란 의미입니다. 감염 정도가 다르기는 하지만 그리스도인이라고 해서 이 유행성 질병에 면역된 사람은 없습니다.

서구 사회의 사람들은 상당수가 이미 세속화되었습니다. 에베소서 2:12에 나오는 '세상에서 하나님이 없는 자들'입니다. 그들의 인생철학에는 하나님이 없습니다. 그들에게 하나님은 중요한 존재가 아닙니다.

여기에는 이전에도 하나님 중심적인 삶을 경험하지 못한 사람들과, 한때는 하나님 중심의 사고방식으로 살다가 하나님이 없는 사고방식으로 변해 버린 사람들이 모두 포함됩니다. 이러한 세속화의 모든 변화 과정을 자기 일생에서 다 경험하는 사람은 소수에 불과합니다. 대부분 이런 변화는 여러 세대에 걸쳐 미묘한 변화 속에서 생겨납니다. 이런 변화를 겪은 사람들 중 상당수가 결국 하나님과 전혀 관계가 없는 한 시대를 경험하게 됩니다. 그들은 자신의 인생철학이나 사고방식에서 하나님을 진정한 기초로 두지 않습니다.

엄밀히 말하자면, 세속화된 사람을 '종교성이 없는' 사람이라고 무리하게 규정지을 필요는 없습니다. 만약 종교를, '삶의 근거로 삼는 여러 신념이나 가치관의 집합'이라고 정의한다면, 모든 사람은 종교성이 있습니다. 여기에는 당연히 무신론자, 불가지론자, 마르크스주의자, 철학적 인본주의자도 해당됩니다. 때때로 어떤 이데올로기는 과학이나 경제학이나 신기술에 대한 믿음에 그 근거를 두고 있어 유사 종교와 같은 기능을 하기도 합니다. 즉, 세속화된 사람들은 이런 것들이 인간의 문제를 해결하고 사회의 필요를 채워 주리라 기대합니다. 사실상 사람은 종교성을 가진 존재로 창조되었습니다. 그리고 세속주의는 삶의 기초를 형성하는 여러 신념의 집합으로서 종교와 같은 역할을 수행합니다.

세속주의가 종교로서의 역할을 할 수는 있지만 사람들의 다양한 필요를 실제 채워 주지는 못합니다. 오늘날 우리 사회에 퍼지고 있는 신비한 동양 종교, 의식적인 자기 숭배, 점성술, 사탄 숭배 등을 선호하는 현상은 세속주의가 사실상 전환 단계에 와 있음을 나타냅니다. '뉴에이지' 운동은 세속주의가 필연적으로 가져오는 유사 종교의 한 사례에 불과합니다.

기니스가 구분한, 세속화의 여러 과정을 나타내는 말을 들으면 잘 이해가 안 되는 경우가 있습니다. 우리는 사물을 극단적으로 양극화하기를 좋아합니다. 흔히 흑백 논리로 사물을 판단합니다. 그 결과 사람들을 경건하든지 아니면 세속적이든지 둘 중 하나로 생각하고 그 중간은 고려하지 않습니다. 완전히 세속화된 사람을 만나는 경우 외에는 대개 세속화를 인지하지 못합니다.

사람들은 대개 '세속화된 사람'을 생각할 때, 보통 사람들과는 뭔가 색다른 특이한 사람을 떠올리는 것 같습니다. 그런 사람은 영적으로 반항적인 지역, 예를 들면 샌프란시스코나 뉴욕 같은 곳에서나 발견되며 이색적인 유행을 좇아 산다고 생각합니다. "나는 세속화된 사람들 속에 끼고 싶지만 주위에는 그런 사람이 없습니다"라고 말하는 사람도 있습니다.

그러나 세속화된 사람은 정상에서 벗어난 이상한 사람이 아닙니다. 면도도 깨끗이 하고 이발소에도 가며 양복을 입고 넥타이를 맵니다. 이웃 아이에게 차를 태워 주기도 하며 사업을 하거나 농장을 경영합니다. 이처럼 우리는 세속화된 사람들 사이에 파묻혀 살아갑니다. 미국 중부는 지금 세속화된 상태입니다.

오늘날 사람들 사이에 널리 퍼진 인생의 신조는 '적당히 살고 어느 것에도 헌신하지 말며 자기 일이나 하고 남의 일에는 참견하지 말라'는 것입니다. 이웃에 살던 한 사람은 자기 인생관을 그와 비슷한 말로 표현했습니다. "인생이란 나비와 같죠. 이 꽃 저 꽃으로 훨훨 날아다니며 세월을 보내는 거죠. 하나가 끝나면 그것으로 끝입니다. 중요한 건 날아다닐 때 되도록 멋있게 보이는 겁니다."

미국 중서부 지방에 사는 우리 이웃들의 특징은 이혼과 동거 생활입니다. 길 건너 사람은 아담한 집을 짓고 잔디를 깔고 나서는 이내 집을 팔겠다고 내놓았습니다. 이혼입니다. 비슷한 일이 이웃 마을에서도 일어납니다. 또 다른 이웃집은 남자 혼자 살며, 어린 자녀 셋이 그와 함께 주말을 보냅니다. 또 한 집은 갓 이혼한 사람들이 재혼하여 삽니다. 어떤 집은 남편이 아내에 대한 살인 미수 혐의로 교도소에 있습니다.

이는 '하나님이 없는 세상'에 필연적으로 생기는 결과입니다. 의미 있는 인생관이 없는 상태에서, 세속주의가 낳은 상대주의는 우리 사회에 널리 퍼져 있고 파괴적인 영향을 끼칩니다.

올바른 대응

이러한 시대의 흐름 속에 담긴 의미는 다양하고 광범위합니다. 하지만 여기서 그것을 다 다룰 수는 없고 이 책의 주제와 관련하여 한 가지 중요한 질문을 던지게 됩니다. '이 모든 게 온 세상에 복음을 전하는 데 미칠 영향은 무엇인가?'입니다.

이 질문에 대한 대답은 '우리의 대응과 태도'에 따라 결정된다고 믿습니다. 마치 지금까지 말한 현상이 존재하지 않는 듯이, 과거에 해 오던 방식대로 반복한다면 그 결과는 뻔합니다. 그러나 상황에 따라 시기적절하게 대응한다면 복음의 진보를 위해 유익한 조건을 발견할 수 있게 됩니다.

앞에서 논의한 문화의 변화는 빠른 속도로 일어나고 있습니다. 허버트 슐로스버그는 그의 저서 **파멸을 향한 우상**에서 1960년대라는 단지 10년간에 겪은 시대에 대한 절망 때문에 이러한 변화가 생겼다고 말합니다. 그 변화가 언제부터 일어났든지 이 부정적인 변화는 이제 어디서나 볼 수 있습니다.

  나는 주로 믿지 않는 사람들에게 복음을 전하는데, 그들이 예수 그리스도를 믿어 거듭나고 영적으로 성장하여 주위 사람들을 추수할 수 있는 수준까지 무장되도록 돕는 것을 목표로 합니다. 우리는 주로 씨 뿌리는 단계에서부터 일을 시작하므로, 사회 변화의 초기 징조를 처음부터 인식하게 됩니다.

  서구 세계의 변화는 동에서 서로 달려가는 듯이 보입니다. 유럽에서 시작된 변화가 그다음엔 미국에서도 일어납니다. 유럽에서 사역하는 우리 동역자들은 이러한 변화를 먼저 감지합니다.

  지난 몇 년간 네덜란드에서 사역하는 우리 동역자들은 전도할 때의 접근 방법과 전달 내용, 결과에 대한 기대 등에서 이러한 변화를 경험해야 했습니다. 한 동역자는 이렇게 말했습니다. "오늘날 젊은 이들은 10년 전과는 너무 다릅니다. 점점 많은 이들이 한 부모 가정에서 성장하며, 그들은 대개 사랑과 관심을 받지 못합니다."

  스웨덴의 한 가정 문제 상담자는 이른바 '결손 아동'에 관하여 말합니다. 그들의 감정적 필요는 채워지지 않으며, 고독과 심리적 불안감에 사로잡혀 있습니다. 그래서 정상적으로 감정을 표현을 하거나 인간관계를 맺는 능력이 부족합니다.

  스웨덴의 한 동역자는 이 상황의 의미를 좀 더 깊게 이야기합니다. "1980년대에 들어서 우리는 열심히 분투하며 복음을 전했지만 믿는 사람은 아주 적었습니다. 복음에 무관심한 반응을 보이는 사람들이 너무 많아 충격적인 현실을 마주해야 했습니다. 오늘날 현상은 종교에 무관심한 사회로 옮아가는 중입니다. 청소년 중 85-90%는 예수 그리스도에 대해 질문하면 무관심하거나 무시하는 반응을 보입니다."

  영국의 한 동역자는 영국 학생들 사이에서는 세속화가 어떠한지를 알아보려고 설문 조사를 했습니다. 그는 이렇게 말했습니다. "결과에 상당히 놀랐습니다. 학생들은 우리 생각보다 훨씬 세속화되어 있었습니다. 우리는 어디서 추수해야 할지를 결정해야 합니다. 즉 비교적 하나님 나라에 가까이 있는 소수의 준비된 사람들 사이에서냐 아니면 상대적으로 세속화된 사람들 사이에서냐를 결정해야 하는 것입니다. 준비된 사람들은 마땅히 거두어들여야 합니다. 하지만 만약 설문 조사에 응답한 사람 중에서 세속화된 사람이 성경에 어느 정도 관심이 있는 사람보다 다섯 배 이상이라면, 사람들이 대부분 세속화되었다고 볼 수 있습니다. 우리가 추수하는 일꾼을 길러 내야 한다면, 세속화된 사람들 속에서도 효과적으로 사역할 수 있도록 배우고 훈련해야 합니다."

미국 역시 예외는 아닙니다. 이러한 경향을 제대로 이해하지 못하여 수많은 교회와 기독교 기관이 주위의 세상 사람들에게 접근하는 데 좀 더 효과적이지 못했습니다. 그 결과 많은 사역자들이 크게 실망하는데, 이는 밀려오는 파도에 힘이 부친다는 느낌을 받기 때문입니다. 탈진될수록 동기력은 떨어지고 부르심에 대한 확신이 사라지기 시작합니다. 현실과 동떨어졌다는 느낌이 점점 자라서 결국 이렇게 애를 먹이는 세상에는 등을 돌리고 대신에 자신들에게 친숙하고 편안한 기독교의 분위기에 몰입해 버립니다.

특히 오래된 기관일수록 이러한 압박감을 많이 경험합니다. 몇년 전까지만 해도 효과적이며 현실과 잘 맞아떨어지고 성공적으로 보였던 방법이 이제는 효과가 상당히 떨어지는 것을 겪습니다. 이렇게 효과가 떨어지는 것은 어느 단체에게나 위기감을 안겨 줍니다. 이는 또한 무엇인가 개선되어야 함을 알리는 분명한 신호이기도 합니다.

한 동역자는 이렇게 말했습니다. "오늘날 대부분의 유럽 국가에서 우리가 당면한 상황은 단순히 몇 가지를 수정한다고 해서 대처할 수 있는 성질의 것이 아닙니다. 우리의 스타일과 시스템에 대하여 전반적인 재평가가 필요합니다. 교제의 형식, 강조점이나 용어, 조직, 제자의 도와 삶의 수준에 대한 관점 등 이 모든 것이 우리가 다가가서 사역하고자 하는 사람들의 필요를 효과적으로 채울 수 있도록 바뀌어야 합니다. 이는 단지 좀 더 효율적으로 해 보자는 정도가 아닙니다. 현재 상황에서 우리가 과연 살아남을 수 있느냐에 관한 문제입니다." 기독교 기관의 입장에서 이 문제를 자세히 살펴본 사람들이라면 누구든지 상황의 급박함과 중대성을 알 수 있습니다.

세속화의 영향은 이미 우리에게 널리 퍼져 있습니다. 앞으로 예상되는 상황을 설명하는 게 아닙니다. 단지 오늘날 이 현상이 교회와 선교 사역에 강력하게 미치는 영향을 소개할 뿐입니다. 시대의 흐름이 성경적 가치관으로부터 급속하게 멀어져 갑니다. 그러나 우리는 어떤 부류의 사람들을 포기하려는 생각은 전혀 품을 이유가 없습니다. **우리의 대응은 마땅히 이러한 경향을 이해하고 복음의 진보를 위해 효과적인 방법을 찾으려는 시도로 나타나야 합니다.** 이렇게 하려면 갈 길이 멉니다. 우리 대부분은 믿지 않는 현대인들에게 복음을 통해 구체적으로 어떻게 영향을 주어야 할지 잘 모르는 실정입니다.

전형적인 이야기

세속적인 세상과 기독교 문화와의 차이가 점점 두드러지고 심화되면서 많은 사람이 이로 인해 어려움을 느낍니다. 미국 교회의

한 그리스도인은 이러한 고민을 자신의 경우를 예로 들어 설명했습니다.

    나는 휴스턴에 있는 은행에서 근무했습니다. 그곳의 한 교회에 출석했습니다. 미혼자 그룹에 속했는데 멤버가 여섯 명이었습니다. 나의 생활은 교회 친구들과 은행 동료들, 이렇게 두 관계 속에서 이루어졌습니다. 직장 동료들은 대부분 교회에 다닌 적이 있었지만 그러다가 교회를 그만두거나 거부한 사람들이었습니다. 어떤 사람은 아예 다닌 적도 없었습니다. 내게는 그들을 그리스도께로 인도하려는 강한 열망이 있었습니다. 하지만 모든 노력은 실패로 끝났습니다.
    회사 내에서 동료들과 업무상 관계는 좋았습니다. 그들과 개인적 친분 관계를 쌓는 일에도 관심을 쏟았습니다. 직장의 이런저런 모임이나 행사에 가능한 대로 적극 참여했습니다. 하지만 그들과 나 사이에 있는 갭이 너무 크게 느껴졌습니다. 공통 관심사가 없었기 때문에 의미 깊은 의사소통은 없었습니다.
    그곳에 이사 온 지 얼마 되지 않았기에 주위 사람들이 먼저 내게 접근하였습니다. 한번은 그들이 나를 데리고 미식축구 경기를 관람하러 갔습니다. 그러나 내 마음은 편치 않았고 그들도 이를 눈치 채고는 얼마 되지 않아 나를 초청하지 않게 되었습니다. 나는 기독교 문화권을 떠나면 왠지 불안감을 느꼈습니다. 교회 친구들에게로 돌아가면 마음이 훨씬 편했습니다. 나의 행동은 주로 이런 식이었습니다.
    나는 복음 전파에 참여하고 싶었습니다. 그래서 몇 가지 활동에 참여했습니다. 그룹을 형성하여 이곳저곳을 방문하며 만나는 사람이면 누구에게나 복음을 증거하기도 했고 전도 캠페인에도 참여해 보았습니다. 두 가지 모두 어느 정도 효과는 있었지만, 내 자신의 영적 성장에는 별로 도움이 되지 못했습니다. 직장 동료들에게는 별 영향을 끼치지 못했기 때문입니다.

오늘날 그때의 경험을 뒤돌아보면서, 직장 동료들과 내 자신 사이에 거리감이 존재했다는 사실을 깨닫게 되었습니다. 당시에는 이러한 사실을 미처 깨닫지 못했습니다. 비록 그들은 사회적 지위나 학력에서 나와 같은 동류 집단에 속했지만 그들에게 드러내 놓고 복음을 전할 만한 관계는 형성되지 않았던 것입니다.

이 이야기는 너무나 전형적입니다. 미국 교회의 수많은 그리스도인들이 아마 이런 경험을 할 것입니다. 우리가 진정으로 이해하지 못하는 근본적인 차이 때문에 불신자들과의 관계에서 두려움과 불안을 느낍니다. '그들과 우리' 사이의 이러한 거리감 때문에 우리는 마치 그런 사람들이 존재하지도 않은 듯이 세상을 살아갑니다. 그러다 보니 전도는 종종 낯선 사람에게 불쑥 접근하여 복음을 전하거나 아니면 사람들에게 단지 친절하게 대하는 것으로 그치는 경우가 대부분입니다.

우리의 적은 어디에 있는가

그동안 기독교계에서 세속화에 대해 아무런 이야기도 하지 않은 것은 아닙니다. 의식 있는 그리스도인들이 이 문제에 대해 계속 얘기해 왔습니다. 세속화와 그 영향에 대한 글을 싣지 않은 기독교 잡지를 찾아보기 힘들 정도입니다. 그러나 그러한 글들이 거의 예외 없이 종교적 자유나 인권에 대한 위협을 깨닫게 해 주는 정도로 그

친다는 데 문제가 있습니다.

그들의 주장은 대략 이렇습니다. "세속화가 '하나님 중심'의 신앙으로부터 미국 사회를 이탈시키면서 인본주의 곧 '인간 중심'의 사상이 침투해 들어와 그 공백을 메꾸기 시작했고 그러면서 기독교적 윤리와 가치관을 허물어 놓는다. 그리하여 인본주의란 말이 이 세대 사람들 사이에서 흔히 쓰이게 되었다. 이는 기독교에 대하여 가장 첫째가는 사상적 대안으로 받아들여지며 현재 기독교의 가장 큰 적이라고 볼 수 있다." 세속화의 위험이 실제로 존재한다는 그들의 경고에는 충분히 공감합니다. 그래서 세속화의 침투 및 그 결과에 대해 일깨워 주는 그들에게 고마움을 느낍니다.

하지만 현재 거론되는 많은 논의 가운데 무엇인가가 빠진 듯합니다. 우리는 견해 차이에 대해 분명히 이야기하는 일에는 숙달되어 있습니다. 개인이나 전체의 권리와 자유가 위협받으면 이에 대해 경고하거나 토의하는 일은 잘합니다. 간단히 말해서 대규모의 방어 전략은 아주 잘 만듭니다. 하지만 우리의 **공격 전략**은 무엇입니까?

우리는 단지 생각이나 사상을 다루는 것이 아니라 **사람들**을 상대해야 합니다. 생각은 단지 사람들의 마음속에 존재할 뿐입니다. 이런 사상을 상대로 싸우려는 열망이 너무도 크기 때문에 우리 그리스도인들은 종종 이러한 사상을 가진 사람들을 상대하기보다는 이런 사상 자체와 싸우려 함으로써 문제의 핵심을 흐려 놓습니다. 그러나 우리는 사상이 아니라 사람들에게로 보내심을 받았다는 사실을 항상 기억해야 합니다.

1세기 그리스도인들에게도 비슷한 상황이 존재했습니다. 평생을 복음 전도자로 살았던 마이클 그린은, 기독교는 예수님 승천 이후 적어도 몇십 년 동안은 유대 문화와 특별한 차이가 없었다고 지적합니다. 유대인 출신의 그리스도인들은 다른 유대인으로부터 자신을 분리할 필요를 느끼지 못했습니다. 구세주가 오셨다는 놀라운 소식을 알고도 어찌 침묵할 수 있겠습니까? 그들은 동족인 이스라엘 사람들이 구세주로 오신 예수님을 믿고 그 축복을 누리기를 간절히 원했습니다. 비록 처음부터 분열의 씨앗이 없었던 것은 아니지만 1세기 그리스도인들은 이스라엘 민족을 구원하려는 열망 속에 지냈습니다.

그린은 이렇게 말합니다. "때로는 격렬하기도 했지만 그리스도인들은 사랑에 불타서 접근하였고… 이스라엘 자손이 그들의 구세주를 깨닫기를 열망했습니다. 그러나 유대인들의 박해와 연속되는 여러 사건을 겪으면서 이러한 태도는 냉담과 무관심으로 바뀌었습니다. 오래지 않아 모든 유대인들에게 복음을 전하기보다는 단지 관심을 가지고 접근하는 유대인들에게만 말씀을 전하는 것으로 바뀌었습니다."

오늘날의 그리스도인들도 이와 비슷하게 하나님의 은혜에 이르지 못할 위험에 처해 있습니다. 예수님께서 '목자 없는 양과 같이 고생하며 유리하는' 사람들에게 긍휼히 대하신 것처럼(마태복음 9:36) 우리도 우리 시대 사람들을 그렇게 바라볼 수 있기를 기도합니다. 이것이 이 책을 쓴 이유이기도 합니다. 비록 세상과 기독교 사이에 존재하는 차이를 이해해야 하지만, 우리는 성령의 능력으로 말미암아 이 둘 사이에 능히 다리를 놓을 수 있습니다. 이제 그 다리를 놓는 방법을 살펴보도록 하겠습니다.

2
이 시대 사람들을 이해함
반항하는 피조물

문화적 변화가 생길 때는 언제나 이에 따라 사람도 변한다는 사실을 우리는 잘 압니다. 이러한 변화의 조류에 휩쓸리지 않고 반대 조류를 만들려는 그리스도인들은 이 같은 사실에 불안해하거나 당황할 수도 있습니다. 자신이 진정으로 이해하지 못하는 사람들에게 둘러싸여 있다는 사실을 보게 됩니다. 이때 사람들의 반응은 대개 문화의 차이를 무시하거나 부인하며, "결국 사람은 사람이고, 복음은 복음이다"라고 하면서 합리화해 버릴 수가 있습니다. 사람은 어느 시대 어디서나 똑같고 복음은 어느 시대 어디서나 능력이 변함없다는 것입니다. 이 말은 사실입니다. 하지만 사람들과 의사소통을 효과적으로 하려면 서로를 충분히 이해해야만 합니다. 진정으로 이해하려고 노력하지 않을 때 의사소통은 이루어지지 않습니다.

우리 세대 사람들의 진정한 모습은 무엇일까요? 이전 세대 사람들과 다른 점은 무엇 때문일까요? 오늘날의 그리스도인들은 그들과 어떤 차이가 있을까요? 또한 비슷한 점은 무엇일까요?

이 질문에 대답하기 위해 세 가지 중요한 요소를 인간의 본질에서 찾아볼 수 있습니다. 그중 두 가지는 인류 역사의 시작 이래로 결코 변하지 않는 것입니다. 마지막 세 번째 요소가 한 세대(또는 문화)에 속한 사람들을 다른 세대(또는 문화)에 속한 사람들과 차이가 나게 합니다. 세계 어디서나 '사람은 사람이다'라는 말도 일리가 있습니다. 사람은 어디서나 어떤 상황에 있다 해도 동일한 점이 항상 있기 때문입니다. 그러나 세대나 문화에 따라 사람들 사이에는 차이가 엄연히 존재한다고 하는 게 좀 더 진실에 가까울 것입니다. 세대나 환경에 따라 사람들 사이에는 서로 구별되는 큰 차이가 있습니다.

만약 자신의 세계를 뛰어넘어 효과적으로 의사소통을 하려고 한다면 이 세 요소를 잘 이해해야 합니다. 그 세 가지 요소는 다음과 같습니다.

1. 인간은 하나님의 형상대로 창조되었다.
2. 인간은 타락하였다.
3. 인간은 환경의 영향을 받는다.

인간은 하나님의 형상대로 창조되었다

하나님이 가라사대 "우리의 형상을 따라 우리의 모양대로 우리가 사람을 만들고 그로… 모든 것을 다스리게 하자" 하시고, 하나님이 자기 형상 곧 하나님의 형상대로 사람을 창조하시되 남자와 여자를 창조하시고.
(창세기 1:26-27)

…하나님이 사람을 창조하실 때에 하나님의 형상대로 지으시되 남자와 여자를 창조하셨고, 그들이 창조되던 날에 하나님이 그들에게 복을 주시고 그들의 이름을 사람이라 일컬으셨더라. 아담이… 자기 모양 곧 자기 형상과 같은 아들을 낳아 이름을 셋이라 하였고. (창세기 5:1-3)

우리가 그를 힘입어 살며 기동하며 있느니라. 너희 시인 중에도 어떤 사람들의 말과 같이 우리가 그의 소생이라 하니, 이와 같이 신의 소생이 되었은즉 신을 금이나 은이나 돌에다 사람의 기술과 고안으로 새긴 것들과 같이 여길 것이 아니니라. (사도행전 17:28-29)

사람이 '하나님의 형상'대로 창조되었다는 사실을 보여 주는 성경 말씀입니다. 하나님의 형상대로 창조되었다는 것이 진정으로 의미하는 바는 무엇일까요? 나는 그 의미를 지금도 계속 배우는 중입니다.

이와 연관된 구절을 기초로 하여 기본적인 관찰을 해 본다면, 인간은 독특하고도 중요한 존재라는 사실입니다. 인간은 자기를 창조한 하나님과 닮은 점을 지니고 있습니다.

그러면 우리는 이러한 닮은 점을 기초로 하여 생각을 발전시킬 수 있습니다. 하나님께서는 인격적 존재이십니다. 계획하고 결정하며 실행할 수 있는 능력을 가지고 계십니다. 또한 사랑이나 긍휼이나 진노와 같은 구체적인 감정도 가지고 계십니다. 의사소통을 하시고 창조력을 발휘하시기도 하며 절대주권을 행사하시는 분이십니다.

하나님의 형상대로 창조되었다는 사실 때문에 인간은 다른 피조물과 구별됩니다. 이로써 인간은 자신의 고유한 독특성을 알게 됩니다. 하나님께서 그를 이 우주의 다른 피조물과는 다르게 만드셨다는 사실을 압니다. 또 다른 어떤 피조물도 할 수 없는 방법으로 하나님과 관계를 맺을 수 있습니다. 하나님은 인격적 존재이시고 인간이 하나님의 형상을 따라 지으심을 받았기에 하나님과 인간의 관계는 인격적인 것이 됩니다. 이 사실에는 중요하고도 깊은 의미가 있습니다.

역사가인 아놀드 토인비는 마지막 저서에서 인간의 독특성에 관한 몇 가지 관찰을 기록하였습니다. 이 점은 그가 널리 알려진 불신자라는 사실 때문에 특별히 흥미롭습니다. 서문에서 다음과 같이 말했습니다. "인간과 같이 의식 능력이 있는 피조물이 인간과 비슷한 수준의 조물주인 신의 명령으로 존재하게 되었다는 사실은 이제 더 이상 믿을 수가 없게 되었습니다."

토인비가 자신의 통찰을 이끌어 내기 위해 성경의 진리를 근거로 삼은 게 아닙니다. 하나님이나 하나님의 계시는 전혀 참조하지 않고 단지 인간과 그 생활에 대한 관찰을 근거로 하여 다음과 같은 결론을 내렸습니다. "그러나 창조의 신에 대한 이 전통적인 가설을 더 이상 주장할 수 없는 상황에 이른 지금까지도 이를 대신할 만한 신빙성 있는 대안이 나오지 않았습니다.… 우리의 지식이 아무리 늘어도… 생명과 그 의식 능력 자체의 본질이나 목적(만약 목적이 있다면)에 대해서는 이해하지 못했습니다."

토인비는 창조론과 진화론을 둘 다 배제했기 때문에 인간의 근원에 대한 이 딜레마를 다음과 같이 기술하였습니다. "살아 있는 모든 인간은… 유형의 육체를 가진 물질적 생명체인 동시에 의식과 목적을 지닌 정신적 존재입니다. 의식이 있는 정신과 물질로 된 육체, 이 두 요소가 따로 떨어져 존재한 적은 한 번도 없었습니다. 이 둘은 언제나 서로 연합하여 존재합니다. 그럼에도 상호 관계는 이해할 수 없습니다."

이어서 토인비는 인간이 '의식을 갖고 있는 것… 계획을 세울 줄 아는 능력을 갖고 있는 것'에 놀라움을 표현했습니다. 또한 사려 깊게 생각하고 선택할 줄 아는 능력에 대해서도 놀랐습니다. "인간의 본성에는 있지만 인간이 아닌 다른 종에서는 찾아볼 수 없는 이러한 도덕적 판단을 하는 능력의 근원은 무엇입니까?… 인간은 옳고 그름을 분별할 줄 아는 지각을 갖고 있으며 자신에게 옳게 보이는 것을 따라 행하려는 의지를 소유한 존재입니다. 이러한 의식과 목적을 가진 인간이 이 우주에서 차지하는 위치와 중요성은 무엇입니까? 인간은 마치 자기 자신이 우주의 중심인 양 느낍니다. 인간에게는 전체적인 파노라마를 관찰하는 지점이 바로 자기 자신의 의식이기 때문입니다. 그럼에도 인간은 만약 자기중심적으로 살아간다면 양심을 통하여 지적으로뿐 아니라 도덕적으로도 그릇된 길로 가고 있다는 사실을 압니다."

인간의 본질과 독특성에 관하여 상당히 통찰력 있는 이런 모든 관찰은 오직 '하나님의 형상'이라는 말을 사용해야 설명할 수 있습니다. 이 말의 의미가 무엇이든 간에 적어도 사람은 모두 자의식이 강하며 또한 필연적으로 하나님을 의식한다는 사실을 말해 주기 때문입니다. 사람이 하나님을 깨닫기 전까지는, 자기 자신의 의식에 대한 수수께끼를 풀려고 끊임없이 갈등하게 만드는 뭔가가 사람 속에 있습니다.

최근에 나는 몇몇 대학생을 대상으로 전도 성경공부를 인도했는데 참석자들은 무엇이든 솔직히 나눌 수 있었습니다. 질문 시간이 되었을 때 한 학생이 상당히 진지한 질문을 했습니다. "제가 왜 이 방에 있게 되었는지 그 이유를 설명해 줄 분이 계십니까? 저는 이런 주제에 대해 전혀 흥미가 없었습니다. 그런데 여기에 오게 되었습니다. 제가 이렇게 찾을 수밖에 없도록 만드는 것은 무엇일까요?

왜 저는 이런 질문을 끊임없이 하면서 살아야 하나요?"

그 이유는 사람은 하나님의 형상대로 창조되었기 때문입니다. 따라서 인간은 본성적으로 영적인 진리에 끌리는 경향이 있습니다. 모든 전도는 이런 사실에 근거를 두고 하는 것입니다.

인간은 타락하였다

타락한 인간에게는 세 가지 재난이 닥쳤습니다. (1) 선악을 알게 되었습니다. (2) 삶이 허무하게 되었습니다. (3) 그리고 죽게 되었습니다. 이 모두를 안고 산다는 것은 인간에게는 너무도 큰 고통입니다.

인간은 선악을 알게 되었다

간교한 뱀은 하와에게 이렇게 속삭였습니다. "너희가 그것을 먹는 날에는 너희 눈이 밝아 하나님과 같이 되어 선악을 알 줄을 하나님이 아심이니라"(창세기 3:5). 사탄의 이 말은 거짓이 아니었습니다. 실제로 그 나무는 선악을 알게 하는 나무라 불렸고, 아담과 하와가 그 열매를 먹을 때 하나님께서는 "보라. 이 사람이 선악을 아는 일에 우리 중 하나같이 되었으니"라고 말씀하셨습니다(창세기 3:22).

따라서 사람이 사탄의 말을 따랐을 때 이전에는 없던 새로운 지식을 지니게 되었습니다. 사탄은 사람이 이러한 지식을 가지고 살아갈 능력이 없다는 것까지는 말하지 않았습니다. 이렇게 새로이 가진 능력을 통해 처음으로 알게 된 것은 그들이 벌거벗었다는 사실입니다. 자기중심적인 태도가 생겼습니다. 사람은 더 이상 이전처럼 사심 없이 자신의 짝을 용납하며 바라볼 수 없었습니다. 남자와 여자 모두 상대방에 대해 새롭게 생긴 태도를 스스로 인식하고는 서둘러 몸을 가렸습니다.

자기중심적인 태도는 죄악을 낳았고 이런 죄악 때문에 인간은 자기 자신과 다른 사람과 하나님과 사이가 틀어지게 되었습니다. 아담과 하와가 죄를 지은 후 하나님께서 아담을 불렀을 때 아담은 이렇게 대답했습니다. "내가 동산에서 하나님의 소리를 듣고 내가 벗었으므로 두려워하여 숨었나이다"(창세기 3:10). 죄는 소외와 두려움을 가져왔고, 피하고 숨게 만들었습니다. "주님, 나는 두렵습니다." 아담은 최초의 신경증 환자였습니다.

아담의 후손인 우리 또한 선악을 알게 된 이 짐을 지금도 짊어진 채 살아갑니다. "그 양심이 증거가 되어 그 생각들이 서로 혹은 송사하며 혹은 변명하여 그 마음에 새긴 율법의 행위를 나타내느니라"(로마서 2:15). 여기에 우리가 만나게 되는 사람들의 마음에 나타나는 분명한 특징이 있습니다. 사람은 선악을 분별할 줄 아는 능력이 있기에 그 양심으로 말미암아 끊임없이 죄책감으로 괴로워합니다.

인간은 허무를 경험한다

타락의 또 다른 결과는 허무함을 알게 된 것입니다. "땅은 너로 인하여 저주를 받고 너는 종신토록 수고하여야 그 소산을 먹으리라. 땅이 네게 가시덤불과 엉겅퀴를 낼 것이라.… 네가 얼굴에 땀이 흘러야 식물을 먹고 필경은 흙으로 돌아가리니 그 속에서 네가 취함을 입었음이라. 너는 흙이니 흙으로 돌아갈 것이니라"(창세기 3:17-19). 다른 말로 하면 인생은 수고와 투쟁의 연속입니다. 그것도 의미 없는 수고와 투쟁입니다. 살아남기 위해 버둥거리느라 생을 허비합니다. 그러고는 흙으로 돌아갑니다.

자신이 계획하고 기대감에 차서 바라보던 일이 결코 바라는 만큼 이루어지지 않습니다. 계속해서 '가시덤불과 엉겅퀴'를 낼 뿐입니다. 꿈꾸던 사람과 결혼하지만 파경에 이릅니다. 자녀를 갖기 원하지만 그 자녀가 마음을 상하게 합니다. 열심히 공부하고 애써 좋은 직업을 얻어 나름대로 자리를 굳혔다 해도 하는 일이 참으로 따분함을 느낍니다. 그래서 결국 은퇴나 기다리는 신세가 됩니다. 인생의 다른 일도 마찬가지 길을 걷습니다.

타락으로 인하여 인간은 절망감과 계속 싸워야 합니다. 어쩌면 역사상 최초의 실존주의자라고 할 만한, 전도서의 기자 솔로몬의 마음을 어느 정도 공감할 수 있을 것입니다. "사람이 해 아래서 수고하는 모든 수고와 마음에 애쓰는 것으로 소득이 무엇이랴? 일평생에 근심하며 수고하는 것이 슬픔뿐이라. 그 마음이 밤에도 쉬지 못하나니 이것도 헛되도다"(전도서 2:22-23).

지금까지 살다 간 사람들 중에, 분주히 살다가 잠시 멈추고는 '왜 내가 이 모든 걸 하고 있지?'라고 하며 실존에 관한 질문을 던지나 해답은 찾지 못하고 인생의 방향도 바꾸지 못한 채 살아가야만 했던 경험을 하지 않은 사람이 과연 있을까요?

허무와의 싸움은 하나님께서 인간에게 주신 것입니다. 결과적으로 하나님의 목적을 이루는 데에 긍정적인 역할을 하는 것임에 틀림없습니다. 하나님께서는 인간을 에덴동산에서 쫓아내신 후 사람들로 하여금 이런 갈등에 빠지게 하셨습니다. 보복하시려는 의도가 아니라 사랑 때문입니다. 낙원에는 고통이 없었습니다. 이러한 허무감은 하나님께서 주신 선물입니다. 이런 감정 없이 누가 다시금 하나님과 화목하려 하겠습니까? 이 역시 사람들의 마음속에서 복음의 진보를 위해 역사합니다.

인간은 죽음을 경험한다

인간이 살아남기 위해 끈덕지게 노력하는 것과 모든 불합리한 일에 당면해서도 계속 인내하는 것은 또 하나의 수수께끼입니다. 이런 현상에 대한 첫 번째 실마리를 역시 인간의 타락에서 찾아볼 수 있습니다.

타락했을 때 인간은 죽었습니다. 문자 그대로 모든 것에서 죽었습니다. 하나님과의 관계에서 죽었습니다. 동료들과의 관계에서도 죽었습니다. 또한 자기 자신과의 관계에서도 죽었습니다. 영적으로 볼 때 이는 갑작스러운 죽음이었습니다. 육체적인 죽음은 천천히 일어났습니다. 우리는 죽기까지 수십 년이 걸립니다. 죄는 우리의 건강을 갉아먹습니다. 시편 기자는 이렇게 썼습니다. "주의 진노로 인하여 내 살에 성한 곳이 없사오며 나의 죄로 인하여 내 뼈에 평안함이 없나이다. 내 죄악이 내 머리에 넘쳐서 무거운 짐 같으니 감당할 수 없나이다"(시편 38:3-4).

인간은 왜 죽음에 저항합니까? 사람은 왜 그렇게 죽음에 대해 강박 관념을 가지면서까지 두려워합니까? 성경은 사탄이 사망의 권세를 가지고 있으며, 사람은 죽기를 무서워하므로 사탄에게 매여 종노릇한다고 말합니다(히브리서 2:14-15). 사람은 허무한 자기 자신의 존재를 계속 유지하기 위해서라면 사망에 대하여 무슨 수를 써서라도 대항해야 할 적으로 인식합니다. 왜 그럴까요?

그 이유는 인간이 본능적으로 자신이 독특한 존재라는 사실에 동의하기 때문이라고 생각합니다. 이러한 사실을 의도적으로 부인한다 할지라도 정상적인 사람이라면 이런 독특성을 누리기 위해 최선을 다했다고 말할 수 있기 전까지는 인생을 포기하려 하지 않을 것입니다. 사람은 인생이 7,80년밖에 안 된다는 생각을 그냥 인정하고 편안히 지낼 수 없습니다.

"하나님이… 사람에게 영원을 사모하는 마음을 주셨느니라. 그러나 하나님의 하시는 일의 시종을 사람으로 측량할 수 없게 하셨도다"(전도서 3:11). 따라서 사람의 마음속에는 죽고 싶지 않은 강한 열망이 있습니다. 이 열망은 종종 기묘한 방법으로 표현되곤 합니다. 이집트의 왕들은 자기 무덤을 건설하는 데에 일생을 바쳤습니다. 영원히 살고 싶은 이 열망은 사람들이 공통적으로 소유한 특성이며 이로 말미암아 영적인 것을 받아들일 수 있게 됩니다.

앞에서 의사소통은 공유 기반, 즉 서로 이해할 수 있는 무엇인가가 있어야 가능하다는 사실을 살펴보았습니다. 인류는 본래부터 수많은 공통적인 특성을 가지고 있습니다. 각 개인은 자신이 독특하고 유일한 존재이며 또한 자기 인생이 유한하다는 사실을 인정한 채로 그냥 지낼 수 없는 존재임을 압니다. 이것이 사람입니다. 지금까지 항상 그래 왔듯이 앞으로도 항상 그러할 것입니다. 시대가 바뀌고 문화가 바뀌어도 이런 기본적인 열망과 욕구는 사라지지 않습니다.

따라서 사람에게는 아주 훌륭한 공유 기반이 있습니다. 우리는 영적 진리를 전달할 수 있습니다. 하나님께서 사람의 마음에 심어 주신 것 때문에 사람들은 복음을 이해하며 반응을 보일 수 있습니다. 이것이 요한복음에서 예수님을 일컬어 '참빛 곧 세상에 와서 각 사람에게 비취는 빛'이라고 기록한 이유라고 믿습니다.

인간은 환경의 영향을 받는다

우리 시대의 사람들에게 영향을 끼치는 세 번째 중요한 요소가 있습니다. 이 요소는 사람들을 하나로 만들기보다는 여러 문화로 나누어지게 합니다. 심지어 세대 간에도 서로 차이가 나고 나누어지게 하는 역할을 합니다. 이는 곧 '환경'이라는 요소입니다.

가나안 땅으로 들어가려는 이스라엘에게 구약성경의 경고는 이 요소가 실제로 영향을 끼친다는 사실을 보여 줍니다. "너희는 그 거하던 애굽 땅의 풍속을 좇지 말며 내가 너희를 인도할 가나안 땅의 풍속과 규례도 행하지 말고"(레위기 18:3).

같은 맥락에서 사도 바울은 로마의 그리스도인들에게 보내는 편지에서 '너희는 이 세대를 본받지 말라'고 경고합니다(로마서 12:2).

사람은 자기가 속한 환경의 영향을 매우 쉽게 받습니다. 예외인 사람은 없습니다. 심리학을 비롯한 여러 분야에서 환경이 사람에게 미치는 영향을 연구했습니다. 여기서 이에 대해 길게 말하는 것은 이 책의 주제를 벗어나기 때문에, 사람은 환경의 영향을 받으며, 또한 환경이 개인의 윤리관과 가치관과 세계관을 형성하는 데에 중요한 영향을 끼친다는 사실을 전제로 하고 시작하겠습니다.

이 전제에 대한 가장 분명한 예를, 서로 다른 문화에 속한 사람들 사이에 존재하는 차이점에서 발견할 수 있습니다. 인류학자인 에드워드 홀은 "극동에서 태어나 성장하지 않았으면서도 자기가 그곳 사람들을 진정으로 이해하며 그들과 의사소통을 할 수 있다고 믿는 서구인이 있다면, 자신을 속이는 셈입니다." 환경에 의해 형성된 차이는 실재하며, 문제의 핵심을 이해하려면 꼭 짚고 넘어가야 할 요소입니다.

사람이 아주 쉽게 자기가 속한 사회의 영향을 받는다는 사실은 흥미롭습니다. 영향을 받는 이 과정이 대부분은 무의식중에 일어나지만 그토록 쉽게 영향을 받는다는 데에는 한 가지 질문이 생깁니다. 즉, "사람들이 주위 사람들의 가치관과 생활 방식을, 심지어 불합리하고 파괴적임을 분명히 알면서도 맹목적으로 받아들이는 이유는 무엇일까?"라는 것입니다. 이를 통해 타락한 인간의 본성을 추적할 수 있지 않을까 생각합니다. 로마서 1장에서는 사람이 하나님과의 관계를 끊고 자기 마음대로 살려고 할 때, 올바로 생각하는 능력을 잃어버린다는 사실을 보여 줍니다. "하나님을 알되 하나님으로 영화롭게도 아니하며 감사치도 아니하고 오히려 그 생각이 허망하여지며 미련한 마음이 어두워졌나니 스스로 지혜 있다 하나 우준하게 되어"(로마서 1:21-22).

규모가 작은 일을 할 때에는 별 생각이나 계획이 없이 마음 가는 대로 즉흥적으로 해도 결과가 좋을 때가 많습니다. 그러나 규모가 큰 일을 할 때에는 그렇지 않음이 드러납니다. 우리가 늘 대하는 일은 특별한 생각을 할 필요가 없는 조그만 일들입니다. 게다가 사람은 주관적인 존재이기 때문에 각 개인의 신념과 가치관은 주로 무의식중에 형성됩니다.

여기서 중요한 점은 사람은 자기 세대에서 유행하는 가치관을 아무 의심 없이 받아들이려는 경향이 있다는 사실입니다. 비록 우리 자신도 이 세대에 속한 사람임에는 틀림없지만, 한 시대의 가치관은 대개 성경적인 가치관과는 다르다는 점을 인정해야만 합니다. 우리를 인간으로 묶어 놓는 공통점은 너무나 깊숙이 묻혀 있어서 거의 보이지 않습니다.

1979년 스웨덴의 한 연구 조사에서는, 조사 대상자인 청소년들에게 다음과 같은 질문을 했습니다. "당신의 인생을 좀 더 가치 있게 해 줄 수 있는 것은 무엇이라고 생각합니까?" 조사 결과 응답자의 87%는 좋은 직업, 85%는 훌륭한 배우자, 84%는 스포츠와 취미 활동이라고 대답했습니다. 단지 15%만이 성경을 읽고 기도하는 게 도움이 될 거라고 했고 또 다른 15%는 술을 마시면 될 거라고 응답했습니다.

약 80%가 인생의 가치와 의미에 대한 질문이 중요하다고 생각했음에도 불구하고, 응답자 중 80%는 예수님께서 사람의 몸으로 이 세상에 오셨는지에 대한 여부는 중요한 것이 아니라고 생각했습니다. 전체적으로 75%는 하나님의 존재에 대한 질문이 중요하지 않다고 결론지었습니다.

    경험으로 보건대 이 조사 결과는 우리가 속한 시대의 가치관을 잘 보여 준다고 생각합니다. 서구와 미주 지역에서는 대부분 비슷한 경향이 있기 때문에 이 세대는 종교에 대한 전통적인 설명을 더 이상 원치 않는 듯이 보입니다. 비록 인생의 의미와 가치에 대한 질문이 중요하게 생각되었다 해도 사람들은 하나님과 예수님의 존재에 대해서는 무관심합니다. 예수님께서 어떤 분이셨는지는 자기 자신과 아무런 상관이 없는 듯 여깁니다. 자기만족과 눈앞에 당장 필요한 것이 중요합니다. 예를 들면, 돈 많이 버는 직업을 얻어 풍족한 생활을 영위한다든지, 근사한 이성 친구를 사귄다든지, 스키를 타고 눈 덮인 산을 누빈다든지 등등. 비록 이런 경향이 우리 사회 전반에 걸쳐 흐르지만, 이 세대의 사람들과 관계없이 교회 안의 활동에만 철저하게 몰입된 사람들은 대개 이를 잘 관찰하지 못합니다.

공감 능력 연습

    잠깐 동안 당신을 다음과 같이 묘사했다고 가정해 봅시다! 당신은 이 시대의 가치관을 따르는 사람으로서 인생에 대해 성경적인 해답을 찾기를 이미 포기한 사람입니다. 당신에게는 하나님이나 예수 그리스도에 대해서 생각할 기회가 좀처럼 생기지 않습니다. 당신은 기독교를 이전 세대에 한때 유행하다가 이제는 허무하게 사라져 버린 제도의 한 파편에 불과하다고 생각합니다. 인생은 당신에게 큰 의미가 있지만 길어야 8,90년밖에 되지 않으며 그 이후에는 아무 일도 없다고 결론짓습니다.

세월이 흘러갑니다. 오늘은 50회 생일입니다. 그 자체만으로도 큰 위기감을 불러일으킵니다. 당신은 더 이상 '30대'도, '40대'도 아닙니다. '50대'에 들어선 것입니다! 인생은 당신에게 중요합니다. 하지만 8,90년밖에는 살 수 없기에, 이미 인생의 반이 훌쩍 흘러간 것을 깨닫습니다. 이제 새롭게 평가를 해야 할 시점입니다.

거울을 바라봅니다. 깜짝 놀랍니다. 윤기 없는 머릿결, 불어난 허리, 잔주름이 푹 파인 이마, 푸석푸석한 살결. 자녀들이 있지만 그들은 이미 부모는 자기들의 삶을 쓸데없이 복잡하게만 하는 귀찮은 존재라 여깁니다. 당신의 직업은 이미 고착되어 버렸습니다. 직장도 언제까지 다닐지 모릅니다. 앞으로 더 부자가 되거나 유명해지거나 큰 영향을 끼치는 사람이 될 가망이 없다는 사실을 이미 압니다.

방금 잠자리에서 일어난 당신이 이런 생각에 사로잡혀 있다고 해 봅시다. 어떻게 반응하겠습니까? 아마도 '내 인생은 점점 사그라지고 있어! 더 늦기 전에 인생의 참맛을 보아야 할 텐데, 더 즐기자. 바로 이거야!'라고 생각할지도 모릅니다.

그러나 이것을 어떻게 이룰 수 있습니까? 이런 해결책이 오늘을 다른 날보다 특별히 다르게 만들어 줍니까? 기대감을 가지고 자신을 바칠 만한 것은 무엇입니까? 뭐 뾰족한 게 생각나지 않을 것입니다. 어쩌면 커피 한 잔이나 공원 산책? 또는 일상을 벗어난 일탈적 행동? 아니면 마음 내키는 것이라면 무엇이든지? 그러나 당신이 무엇을 하든지 또 하루가 지나가 버렸다는 사실을 깨달을 때면 다시금 상실감에 휩싸이게 될 것입니다.

이상에서 쓴 짧은 시나리오는 믿는 이들과 믿지 않는 이들 사이에 존재하는 차이를 실제적으로 조명해 줍니다. 그 차이는 바로 '소망'의 문제입니다. 에베소서 2:12에서는 "그때에 너희는 그리스도 밖에 있었고 이스라엘 나라 밖의 사람이라. 약속의 언약들에 대하여 외인이요 세상에서 소망이 없고 하나님도 없는 자이더니"라고 말씀합니다.

믿는 이와 믿지 않는 이는 각각 서로 다른 가치관을 따라 행동합니다. 믿는 이들의 인생관은 영원까지 포함하여 결정됩니다. 반면에 믿지 않는 이들은 단지 자신에게 허락된 8,90년만을 생각하며 살아갈 뿐입니다. 이 두 전망 사이에 생기는 엄청난 차이 때문에 일상생활에서 가치를 부여하는 일이 서로 다릅니다.

위 시나리오에 자신을 다시 한번 비춰 보면 이런 질문이 생길 것입니다. 사람들이 보기에 이미 중요하지 않다고 여겨 유물처럼 치워 버린 복음에 대해, 어떻게 하면 그들의 관심을 다시 일깨워 흥미를 가지고 진지하게 생각해 보도록 할 수 있을까? 어떻게 하면 믿지 않는 사람들의 마음을 겹겹이 둘러싼 무관심의 벽을 소망의 빛이 뚫고 들어가게 할 수 있을까?

3
예수님과 그 당시 사람들
예수님이 바로 복음

이 시대 사람들은 믿기 어려울 정도로 분별력이 없고 비합리적이며 자신이 속한 환경의 영향을 쉽게 받습니다. 여러 가지 사회 제도와 관습은 각 사람에게 의도적으로 영향을 미쳐, 유일하신 참하나님에 대한 믿음은 미신이라고 결론짓게 합니다. 인간으로서 진정한 해방과 완성에 이르는 길은 진리의 상대성을 인정하는 데 있다고 큰소리로 외쳐 댑니다. 그리하여 인생의 허무함 속에서 계속 갈등하며 사는 게 어느 면에서는 더 고상하다는 결론을 내리도록 교묘하게 영향을 미칩니다.

복음의 진리를 마음속에 품은 그리스도인으로서 신앙에 역행하는 이런 상황에 대해 어떻게 대응해야 할까요? 대개 소심한 마음을 갖고 세상과 자신의 믿음 사이에 생기는 괴리 때문에 무력감을 갖기가 십상입니다. 우리는 다시 역공세를 취할 만큼 능력이 있는 사람이 누구인지 묻습니다. 아마도 이런 도전에 응전할 만한 사람이 혹 있을지도 모르지만 보기 드뭅니다. 분명한 사실은 우리 자신은 아니라는 것입니다.

따라서 차라리 포기하고 좀 더 편안하게 다가갈 수 있는 사람들을 대상으로 방향을 돌리고 싶은 유혹이 강렬하게 생깁니다. 그러나 이는 착각입니다. 이 세대 사람들 속에서 그리스도의 효과적인 증인이 되는 게 그리 어렵지는 않습니다. 그리스도인이면 누구나 할 수 있습니다. 우리 사회의 대부분이 우리로서는 접근 불가능하다는 결론을 쉽게 내려서는 안 됩니다. 예수님께서는 우리를 모든 사람에게로 보내셨기 때문입니다.

오직 한 가지

사도 요한은 요한복음을 시작하면서 예수님을 '세상의 빛'이라고 기록하였습니다. 빛과 어두움이란 주제는 성경 전체에 걸쳐 나타납니다. 이 주제는 자세히 살펴볼 가치가 있습니다. 인간의 여러 문제에 대한 성경적인 해결책이기 때문입니다.

예수님께서는 자신이 사람들의 참빛이라고 분명히 말씀하셨습니다. "나는 빛으로 세상에 왔나니 무릇 나를 믿는 자로 어두움에 거하지 않게 하려 함이로라"(요한복음 12:46).

이것이 바로 어두움 속에 싸인 사람들의 마음에 복음, 즉 기쁜 소식이 됩니다! 또한 우리는 바로 이 사실을 전해야 합니다. 예수님만이 유일한 참빛이기에 이것이 우리가 전해야 할 유일한 내용입니다. 우리는 오직 우리 주 되신 예수 그리스도를 전해야 합니다.

아마도 이 일을 행하는 것이 말만큼 쉽지는 않다고 생각할 수도 있습니다. 그러면서 이런 반문을 할지도 모릅니다. '방금 앞에서 우리가 구원하기를 원하는 사람들이 예수님에 대해 관심조차 없다는 사실을 알게 되었지 않은가? 예수님에 대해 관심도 없는 사람들에게 예수님이 세상의 참빛이라는 소식을 가지고 다가갈 때 그들에게서 어떻게 좋은 반응을 기대할 수 있겠는가?'

그러나 진리는 여전히 변함이 없습니다. 예수 그리스도께서 참빛이시라는 사실은 그대로 있습니다. 다른 빛은 없습니다. 만약 이 세대의 사고방식을 관통할 수 있는 희망의 광선이 있다면 바로 참빛이신 예수 그리스도밖에는 없습니다. 불가능하다고요? 예수님께서도 우리와 상황이 비슷하셨습니다. 이제 예수님께서 어떤 기초 가운데 사람들과 의사소통을 하셨는지 자세히 살펴봅시다.

예수님, 우주 불변의 진리

예수님의 생애에 함께한 사람들을 네 부류로 나눌 수 있습니다. 대적들, 군중, 제자들, 그리고 열두 제자입니다. 예수님께서 이 모든 사람들에게 공통적으로 나눈 한 가지 주제가 있었습니다. 이 주제를 지속적으로 나누셨다는 것과 이 주제의 본질을 생각할 때, 우리는 예수님께서 우주 불변의 진리를 다루고 계시다는 결론을 얻을 수 있습니다.

이 우주 불변의 진리를 사람이라면 누구나 가지고 있고 변하지 않는 근본적인 본성에 호소한다면 강력한 영향을 줄 수 있습니다. 따라서 불순물을 넣지 않고 잘 전달하기만 하면 문제의 핵심을 찌르고 관통할 수 있습니다. 이 진리가 하나씩 펼쳐질 때, 우리가 보기에는 가망성이 없는 사람도 하나님의 초청에 관심을 보이기 시작합니다.

예수님과 대적들

예수님의 대적들이 예수님과 갈등을 일으키게 된 근본적인 문제는 무엇입니까? 예수님께서는 요한복음 8:23-24에서 이에 대해 말씀하셨습니다. "너희는 아래서 났고 나는 위에서 났으며, 너희는 이 세상에 속하였고 나는 이 세상에 속하지 아니하였느니라.… 너희가 만일 내가 그인 줄 믿지 아니하면 너희 죄 가운데서 죽으리라."

그러자 그들이 물었습니다. "네가 누구냐?"(25절). 이것이 문제였습니다! 예수님께서 생애 전체를 통하여, 모든 사람들과의 관계 속에서 항상 다루셨던 주제는 바로 예수님 자신의 신원이었습니다. 이것은 아직도 영원한 질문입니다. 예수님은 누구십니까?

만일 평범한 사람이 자신을 신이라고 주장한다면, 시시비비를 가리려고 온갖 논리적이며 예리한 질문이 줄을 잇습니다! 예수님께서는 자신이 하나님이시라는 사실을 명백히 주장하셨습니다. 그런데 예수님과 대적들 사이의 대화를 살펴보면, 예수님의 주장에 대하여 그 타당성을 가리려는 객관적인 대화는 없고 거의 예외 없이 모든 대화는 예수님께 대해 지나칠 정도로 그들의 주관적인 저항에 초점이 맞추어져 있습니다.

믿음의 방해물. 예수님 주위에는 자기 생활의 어떤 특별한 영역 때문에 예수님을 따르기를 거부한 사람들이 많았습니다. 다른 사람들에게 복음을 전하고자 할 때 우리 역시 이러한 믿음의 방해 요소를 접하게 됩니다.

1. **다른 사람을 의식함.** 한번은 예수님께서 자기를 대적하는 유대인들에게 다음과 같이 말씀하셨습니다. "너희가 서로 영광을 취하고 유일하신 하나님께로부터 오는 영광은 구하지 아니하니 어찌 나를 믿을 수 있느냐?"(요한복음 5:44). 예수님께서는 사회적 체면에 대한 염려가 그들의 구원의 길을 막는다는 사실을 보여 주려 하셨

습니다.

2. 그릇된 정보와 선입견. 또 한번은 예수님을 둘러싼 무리들 사이에서 주님의 신원에 대한 논쟁이 벌어졌습니다. "이 말씀을 들은 무리 중에서, 혹은 '이가 참으로 그 선지자라' 하며 혹은 '그리스도라' 하며 어떤 이들은 '그리스도가 어찌 갈릴리에서 나오겠느냐? 성경에 이르기를 그리스도는 다윗의 씨로 또 다윗의 살던 촌 베들레헴에서 나오리라 하지 아니하였느냐?' 하며"(요한복음 7:40-42).

이 경우에 방해물은 바로 그릇된 정보였습니다. 사람들 생각에 자기가 안다고 여기는 것, 여기저기서 주워들어 별 생각 없이 형성된 선입견이 진정한 이해를 방해합니다.

3. 자기만족. 후에 예수님께서는 나면서부터 소경 되었다가 예수님께 고침을 받은 사람과 대화하고 계셨습니다(요한복음 9:35-41). 주제는 같습니다! "네가 인자를 믿느냐?"라고 예수님께서 물으셨습니다.

"주여, 그가 누구시오니이까?"라고 소경 되었던 자가 물었습니다. 예수님께서는 "지금 너와 말하는 자가 그이니라"라고 대답하셨습니다. 이때에 그 사람은 "주여, 내가 믿나이다" 하고 예수님께 대한 믿음을 고백하였습니다.

예수님께서는 무리에게 이 사실을 전달하시면서 "내가 심판하러 이 세상에 왔노니, 보지 못하는 자들은 보게 하고, 보는 자들은 소경 되게 하려 함이라"라고 하셨습니다(39절). 무리 가운데 있던 바리새인들이 이 말을 듣고 나서, "그러면 우리도 소경이란 말인가?"라고 물었습니다(40절). 예수님께서는 그들이 정녕 소경이라고 말씀하셨습니다. 그들은 자기들이 볼 수 있다고 주장함으로써 스스로의 영적 무지함에 대해서는 소경이 되었기 때문입니다.

이 상황에서 믿음의 장애물은 인간 자신에 대한 지나친 신봉입니다. 주제넘은 바리새인들은 자기들 스스로 영적인 삶을 살아갈 수 있는 길을 안다고 생각했습니다.

여기서도 믿음의 장애물은 지식의 부족이 아니라 지나친 자기중심적 태도인 것을 알 수 있습니다.

4. 지위에 대한 염려. 자기중심적 태도를 가진 사람은 분별력을 잃고 계속 불합리한 행동을 하게 됩니다. 나사로의 경우에서 나타난 유대인들의 모습을 보면 명백히 알 수 있습니다(요한복음 11:1-12:11). 다른 때와 마찬가지로 예수님께서는 이 위기를 통하여 중대한 주제인 자신의 신원에 초점을 맞추셨습니다.

한번 그 광경을 상상해 보십시오. 나사로는 죽었습니다. 사람들은 뜬눈으로 밤을 새웠습니다. 그러고 나서 예수님께서 나타나셨습니다. 지금까지 예수님은 능력 있는 말씀과 여러 기적으로 인하여 굉장히 유명해지셨습니다. 그러나 이번 경우에는 다른 기적들과 좀 달랐습니다. '죽은' 나사로를 살리신 것입니다! 당신이라면 이에 대해 어떤 반응을 보이겠습니까? 주위 사람들은 예수님께서 주장하신 대로 예수님이 하나님이시라는 결론을 내렸습니다.

그런데 의외로 사람들 중에는 "만일 저를 이대로 두면 모든 사람이 저를 믿을 것이다. 그리고 로마인들이 우리 땅과 민족을 빼앗아 가리라"라는 반응을 보이는 이들이 있었습니다(요한복음 11:48). 도대체 무엇이 문제가 된단 말입니까?

지위, 특권, 현상 유지, 이 모든 것은 대부분의 사람들이 움켜쥐고 놓지 않으려는 것입니다.

그래서 예수님을 대적하던 사람들은 진리에 대해 어떤 행동을 했습니까? 그들은 예수님을 죽여 없애 버리려고 모의하기 시작했습니다! 공회는 예수님의 사형을 승인했습니다. 더 나아가서 대제사장들이 나사로까지 죽이려고 모의했습니다(요한복음 12:10). 얼마나 분별없고 이성을 잃은 사람들인가! 그들은 반박할 수 없는 증거를 만나자 이마저 없애려 했습니다!

5. **반역**. 마지막으로 예수님께서는 자신의 신원에 관한 문제 때문에 목숨을 잃으셔야 했습니다(마태복음 26:63-68). 예수님께서는 재판정에서, "내가 너로 살아 계신 하나님께 맹세하게 하노니, 네가 하나님의 아들 그리스도인지 우리에게 말하라"라는 대제사장의 말에 대해 "네가 말하였느니라"라고 대답하셨습니다. 이 말을 듣고 그들은 예수님께서 사형을 받아 마땅하다고 선언했습니다.

신성을 주장하신 예수님께 이렇게 분별없는 반역을 하는 데에는 그만한 이유가 있습니다. 예수님이 하나님이심을 인정하는 것은 예수님의 권위를 인정하는 것이며, 예수님의 권위를 인정한다는 것은 자신들을 다스릴 권세를 예수님께서 가지고 계시다는 사실을 인정하는 것입니다. 반역은 인류의 타락 이래로 인간이 가진 근본적인 문제였습니다. 예수님의 권위에 굴복함이 없이 말로만 예수님의 신성을 인정한다고 하는 자체가 이미 반역을 의미합니다. 예수님의 권위에 굴복하는 것은, 사람이라면 누구나 내리기 힘든 결정입니다. 결국 인간의 반역이 언제나 문제의 핵심이었습니다.

예수님과 군중

표면적으로 볼 때에, 예수님께 대한 일반 군중의 반응은 종교 지도자들과는 달리 상당히 우호적인 편이었습니다. 그들은 예수님을 좋아했습니다. 예수님 가시는 곳에는 어디든지 따라다녔습니다. 오늘날의 교인들과 비슷한 점이 많습니다. 그들에게는 믿음의 올바른 대상인 예수님보다는 그저 믿음 그 자체가 중요했습니다. 믿음은 그들의 삶에 뼈대를 형성해 주는 역할을 합니다. 그들은 또한 자녀를 양육하는 데에도 확고한 도덕적인 원리가 필요했습니다. 그러나 그들의 반응을 근본적으로 살펴보면, 드러내 놓고 예수님을 대적했던 사람들의 반응과 동일한 점이 많습니다.

두 가지 요소가 그들을 예수님께로 이끌었습니다. 우선 예수님의 가르침에 놀랐습니다. "뭇사람이 그의 교훈에 놀라니 이는 그 가르치시는 것이 권세 있는 자와 같고 서기관들과 같지 아니함일러라"(마가복음 1:22). 그리고 예수님의 능력에 놀랐습니다. "다 놀라 서로 물어 가로되 '이는 어찜이뇨? 권세 있는 새 교훈이로다. 더러운 귀신들을 명한즉 순종하는도다' 하더라"(마가복음 1:27). 예수님 곁에 머무는 것은 흥미 있는 일이었습니다! 그들은 예수님 말씀을 듣고 예수님 행동을 살펴보기를 즐거워했습니다. 그리고 예수님 능력을 이용하려 했습니다.

예수님의 인기는 점점 올라가서 어떤 경우에는 많은 사람이 모여들어 문 앞까지 꽉 차서 발 들여놓을 틈도 없었습니다(마가복음 2:2). 또 한번은 집에 들어가시니 무리가 다시 모이므로 식사할 겨를도 없다고 할 정도가 되었습니다(마가복음 3:20). 예수님의 가족들은 걱정이 되어 예수님을 붙들러 나왔습니다. 예수님이 미쳤다고 느꼈던 것입니다!

예수님은 유명했습니다. 세례 요한의 명성을 능가했습니다. 누구나 예수님께 열광하였습니다. 무리들은 예수님에 관한 모든 것을 즐겼습니다. 열두 제자들도 예수님의 명성에 힘입어 덩달아 사람들의 총애를 받았습니다. 그러나 예수님께서는 이 모든 것에 종지부를 찍으셨습니다.

한번은 예수님께서 자기를 따르던 사람들에게, 자신에 대한 그들의 반응에 만족하지 않으신다고 하셨습니다. 예수님께서는 "너희가 나를 찾는 것은 표적을 본 까닭이 아니요 떡을 먹고 배부른 까닭이로다. 썩는 양식을 위하여 일하지 말고 영생하도록 있는 양식을 위하여 하라"라고 말씀하셨습니다(요한복음 6:26-27). 그들이 "우리가 어떻게 하여야 하나님의 일을 하오리이까?"라고 묻자, 예수님께서는 "하나님의 보내신 자를 믿는 것이 하나님의 일이니라"라고 대답하셨습니다(28-29절).

여기서도 예수님의 신원이 중요한 문제로 등장합니다. 예수님께서는 본질상 이렇게 말씀하고 계십니다. "너희는 물질적인 필요 때문에 나를 따른다. 하지만 그것으로는 충분하지 않다. 만약 나를 따르기 원한다면 내가 제시하는 조건대로 따라와야 한다. 그 조건은 바로 나를 하나님으로 인정하고 받아들이는 것이다."

사람들은 예수님의 의도를 알아차렸습니다. 그러나 다음과 같이 말하면서 불신을 드러냈습니다. "그러면 우리로 보고 당신을 믿게 행하시는 표적이 무엇이니이까? 하시는 일이 무엇이니이까?"(30절).

믿기 힘든 일입니다! 그들은 예수님께서 귀신을 쫓아내시고 병자를 고치시고 수많은 사람을 먹이시는 것을 이미 보았습니다. 예수님의 가르침에 경이로움을 표했습니다. 예수님을 위대한 선생, 기적을 행하시는 분, 선지자, 정치적 지도자로 받아들일 수는 있었지만, 하나님으로 인정하려면 너무도 많은 값을 치러야 했던 것입니다!

예수님께서는 이를 아셨기에 몇 가지 '어려운'(요한복음 6:60 참조) 말씀으로 자신의 신원에 대하여 명확히 말씀하심으로 그들을 돌려보내셨습니다. "내가 곧 생명의 떡이다. 나는 하늘로서 내려왔다. 나는 하늘로서 내려온 산 떡이다. 나의 줄 떡은 곧 세상의 생명을 위한 내 살이다. 인자의 살을 먹지 아니하고 인자의 피를 마시지 아니하면 너희 속에 생명이 없다"(요한복음 6:35-53 참조).

무리들은 즉시로 반응을 보였습니다. 저마다 투덜대기 시작했습니다. 논쟁을 벌이고 불평을 하다가 결국은 실족했습니다. "이러므로 제자 중에 많이 물러가고 다시 그와 함께 다니지 아니하더라"(요한복음 6:66).

이 대화가 진행되는 동안 어느 시점에서나 예수님께서는 이 사태를 완화할 수 있었지만 자신이 하는 일을 잘 알고 계셨습니다. 주님께서는 자신의 신원에 관한 문제를 통하여 사람들을 구분해 놓으셨습니다. 본질적으로 예수님께서는 "내가 '스스로 있는 자'라고 믿고 이에 담긴 모든 의미를 받아들이든지, 아니면 집으로 돌아가라! 나를 따라다님으로써 스스로 속이는 일을 그만 멈추어라!"라고 말씀하시는 것입니다.

사람들이 이러한 조건을 받아들이는 게 왜 그리 어려웠을까요? 예수님과 사이좋게 지내 온 듯 보였는데 말입니다! 그러나 이 시점에서는 그들도 예수님을 드러내 놓고 대적한 사람들과 별반 다를 바가 없었습니다. 예수님의 신성을 인정하는 게 왜 그리 어려웠을까요? 이는 우리가 두 주인을 섬길 수 없기 때문입니다. 왕은 오직 한 분뿐입니다! 여태껏 자기 마음대로 살다가 이를 포기하기란 참으로 어려운 법입니다.

예수님과 제자들

예수님께서 제자들에게 가르치신 모든 것 속에서도 이러한 맥락 – 예수님의 신원 – 을 찾아볼 수 있습니다. 사실상 예수님께서는 자신의 신성을 믿고 헌신한 제자들을 위하여 대부분의 교훈을 따로 떼어 놓으신 것이 분명합니다. 예수님께서는 무리들에게 비유나 풀기 어려운 말로 말씀하셨습니다. 무리들이 예수님의 말씀을 거의 이해하지 못한 것은 명백합니다. 예수님께서는 제자들에게 이렇게 말씀하셨습니다. "하나님 나라의 비밀을 너희에게는 주었으나 외인에게는 모든 것을 비유로 하나니, 이는 저희로 보기는 보아도 알지 못하며 듣기는 들어도 깨닫지 못하게 하여 돌이켜 죄 사함을 얻지 못하게 하려 함이니라"(마가복음 4:11-12).

도대체 무슨 일입니까? 예수님께서는 영적으로 굶주린 사람들에게 진리를 알리지 않으려고 필사적으로 노력하고 계신 걸까요? 천만에요! 성경에서는 계속해서 다음과 같이 설명합니다. "예수께서 이러한 많은 비유로 저희가 알아들을 수 있는 대로 말씀을 가르치시되 비유가 아니면 말씀하지 아니하시고 다만 혼자 계실 때에 그 제자들에게 모든 것을 해석하시더라"(마가복음 4:33-34).

예수님께서는 할 수 있는 대로 무리를 가르치셨습니다. 그러나 그들이 진리의 기본인 예수님의 신성을 인정하지 않았기에 더 많은 내용을 전달할 수가 없었습니다. 예수님께서 하나님이시라는 가장 중요한 기본 전제를 받아들이기 전까지는 예수님의 다른 교훈은 별 의미가 없게 됩니다.

예수님께서는 제자들이 자신의 권위에 대해 점점 더 깊게 이해하도록 가르치셨습니다. 예수님의 권위는 물론 예수님께서 누구시냐 하는 신원에 뿌리를 둡니다. 예수님께서는 세상의 권세 있는 자(마가복음 1:22), 사탄(마가복음 1:27), 죄(마가복음 2:9-10), 전통적인 관습(마가복음 2:27-28), 자연(마가복음 4:39), 심지어는 생명과 죽음(요한복음 10:18, 19:10-11)에 대한 권세까지도 나타내 보여 주셨습니다. 간단히 말해서, "내가 누구냐?"라고 하는 질문을 통해 예수님께서 제자들에게 나타내신 것은 본질적으로 "나는 하늘과 땅의 모든 것에 대한 권세를 가진 자다"라는 것이었습니다.

참된 제자는 예수님의 권세가 얼마나 크신지를 깨닫고, 점차 높은 수준으로 자신의 삶을 그 권세에 헌신하게 됩니다. 이렇게 할 때 기적과 같은 일이 발생합니다. 매이고 묶인 것에서 해방됩니다(요한복음 8:31-32). 세상을 정복합니다. 이는 중요한 진리입니다. 예수님께서는 모든 사람에게 이렇게 말씀하고 계십니다. "네가 가진 문제가 무엇이냐? 무슨 문제이든 내게 맡겨라. 나는 바로 그 문제를 일으키는 모든 권세를 다 이겼기 때문이다. 이제는 내가 그 문제에 대해 권세를 가졌다. 그 문제를 내게 넘겨라. 내가 그 문제를 풀 것이며, 너는 자유로워질 것이다."

제자를 삼는다는 것은 사람들이 그리스도의 권세가 얼마나 놀라운가를 알고 경험하며, 모든 속박에서 자유로워질 수 있도록 돕는 것입니다. 여기에서 다시금 예수님의 신원은 결정적인 관건이 됩니다. 예수님의 대적들과 예수님을 따르던 무리들에게는 예수님의 신원에 대한 질문이 그들의 삶과 죽음을 결정지었습니다. 그러면 예수님 곁에서 3년을 지내며 주님을 따랐던 열두 제자에게는 어떤 의미가 있었을까요?

예수님과 열두 제자

열두 제자를 훈련하시면서 예수님께서는 자신의 신원에 관한 문제를 궁극적인 의미까지 확장하셨습니다. 이 문제가 사실상 예수님께서 열두 제자와 함께 행하신 모든 일의 중심을 차지한다는 사실이 요한복음 17장에서 아버지 하나님께 드린 예수님의 기도에 잘 나타납니다.

예수님께서는 기도를 시작하시면서 자신의 신원이 전체 사역에서 얼마나 중요한가를 강조하십니다. "영생은 곧 유일하신 참 하나님과 그의 보내신 자 예수 그리스도를 아는 것이니이다"(요한복음 17:3).

그리고 나서 예수님께서는 열두 제자를 위한 중보 기도를 계속하십니다. "세상 중에서 내게 주신 사람들에게 내가 아버지의 이름을 나타내었나이다.… 저희는… 내가 아버지께로부터 나온 줄을 참으로 아오며 아버지께서 나를 보내신 줄도 믿었사옵나이다"(요한복음 17:6-8). 열두 제자 훈련은, 이들이 하나님과 친밀한 관계를 갖도록 하는 것과 예수님과 하나님 아버지가 하나이시며 동일한 하나님이시라는 사실을 알도록 돕는 것이었습니다! 예수님께서는 이렇게 말씀하셨습니다. "너희가 나를 알았더면 내 아버지도 알았으리로다. 이제부터는 너희가 그를 알았고 또 보았느니라.… 나를 본 자는 아버지를 보았거늘…"(요한복음 14:7-9).

예수님께서는 짧은 공생애 기간 대부분을, 자신과 아버지가 하나라는 이 진리를 소수의 제자들에게 전달하는 일에 집중하셨습니다. 이 진리의 의미를 올바로 파악하는 것이 모든 영적 힘의 근원을 이해하는 지름길입니다(요한복음 14:20). 예수님께서는 "나를 떠나서는 너희가 아무것도 할 수 없음이라"라고 하셨고(요한복음 15:5), "나를 믿는 자는 나의 하는 일을 저도 할 것이요 또한 이보다 큰 것도 하리니 이는 내가 아버지께로 감이니라"(요한복음 14:12)라고 하셨습니다.

만약 예수님께서 자신의 신원을 이해하고 헌신한 사람들을 남겨 놓지 않았다면, 기독교의 발전은 더 이상 일어나지 않았을 터입니다. 예수님께서는 '하늘과 땅의 모든 권세를 내게 주셨으니, 그러므로 너희는 가서 모든 족속으로 제자를 삼으라'고 말씀하셨습니다(마태복음 28:18-19). 예수님의 신원을 완전히 이해하고 받아들인다면 주님의 능력을 온전히 경험할 수 있게 됩니다. 지상사명이 불가능한 일로 남지 않게 될 것입니다.

예수님께서 자신의 신원에 관한 문제를 모든 사람들과의 관계에서 지속적으로 다루셨다는 사실을 통해 이 문제가 매우 중요함을 알 수 있습니다! 다른 주제는 모두 부수적인 것에 불과합니다. 예수님, 바로 그분이 복음입니다. 예수님이 바로 우리가 전할 메시지입니다. 우리 그리스도인들이 믿고 귀하게 여기는 다른 모든 것은 이 하나의 진리에서 파생된 것입니다. 이 세대 사람들 사이에서 예수님의 효과적인 증인이 되려면, 우선적으로 우리 자신이 예수님 - 그분의 신원과 죽음과 부활의 의미 - 을 아는 일에서 끊임없이 성장하고, 또한 이 지식이 죽은 지식이 아니라 우리 삶 속에서 살아 움직이는 산지식이 되어야 합니다.

4
이 시대를 위한 메시지
예수님은 누구신가

우리의 전도는 예수 그리스도를 전하는 것이어야 합니다. 따라서 예수님이 누구신가 하는, 예수님의 신원에 관한 문제는 절대적으로 중요한 주제입니다. 우리는 항상 예수님의 신원에 초점을 맞추어야 합니다. 이 장에서는 그리스도께 초점을 맞추지 못하게 막는 몇 가지 경우를 살펴보고자 합니다.

인기 있는 주제에 맞춘 복음

"복음이 무엇입니까?" 그리스도인 모임에서 자주 나오는 질문입니다. 이 질문을 던질 때는 대개 그 자리에 함께한 사람들이 정답을 잘 모른다는 의미가 밑바탕에 깔려 있습니다. 나는 대개 그러한 대화에서 심한 좌절감을 느끼고 돌아오곤 했습니다.

그렇지만 나는 이런 토의에서 상당히 중요한 점을 관찰했습니다.

복음에 관한 이 질문이 제기될 때마다 거의 대부분은 묻는 이의 의도가 있게 마련입니다. 실제로는 자기 자신이 생각하는 복음의 내용을 상대방이 추측해 보도록 하는 질문입니다. 질문자가 생각하는 답은 대개 순수한 복음에다가 자기만의 독특한 강조점을 추가한 것입니다. 예를 들어 어떤 이는 오늘날의 큰 관심사 중 하나인 사회 정의를 추가합니다. 따라서 그 사람의 복음은 사회 정의의 복음일 경우가 있습니다. 또 다른 경우에는 만사형통의 복음이나 혹은 공공의 권리를 옹호하는 복음일 수도 있습니다.

그 과정은 간단합니다. 우리는 자신에게 인상 깊게 보이는 한 가지 문제에 초점을 맞추어 갑니다. 그러면서 그 문제는 우리 마음에 다른 무엇보다 가장 중요한 문제로 확대 부각되고 결국에는 이 문제나 사실을 우리가 전하는 메시지에 필수 요소로 만들어 갑니다. 결국 무엇인가가 변한 '다른 복음'이 생겨납니다(갈라디아서 1:6-9 참조). 우리 자신의 주장을 옹호하기 위해 예수님을 이용하고 맙니다. 예수님께서 가난한 자들의 구세주로나 여성 지위 향상의 구세주로 알려지거나 혹은 그 당시에 가장 큰 관심사가 되는 일의 구세주로 소개되는 경우가 발생합니다. 그러나 이런 복음으로는 예수님께서 인간의 모든 문제에 대한 해결책이시라는 것을 전할 수 없습니다.

개인적인 생각에 강조점을 둔 복음

우리는 대개 어떤 원리를 다른 것보다 더 강조하려는 경향이 있습니다. 우리의 믿음을 특별한 방법을 통해 나타내기를 좋아합니다. 이 특별한 방법은 너무나 당연하게 보이기에 힘 있게 살아가는 믿는 방법보다는 예수 그리스도께 초점을 맞추는 것이 훨씬 지혜롭습니다. 상대방에게 할 일을 가르쳐 주기보다는 예수 그리스도께서 어떤 분이신지를 이해하도록 돕는 것이 중요합니다. 이러한 이해가 자라 가면서 그는 자기가 어떤 태도를 보여야 할지를 명백히 알게 됩니다. 그리스도에 관한 진리가 충분히 전달되면 무엇을 해야 하는지를 가르쳐 주지 않아도 스스로 자신의 할 바를 깨닫는 경우를 종종 경험했습니다.

그리스도보다는 결신 방법에 몰두할 때 우리의 전도에 또 다른 약점이 생기는데, 상대방이 그리스도에 대해 어떻게 이해하느냐보다는 그의 반응에 더 관심을 보이기가 쉽다는 점입니다. 상대방에게서 예수님을 영접하겠다는 승낙을 얻어 내려고 안간힘을 씁니다. 이렇게 해서 상대방이 조금이라도 긍정적인 반응을 보이면 예수님을 영접하는 기도를 하게 하려고 애쓰고 마침내 영접 기도를 하면 이를 '결신'이라고 합니다. 그러나 이는 강요에 의한 영접일 수가 있습니다.

우리가 상대방에게 적어 주거나 말해 준 몇 줄의 기도문을 일단 그가 제대로 따라 읽거나 말하면 우리는 그가 '구원받았다'고 생각합니다. 하지만 이는 그 몇 줄의 문구를 따라 말하거나 읽은 것 이상의 아무것도 아닌 경우가 너무도 많습니다. 많은 전도자들이 그동안 전도 현장에서 수없이 경험한 바입니다.

오해하지 말기 바랍니다. 영접 기도가 필요 없다는 말이 아닙니다. 영접 기도는 꼭 필요합니다. 다만 상대방이 아직 그리스도의 복음을 진정으로 깨닫지도 못하여 영접할 준비도 안 되어 있는데, 영접 기도만 하면 마치 구원을 받게 되는 양 영접 기도를 강요하여 '결신'을 얻어 내려고 해서는 안 된다는 것입니다. 주님을 영접하도록 상대방에게 사랑으로 '강권'하는 것과 이른바 결신자를 얻으려는 마음으로 '강요'하는 것은 엄연히 다릅니다.

예수 그리스도의 복음

복음은 바로 예수 그리스도입니다. 죽임을 당하시고 장사 지낸 바 되셨다가 부활하셔서 아버지께로 올라가신 분이십니다. 주님은 파당에 속하지 않으시며 인간적인 조직이나 부차적인 문제를 초월하여 존재하십니다. 우리가 이 세대 사람들에게 복음을 전하려면 예수님께서 가지신 이러한 보편성을 전해야 합니다. 우리는 반드시, 때 묻지 않은 그리스도, 자신의 생각으로 포장되지 않은 그리스도를 전해야 합니다.

브라질에서 처음 사역을 시작할 당시 우리는 이전에 아무런 생각 없이 받아들였던 여러 확신이 갖가지 환경 속에서 도전에 맞닥뜨린다는 사실을 알았습니다. 우리가 접근한 학생들은 우리가 전하는 복음에 전혀 반응을 보이지 않았습니다. 이는 우리가 복음에 부수적인 내용을 첨가하였고 또한 그들에게 획일적이고 낯선 내용을 전했기 때문입니다. 우리는 장식품이 이것저것 붙은 복음을 전한 셈이었습니다.

이를 통하여 우리가 전하는 복음이 순수하게 예수님이어야만 하고 다른 것이 섞이지 않도록 해야 한다는 사실을 이해하기 시작했습니다. 우리는 어떤 정치 체제나 경제 제도, 종교 단체, 우리의 소속 기관 또는 이미 꺼낸 개인적인 생각을 수호하기 위해 보냄을 받은 것이 아닙니다. 우리의 메시지는 예수 그리스도 한 분이어야 하며 우리 마음대로 거추장스러운 것을 이것저것 덧씌워 예수님을 전해서는 안 됩니다. 우리는 인간적인 수준을 제시하거나 전통을 고수하기 위해 부름을 받은 것이 아닙니다. 우리는 예수님을 선포하도록 부름을 받았으며 거기에 아무런 추가 조건도 붙여서는 안 됩니다.

이 사실을 깨달았을 때 우리는 이전엔 거리감을 느끼며 한 걸음 뒤로 물러섰던 사람들과도 긍정적인 의사소통을 할 수 있음을 알았습니다. 우리는 열매를 거두기 시작했으며 지금까지도 이 열매는 보존되어 있습니다.

이런 식으로 우리는 아주 기본적이며 단순하게 복음에 접근할 수 있습니다. 예수님이 누구십니까? 스스로 살펴보십시오. 그리스도를 믿지 않는다면 아마 대답하기 힘들 것입니다. 그러면 성경을 찾아 이 문제에 대한 답을 찾아보기로 합시다. 성경을 믿지 않습니까? 좋습니다. 그래도 우리는 이러한 상황에서 시작하여 그리스도를 전할 수 있습니다. 그 결과에 대해서도 예수 그리스도의 위대하심을 의지할 뿐입니다.

예수님의 위대하심을 의지함

프란시스코는 나의 절친한 친구입니다. 그를 처음 만났을 때 그는 마르크시즘으로 갈등했습니다. 아마도 성경을 읽어 본 적이 없었을 터인데, 어느 날 저녁 내가 인도하던 성경공부에 나타났습니다.

프란시스코는 브라질 북동부 출신입니다. 장기간의 가뭄이 자주 발생하는 빈곤한 지역입니다. 그는 가난 속에서 자란 탓에 빈곤을 계속 고착화하는 듯 보이는 여러 제도에 심한 반감을 품었습니다. 그는 장래에 의사가 되겠다고 선언했습니다. 또한 교회와는 아무런 관계도 갖지 않겠다고 선언했습니다. 그에게 하나님은 존재하지 않았습니다. 보기 드물게 머리가 뛰어나고 인내심이 강했던지라 자기 말대로 의사가 되었습니다.

몇 년 후 그는 그리스도인인 내 친구와 함께 한 수술 팀의 일원이 되었습니다. 하나님께서는 이 친구를 사용하셔서 프란시스코의 영적 관심을 일깨우셨습니다. 여기저기서 한마디씩 한 것이 그에게 영향을 주었습니다. 어떤 때는 장난기 섞인 태도로 말한 것에서, 혹은 수술하는 도중에 나눈 이야기에서.

여러 종류의 상황이 프란시스코에게 다가왔습니다. 가족이나 환자 그리고 다른 이들을 통해서. 프란시스코는 내 친구가 옳다고 결론을 내렸습니다. 즉, 영적인 부분에 관심을 기울여야 할 필요를 느끼게 된 것입니다. 프란시스코는 인내를 갖고 자신의 필요를 채우려는 시도를 했습니다. 영적인 것은 반드시 심령술과 연관이 있을 것이라 생각했습니다. 그래서 심령술 센터에 가서 1년간의 입문 과정에 등록했고 신비한 내용을 공부하기 시작했습니다. 아무에게도 이 사실을 알리지 않았습니다. 이 무렵 내 친구는 프란시스코를 우리 성경공부에 초대하는 데 성공했습니다.

프란시스코는 성경에 매료되어 매우 강렬하게 빠져들었습니다. 자기 아내와 함께 둘째 주부터 참석한 후로 한 번도 빠지지 않았습니다.

3개월이 지났습니다. 그동안 우리는 프란시스코가 그리스도를 이해하는 일에 성장한 것에 큰 격려를 받았습니다. 어느 날 그는 내게 찾아와 '특별한 상황'에 대하여 이야기했습니다. 그들 부부가 심령술에 관계한다는 사실을 알았을 때 가슴이 철렁하였습니다. 그는 6개월 동안 심령술 강좌에 참여했는데 이 과정을 끝까지 이수하겠다는 약속을 지켜야 한다고 생각했습니다. 그는 이미 새로 설립된 센터의 교사 자리를 제안받았는데 아직 답하지 않았다고 했습니다.

그 자리에 앉아 있으면서 내 마음은 신약과 구약을 왔다 갔다 하면서 심령술에 대한 구절을 찾느라 분주했습니다. 완전히 이길 수 있는 구절을 충분히 찾았고 처음에는 그 구절 모두를 사용하려는 충동을 받았습니다. 그러나 한 개인의 예수 그리스도와의 관계를 잘 모르면서 성경 말씀을 퍼붓는 것은 그의 영적 상태에 치명적인 방해를 끼칠 수 있었기에 나는 목구멍까지 나온 말을 꾹 참았습니다.

마지막으로 내가 "프란시스코, 내가 보여 주고 싶은 것이 있네"라고 얘기했습니다. 우리는 요한일서 4장을 펴서 처음 몇 구절을 읽었습니다. "사랑하는 자들아, 영을 다 믿지 말고 오직 영들이 하나님께 속하였나 시험하라.… 하나님의 영은 이것으로 알지니, 곧 예수 그리스도께서 육체로 오신 것을 시인하는 영마다 하나님께 속한 것이요, 예수를 시인하지 아니하는 영마다 하나님께 속한 것이 아니니…"(1-3절).

나는 계속해서 설명했습니다. "자네는 두 종류의 정보를 얻고 있네. 하나는 바로 나를 통해서이고 또 하나는 심령술 센터를 통해서이네. 둘 다 진리를 가르친다고 주장하며 모두 예수님에 대해서 얘기하네. 누가 진리를 가르쳐 주는지를 판단할 근거를 이 구절에서 발견할 수 있겠나?"

"한 가지 제안이 있네. 자네가 심령술 센터에 가면 그들이 예수 그리스도에 대해 무엇이라고 말하는지 주의 깊게 살펴보기 바라네. 그리고 나서 성경의 가르침과 비교해 보게. 내게 와서도 마찬가지라네. 그다음에 이 구절을 기초로 하여 누가 옳은지를 결정하게나."

프란시스코가 떠난 후 매우 근심이 되었습니다. 심령술 센터 사람들이 사람 한 명 정도는 쉽게 다룰 수 있다는 것을 잘 알기 때문입니다. 게다가 프란스시코가 성경 말씀에 최종적인 권위를 두는지조차 확신할 수 없었습니다. 나는 프란시스코를 위해 더욱 간절히 기도하였습니다.

프란시스코는 내 말을 따랐고 얼마 후에 거듭났다는 증거가 더욱 분명하게 나타났습니다. 심령술 센터에 간 마지막 날, 센터에서는 프란시스코에게 교사가 되라는 제안을 다시 했습니다. 그러나 프란시스코는 "여러분이 그동안 사랑과 관심을 쏟아 주신 것에 감사를 드립니다. 흥미롭고도 다양한 내용을 접할 수 있었습니다. 그러나 그동안 나는 성경을 함께 공부했습니다. 나는 이제 여러분이 소개한 예수님은 성경의 예수님이 아니라는 결론에 이르게 되었습니다. 여러분이 소개한 예수님께는 구원이 없습니다"라는 말을 하고 센터에서 나왔습니다. 예수님은 위대하십니다!

전도에서 우리의 역할

우리가 전하는 메시지는 한 분 예수 그리스도에 대한 복된 소식입니다. 복음은 예수님 안에 있기 때문입니다. 기독교 조직과 예수님은 동일한 것이 아닙니다. 사람들은 예수님을 둘러싼 여러 조직을 통하지 않고도 예수 그리스도께 속할 수 있습니다. 반대로 예수님에 대해서는 전혀 모르면서도 이러한 조직에 속할 수가 있습니다. 예수님을 영접하는 사람은 누구든지 예수님의 조건대로 예수님을 받아들여야 합니다. 예수님을 받아들이려면 예수님의 모든 것을 받아들여야 합니다. 예수님은 존재하는 모든 것 위에 절대주권을 가진 분이시기에 우리 자신에게도 절대주권자이십니다. 이것이 원래 의미의 복음입니다.

전도에서 우리가 하는 역할은 세례 요한이 자신에 대해 말한 내용에 비견할 수 있을 터입니다. 요한은 자신을 결혼식장에서 신랑의 들러리로 생각했습니다. 신랑은 예수님이십니다. 우리의 전도 대상은 신부가 됩니다. 요한의 임무는 결혼식이 성공적으로 치러지도록 세심하게 주의하면서, 그 과정에서 자신에게 관심이 쏠리지 않도록 해야 합니다. 신부는 들러리의 이름을 부르지 않습니다. 신부는 신랑에게 속한 것입니다.

복음을 전할 때 우리의 목표가 새로운 결혼을 성사시키는 것임을 이해할 때, 멀게 느껴지던 사람들이 갑자기 가깝게 다가옴을 느낍니다. 접근하지 못할 사람은 아무도 없습니다. 물론 어떤 이는 진지하게 듣고 난 이후에도 예수님을 거절합니다. 그것까지 막을 수는 없습니다. 그러나 전하는 사람의 전통이나 교리나 개인적인 주관 속에 예수님이 포장되어 전달되었기 때문에 예수님을 거절한 경우에는 우리가 무엇인가 다른 조치를 할 수 있습니다. 사람들이 예수님을 믿는 것을 방해하는 요인을 우리는 능히 피할 수 있습니다.

우리는 전도가 단지 믿는 방법을 제시하는 것이 아님을 항상 기억해야 합니다. '예수 그리스도'를 전해야 합니다. 전도란 시간을 들여 한 사람으로 하여금 예수님이 누구시며 그 사실이 우리에게 의미하는 바가 무엇인지를 이해하도록 돕는 일입니다.

전도는 단순히 지적 동의를 이끌어 내는 것이 아닙니다. 훨씬 그 이상입니다. 상대방으로 하여금 자신이 하나님을 거역한 반역 상태에 있음을 깨닫고 믿음의 방해물을 헤쳐 나가도록 돕는 것입니다.

그러나 사람들은 대부분 예수님의 신원에 대한 이런 주제에 별 관심이 없습니다. 그들은 "예수 그리스도가 누구십니까?" 하고 자발적으로 질문하지도 않습니다. 그러면 별로 관심을 두지 않는 이러한 질문에 사람들이 흥미를 가지고 해답을 찾으려는 시도를 하도록 이끌려면 어떻게 해야 하겠습니까? 이 책의 나머지 부분에서는 이에 대해 다루도록 하겠습니다.

5
격리의 문제
상호 두려움의 벽을 극복함

"이는 너희가 흠이 없고 순전하여 어그러지고 거스리는 세대 가운데서 하나님의 흠 없는 자녀로 세상에서 그들 가운데 빛들로 나타내며 생명의 말씀을 밝혀…" (빌립보서 2:15-16)

빛은 어두운 곳을 비추어야 한다

빛은 어두운 곳을 비추어야 한다는 이 주제는 성경 전체에 걸쳐 나타납니다. 그리스도인이 이 세상에 적극 참여해야 한다는 생각은 우리들 대다수에게 긴장감을 돌게 합니다. 분명히 이는 예로부터 지금까지 교회가 큰 관심을 가져 온 이슈였습니다. 초기부터 교회는 격리와 타협 사이를 마치 시계추처럼 왔다 갔다 하였습니다. 극단적인 예로, 사람들로부터 자신을 철저히 격리하려는 사람들도 있었습니다. 또 어떤 경우에는 세상 사람들과 분간할 수 없을 정도까지 그 사회의 가치관과 행동 양식에 깊이 빠져 든 사람들도 있었습니다.

언뜻 양립할 수 없어 보이는 두 역할을 행하도록 하나님께서 교회를 부르셨기 때문에 이 긴장은 해결이 쉽지 않습니다. 하나님께서는 구원받은 사람들의 영적 성장을 돕는 일과, 하나님과 화목하지 못한 사람들 즉 아직 구원받지 못한 사람들에게 나아가 복음을 전하는 일을 동시에 하도록 우리를 부르셨습니다. 어떻게 이 두 기능을 동시에 수행할 수 있을까요?

우리는 결신자를 얻으면 그의 영적 성장을 돕기 위해 일단 안전한 곳으로 데려가고 싶은 마음이 생깁니다. 영적으로 어린 그를 세상의 유혹으로부터 안전하게 보호하는 것은 마땅히 해야 할 일입니다. 문제는 안전한 보호에만 신경을 쓴 나머지 그를 계속 세상에서 격리하려고만 하는 데 있습니다. 그럴 때 생기는 문제는 그가 속한 사회로부터 그를 너무 멀리 옮겨 놓게 되어, 복음으로 주위 사람들에게 나아가는 일이 거의 불가능하게 된다는 점입니다. 구원받은 사람에 대한 양육은 세상 속에서 모든 위험을 감수하는 가운데 이루어져야 합니다. 우리는 세상 사람들과도 건강한 관계를 올바로 세워 나가는 법을 배워야 합니다.

브라질에서 사역할 때 나는 몇 가지 경험을 통하여 교회와 세상과의 간격에 대해 깊은 관심이 생겼습니다. 오스왈도는 브라질 대학생 사역에서 얻은 첫 열매였습니다. 우리는 그를 우리 집에 초청하여 3년간을 함께 살았습니다. 우리는 그에게 하나님을 따르는 삶과 말씀에 순종하는 삶을 가르쳐 주었고 대신에 그는 브라질의 언어와 문화를 우리에게 성의 있게 가르쳐 주었습니다. 서로 유익한 관계였습니다.

오스왈도가 하나님을 점점 더 사랑하면서 우리 관계도 발전하였습니다. 우리는 곧 신실한 친구가 되었습니다. 나는 이 과정을 지켜

보면서 그와 함께 교회에 나갈 적절한 시기라고 판단했습니다. 그는 이때 처음으로 교회를 접했습니다. 모든 게 잘되어 가는 듯 보였습니다. 그런데 그는 자신의 생각이나 느낌을 전혀 나누지 않고 다만 우리와 함께 교회에 빠지지 않고 출석했습니다. 그러나 나는 그가 갈등한다는 것을 눈치챘습니다.

어느 주일 날 집으로 돌아오는 길에 물었습니다. "오스왈도, 교회에 나가는 게 즐겁지 않지?" 이때 그의 입이 열리기 시작했습니다. 질문이 튀어나왔습니다. "그곳 사람들은 말할 때 왜 그렇게 이상한 표현을 쓰지요?" "찬송을 왜 그렇게 부르지요?" "기도할 때면 왜 목소리를 바꾸지요?" 질문이 꼬리에 꼬리를 물고 이어졌습니다. 그는 계속 진지하게 물어보았습니다. 진실한 답을 얻기 원했습니다. 나는 질문에 대답하면서도 마음이 편치 않았습니다. 그리 훌륭한 해답을 주지 못했기 때문입니다.

그 순간은 지나갔지만 오스왈도의 질문은 나의 머릿속에서 떠나지 않았습니다. 나는 교회의 주일 예배를 외부 사람의 입장에서 관찰해 보았습니다. 거의 극복하기 힘들 정도로 의사소통에 문제가 있음을 인정할 수밖에 없었습니다. 외부 사람은 자신의 생각이나 습관을 계속해서 고쳐 나가지 않는다면, 이런 상황에서 편안함을 느낄 수가 전혀 없을 터입니다. 그리고 예배를 드리는 사람들도 외부 사람들에게 이런 변화가 분명히 일어나기 전까지는 함께하기가 거북할 것입니다.

때때로 새로 믿은 사람이 이 변화 과정을 받아들여 자신을 상황에 굴복시킬 수도 있습니다. 그러나 겉으로는 성공적이게 보이는 행동의 변화도 미심쩍은 승리가 되곤 합니다. 이 변화는 새로운 그리스도인이 이전 동료들과의 관계를 희생하고 얻은 경우가 많기 때문입니다.

인정하기가 쉬운 일은 아니지만, 세속화된 사람이 예수님을 믿은 경우 더 이상 갈 곳이 없는 경우가 많습니다. 교회와 그들은 문화적으로 서로 분리된 세계 속에 있기 때문입니다.

이런 결론에 도달한 사람이 나 혼자만은 아닙니다. 이 땅의 복음화를 위해 헌신했던 랄프 윈터는 다음과 같이 질문했습니다. "우리는 아직 그리스도께로 돌아오지 아니한 대부분의 사람들이 우리와 같은 미국 사람임에도 불구하고 현재 우리가 다니는 교회에 쉽게 적응하지 못한다는 사실을 압니까?"

교회와 세상 사이에 간격이 존재하는 데에는 여러 가지 이유가 있습니다. 여기서 그 이유를 다 다룰 수는 없는데 긍정적인 이유도 있고 부정적인 이유도 있습니다. 여기에서 우리의 관심을 끄는 것은, 예수 그리스도께서 교회를 세상에 보내셨다는 사실과 이런 이유 때문에 우리는 결코 세상 사람들과의 접촉을 피할 수 없다는 사실입니다.

예수님께서는 아버지께로 돌아가시기 전 아버지께 드린 기도에서 교회를 향한 자신의 뜻을 다음과 같이 말씀하셨습니다. "나는 세상에 더 있지 아니하오나 저희는 세상에 있사옵고,… 세상이 저희를 미워하였사오니 이는 내가 세상에 속하지 아니함같이 저희도 세상에 속하지 아니함을 인함이니이다. 내가 비옵는 것은 저희를 세상에서 데려가시기를 위함이 아니요 오직 악에 빠지지 않게 보전하시기를 위함이니이다.… 아버지께서 나를 세상에 보내신 것같이 나도 저희를 세상에 보내었고"(요한복음 17:11-18).

크게 보면 우리가 세상에 남아 있는 것은 세상을 위함이지 결코 우리 자신을 위함이 아닙니다.

그러나 예수님께서도 우리에게 자신의 뜻을 나타내시면서, 우리에게 있는 딜레마를 아셨습니다. 즉 세상 안에 있되 세상에 속하지 않는 것입니다. 어떻게 하면 "너희는 저희 중에서 나와서 따로 있고"(고린도후서 6:17)라는 말씀과 "저희를 세상에 보내었고"(요한복음 17:18)라는 말씀을 동시에 순종할 수 있겠습니까?

교회사를 볼 때 세상과 그리스도인의 관계는 항상 긴장의 연속이었습니다. 그리스도인들은 언뜻 모순되어 보이는 이 두 명령 사이에 균형을 맞추기 위해 양 극단을 왔다 갔다 했습니다. 수도사와 같이 은둔 생활을 하거나 아니면 세상에 순응하여 세상 사람들처럼 산 것입니다. 그러나 양자 모두 하나님의 목적을 실현하는 데 실패했습니다. 세상을 본받는 것은 하나님의 영광을 흐리게 하고, 격리는 그리스도인의 모범적인 생활을 쓸모없게 만들어 버립니다. 믿음대로 살려고 세상과 분리되는 것이 격리가 되어 버리면 세상에서 그 가치를 발휘하지 못합니다. "사람이 등불을 켜서 말 아래 두지 아니하고 등경 위에 두나니, 이러므로 집 안 모든 사람에게 비취느니라"(마태복음 5:15).

격리로 이끌리는 것은 이해할 만하다

세상은 위험한 곳입니다! 우리의 대적 마귀가 우는 사자같이 두루 다니며 삼킬 자를 찾기 때문입니다. 그러므로 근신하고 깨어 있어야 합니다(베드로전서 5:8 참조).

불신자들과 어울리는 것은 제한되어 있습니다. "너희는 믿지 않는 자와 멍에를 같이하지 말라. 의와 불법이 어찌 함께하며 빛과 어두움이 어찌 사귀며… 믿는 자와 믿지 않는 자가 어찌 상관하며 하나님의 성전과 우상이 어찌 일치가 되리요? 우리는 살아 계신 하나님의 성전이라.… 그러므로… 너희는 저희 중에서 나와서 따로 있고 부정한 것을 만지지 말라.…"(고린도후서 6:14-17).

어떤 활동은 마음 놓고 참여할 수가 없습니다. "너희가… 이방인의 뜻을 좇아 행한 것이 지나간 때가 족하도다. 이러므로 너희가 저희와 함께 그런 극한 방탕에 달음질하지 아니하는 것을 저희가 이상히 여겨 비방하나"(베드로전서 4:3-4).

모든 것을 고려해 볼 때 현명하게 행하는 길은 '안전한 거리'를 두고 떨어져 있는 것이 아닌가 생각됩니다. 문제는 안전한 거리가 얼마만큼이냐를 결정하는 일입니다.

그러면 안전거리란 무엇입니까? 예수님께서는 요한복음 17장에서 이 질문에 대한 답을 하셨습니다. 아버지께 "저희를 진리로 거룩하게 하옵소서. 아버지의 말씀은 진리니이다"(17절)라고 기도하셨습니다. 바로 이어 "아버지께서 나를 세상에 보내신 것같이 나도 저희를 세상에 보내었고"(18절)라고 하셨습니다. 거룩하게 되는 것은 기본적으로 '위치'(우리가 어디에 있느냐)의 문제가 아니라 '마음'(누가 우리의 마음을 지배하느냐)의 문제입니다. 안전거리를 유지하려면 진리인 하나님의 말씀으로 우리 마음을 새롭게 함으로 항상 변화를 받아야 합니다. 이를 위해서는 주님과 오랜 시간을 함께 보내며 우리 마음을 진리에 계속 굴복해야 합니다. 만약 이런 생활 습관이 없거나, 혹은 있더라도 효과적이지 못하면 우리는 세상에 있는 불신자들과 만날 준비가 덜 된 것입니다. 그런 경우에는 아마도 격리가 최선일 것입니다!

서로 간의 두려움 - 솔직한 관계를 막는 장애물

그리스도인들은 불경건한 사람들에게서 받는 영향을 두려워하고 경계합니다. 이는 성경에 비추어 볼 때 옳은 것이기도 합니다.

"속지 말라. 악한 동무들은 선한 행실을 더럽히나니"(고린도전서 15:33). 그러나 언제나 그렇지는 않습니다. 그리스도인은 세상에서 살 동안 대처할 수 있는 적절한 자원이 항상 있기 때문입니다.

그러나 두려움은 진짜이든 쓸데없는 괜한 것이든 복음을 전하는 데 큰 방해가 됩니다. 잠깐만 생각해 보십시오. 당신이 전도할 때에 아무런 두려움이 없다면 어떤 모습을 띠겠습니까?

심지어 두려움이라곤 모를 것 같은 사도 바울조차도 이 두려움의 문제를 다루어야 했습니다. 고린도전서 2:3에서 고린도 교인들에게 "너희 가운데 거할 때에 약하며 두려워하며 심히 떨었노라"라고 말했습니다. 에베소 교인들에게도 "복음의 비밀을 담대히 알리게 하옵소서"라고 기도해 달라고 부탁했습니다(에베소서 6:19). 바울의 두려움은 난파와 감옥, 돌에 맞는 것 등 과거의 실제 경험에 기초한 반면, 우리의 두려움은 대개 추상적인 위험에서 오는 것입니다. 하지만 우리에게 끼치는 영향은 별 차이가 없습니다.

불신자들도 그리스도인을 두려워한다는 것 또한 사실입니다. 이런 두려움은 예상할 수 있는 것입니다. "우리는 구원 얻는 자들에게나 망하는 자들에게나 하나님 앞에서 그리스도의 향기니, 이 사람에게는 사망으로 좇아 사망에 이르는 냄새요 저 사람에게는 생명으로 좇아 생명에 이르는 냄새라. 누가 이것을 감당하리요?"(고린도후서 2:15-16). 그리스도인이 나타나면 하나님의 임박한 심판이 기억납니다. 불신자들의 두려움 중 어떤 것은 실제적이며 어떤 것은 근거가 없기도 합니다.

불신자들은 우리가 그들에게 죄, 사망, 심판 등과 같은 별로 생각하기 싫은 것을 생각나게 하기 때문에 두려워하기도 합니다. 그러나 어떤 두려움은 우리가 비난하고 책망하는 말 때문에 생기기도 합니다. 이는 불필요한 것인데, 우리는 그들의 심판자가 아니기 때문입니다.

불신자의 두려움을 극복하도록 도와줌

그리스도인들은 불신자들의 행동에 대해 용납할 것과 용납하지 못할 것을 정해 놓고 그들을 평가하려는 경향이 있습니다. 이 기준은 이를테면 '간음하지 말라'와 같이 하나님의 말씀에 나온 분명한 명령과 '절대 술을 마시지 말라'와 같이 미국의 전통적 관습에서 나온 명령을 섞어 놓은 것입니다.

불신자들은 그리스도인 앞에 서면 마음이 불편해지며 자신이 정죄당하는 느낌을 받게 됩니다. 때로 그들은 자신의 용납받지 못할 행동에 대해 사과하기도 하는데, 이는 자신이 자기의 잘못된 행동을 고쳐 주려고 하는 사람의 손에서 빠져 나오지 못할 것으로 느낀다는 표시입니다. 이와 같이 정죄당한다고 느끼는 분위기 속에서는 그들과의 진정한 의사소통은 거의 불가능합니다.

그러면 이것을 어떻게 피할 수 있을까요? 어떻게 하면 죄로 말미암아 자신을 파멸시킬 뿐 아니라 주위 사람들까지도 파멸로 몰고 가는 그런 사람과 올바른 관계를 맺을 수 있을까요? 자기 가족을 잔인하게 대하며 가정을 파탄으로 몰아가는 사람을 보고서도 눈 감아 주어야 하나요? 우리가 그에게 느끼는 비난의 감정을 숨길 수 있을까요? 해결책은 무엇입니까?

예수님을 바라봅시다. 예수님께서는 우리의 가장 악한 것도 용납하셨습니다. 어떻게 그렇게 하실 수 있었습니까? 예수님께서는 현실을 아셨기 때문입니다. 주님께서는 우리 인간 안에 숨은 죄악성을 아셨기에 우리에게서 그 이상 아무것도 기대하지 않으셨습니다. 주님은 또한 인간의 악한 행동은 단지 증상에 불과하며 마음 속에는 더욱 추한 것 즉 하나님께 대한 반역이 있음을 아셨습니다. 무지함이 아닌 반역 때문에 인간과 하나님 사이가 벌어진 것입니다. 그리고 이 반역은 인간의 모든 문제의 근원입니다. 예수님께서는 증상을 치료하는 데 많은 시간을 들이지 않고 근원적인 치료를 하셨습니다.

이와 같이 표면적인 증상 그 이면에 있는 진정한 필요를 볼 줄 아는 능력은 불신자들과 진솔한 관계를 형성하는 데 열쇠가 됩니다. 우리는 그들을 용납하며 사랑하기 위하여 그들의 행동을 눈감아 줄 필요는 없습니다.

한 젊은이가 있었습니다. 처음 만났을 때 그는 기성세대의 가치관과 전통에 반항하는 문화 속에서 살았습니다. 하는 일 없이 놀고 먹으며 약물을 복용했습니다. 우리는 함께 성경을 공부하기 시작했습니다. 그러나 내 시간이 제한되었기에 다른 몇몇 사람과 함께하는 성경공부에 초청했습니다. 이들도 역시 예수님을 알아 가는 도중이었으나 그 젊은이보다는 전통을 고수하거나 철학적인 면이 강했습니다. 결과적으로 우리가 토의하는 내용이 대부분 그에게는 별로 관심도 없고 의미도 없는 그저 그런 것밖에 되지 않았습니다.

마침내 더 이상 참을 수 없었던지, 그는 어느 날 성경공부 시간에 이렇게 소리쳤습니다. "당신들은 내가 어디에 사는지 내가 누군지도 모릅니다! 여기서 진행되는 건 제게 하나도 의미가 없습니다!"

나는 동의했습니다. 사실 나는 그를 제대로 몰랐습니다. 그는 도전적인 태도로 자신이 사는 세계를 방문해 보라고 했습니다. 우리는 그다음 주에 시간을 정하여 그의 친구들이 모이는 곳에서 저녁 시간을 보내기로 약속했습니다. 말하자면 나는 교육을 받는 중이었습니다!

우리가 먼저 도착했습니다. 그 장소는 점점 사람들로 차게 되었습니다. 각 사람이 모두 각자의 모습을 있는 그대로 보여 주었습니다. 마침내 그 조직의 지도자인 듯한 사람이 들어왔습니다. 옷차림새가 아주 특이하고 수염과 머리는 덥수룩하며 앞니는 빠져 있었습니다. 앉으면서 "나 오늘 직장 그만뒀어"라고 말했습니다. 사람들의 반응을 보고서 그가 방금 한 행동, 즉 직장을 그만두는 것은 그들 조직 내에서 가장 명예로운 일임을 알아챘습니다. 이는 인내와 헌신을 피하고 느슨하게 살면서 이 사회더러 비용을 치르게 하는 것을 의미했습니다.

그 사람에 대한 얘기를 들으면서 그가 어떻게 동료들 사이에서 지도자 위치를 차지할 수 있었는지를 알게 되었습니다. 그는 대학도 졸업했고 군대도 갔다 왔으며 결혼도 했고 안정된 일자리도 있었습니다. 그런데 어느 날 갑자기 아내뿐 아니라 정부 기관의 일자리도 버리고 자기 기분대로 살기로 한 것입니다. 자유분방한 생활 방식을 유지하기 위해 마약을 밀매했습니다. 가진 거라곤 검정색 픽업트럭 한 대와 스키 한 벌, 큰 개 두 마리가 전부였습니다. 진지한 고민은 전혀 하지 않고 단지 그 순간 느끼기에 좋은 대로 살아가는 방식이었습니다.

이 경험을 통해 배운 바가 있어, 그 젊은이를 성경공부 그룹에서 빼내어 그의 집에서 둘이서만 성경을 공부하기로 했습니다. 친구들은 어떤 일이 일어나는지 알고서 불쑥 찾아오곤 했습니다. 때때로 성경을 집어 들고는 읽어 보기도 했습니다. 그의 여자 친구도 흥미를 가지게 되었고 함께 앉아서는 한마디도 놓치지 않고 들었습니다!

그러나 그들의 죄는 어떻게 합니까? 그들이 그리스도께 돌아온 이후 우리는 그 죄의 증상을 깨끗하게 하는 일에 착수했습니다. 우리가 다룬 첫 번째 문제는 그가 여자 친구에게 진정으로 헌신하고 있지 않다는 점이었습니다.

감사하게도 하나님의 말씀은 합리적입니다. 하나님의 계명은 분별력이 없거나 상황에 맞지 않는 말이 아닙니다. 나는 만일 누군가가 모든 지혜를 소유하고 싶고, 한 사회의 생존을 보장해 주는 지침과 그 사회를 번영으로 이끄는 가치관을 갖기 원한다면, 그 해답은 하나님의 말씀에 있다고 믿습니다.

간음과 결혼에 관한 성경의 교훈은 결코 불합리한 것이 아닙니다. 그래서 어느 날 단둘이 있을 때 나는 자연스럽게 그 둘 사이의 관계에 대해 이야기를 꺼냈고 내가 예상하는 바를 얘기했습니다. 그들은 진정으로 서로를 좋아했습니다. 둘 중 아무도 상대방을 잃고 싶지 않았습니다. 그러나 둘 사이에는 아무런 헌신도 존재하지 않음을 서로 잘 알았습니다. 결과적으로 겉도는 느낌을 받으면서도 조화를 이루는 척하곤 했습니다.

나는 그들의 관계가 장래에 어떻게 될지 상상해 보라고 했습니다. 나는 그에게 결국 그 관계는 서로 사랑하는 체하다가 한바탕 장난으로 끝나 버릴 것 같다고 했습니다. 따라서 그들의 관계는 헤어질 만한 일이 한 번 생기면 마침내는 깨어질 운명이었습니다. 파경에 이르면 그들 각자는 자기 나름대로의 길로 가 버리고 서로 상처만 남을 것입니다. 그러고 나서 나는 하나님께서는 남자와 여자가 서로 떨어질 수 없는 연합 관계로 뭉쳐지도록 의도하신 것을 설명했습니다(마태복음 19:6). 어떠한 인간관계든 계속 유지되려면 헌신이라는 기초 위에 세워져야 하기 때문입니다.

그는 한마디도 안 했습니다. 2주 후 우리는 청첩장을 받았습니다. 지금까지 그들은 그리스도와 신실하게 동행하는 삶을 살고 있습니다.

우리는 불신자들을 있는 그대로 용납한 후 상처를 치료하기 시작하는 게 좋습니다. 그 후에 그들 스스로 자신을 파괴하는 것을 해결해 나가도록 도와주어야 합니다. 이 순서를 뒤바꾸면 우리는 진정한 치료책을 제시하기 이전에 상대방의 삶을 뒤흔들어 놓는 혁명가가 되어 버립니다.

우리 자신의 두려움을 다룸

이제 우리 차례입니다. 격리의 벽을 허무는 것은 마땅히 우리 책임입니다. 예수님께서 가르쳐 주신 몇 가지 행동 지침을 따르면, 우리는 격리를 피하고 죄악으로 어두워진 세상 한가운데서 효과적으로 빛을 비출 수 있습니다.

마태복음 5:43-48에서, 예수님께서는 우리가 하나님 아버지를 닮아야 한다고 말씀하시면서 악인에게나 선인에게나 똑같이 해가 비취게 하시는 하나님 아버지를 보여 주십니다. 예수님 말씀은 다음과 같습니다. "너에게 보답해 줄 만한 사람들만 사랑하지 말라. 심지어 세리도 그렇게 한다. 네 형제에게만 인사하지 말라. 모든 사람이 그렇게 한다. 친구가 되는 일에 주도권을 쥐라. 그리고 네 주위 사람들 사이에서 일어나는 것을 잘 관찰하여라. 이는 그렇게 어려운 일이 아니다."

예수님께서는 간단하면서도 실제적인 방법을 보여 주십니다. 누가복음 14:12-13에서 잔치를 베풀 때 친척이나 친구들만 초대하지 말라 하셨습니다. 그다음에 어떤 식으로 진행될지는 뻔합니다. 이번에는 우리 차례 다음번에는 그들 차례입니다. 결국 주고받기인 셈입니다. 아무도 손해 보지 않습니다. 예수님께서는 차라리 가난한 자들과 몸이 불편한 자들과 저는 자들과 맹인들을 청하라고 하셨습니다. 그들은 갚을 게 없으므로 부활 때 그들이 받은 호의에 감사하게 될 것입니다.

다른 말로 하면 아무런 보답을 바라지 말고 후히 대접하라는 말씀입니다. 복음을 위하여 당신이 일상적으로 만나는 사람과 장소를 적극적으로 넓혀 가야 합니다. 경험한 바로는 집이나 조용한 음식점에서 함께 하는 식사가 전도를 시작하기에 좋은 기회였습니다.

이 또한 그리 어렵지 않습니다. 우리는 세상으로 나아가서 우리 삶 속으로 사람들을 이끌어 오기 위하여 친분 관계, 즉 마음을 열 수 있는 관계를 만들어 가야 합니다.

6
격리에서 대화로
역동적인 과정

일단 상대방의 두려움을 이해하고 우리 자신의 두려움을 다룰 줄 알게 되었으면, 이제 관심을 돌려 의사소통 과정을 다룰 차례입니다. 서로 얘기를 나눈다고 해서 언제나 의사소통이 이루어지는 것은 아니며, 어떤 것에 대해 말한다고 해서 말하려는 의도가 그대로 전달되지는 않습니다. 의사소통은 말하는 사람의 말보다는 듣는 사람의 이해를 기준으로 평가해야 합니다. 이야기하는 것은 한 사람이 합니다. 그러나 의사소통은 상호 간에 일어납니다.

 오스왈도는 내가 브라질 선교 초창기에 복음을 전하여 그리스도를 믿게 된 사람입니다. 처음 만났을 때 그는 엔지니어로 일하는 중이었습니다. 우리가 알게 된 것은 그의 형을 통해서였습니다. 내가 언어 공부를 할 때, 그의 형과 성경을 공부한 적이 있었습니다. 오스왈도는 우리의 진행 상황을 호기심을 가지고 바라보았습니다. 형이 종교 같은 것에 빠져든다는 걸 상상할 수 없었기 때문입니다. 형은 그런 부류의 사람이 아니었던 터입니다. 나는 오스왈도를 집에 초청하였고 그는 흔쾌히 받아들였습니다.

우리가 브라질에 오게 된 동기를 오스왈도가 질문하면서 대화가 시작되었고, 형과 나 사이에 무슨 일이 일어나는지도 물어보았습니다. 그 질문에 가장 잘 대답하는 방법은 복음을 전해 주는 것이라는 생각이 들었습니다. 분필과 성경을 집어 들고는 나무로 된 바닥을 칠판으로 하여, 전도할 때에 자주 사용하던 멋진 예화를 그려 가면서 약 두 시간에 걸쳐 열심히 복음을 설명해 주었습니다. 내 딴에는 상당히 잘 전했다고 생각하며 만족해하였고, 복음을 다 전한 후에 그의 반응을 살피려고 뒤로 기대어 앉았습니다. 나는 그가 회심 직전까지 왔을 거라 확신했습니다.

그러나 그는 내가 그린 예화를 바라보다가 나를 쳐다보았습니다. 어리둥절한 표정을 짓더니 이렇게 말했습니다. "사람들에게 이런 걸 얘기하려고 브라질까지 왔단 말이에요?"

전도는 과정이다

오스왈도에게는 내가 얘기한 내용이 별로 의미 없고 자신과는 아무 관계없는 듯 보였습니다. 그때에 나는 전에는 한 번도 느껴 보지 못한 의사소통의 문제에 맞닥뜨렸다는 사실을 깨달았습니다. 그때까지 나는 늘 마음속으로 '전도' 하면 으레 '추수', 즉 '거두어들이는 것'을 떠올렸습니다. 그러나 지금 내 앞에는 추수할 것 하나 없는, 단지 허허벌판이 펼쳐져 있을 뿐이었습니다. 거두어들이기 위해서는 먼저 씨를 뿌리고 심고 물을 주고 기르는 일을 해야만 했습니다.

나는 오스왈도를 초대하여 함께 성경을 읽기 시작했습니다. 그 후 석 달 동안 우리는 일주일에 몇 차례씩 만나 요한복음을 함께 공부했습니다. 서서히 그가 인본주의적인 사고방식에서 그리스도의 진리를 받아들이는 쪽으로 변화되어 나가는 모습이 명확하게 보였습니다. 그 과정이 끝났을 때 그는 그리스도께 굴복하고 그리스도를 마음에 모셔 들이게 되었습니다.

그 후 이처럼 지속적으로 말씀의 비췸을 받도록 하는 방법은 나의 전도에서 하나의 정형이 되었습니다. 얼마 안 가서 나는 브라질 사람들을 그리스도께로 인도할 수 있게 되었는데 미국에서였다면 무관심하거나 얘기도 안 꺼내고 그냥 지나쳐 버릴 사람들이었습니다. 또한 이러한 새 신자들은 오랜 잉태 기간 뒤에 출생했기 때문에 영적인 문제가 거의 없다는 사실도 발견했습니다. 영적인 사상자는 드물었습니다. "더러는 좋은 땅에 떨어지매 자라 무성하여 결실하였으니 삼십 배와 육십 배와 백 배가 되었느니라"(마가복음 4:8).

이를 통해 나는 의사소통 과정에 필요한 몇 가지 교훈을 배웠습니다. 또 전도는 거두어들이는 것뿐만 아니라 씨를 뿌리고 심고 물을 주고 기르는 것까지를 포함한다는 사실을 깊이 배우게 되었습니다. 전도가 일련의 과정임을 배운 것입니다.

우리가 한두 번의 대화를 통해 어떤 사람이 그리스도를 믿고 영접하는 결단을 내리도록 이끌었다면 한 가지 확신할 수 있는 게 있습니다. 즉, 이전에 상당한 준비와 다른 사람들의 수고와 노력 덕분에 우리가 그 지점에 도달했다는 사실입니다. 이것이 예수님께서 요한복음 4:36-38에서 제자들에게 말씀하신 바라고 생각합니다. "거두는 자가 이미 삯도 받고 영생에 이르는 열매를 모으나니 이는 뿌리는 자와 거두는 자가 함께 즐거워하게 하려 함이니라. 그런즉 한 사람이 심고 다른 사람이 거둔다 하는 말이 옳도다. 내가 너희로 노력지 아니한 것을 거두러 보내었노니 다른 사람들은 노력하였고 너희는 그들의 노력한 것에 참예하였느니라."

하나님께서는 사람과 환경, 사건 등 여러 가지 요소를 사용하여 필요한 준비를 해 놓으십니다.

이 과정에서 필수적인 몇 단계는 오직 하나님만이 하실 수 있습니다. 그중 하나가 하나님을 알 만한 마음을 각 사람에게 심어 놓으신 것입니다(로마서 1:20 참조). 하나님께서는 또한 각 사람의 마음에 하나님의 법을 새겨 놓았으며, 이를 어기면 양심의 가책을 느끼게 하셨습니다(로마서 2:14-15 참조).

어떤 경우에는 정치적 상황도 사용하십니다. 요시야왕은 성전에서 먼지가 덮인 성경 사본을 발견해서 읽은 후에 국민들이 영적으로 부흥하도록 이끌었습니다(역대하 34장 참조). 경제적인 불안, 정치적인 변화, 혁명 등 일상적인 가치관이나 생활을 깨트리는 모든 것이 사람들로 하여금 흑암의 권세에서 빛의 왕국으로 옮겨 가는 과정으로 발길을 내딛게 합니다.

심지어 우연한 말 한마디도 중요한 역할을 할 수가 있습니다. 이전에 불교도였던 친구는 자신이 예수님께로 돌아오게 된 것을 말하면서, 자기 어머니가 불교 사원에 함께 있을 때 해 주신 이야기가 자극이 되어 예수님께로 나아가는 탐구를 시작했다고 했습니다. 어머니는 큰 소리로 왜 '참신'이 사원의 선반에 놓인 여러 불상 중에서 처음이 아니라 마지막에 놓였는지 모르겠다며 의아해한 것입니다. 그는 어머니의 의문을 절대 잊을 수가 없었습니다. 어머니의 한마디 말이 그가 그리스도의 복음에 반응하도록 준비시켜 준 것입니다.

하나님께서는 한없이 다양한 방법을 사용하여 복음의 씨를 뿌리시며 우리가 무지와 반항에서 떠나 믿음을 향해 나아가도록 하십니다. 가장 분명하면서도 현재까지 가장 효과적인 방법은 독실한 믿음의 가정을 통하는 것으로, 교회와 가정에서 성경의 진리대로 생활하며 양육과 교육을 받는 분위기 가운데 자라는 것입니다. 이후에 유일하게 남은 과제는 대개 거두는 일입니다. 지금도 어느 곳에 가든지 기독교 유산을 물려받은 사람들이 상당수 있습니다. 그러한 상황에서는 거두어들이는 일 자체도 격려가 됩니다. 그러나 이것 때문에 우리는 세계 전체가 이처럼 동일하게 준비되어 있다고 착각하여 전도가 일련의 과정이라는 사실을 잊을 때도 있습니다.

계속 새롭게 배우다

이처럼 전도에 대하여 흔히 잘못 아는 개념을 하나 들면, 전도를 하나의 활동이나 사건으로 생각하는 것입니다. 나 역시 처음에는 그런 개념을 가졌습니다. 영적으로 어렸을 때, 나는 많은 시간을 들여 성경 말씀을 공부하고 묵상하는 습관을 몸에 익혔는데, 참으로 감사한 일이었습니다. 이를 통해 받은 축복과 영향은 헤아릴 수 없이 많았습니다. 나는 내 자신에게 일어나는 변화에 흥분했습니다. 그러나 한편으로 전도를 하려고 하면 어떻게 해야 할지를 몰라 답답했습니다. 순종하는 그리스도인이라면 누구나 마땅히 전도를 해야 한다고 알기 때문입니다. 다른 사람에게 전도한다는 생각을 하면 두려움이 몰려왔고 입이 떨어지지 않았습니다.

나는 머릿속으로 '훌륭한 증인'은 어떠해야 하는지 그 모습을 그려 놓았는데, 이 상상은 사도 바울에 대한 인상에서 나온 것이기도 했습니다. 아레오바고에서 철학자들에게 설교하며, 사람들로 붐비는 시장에서 복음을 이야기하고, 시위대와 함께 복음의 대화를 나눕니다. 오늘날로 비추어 보면 훌륭한 증인이란 훌륭한 세일즈맨과 같다고 생각했습니다. 수줍어하지 않고 적극적이며 낯선 사람도 두려워하지 않습니다. 그러나 내 주위에는 낯선 사람들로 가득 찼고 나는 그들을 두려워했습니다. 나는 전도에는 '은사'가 없다고 결론짓고, 마음속에서 전도라는 것을 지워 버리려 했습니다.

그러나 이것 역시 별 효과가 없었습니다. 마음속에서는 긴장이 계속 쌓여 갔습니다. 나는 전도하고 싶었습니다. 한번은 하던 일을 중단하고는 내가 다니던 대학의 학생 회관으로 가서 누군가에게 전도하기로 마음먹기도 했습니다. 이런 은밀한 시도를 몇 번씩이나 했지만 아무에게도 이야기를 걸지 못했습니다. 마침내 나의 이러한 절망감을, 열매가 많은 한 성숙한 그리스도인에게 털어놓았습니다. 그는 나를 대학 교정으로 데려갔고, 나는 그날 오후 내내 그가 사람들에게 접근하여 말을 건 다음 복음을 전하는 모습을 지켜보았습니다. 전도에 대한 공포감은 전도에 대한 열망 앞에 꺾이게 되었고, 나는 개인 전도가 가능하다는 사실을 알게 되었습니다. 이 경험은 획기적인 돌파구였습니다.

그 후 몇 달 동안 나는 내 친구 모두에게 복음을 전했습니다. 복음을 거부하는 친구들도 있었지만 즐거이 듣고 주님을 영접하는 친구들도 있었으며, 무엇보다 전도에 대한 나의 절망감을 극복할 수 있었기 때문에 기분도 좋았습니다. 또한 학생 기숙사를 찾아가 각 방을 방문하여 복음을 전하기 시작했습니다. 근처 군 기지도 방문하여 복음을 전했습니다. 이러한 열정으로 많은 사람이 복음을 듣고 그리스도인이 되었습니다. 하지만 그 후에 계속 열매로 남아 배우려는 사람이 아무도 없었습니다.

내가 전도에 대하여 배워야 할 것이 아직도 많다는 사실을 그때는 몰랐습니다. 훗날 특히 앞에서 얘기한 오스왈도에게 복음을 전했던 경험을 통해 많은 것을 배우게 되었습니다.

"안됐습니다"

나는 전에 의사소통과 전도에 실패했을 때, 너무나도 자주 그 이유를 전도 대상자의 '땅' 곧 마음 밭이 나쁘다는 데에서 찾곤 했습니다.

한번은 미국의 세 부부가 팀을 이루어 베네수엘라 수도인 카라카스로 선교 사역을 하기 위해 함께 떠났습니다. 세 부부 모두 선교 경험이 많았습니다. 수년 동안 대중 전도도 했고 캠퍼스와 직장에서 제자삼는 사역을 하였습니다.

카라카스에서 일차로 정한 사역 대상은 대학생이었습니다. 캠퍼스에서 시간을 보내면서, 듣기를 원하는 사람들에게는 누구에게나 복음을 전하고 성경공부를 하는 등 가능한 모든 방법을 동원하여 장차 그들과 함께 동역할 새로운 그리스도인들을 만날 계획을 세웠습니다.

몇 가지 면에서 카라카스는 독특했습니다. 석유가 풍부하며 곳곳에 대형 토목 공사가 진행 중이었습니다. 화폐 가치가 높고 일자리도 많아서 수많은 사람이 남미뿐 아니라 유럽과 북미에서도 몰려왔습니다. 사람들은 대부분 경제적으로 풍요로웠습니다. 도시는 점점 더 복잡한 국제도시로 변했으나 안데스산맥 사이에 위치했기 때문에 더 이상 커질 수 없을 정도가 되었습니다. 역사적으로 볼 때 카라카스는 교회의 복음화 시도에 저항해 왔습니다. 이 모든 것이 기초가 되어 카라카스는 물질주의 외에는 살아남지 못하는 상황이었습니다.

세 부부는 1년 동안 열심히 사역을 했으나 열매가 거의 없었습니다. 선교사 중 한 분이 내게 편지를 보내 왔습니다. "우리는 모두 전도를 새로이 배우는 기분입니다. 마치 이전에는 한 번도 전도를 해 보지 않은 사람처럼요. 미국에서는 아무에게나 다가가 바로 전도해도 몇 분도 되지 않아 고개를 숙이고 영접하는 사람이 종종 있었습니다. 그러나 여기서는 그런 일이 도무지 일어나지 않습니다. 그들의 반응은 대개 '거참 안됐습니다'라는 것입니다. 다른 말로 하면, 카라카스의 학생들은, 겉으로는 우리가 정상으로 보이는데 그런 어리석은 것에 빠져들다니 안됐다는 생각이 든다는 말입니다."

편지는 계속됩니다. "죄를 깨닫거나 뭔가가 필요하다는 반응을 보이는 사람을 찾을 수가 없습니다. 성경이나 성경이 말하는 내용에 대해 전혀 관심이 없습니다."

어떤 일이 일어난 걸까요? 왜 그들은 미국에서 경험한 것을 카라카스에서는 경험하지 못할까요? 이유는 말하는 사람과 듣는 사람이 다르다는 데 있습니다. 이는 단지 선교사들만 겪는 문제가 아닙니다. 복음을 나누고자 하는 사람이라면 어디에서나 겪는 동일한 어려움입니다.

복음을 듣는 사람

카라카스의 불신자들과 미국의 불신자들 사이에는 영적 유산 면에서 상당한 차이가 있습니다. 세계의 모든 사람들이 복음에 대해 동일하게 준비되어 있지 않다는 사실을 알아야 합니다.

사도 바울이 아테네의 아레오바고에서 전도한 것을 살펴보면 몇 가지 도움을 얻을 수 있습니다. 그는 하나님께서 이 세상을 여러 인종과 언어와 문화와 나라로 나누셨다고 했습니다.

바울은 아테네 사람들에게 전도하면서 이렇게 말했습니다. "우주와 그 가운데 있는 만유를 지으신 신께서는 천지의 주재시니…

만민에게 생명과 호흡과 만물을 친히 주시는 자이심이라. 인류의 모든 족속을 한 혈통으로 만드사 온 땅에 거하게 하시고 저희의 연대를 정하시며 거주의 경계를 한하셨으니, 이는 사람으로 하나님을 혹 더듬어 찾아 발견케 하려 하심이로되, 그는 우리 각 사람에게서 멀리 떠나 계시지 아니하도다"(사도행전 17:24-27).

나는 오랜 세월을 문화 및 언어의 장벽과 힘들게 씨름한 탓에, 이 세상에 이런 장벽이 없으면 더 잘 돌아갈 것이라 생각하고 싶었습니다. 그런데 현존하는 질서들이 하나님의 계획이라는 것과 하나님께서 화목을 염두에 두시고도 이렇게 하셨다는 것을 알고는 놀랄 수밖에 없었습니다! 분명히 이 장벽은 방부제 역할을 하여 부패하고 타락한 문화가 다른 문화에 영향을 미치는 것을 제한합니다(창세기 11:1-9 참조).

여기서 알아야 할 중요한 사실은 모든 나라와 사람들이 준비된 정도가 똑같지 않다는 점입니다. 이러한 요소는 미국의 전형적인 도시에서 카라카스처럼 세속화된 도시로 옮길 때에 의사소통의 수준에 큰 영향을 끼치는 원인이 된다고 볼 수 있습니다. 그리고 이 요소는 기독교 문화권인 미국의 도시와 복음이 덜 들어간 카라카스와 같은 도시를 비교할 때 더욱 두드러지게 부각됩니다. 그러나 비록 분명하지 않을지는 모르지만 이와 비슷한 거리감이 미국 도시에 거주하는 그리스도인들과 불신자들 사이에도 존재하는 것이 사실입니다!

복음을 전하는 사람

어떤 사람과 대화를 하려고 할 때 만약 상대방과 서로 다른 전제조건하에서 말을 한다거나 혹은 어떤 단어에 대해 느끼는 감정이 서로 전혀 다르다면 어떤 일이 일어날까요?

최근에 나는 젊은 선교사가 라틴아메리카의 한 학생과 대화하는 것을 지켜보았습니다. 그 선교사는 그동안 사귀어 온 사람들과 복음을 나누려고 시도할 때마다 뜻하지 않게 거절당하여 심한 절망감을 겪고 있던 터였습니다.

이번에는 몇 달 동안 함께 축구를 즐겨 왔던 한 학생과 약속을 했습니다. 그는 나에게 자기가 전도하는 모습을 보고 나서 평가해 달라고 요청했습니다. 자기가 무엇을 잘못하는지 알고 싶었던 것입니다.

첫 시작은 훌륭했습니다. 기독교 학생 운동에 참여하기 위하여 그 나라에 왔으며, 인생 문제를 성경에서 찾는 일에 관심이 있는 사람을 찾는 중이라고 했습니다. 계속해서 이 일을 효과적으로 하려면 먼저 그 나라 사람들의 사고방식을 이해하는 게 필요하다고 했습니다. 그때까지는 아주 좋았습니다.

그리고 몇 가지 질문을 계속했습니다. 이 역시 잘 전달되었습니다. 그러나 얼마 안 가서 곤경에 빠지게 되었습니다.

질문은 그리스도인의 기본적인 신앙에 관한 것이었습니다. 하나님은 어떤 분이신가? 예수 그리스도는 누구신가? 구원에 대해서는 어떻게 생각하는가? 이런 질문에 그 학생은 아주 쉽게 대답했습니다. 모두 교리 문답에 나오는 내용 그대로였습니다!

상대방의 대답을 액면 그대로 받아들인 선교사는 자기와 생각이 비슷한 사람을 만났다고 지레짐작했습니다. 이게 첫 번째 실수였습니다. 두 번째 실수가 잇달았습니다.

학생은 선교사에게 동일한 질문에 대해 어떻게 생각하는지 물었습니다. 대답하지 않는 게 좋을 뻔했습니다. 그러나 선교사는 복음을 전할 좋은 기회라고 여기고는 재빨리 낚아챘습니다. 최선을 다

하여 자기 생각을 명쾌하면서도 상세하게 전달했습니다. 예수님은 하나님이시다, 우리 죄를 위하여 죽으셨다, 우리는 예수님을 믿음으로 은혜로 하나님과 화목하게 될 수 있다 등등.

나는 선교사가 얘기할 때 학생을 바라보았습니다. 실망하는 빛이 얼굴에 역력히 나타났습니다. 학생은 자기가 얘기하고도 그 교리 문답 내용을 안 믿었던 것입니다. 사실상 그는 오래전에 종교를 포기했습니다. 그의 대답은 선교사의 반응을 알아보려는 제스처에 불과했습니다. 그는 이 미국인이 좋았습니다. 이 미국인의 대답은 무엇인가 다르리라 기대했습니다. 그러나 전에 들었던 교리 문답 내용과 거의 차이가 없다는 생각이 들었습니다. 말하는 사람이나 듣는 사람 모두 같은 언어로 대화를 했지만 실은 서로 다른 언어로 의사소통을 한다는 사실을 몰랐습니다. 똑같은 용어를 사용했지만 메시지 및 단어의 의미를 해석하는 방식은 크게 달랐습니다. 두 사람은 이 사실을 깨닫지 못했습니다. 학생은 선교사의 말을 듣고 자기가 이전에 거부했던 종교로 다시 끌어들이려는 시도로 해석한 것입니다.

선교사는 자기도 모르게 더 이상 빠져 나올 수 없는 막다른 상황으로 자신을 몰아넣은 것입니다! 즉시 자기 신앙을 나누는 대신 몇 가지 질문을 더하여 그 학생의 상태를 좀 더 확실하게 파악했더라면 더 좋았을 텐데 하는 아쉬움이 들었습니다. 그는 그 학생이 진정으로 듣고자 할 때 이야기를 시작했어야 했고 듣는 사람이 이해하는 말로 바꿀 필요가 있었습니다.

이 두 사람의 경우처럼 전제 조건이 다를 때 의사소통에 큰 거리감이 생깁니다. 의사소통을 계속하려고 시도하면 할수록 가까워지기보다는 오히려 사이가 더 벌어지곤 합니다. 무엇이 차이가 나는지도 모르는 상태로 끝나며, 어쩌면 더 혼돈 속에 빠지기도 합니다.

진리를 전달하고 있다고 생각하지만, 우리가 전한 내용은 듣는 사람에 의해 변형됩니다. 우리의 말은 상대방이 이미 갖추고 있는 기준에 따라 재해석됩니다. 그 결과 우리가 전한 복음은 상대방에게 영향을 주는 대신, 듣는 사람이 가진 기존 생각에 묻혀지고 맙니다. 실제로는 전혀 듣지 않은 셈입니다.

그래서 우리는 카라카스의 그 팀이 해결해야 할 첫 번째 과제는 의사 전달을 할 때에 생기는 간격을 좁히는 것이라고 말할 수 있습니다. 여기에는 두 가지가 필요합니다. 하나는 상대방의 사고방식을 이해하는 것이고, 또 하나는 상대방이 이해하는 말로 복음을 전하는 것입니다. 그 선교사들이 전하는 메시지는 미국 교회에서 쓰는 용어나 의사소통 방법에서 벗어나 카라카스의 학생들이 이해하는 형태로 바꾸어야 했습니다.

의사소통에서 생기는 이러한 문제는 커다란 문화권이 바뀌는 상황에서만 생기는 게 아닙니다. 이는 우리 문화 안에서도 복음주의 문화권 밖의 사람들에게 의사 전달을 할 때에도 생깁니다. 그들은 우리가 기본적으로 믿는 바에 동의하지 않으며 또한 우리가 쓰는 용어에도 친숙하지 않습니다. 이 문제는 옆집에 사는 이웃 사람처럼 가까이 있습니다.

이즈음에 "그러면 이 모든 것은 신약성경에 나오는 예와 어떻게 비교됩니까? 사도행전에서 초대 교회의 전도를 듣고 사람들이 보인 놀랄 만한 반응을 어떻게 설명할 수 있습니까?"라는 질문이 나올 수 있습니다. 이에 대해 구체적으로 다루도록 하겠습니다.

제 2 부

전도의 두 측면

7
복음의 선포
성경적이고 효과적인 전도 방법

앞에서 말한 바와 같이 신약성경의 전도에는 크게 두 가지 측면이 있습니다. 첫째로 복음을 '선포'하는 것입니다. 이를 통하여 불신자들은 복음의 내용을 명확하게 전달받습니다. 이를테면 전도대회와 같이 어떤 한 시점에 일어나는 것입니다. 또 다른 경우로는 복음을 각 사람에게 직접 전하는 것이 있습니다. 누군가에게 하나님과 화목하기 위해 필요한 내용을 설명하면 복음이 선포된 것입니다. 이 복음의 선포는 성경적이고 필수적이며 효과적인 전도 방법입니다.

성경에서는 온 세상에 복음을 선포하라고 명령합니다. 그래서 우리가 복음을 선포해야 되느냐에 대해서는 더 이상 설명할 필요가 없습니다. 그러나 복음을 선포할 때에는 지혜가 필요합니다. 선포는 주로 마음이 준비된 사람에게 전도할 때 효과적입니다.

두 번째 측면은 기독교 배경이 없는 사람들에게 나아갈 때에 효과적인데, 이를 복음의 '확증'이라고 부릅니다. 대부분의 세상 사람들은 영적 유산이 없기 때문에 이러한 확증이 필요합니다.

그러면 '복음의 확증'이란 무엇입니까? 그리스도의 복음 메시지를 구체화하고 보여 주는 '과정'입니다. 이는 아직 마음이 준비되지 않은 사람들에게 효과적이라 할 수 있습니다. 즉, 기독교 문화 배경이 없거나 기독교를 삶의 기초로 받아들일 준비가 안 된 사람들을 말합니다. 그들은 여러 가지 '주의', 예를 들면 인본주의, 물질주의, 실존주의, 사회주의, 자본주의 등에 기초를 두고 살아갑니다. 예외가 있기는 하지만 그런 사람들을 하나님의 나라로 인도하기 위해서는 복음을 한 번 선포하는 것 그 이상이 필요합니다.

전도의 두 측면 곧 선포와 확증은 기독교 배경이 있는 사람뿐 아니라 기독교 배경이 없이 자란 사람들을 전도하려 할 때 꼭 필요합니다. 어느 하나가 다른 것보다 더 낫거나 더 중요하다고 말할 수는 없습니다. 둘 다 필요하며 어느 한 가지만으로는 충분하지 않습니다. 신약성경에서는 두 가지가 동시에 이루어져야 함을 보여 줍니다. 언제 어떤 방법을 사용하느냐가 중요한 문제가 됩니다. 복음을 선포하는 것만으로 충분한 경우인데도 계속 확증하려는 시도를 하면 이는 불필요한 노력을 하는 것입니다. 그러나 상대방의 마음이 준비되려면 아직도 해결해야 할 것이 많이 남았는데도 복음을 선포하는 것만을 고집하는 것은 비효과적입니다. 복음을 선포하기만 해도 받아들이는 경우는 이미 확증의 과정을 거친 경우입니다. 그리고 확증이 효과적인 경우에도 복음의 선포는 언제나 필수 요소입니다.

복음을 선포함

'선포'란 헬라어로 '케륏소'인데, 이는 '알리다, 외치다, 전하다, 전파하다, 선포하다, 공포하다, 선언하다'라는 뜻을 지닙니다. 신문이나 방송이 이런 기능을 합니다. 로마에서 이 단어는 공식 경기에서 시작을 알리는 행동을 묘사하는 데 사용되었습니다. 그러나 이 단어의 의미를 대규모 전도 집회에 제한하는 것은 정확하지 않습니다. 선포는 다양한 형태를 갖는데, 개인적인 일대일 전도도 여기에 포함됩니다.

4복음서 모두에서 우리는 복음을 선포하도록 명령을 받았습니다. 마태복음 24:14에서 예수님께서는 "이 천국 복음이 모든 민족에게 증거되기 위하여 온 세상에 '전파'되리니…"라고 말씀하셨습니다. 세상의 어느 특별한 장소에만 전파하라는 것이 아닙니다. 온 세상에 전파해야 합니다. 마가복음 13:10도 마찬가지입니다. 복음이 만국에 '전파'되어야 할 것입니다. 마가복음 16:15은 좀 더 구체적입니다. "너희는 온 천하에 다니며 만민에게 복음을 '전파'하라." 누가복음 24:47에서도 같은 말이 사용되며 우리가 전파할 내용이 어떠해야 하는지를 말합니다. 예수님께서는 우리가 '예수님의 이름으로 죄 사함을 얻게 하는 회개'를 모든 족속에게 전파해야 한다고 말씀하셨습니다.

잠깐 멈추고 우리가 복음을 전파할 때 일어나기를 기대하는 것을 살펴봅시다. 24세 된 젊은이에게 복음을 전파한다고 가정해 봅시다. 그는 지난 24년간 자신이 하고 싶은 것을 하며 자기 특유의 습관을 형성하고 자신만의 가치관을 발전시켜 왔습니다. 마음속의 거의 모든 것이 하나님의 말씀과는 정반대입니다. 그에게 한 시간이나 복음을 설명해 주었습니다. 이제 우리는 무엇이 일어나기를 기대합니까? 그가 자신이 나아가는 생의 방향이 틀렸다는 결론을 내리기를 기대합니다. 우리는 이런 말을 듣고 싶어 합니다. "24년간 나는 잘못 살아왔습니다. 한 시간 만에 당신은 내게 지금까지 내가 해 온 모든 것에서 돌아서는 방법을 보여 주었습니다."

우리는 거의 불가능한 것을 기대하는 것인가요? 물론 그렇습니다. 그러나 전 세계에서 이런 상황이 매일매일 일어납니다. 종종 효과적일 때가 있기 때문입니다. 왜 그렇습니까? 몇 가지 이유를 들 수 있습니다.

사도행전 11:21에서는 복음이 전파될 때 아주 분명한 결과가 있다고 기록합니다. 이는 "주의 손이 그들과 함께"하셨기 때문입니다. 이것은 중요합니다. 이것 때문에 말씀을 선포하는 것이 효과가 있습니다. 만약 주님의 손이 우리와 함께하시지 아니하면 사실 시간을 낭비하는 셈입니다.

사도행전 11:24에는 두 번째 이유가 나옵니다. 이번에는 복음을 선포하는 바나바가 "착한 사람이요 성령과 믿음이 충만한" 사람이었습니다. 세 가지가 잘 조화를 이룹니다. 즉, 착한 사람[빛 된 삶], 하나님의 성령, 믿음입니다. 놀라운 결과가 나타난 이유는 메시지를 전하는 사람의 자질 때문이었습니다.

사도행전 13:48에서도 복음이 전파되어 좋은 결과를 얻었습니다. 이 구절을 통하여 성령께서는 왜 이런 결과가 일어났는지를 설명하셨습니다. "영생을 주시기로 작정된 자는 다 믿더라." 이는 하나님께서 어떤 사람들을 준비하셔서 우리가 그들을 만날 즈음에는 복음에 즉시 반응하도록 하신 것을 의미합니다. 우리는 어디를 가나 이렇게 준비된 사람들을 만날 수 있습니다.

그러나 우리가 복음의 선포를 통해 결과를 기대할 수 있는 또 다른 이유가 있습니다. 사도행전 14:1에서 "이에 이고니온에서 두 사도[바울과 바나바]가 함께 유대인의 회당에 들어가 말하니 유대와 헬라의 허다한 무리가 믿더라"라고 기록합니다. 그들의 능력 있는 설교를 통해 많은 유대인과 이방인이 믿은 것입니다. 사도행전 16:14에서 우리는 또 다른 이유를 발견합니다. 루디아에 대해서 설명하면서 "두아디라성의 자주 장사로서 하나님을 공경하는 루디아라 하는 한 여자가 들었는데 주께서 그 마음을 열어 바울의 말을 청종하게 하신지라"라고 기록합니다.

따라서 복음을 전파할 때 우리는 열매를 기대할 수 있습니다. 우리가 믿음이 있고 거룩한 삶을 산다면 주님의 손이 우리와 함께하심을 기대할 수 있습니다. 우리는 능력 있게 복음을 전하는 법을 배울 수 있습니다. 그리고 주님께서 사람들의 마음을 열어 주실 것을 기대합니다.

영적 배경의 문제 - 효과적인 복음 전파에 필요한 전제 조건

아마도 사람들이 복음을 듣고 바로 반응을 보이는 주된 이유는 이전에 준비가 되었기 때문일 것입니다.

복음을 전파할 때 반응을 보인 사람들에게는 두 종류가 있음을 사도행전에서 찾아볼 수 있습니다. 하나는 유대인으로서, 그들에게는 오랜 세월에 걸친 종교적 유산이 있었습니다. 하나님께서는 그들에게 성경 말씀 - 율법과 선지자 - 을 주셨습니다. 정복당하기 전까지 유대 사회는 종교와 정치를 서로 구분할 수 없는 사회였습니다.

유대인들은 훌륭하게 준비되어 있었습니다. 오순절을 지키기 위해 "경건한 유대인이 천하 각국으로부터 와서" 예루살렘에 머물렀습니다(사도행전 2:5).

또 하나는 이방인으로서 유대교에 입교하거나 거의 마음이 돌아선 사람들로, 유대인의 예배에 참석한 이들인데 '개종자', '하나님을 경외하는 사람'이라고 알려졌습니다.

하나님께서 복음을 이방인에게 퍼뜨리시기 위한 첫 번째 대상으로 로마 군인인 고넬료를 택하셨는데, 그를 '경건하여 하나님을 경외하는 사람'이라고 기록하였습니다(사도행전 10:2).

그다음 하나님께서는 선교사 파송을 하셨습니다. 바울은 안디옥 교회에서 교회의 다섯 지도자 중 하나로 섬겼습니다. 바나바도 다섯 지도자 중 한 사람이었습니다. 성령께서는 바울과 바나바를 따로 세워 선교사로 보내셨습니다. 이것이 선교사 파송의 시작이었습니다.

그들은 어디를 가든 특정한 전략을 세웠습니다. 첫 번째로 방문한 곳은 유대인의 회당이었습니다. 분명히 회당에서 만나는 사람들은 대부분 어느 정도 영적인 관심이 있었을 터입니다. 비록 그들이 그리스도에 대해 들어 보지 못했지만 전통적인 형식을 따라 하나님을 찾았습니다. 그들에게는 종교적인 배경이라는 장점이 있었습니다. 그 결과 많은 사람이 바울과 바나바가 전파하는 복음을 듣고 믿게 되었습니다. 유대인이나 유대교로 개종한 이방인이나 모두 그리스도인이 되었습니다.

일상적이 아닌 일이 빌립보에서 일어났습니다. 그 도시에는 회당이 없었습니다. 분명히 바울과 바나바는 사람들이 정기적으로 기도하러 모이는 장소가 강가에 있다는 소식을 들었을 것입니다. 그들은 그곳으로 갔고 거기서 루디아를 만났습니다. 그 역시 '하나님을 공경하는' 사람이었습니다(사도행전 16:14). 이 경우에도 마찬가지로 이미 준비된 사람들에게 복음을 전파한 것입니다.

그런데 아덴에서는 약간 다른 상황이 벌어졌습니다(사도행전 17:16-34 참조). "바울이 아덴에서 저희를 기다리다가 온 성에 우상이 가득한 것을 보고 마음에 분하여 회당에서는 유대인과 경건한 사람들과 또 저자에서는 날마다 만나는 사람들과 변론하니"(사도행전 17:16-17). 그는 심지어 에피쿠로스와 스토아 철학자들과도 쟁론했습니다(18절).

철학자들은 바울의 새로운 교훈에 호기심이 생겨 아레오바고로 데려가 강연을 들었습니다. 이는 종교적 배경이 없는 이방인의 무리에게 바울이 전한 메시지로 유일하게 기록된 것입니다. 그는 구약성경을 사용하지 않았습니다. 그들이 쓰는 말을 사용했습니다. 심지어 헬라 시인의 시도 인용했습니다. 색다른 방법으로 증거하였습니다. 창조주 하나님으로부터 시작했습니다. 그러고 나서 예수님과 예수님의 부활에 대해 말했습니다. 그 결과 몇 사람이 그를 친하여 믿었습니다(사도행전 17:34).

바울이 전한 결과와 베드로가 오순절에 했던 설교의 결과를 비교해 보십시오(사도행전 2:37-41). 무슨 차이가 납니까? 베드로가 더 성령 충만했습니까? 베드로가 더 잘 전했습니까? 아닙니다. 그 차이는 유대인의 종교적 유산 때문일 것입니다. 이 종교적 유산 때문에 그들은 복음에 더 간절히 반응했던 것입니다.

복음의 선포로 대단한 결과를 얻었다면 이는 듣는 사람들이 먼저 준비되어 있었음을 의미합니다. 그럼에도 우리는 온 세상에 복음을 선포하도록 명령받았습니다. 왜 그렇습니까? 하나님께서 준비해 놓은 사람들이 곳곳에 있기 때문입니다. 그러나 하나님께서는 우리의 전도를 제한하여 복음의 선포만 하도록 의도하지는 않으셨습니다.

선포의 범위 - 제한된 효과

복음을 선포하는 것은 하나님의 명령입니다. 이는 보편적으로 효과적인 것이긴 하지만 제한되어 있습니다. 그 목적에서뿐 아니라 그 대상에서도 제한되어 있습니다.

바울은 이 사실을 알았고 그 결과 자신을 제한하여 일정한 지침을 따라 사역을 진행하였습니다. 이와 같은 접근은 그의 성공적인 사역의 기초가 되었습니다. 그는 모든 것을 하려고 시도하지 않았습니다. 두루 다니며 복음을 전한 후 로마에 보낸 편지에서 다음과 같은 놀라운 내용을 말했습니다. "이 일로 인하여 내가 예루살렘으로부터 두루 행하여 일루리곤까지 그리스도의 복음을 편만하게 전하였노라. 이제는 이 지방에 일할 곳이 없고 또 여러 해 전부터 언제든지 서바나로 갈 때에 너희에게 가려는 원이 있었으니"(로마서 15:19,23).

일할 곳이 없다고 할 때에 바울이 의미하는 바는 무엇입니까? 예루살렘으로부터 일루리곤까지 한 사람도 빼놓지 않고 모든 사람에게 복음을 전했다는 의미입니까? 그렇지는 않습니다. 그의 전략은 한 도시에 가서 준비된 사람들을 거두어들여 그들을 세워 주고 또다시 이동하는 것이었습니다. 로마 제국 내에서 죄악의 중심지였던 고린도와 같은 도시의 인구 중 유대인의 회당 내부를 한 번이라도 들여다본 사람이 몇 퍼센트나 되겠습니까? 얼마 되지 않았을 것입니다. 대부분의 도시에서 바울의 전도는 회당을 벗어난 적이 없었습니다. 그렇다면 무슨 근거로 바울은 그 지역에서 자기 일을 끝냈다고 할 수 있었을까요?

바울은 고린도 교인들에게 다음과 같이 말했습니다. "그러나 우리는 분량 밖의 자랑을 하지 않고 오직 하나님이 우리에게 분량으로 나눠 주신 그 분량의 한계를 따라 하노니 곧 너희에게까지 이른 것이라.… 우리는 남의 수고를 가지고 분량 밖에 자랑하는 것이 아니라 오직 너희 믿음이 더할수록 우리의 한계를 따라 너희 가운데서 더욱 위대하여지기를 바라노라"(고린도후서 10:13-15). 바울은 자신의 사역의 범위가 새로이 믿는 사람들을 위한 발판을 확보하는 것이라고 말합니다. 그는 모든 것을 하지는 않았습니다. 단지 발판을 마련했습니다. 그런 후에 자신의 영적 자손들이 그 범위를 넓혀 가리라 믿었습니다. 바울의 노력이 성공할지 그 여부는 그의 영적 자손들에 의해 복음이 더욱 번성하여 지속적으로 확장되느냐에 달렸습니다.

때때로 박해 때문에 바울은 움직일 수가 없었습니다. 그러나 어찌할 수 없을 때에도 한 곳에 오래 정착하지 않았습니다. 준비된 사람들이 구원받고 믿음의 기초를 쌓도록 도운 후에 다른 곳으로 계속 이동했습니다. 에베소에서는 3년을 머물렀는데 이는 예외적인 일입니다.

현재 우리의 전도를 살펴보면 바울의 전도를 닮으려는 경향이 있습니다. 그러나 어느 누구도 온전히 완성하지는 못합니다. 우리는 마치 복음이 한 번 세상에 선포되기만 하면 끝까지 효력을 발휘할 것으로 여기며 일합니다. 이 세대의 모든 사람들에게 복음을 한 번씩만이라도 들려줄 수 있다면 우리 임무는 끝난 것이라 생각합니다. 그러나 우리가 그 목표를 성취했다 하더라도 단지 세계를 복음화하는 사명을 시작한 것에 불과하다는 사실을 깨달아야만 합니다. 발판은 확보되었을 것입니다. 그러나 더 큰 도전이 우리 앞에 놓여 있습니다. 우리는 그것이 단지 세계를 완전히 복음화하기 위한 시작에 불과함을 인정해야 합니다!

우리의 현재 상황을 보면 이 말의 의미를 잘 이해할 수 있을 터입니다. 잠깐만 생각해 보십시오. 당신 친구나 아는 사람들 중에 몇 퍼센트나 진정으로 하나님 나라에 가까이 있습니까? 얼마만큼의 사람이 복음을 듣고서는 기꺼이 그리스도께 자기 생을 굴복하려 합니까? 다른 사람들은 어떻습니까? 가망이 없습니까? 어떻게 접근할 수 있습니까? 누가 해야 합니까?

우리는 복음으로 세상에 거의 영향을 주지 못하고 있습니다. 이는 부분적으로, 전도에 대한 우리 시야가 제한되어 있다는 데 그 원인이 있습니다. 우리는 자칫 전도를 단지 복음을 선포하는 활동으로만 알기 쉽습니다. 복음의 선포를 통해 모든 사람을 거두어들일 수 있는 것은 아닙니다. 전도가 말씀을 선포하는 것 이상이라는 사실을 안다면 우리는 성령을 의뢰하는 가운데 기도하면서 모든 사람이 이해할 수 있도록 여러 방법을 통해 복음을 전함으로써 더 많은 사람에게 접근할 수 있도록 해야 합니다.

전도를 단지 복음의 선포로만 보면 두 가지 면에서 복음의 진보를 제한시킵니다. 접근할 수 있는 사람들의 범위에 제한을 두게 됩니다. 즉, 미리 준비된 사람들에게만 접근하게 됩니다. 또한 복음을 전할 수 있는 대상도 제한됩니다. 선포 중심의 전도를 하게 되면 중년기의 사업가나 가정주부들에게 복음을 전한다는 것은 쉽지 않습니다. 복음을 선포하는 것만이 전도라 한다면 끊임없이 새로운 사람들을 찾아 나서야 하기 때문입니다. 예수님께서는 둘씩 짝을 지어 열두 제자를 보내어 전도하게 하셨습니다. 그러나 그들이나 그들의 후손들이 계속 이와 같은 식으로만 전도한 것은 아닙니다.

만약 우리가 전도한 사람들이 평생 동안 주님 안에 거하며 열매 맺는 삶을 살지 못한다면 우리가 전도를 온전하게 이해한다고 말할 수 있을까요? 이 때문에 복음을 선포하고 거두어들이는 것이 전도의 전부라고 할 수가 없습니다. 전도에 대한 이해가 제한되었기 때문에 많은 그리스도인들이 절망과 오해 속에 살아갑니다.

몇 년 전 한 친구가 브라질의 쿠리티바에 있는 우리를 방문했습니다. 그는 선교사로서 10년 동안 여러 도시에서 전도 프로그램을 계획하여 인도한 경험이 있었습니다. 그는 팀과 함께 한 도시에 들어가 목사들을 모은 후 3개월에서 6개월 정도를 들여 상담자를 훈련하고 양육 팀을 조직하는 등 필요한 준비를 했습니다.

그는 자기 결심을 이렇게 얘기했습니다. "나는 한 번 더 시도할 계획입니다. 이 일에 10년 동안 드려져 왔지만 아직까지 수고의 결과를 뚜렷하게 보지 못했습니다. 우리는 전도 프로그램을 조직하고 수많은 결신자를 얻었습니다. 지역 교회 목회자들은 자기네 교회가 바뀌었다고 신이 나서 멋진 간증을 했습니다. 그러나 이게 전부입니다. 3개월 후 돌아가서 보면 이전에 우리가 전도했다는 흔적조차 남아 있지 않았습니다. 만약 이번에도 상황에 아무런 변화가 없다면 모든 것을 포기하고 미국으로 돌아갈 예정입니다."

그는 이번에도 좌절을 맛보았고 결국 자기 말대로 했습니다! 이런 좌절은 아직 준비가 안 된 곳에서 거두려고 할 때에 생기기 쉽습니다. 비슷한 문제가 소규모로 행해지는 전도 운동이나 심지어는 개인 전도에서조차 생깁니다.

행여나 오해하지 마십시오. 나는 결코 비판하려는 의도에서 이것을 쓴 것이 아닙니다. 어떤 형태로든 복음이 전해지는 것에 감사해야 합니다. 나의 의도는 우리 세대의 모든 사람들에게 더 효과적으로 복음을 전하려면 현재의 전도 전략을 수정할 필요가 있음을 말하려는 것입니다.

의사 전달의 제한

미국 세계 선교 센터의 랄프 윈터 박사는 "그리스도인의 제2세대들은 자연스럽게 명목상의 그리스도인이 되는데, 이들은 어느 곳에서나 기존의 교회를 부드러운 도넛 모양으로 감싸 버립니다. 이 때문에 헌신된 그리스도인들이 그 도넛을 넘어 불신자들의 세계로 나아가는 데 방해를 받게 됩니다"라고 말한 적이 있습니다. 다른 말로 하면 우리 주위에 있는 명목상의 그리스도인들을 전도하다가 다른 불신자들에게 나아갈 여력이 더 이상 없게 된다는 말입니다. 정말일까요?

수년 전, 나는 불신자들에 대한 우리의 의사 전달 방식이 효과적인지 다시 생각해 보게 되었습니다. "우리가 전도하기 위해 애를 쓰며 접근하는 사람들은 누구인가?"라는 질문을 해 보았습니다. 이내 대답을 하기가 쉽지 않다는 것을 알았습니다. 이유를 한 가지 들자면, 사람들은 이런 형태의 질문에 익숙지 않다는 것입니다. 또 하나는 미국의 기독교 상황에 대하여 정확한 자료를 구하기가 힘들다는 것입니다. 그래서 나는 간단한 조사 방법을 만들어 이 영역에서 나의 동역자들은 어떻게 해 나가는지 알아보기로 했습니다.

우선 "미국인의 반수 이상이 기독교를 자신의 사고방식의 기초로 삼지 않는다"라는 가정을 했습니다. 그들에게 종교를 선택하라고 하면 아마도 기독교를 택할 것입니다. 그러나 실제적인 의미는 없습니다. 우리가 아직 미치지 못한 이러한 반수 이상의 사람들에게 효과적으로 접근한다면 그들은 회심하여 그리스도의 몸 된 교회 어디에서나 모습을 드러낼 것입니다. 그래서 나는 모든 기회를 동원하여 만나는 그리스도인들마다 질문을 해 보았습니다.

여러 교회와 세미나, 수양회, 대학생 그룹에서 이 질문을 했습니다. 특히 대학생 그룹에 관심이 많았는데 대학은 대개 전도의 제일선에 위치하므로 신뢰성이 가장 높은 자료를 얻을 수 있다고 생각했기 때문입니다. 내가 속한 네비게이토는 잃어버린 사람들에게 복음을 전하고 믿은 그들을 훈련하여 그리스도의 제자로 삼고 주님의 일꾼들을 배가하는 것을 목표로 합니다. 따라서 어느 지역에서나 전도로부터 사역을 시작합니다. 나는 이 전도의 열매들에 대해 조사하는 것이 조심스러웠습니다. 그들은 대개 개인 전도의 결과로 믿게 되었기 때문입니다. 그러나 나는 그들이 어디서 왔는지 알고 싶었습니다. 그들은 교회 배경이 있는가 없는가? 그들 중에 교회 배경이 없는 세상 속에서 살다가 그리스도를 믿은 사람은 과연 얼마나 되는가?

내가 물은 질문은 "여러분 중에서 기독교 배경이 전혀 없는 사람은 얼마나 됩니까? 다시 말해, 이전에 교회에 다닌 적이 없는 사람은 얼마나 됩니까?"라는 것입니다.

나의 평가 근거는 이렇습니다. 그들의 대답에 따라 교회 배경이 있는 사람과 없는 사람 두 부류로 나눌 수 있습니다. 이 통계 자료를 앞에서 다룬 '미국인의 반은 기독교적 배경이 있고 반은 없다'는 가정에 비추어 평가해 봄으로써 우리는 두 부류의 사람들에게 각각 얼마나 효과적으로 전도하고 있는지를 어느 정도는 짐작할 수 있으리라는 것입니다.

특이한 예외가 조금 있긴 했지만, 조사에 응한 사람 중 약 90%가 기독교 배경이 있었음을 발견했습니다. 어느 그룹도 기독교 배경이 없는 사람이 10%를 넘지 못했습니다. 다시 말해서 캠퍼스에서 활동적인 그리스도인들은 대개 이전에 기독교적 배경이 있는 사람들이며, 약 10%만이 배경이 없는 나머지 반수에서 왔다는 것입니다.

한번은 이 주제를 빌리 그래함 팀의 찰리 릭스와 토의할 기회가 있었습니다. 릭스는 오랫동안 빌리 그래함 팀에서 양육 책임을 맡아 왔습니다.

나는 그에게 사역 초기에 어떤 사람들이 빌리 그래함 전도 대회를 통하여 그리스도께로 돌아왔는지를 물었습니다. 그리고 오늘날 반응을 보이는 사람들은 어디에서 오는지도 물었습니다. 그는 초기에 결신한 사람들은 대개 '복음을 듣지 못한 자유주의 교회' 출신이었다고 설명했습니다. 그러나 현재는 결신하는 사람들의 90% 이상이 '복음주의 교회' 출신이라고 했습니다.

언제 이런 전환이 일어났다고 생각하는지를 물어보았습니다. 그는 이 변화가 1960년대 중반에 일어났다고 대답하였습니다. 다시 말하면 복음을 전하기만 하면 바로 믿을 준비가 되어 있던 때였습니다!

준비된 사람들에게 복음을 전파하여 거둔 결과를 과소평가해서는 결코 안 됩니다. 그러나 우리 스스로 미국 전역에 복음이 전파되었다고 생각해서는 안 됩니다. 의사소통은 최소한 듣는 사람과 말하는 사람이 있어야 합니다. 사람들은 자신이 관심 있게 들은 것에 대해서만 신중한 선택을 합니다. 따라서 이를 위해서는 복음을 전하는 우리가 의사소통 방법을 개선해야만 합니다.

결론

이 모든 것이 말해 주는 바는 무엇일까요? 우리가 거둔 열매의 90%가 과거에 교회에 다닌 적이 있는 사람들 중에서 나왔다면, 우리 사회의 기독교 배경이 없는 사람들과는 제대로 의사소통을 하지 못하고 있음을 보여 줍니다. 이는 우리가 아직, 기독교 배경이 없어서 우리와 다른 사고방식을 가진 사람들에게는 복음을 효과적으로 전하지 못하고 있음을 의미합니다.

그러므로 우리는 효과적으로 복음을 전하고 있다고 생각할 수 없습니다. 그렇게 생각한다면 우리 자신을 속이는 것입니다. 또한 우리가 해 오던 대로 계속하여 더욱 열심히 노력하기만 한다면, 마침내 온 세상에 복음을 다 전할 수 있을 것이라고 생각할 수도 없습니다. 그 이상의 무엇인가가 필요합니다. 우리의 전도에 변화가 있어야 합니다. 전도와 연관하여 변화를 시도하여 새로운 돌파구를 마련해야 합니다.

의사소통 능력은 세계 선교의 효과에도 직접적인 영향을 미칩니다. 최근에 전 세계에서 사역을 하는 한 선교 단체의 조사에 의하면, 그동안 접촉했던 사람들 중 87%가 이미 기독교 배경이 있었다고 합니다!

아마도 우리가 우리 문화권 밖의 사람들에게도 진정 효과적으로 복음을 전하기 위해서는 먼저 우리 문화권 안의 세속화된 사람들이나 그 밖의 사람들과 효과적으로 의사소통하는 법을 배워야 합니다. 우리는 자신과 비슷한 종교적 배경이나 문화를 가진 사람들에게만 복음을 전할 수 있는 그런 이들만 세상에 파송하고 있지는 않은지 진지하게 자문해 보아야 합니다.

우리 세대의 이방인들에게로 나아가 복음을 전할 '사도들'은 어디에 있습니까? 그 사람들은 누구입니까?

8
복음의 확증
지나치기 쉬운 요소

이 장과 함께 신약성경의 서신서를 읽으면서 전도를 권면하는 구절을 모두 찾아 자세히 살펴보기 바랍니다.

앞에서 바울이 자신의 사역 범위를 주요 도시에서 그 지역 선교의 교두보가 되는 소수의 신자들을 견고하게 세워 주는 것으로 제한하였음을 관찰했습니다. 그러나 바울의 비전은 제한이 없었습니다. 사역은 제한되어 있었지만 비전은 넓었습니다. 그의 관심은 그러한 소수의 신자들이 계속적으로 성장하는 데 집중하였습니다. 이를 통해 자신이 수고한 열매들이 계속 보존되며 나아가 이들을 통해 복음이 온 세상에 지속적으로 전파되기를 기대했습니다. 만일 이런 일이 일어나지 않는다면 그의 수고는 결국 헛된 게 되고 말 것입니다. 그는 자기의 달음질과 수고가 헛되지 않기를 간절히 원했습니다(빌립보서 2:16 참조).

이는 전적으로 그 작은 무리의 역할에 의지하는 것이기 때문에 바울의 편지에는 그가 시작한 일 즉 모든 사람에게 복음을 선포하는 일을 계속하라고 권면하는 내용으로 가득하리라고 생각할 수도 있습니다. 그러나 그렇지 않습니다! 바울의 편지를 읽어 보면, 그들의 영적 성장 및 삶과 인격의 변화에 대한 권면이 더 많은 것을 볼 수 있습니다. 왜 그렇습니까? 아마도 사역의 초기에 바울은 선포를 통해 준비된 사람들을 추수하는 일에 드려졌으므로 이제 남은 이방인들을 구원하려면 선포 이상의 무엇인가가 필요했기 때문일 것입니다. 새로이 추수하려면 좀 더 물을 주고 기르는 것이 필요했습니다.

바울이 잃어버린 자들을 구원하는 것에 관하여 그의 서신에서 말한 바가 이를 뒷받침해 줍니다. 디도에게 다음과 같이 말했습니다. "늙은 여자로는 이와 같이 행실이 거룩하며 참소치 말며 많은 술의 종이 되지 말며 선한 것을 가르치는 자들이 되고, 저들로 젊은 여자들을 교훈하되 그 남편과 자녀를 사랑하며 근신하며 순전하며 집안 일을 하며 선하며 자기 남편에게 복종하게 하라. 이는 하나님의 말씀이 훼방을 받지 않게 하려 함이니라"(디도서 2:3-5).

바울은 또한 디도에게 "너는 이와 같이 젊은 남자들을 권면하여 근신하게 하되, 범사에 네 자신으로 선한 일의 본을 보여 교훈의 부패치 아니함과 경건함과 책망할 것이 없는 바른 말을 하게 하라. 이는 대적하는 자로 하여금 부끄러워 우리를 악하다 할 것이 없게 하려 함이라"(디도서 2:6-8)라고 말합니다.

바울은 하나님의 사람들이 복음을 전하기 이전에 먼저 하나님의 성품을 본받아 실제 삶으로 보여 주는 삶이 중요함을 인식하였습니다. 잃어버린 영혼들에 대한 문제를 다룰 때면, 거의 어김없이 우리의 '됨됨이'가 근본적인 해결책임을 말합니다. "오직 너희는 그리스도 복음에 합당하게 생활하라. 이는 내가 너희를 가 보나 떠나 있으나 너희가 일심으로 서서 한뜻으로 복음의 신앙을 위하여 협력하는… 이 일을 듣고자 함이라.…"(빌립보서 1:27-28).

세르지오의 예

세르지오는 브라질에서 대학생 선교를 통해 그리스도인이 된 첫 세대에 속합니다. 그의 가족은 제조업에 종사했는데, 정직과 신용에 대해서는 전혀 신경을 쓰지 않는 사람들로 악명이 높았습니다. 그는 법학과 경제학을 공부해서 가족들이 하는 사업을 위한 법률적인 면을 담당할 준비를 하였습니다.

세르지오는 네 살 때 소아마비를 앓았습니다. 몸 전체에 버팀대를 대고 목발을 짚고 걸어 다녔습니다. 놀랄 만큼 의지력이 강했는데, 마비된 몸의 한계를 극복하기 위하여 수년 동안 싸운 결과였습니다.

처음 만났을 때, 세르지오는 차갑고 강인한 인상이었습니다. 우리는 매주 한두 번씩 만나서 시내 전체가 내려다보이는 멋진 장소에서 성경을 공부하곤 했습니다. 그는 예수 그리스도에 대한 불가지론에서 벗어나면서 변화하기 시작했습니다. 졸업할 즈음이 되어서는 성숙한 그리스도인이 되었고 성품의 변화는 너무도 명백해서 그를 아는 사람들 모두에게 알려졌습니다.

그러나 문제가 있었습니다. 장래 문제였습니다. 가족들이 그를 대학에 보내 준 것은 그가 가족들을 위해 일할 준비를 한다고 생각했기 때문입니다. 어떻게 자신의 정직의 수준을 떨어뜨리지 않고 이 일을 할 수 있을까요? 나는 그가 이 문제로 고민한다는 사실을 알았지만 어떻게 도와야 할지 몰랐습니다.

세르지오가 대학을 졸업하던 해에 브라질에서는 경제 위기 때문에 많은 회사가 파산하게 되었습니다. 세르지오의 가족이 운영하던 회사도 이 가운데 속했습니다. 갑자기 그는 가족에 대한 의무에서 자유롭게 되었습니다. 가족에 매이지 않고 자기 뜻대로 할 수 있었습니다.

졸업하던 그 주에, 그는 내게 찾아와서 자기가 두 가지 결정을 내렸다고 했습니다. 첫째로 하나님을 첫자리에 모시기로 결심했으며 또한 정직하기로 결심했다고 했습니다. 이런 결심으로 고향에 내려간 그는 사무실을 얻어 법률 사무소를 열었습니다.

몇 달 후, 그 지방의 한 농부가 탈세 혐의로 농장을 잃을 위기에 처했습니다. 농장은 경매에 붙여졌고, 세르지오가 샀습니다. 사람들이 역시 그러면 그렇지 하고 수군거리기 시작했습니다. 이런 방식은 세르지오 가족이 전형적으로 써 먹던 수법이요 행동이었기 때문입니다. 그러나 세르지오가 그다음에 한 행동을 보고 사람들은 그러한 비난을 멈추었습니다. 그는 농부에게 가서 농장 소유 증서를 돌려주며, 가능할 때에 그 빚을 갚으라고 했습니다.

세르지오는 그렇게 하지 않아도 되었습니다. 합법적으로 그는 그 농장을 소유해도 되었습니다. 그러나 그는 공의로 행할 뿐 아니라 은혜로 행동했습니다. 하나님께서 우리에게 하신 것을 본받은 것입니다.

세르지오는 분명 멋지게 시작했습니다. 계속 이런 방식으로 산다면, 그의 빛 된 삶은 큰 영향력을 발휘하여 그가 살던 계곡에 있는 마을의 영적 장벽을 깨뜨리게 될 것입니다.

나는 세르지오가 자신의 사업에서도 제자의 도를 실천해 가는 모습을 보고 많은 것을 배웠습니다. 그의 기본적인 결정, 즉 "하나님을 첫자리에 모시고 정직하게 살겠다"라고 한 것은 참으로 지혜로운 전략이었습니다! 이것 없이는 복음을 전파할 발판도 없고 그리스도인의 생활을 통해 전달되는 메시지도 없을 것입니다. 그럭저럭 인생을 살아가게 될 뿐, 다른 사람에게 그리스도를 전하는 일에는 거의 쓰임받지 못하게 될 것입니다.

예수님께서는 "오직 성령이 너희에게 임하시면 너희가 권능을 받고 예루살렘과 온 유대와 사마리아와 땅끝까지 이르러 내 증인이 되리라"(사도행전 1:8)라고 약속하셨습니다. 이 말씀은 이 장에서 얘기하는 바를 잘 요약합니다. 증거를 '하라'는 것이 아니라 그리스도의 증인이 '되라'는 것입니다. 전도는 단지 활동이 아닙니다. 삶의 일부입니다. 이런 시야를 잃고 단지 복음의 내용만을 선포하는 것에 그친다면, 우리를 통해 주님을 믿게 된 사람들은 영적으로 재생산할 줄 모르게 됩니다. 우리는 반드시 '너희는 가서 모든 족속으로 제자를 삼으라'는 그리스도의 지상사명에 순종해야 합니다(마태복음 28:19). 그런데 제자를 삼기 위해 꼭 필요한 것이 바로 뒤에 나옵니다. "내가 너희에게 분부한 모든 것을 가르쳐 지키게 하라"(20절). 주님께서 우리에게 말씀하신 모든 것을 그들에게 가르쳐서 그들이 그 말씀대로 살도록 도와주어야 합니다. 그렇지 않으면 그들은 믿음을 지속하기가 어려울 뿐만 아니라 스스로 열매를 맺지도 못하며 결국 더 이상의 추수는 불가능해집니다. 추수는 첫 번째 이삭 자르기에서 끝이 나고 맙니다. 그러나 '됨됨이'에 우리의 초점을 맞추면, 거두는 일은 계속 일어날 것입니다.

이상에서 다룬 내용을 토대로 하여 다시금 시간을 들여 신약성경의 서신서들을 읽으면서 세상을 향한 우리의 증거의 삶이 어떠해야 하는지를 주목해서 살펴보십시오.

이스라엘의 확증 - 하나님의 선민

하나님께서 사람과 연관하여 행하시는 모든 일에는 어떤 목적이 숨겨 있는데, 한 단어로 요약하면 '화목'이라고 할 수 있습니다. "이는 하나님께서 그리스도 안에 계시사 세상을 자기와 화목하게 하시며 저희의 죄를 저희에게 돌리지 아니하시고 화목하게 하는 말씀을 우리에게 부탁하셨느니라"(고린도후서 5:19). 하나님께서는 사람과의 '화목의 메시지'에 헌신하셨습니다. 앞에서 이미, 하나님께서 화목을 염두에 두셨지만 세상을 여러 문화와 나라로 나누기까지 하셨음을 살펴보았습니다.

하나님의 이러한 목표를 이루는 데 필수 요소는 언제나 하나님의 사람들이었습니다. 이 사실을 제대로 이해하기 전에는, 우리는 전도나 그리스도인의 삶에 대한 올바른 이해를 하지 못하게 됩니다.

이스라엘: 가능성이 가장 적은 무리

이스라엘 민족의 첫출발은 그야말로 미미하기 그지없었습니다. 인간적인 시야에서 객관적인 눈으로 보면, 누가 보더라도 그들이 하나의 민족을 이룰 가능성은 희박하였습니다. 단지 한 사람이 약속 하나만을 믿고 시작했습니다. 아브라함이 75세였고 사라가 65세였을 때, 하란을 떠나 하나님의 약속이 성취되는 곳을 찾아 이동했습니다. 광야에서 11년을 지낸 뒤, 아브라함이 86세, 사라는 76세가 되었을 때 그들은 인내심을 잃었습니다. 더 이상 기다릴 수 없었습니다. 그 결과 이스마엘이 태어났지만, 언약의 백성으로 계수되지 않았습니다. 그들의 상황은 이전보다 더욱 나빠졌습니다.

그 후 14년을 기다린 후에, 약속의 자녀 이삭의 탄생을 보았습니다. 그때 아브라함의 나이는 100세였고 사라는 90세였습니다. 40

년 후에, 이삭은 리브가와 결혼했습니다. 그때 어머니인 사라는 이미 세상을 떠났습니다. 이삭과 리브가는 20년이나 기다린 끝에 쌍둥이 아들인 야곱과 에서를 낳았습니다. 그러나 둘 중 한 명만이 약속을 유업으로 받았습니다. 하란에서 하나님께서 아브라함을 부르신 후 야곱이 탄생하기까지 85년이 지났으나 이스라엘 민족은 몇 명뿐이었습니다.

야곱이나 어머니인 리브가 모두 정직한 사람의 본보기는 아니었습니다. 야곱은 형을 속이고 아버지를 속이기도 했습니다. 외삼촌과는 다투었습니다. 야곱의 아내들은 우상 숭배를 하였습니다. 그러나 야곱의 가족은 70명으로 불어났습니다. 도덕 수준도 모호했던 유목민 무리에 불과했습니다.

다음에는 애굽에서 430년간 노예 생활을 했습니다. 이 기간에 하나님께서는 침묵하셨습니다. 기적도 없고 표적이나 약속을 새롭게 하신 것도 없었습니다. 한마디 말씀도 하지 않으셨습니다. 수 세기 동안, 이스라엘 백성은 단지 대대로 전해 내려오는 해묵은 이야기만을 서로 나누었습니다. 과거에 그들의 조상인 아브라함과 이삭과 야곱을 찾아오신 하나님에 관한 이야기였는데, 그들에게는 멀게만 느껴지는 분이셨습니다. 더욱이 이제 그들은 성장과 발전에 치명적으로 보이는 노예 생활을 하는 처지였습니다.

마침내 모세의 인도를 따라 이스라엘은 애굽을 탈출했습니다. 이때에는 이십 세 이상으로 싸움에 나갈 만한 남자의 수만 60만 명이 넘었습니다. 여자와 아이들까지 합하면 수백만 명 이상의 인구를 가진 민족이었습니다. 광야에서 유리하면서 이스라엘 민족은 수준 높은 문화를 소유하게 되었으며, 이웃 나라들을 크게 앞서게 되었습니다. 하나님께서는 이스라엘 민족에게 의학, 위생, 경제, 농업, 윤리, 정치, 법, 종교 등에 대한 지침을 주셨습니다.

하란을 떠나면서부터 출애굽까지는 650여 년이 걸렸습니다. 아주 긴 세월입니다! 만약 현재 시점에서 생각한다면, 아브라함은 중세 시대 사람과 같습니다. 하나님께서는 왜 이런 방식을 택하셨을까요? 신명기를 통해 실마리를 얻을 수 있습니다. 하나님께서는 이스라엘 백성 그 너머를 의도하셨습니다. 곧 세계를 원하셨던 것입니다.

모세는 이스라엘 백성에게 다음과 같은 큰 목표를 생각하도록 도전했습니다. "내가 나의 하나님 여호와의 명하신 대로 규례와 법도를 너희에게 가르쳤나니, 이는 너희로 들어가서 기업으로 얻을 땅에서 그대로 행하게 하려 함인즉, 너희는 지켜 행하라. 그리함은 열국 앞에 너희의 지혜요 너희의 지식이라. 그들이 이 모든 규례를 듣고 이르기를 '이 큰 나라 사람은 과연 지혜와 지식이 있는 백성이로다' 하리라. 우리 하나님 여호와께서 우리가 그에게 기도할 때마다 우리에게 가까이하심과 같이 그 신의 가까이함을 얻은 나라가 어디 있느냐? 오늘 내가 너희에게 선포하는 이 율법과 같이 그 규례와 법도가 공의로운 큰 나라가 어디 있느냐?"(신명기 4:5-8).

하나님께서 이스라엘을 택하신 이유는 그들이 최고라든지 위대해서가 아니라 오히려 그들이 가장 가망성이 없기 때문이었습니다. 무엇인가 그들에게서 선한 것이 나온다면, 이는 틀림없이 하나님의 역사였습니다. "그러므로 네가 알 것은 네 하나님 여호와께서 네게 이 아름다운 땅을 기업으로 주신 것이 네 의로움을 인함이 아니니라. 너는 목이 곧은 백성이니라. 너는 광야에서 네 하나님 여호와를 격노케 하던 일을 잊지 말고 기억하라. 네가 애굽 땅에서 나오던 날부터 이곳에 이르기까지 늘 여호와를 거역하였으되"(신명기 9:6-7).

이스라엘 백성은 세상을 향한 하나님의 대변자였습니다. 그들의 역사를 살펴보면, 살아계신 하나님께서 이 민족을 택하셨다는 사실을 인정할 수밖에 없습니다. 이것이 바로 핵심이었습니다. 하나님을 드러내는 아주 효과적인 방법이었습니다. 솔로몬왕 시대에 이르러서는 심히 번성하였습니다. "솔로몬왕의 재산과 지혜가 천하 열왕보다 큰지라, 천하가 다 하나님께서 솔로몬의 마음에 주신 지혜를 들으며 그 얼굴을 보기 원하여 각기 예물을 가지고 왔으니…"(열왕기상 10:23-25).

하나님께서는 이스라엘과 언약을 맺으셨습니다. 그들과 너무나도 동일시하셨습니다. 세상에 '이스라엘의 하나님'으로 알려질 정도였습니다. 이스라엘은 하나님과의 이러한 관계를 통하여 번성하고 번성했습니다. 참으로 영광스럽게 되었습니다. 하나님 자신의 형상을 닮았기 때문입니다. 세상은 그들을 보려고 몰려왔습니다.

이스라엘 민족이 하나님의 계명에 순종할 동안에는 모든 게 잘되어 갔습니다. 그러나 하나님께서는 이 언약 관계를 통해 비난받기 쉬운 위치에 계셨습니다. 이스라엘이 세계 전체를 그릇된 방향으로 인도할 수도 있었기 때문입니다! 이들이 하나님께 불순종하거나 이방 신을 섬기면, 하나님의 형상이 온 세상에 잘못 전달되는 결과를 낳게 됩니다. 세상은 하나님을 잘못 이해하게 될 것입니다. 그런데 염려하던 바로 그 일이 일어났습니다.

이 때문에 하나님께서는 이들의 우상 숭배에 대하여 참지 아니하셨으며, 자신의 이름과 임재를 그들에게서 거두셨습니다. 모세는 이스라엘 민족에게, 만약 그들이 하나님을 거역하고 하나님의 심판을 받게 되면 다음과 같은 결과가 생길 것이라고 했습니다. "열방 사람들도 말하기를 '여호와께서 어찌하여 이 땅에 이같이 행하셨느뇨? 이같이 크고 열렬하게 노하심은 무슨 뜻이뇨?' 하면, 그때에 사람이 대답하기를 '그 무리가 자기의 조상의 하나님 여호와께서 그 조상을 애굽에서 인도하여 내실 때에 더불어 세우신 언약을 버리고 가서 자기들이 알지도 못하고 여호와께서 그들에게 주시지도 아니한 다른 신들을 섬겨 그에게 절한 까닭이라.'… 하리라"(신명기 29:24-28).

하나님께서는 이스라엘의 불의나 타락을 편들어 주지 않는다는 사실을 세상에 분명히 알리셔야 했습니다. 선지자 에스겔을 통해 다음과 같이 말씀하셨습니다. "내가 그들을 이방인 가운데로 흩으며 열방 중에 헤친 후에야 그들이 나를 여호와인 줄 알리라. 그러나 내가 그 중 몇 사람을 남겨 칼과 기근과 온역을 벗어나게 하여 그들로 이르는 이방인 중에 자기의 모든 가증한 일을 자백하게 하리니 그들이 나를 여호와인 줄 알리라"(에스겔 12:15-16).

이스라엘은 순종을 통해 하나님을 영화롭게 했습니다. 즉, 그들은 하나님의 형상을 세상에 나타내는 일에서 하나님께 쓰임을 받은 것입니다. 하나님의 속성은 하나님의 백성에게 새겨졌습니다. 이스라엘은 모든 사람이 볼 수 있도록 이 세상에 나타난 하나님의 형상이었습니다. 이스라엘 민족이 존재했기에 세상은 하나님과 하나님의 역사하심을 모른다고 더 이상 변명할 여지가 없게 되었습니다.

교회의 확증

"또한 가지 얼마가 꺾여졌는데 돌감람나무인 네가 그들 중에 접붙임이 되어 참감람나무 뿌리의 진액을 함께 받는 자 되었은즉"(로마서 11:17). 이는 하나님의 새로운 백성인 교회를 가리킵니다. 그러나 그들은 이스라엘 백성과 동일한 약속에 뿌리를 내리고, 이전의 이스라엘 백성과 동일한 목적을 이루는 사람들입니다.

이스라엘은 타락했고 더 이상 세상에 하나님을 드러내지 못하게 되었습니다. 그들이 쇠망했기 때문에 대부분의 사람들은 둘 중 하나로 변했습니다. 어떤 이들은 하나님께서 그 민족에게 주신 부와 아름다운 것을 사용하여 자신의 배를 채웠으며, 타락과 불의와 부패가 민족 전체의 전반적인 특징이 될 정도가 되었습니다(에스겔 16장 참조).

또 다른 이들은 경건한 사람들로서 전통적인 가치관을 포기하지 않고, 남은 자가 되기로 했습니다. 그들은 믿음을 지키는 믿음의 영웅이 되었습니다. 그들은 모세가 정해 놓은 70인 장로 체제를 지켜 나갔습니다(출애굽기 24:1,9, 민수기 11:16,24 참조). 그러나 전통을 유지하는 데에 너무도 치우친 나머지 율법주의에 빠졌고 외식으로 흐르게 되었습니다(말라기 1-2장 참조). 바리새파 사람들이 생겨났습니다.

이스라엘처럼 한때 그렇게 아름다웠던 것이 몰라볼 정도로 추하게 변할 수 있다는 것은 참으로 놀랄 일입니다. 부패하고 타락한 사람들과 율법주의자들 중에 어느 쪽이 더 구역질이 나는가는 둘 다 같다고 할 수 있습니다. 둘 모두 세상에 악영향을 미쳤습니다(로마서 2:24 참조).

그러나 하나님의 계획은 변하지 않았습니다. 독생자를 보내셔서 새로운 백성을 만드셨고, 이스라엘이 자라났던 그 풍성한 뿌리에 접붙이셨습니다.

시작은 비슷했습니다. 야곱의 열두 아들과 예수님의 열두 제자. 그러나 속도는 달랐습니다. 이스라엘 백성에게 수백 년이 걸렸던 것을 그리스도께서는 약 3년 정도에 이루셨습니다. 야곱은 애굽에서 70명의 무리를 남겨 놓았지만, 예수님께서는 다락방에 120명을 남겨 놓으셨습니다. 하나님께서 이스라엘이 독특한 문화를 소유하도록 구별해 놓으신 것처럼, 예수님께서도 교회에 동일한 영향을 미치셨습니다. 그러나 둘 사이에 주목할 만한 차이를 발견할 수 있습니다. 이스라엘의 문화는 사회, 정치적인 성격이었던 반면에, 이 새로운 사람들의 문화는 근본적으로 영적인 성격을 띠었습니다.

교회: 하나님 나라의 전진 기지

예수님께서는 하나님의 나라를 전파하러 오셨습니다. 예수님께서 맨 처음 이야기하신 것도 하나님 나라이며 마지막에 말씀하신 것도 이 하나님 나라였습니다(마태복음 4:17, 마가복음 1:15, 사도행전 1:3 참조). 비록 예수님께서 천국을 주요 주제로 삼으셨지만, 극소수 사람만이 그 중요성을 분명하게 이해할 수 있었습니다. 사람들을 탓할 수는 없습니다. 예수님의 말씀은 때로 알기 어려웠고 비유적이었기 때문입니다.

예수님은 천국을 현재처럼 묘사하셨지만, 이는 장래에 일어날 일이었습니다. 드러내셨지만 여전히 신비에 싸여 있었습니다. 천국은 우리 안에는 있었지만 이 세상에는 없었습니다. 작은 씨와 같았지만 모든 것에 영향을 미쳤습니다. 예수님은 천국을, 좋은 씨를 제 밭에 뿌린 사람, 사람이 자기 밭에 갖다 심은 겨자씨 한 알, 밭에 감추인 보화, 좋은 진주를 구하는 장사, 각종 물고기를 모는 그물, 등을 들고 신랑을 맞으러 나간 열 처녀 등의 비유를 들어 설명하셨습니다.

예수님과 나눈 마지막 대화에서조차 사도들이 천국에 대해 통찰력이 부족하다는 사실이 드러났습니다. 예수님께서 승천하시기 바로 직전이었습니다. 그들은 예수님께서 이스라엘의 정치적 질서를 회복시킴으로써 자기들의 기대를 충족시켜 주실 것을 바라면서 "주께서 이스라엘 나라를 회복하심이 이때니이까?" 하고 물었습니다(사도행전 1:6). 천국이 무엇을 의미하는지 진정으로 이해하지 못했습니다. 예수님께서 여러 교훈을 통해 근본적으로 새로운 질서를 소개하고 계신다는 사실을 깨닫지 못했습니다. 예수님은 새로운 생활 방식을 소개하고 계셨습니다. 새로운 가치관과 새로운 삶의 태도와 새로운 관계, 즉 이 세상의 것과는 전혀 다른 문화인 천국 문화를 소개하신 것입니다!

예수님께서 우리에게 하나님 나라의 시민권에 대해 가르치신 바를 제대로 이해할 때에야 비로소 우리는 그리스도인의 삶의 근본적인 독특성을 분명히 알게 됩니다. 레위기에 기록된 말씀이 이스라엘 백성에게 전혀 새로웠던 것처럼, 예수님께서 하신 말씀은 우리에게 이전과는 전혀 다른 새로운 것을 보여 줍니다. 예수님께서는 자기 백성인 교회가 '천국 생활'의 본보기가 되기를 의도하셨습니다.

인도 선교에 평생을 바친 스탠리 존스는 하나님 나라는 진실로 절대 왕권이 통치하는 질서 속에 있지만 외적인 복종에 만족하는 인간의 제도나 질서와는 다르다고 말했습니다. 하나님 나라는 우리 내부의 깊숙한 생각까지 관여합니다. 모든 생각은 결국에는 천국을 인정하거나 아니면 부정하는 결과를 낳습니다. 천국은 우리의 모든 관계까지 관여합니다. 이는 마치 우리가 속박당하는 것처럼 들립니다! 그러나 인간 세상의 권력에 매인 것과는 전혀 다른 결과를 가져옵니다. 사람을 속박하기보다는 오히려 천국 문화에 들어가 천국에서의 삶의 방식대로 살게 하여 자유롭게 합니다.

어쩌면 예수님의 말씀은 너무 어려워 보입니다. 이 세상의 가치 체계와는 상반되기 때문입니다. 그래서 우리는 예수님의 교훈을 읽고 그 문장을 이해는 하지만 때로 '예수님께서 정말 그런 의미로 말씀하시지는 않았을 거야' 하고 생각하며 그 말씀을 그대로 받아들이려 하지 않습니다.

그러나 이제 깨달아야 할 중요한 점은 하나님께서 이스라엘을 불러서 그분의 음성을 온 세상에 들려주시려 했던 것처럼 예수님께서도 우리에게 그와 같은 역할을 기대하신다는 사실입니다. 베드로전서의 말씀은 이스라엘 민족이 오래전에 가르침을 받은 내용을 반복합니다. "오직 너희는 택하신 족속이요 왕 같은 제사장들이요 거룩한 나라요 그의 소유된 백성이니, 이는 너희를 어두운데서 불러내어 그의 기이한 빛에 들어가게 하신 자의 아름다운 덕을 선전하게 하려 하심이라. 너희가 이방인 중에서 행실을 선하게 가져 너희를 악행한다고 비방하는 자들로 하여금 너희 선한 일을 보고 권고하시는 날에 하나님께 영광을 돌리게 하려 함이라"(베드로전서 2:9,12).

요약

바울 서신에서 강조한 '됨됨이'에 대한 것은 여러 성경 구절에서 뒷받침합니다. 하나님의 성품을 닮은 사람들의 존재는 세상을 자기와 화목케 하시려는 하나님의 계획에 언제나 핵심이었고 기반이었습니다. 하나님의 백성은 하나님의 성품을 구체적으로 나타냅니다. 하나님의 영원한 통치의 성격을 눈으로 보고 귀로 들을 수 있도록 해 줍니다.

이것을 어떻게 실행에 옮기느냐가 교회가 고심해야 했고 가장 어려운 문제에 속하였고 지금도 그러합니다. 믿는 사람들은 지난 이천 년 동안 격리와 타협의 극단을 시계추처럼 왔다 갔다 하며 갈등했습니다. 극단적인 어느 쪽도 받아들일 수 없습니다. 타협이 생기면 복음은 그 힘을 잃어버립니다. 격리가 발생하면 어떤 빛을 발하더라도 그 빛이 진정 필요한 사람들에게 비추지를 못합니다.

제 3 부

메시지를 전하는 사람이 메시지를 확증한다

9
어두움을 밝힘
빛의 본질

대부분의 사람들이 접하게 될 첫 번째 복음서는 바로 '우리'라고 할 수 있습니다. 사람들은 우리를 읽고서 복음이 무엇인지 알게 됩니다. 그들은 우리를 읽고 나서 복음에 대해 좀 더 관심을 갖게 되든지 아니면 그들 자신에게 유익할 게 없다고 결정하게 됩니다.

이 책의 처음 두 장에서는 서구 세계 일부에서 일어난 영적 기후의 변화가 무엇이며 이 변화가 각 개인에게 미치는 영향이 어떠한지를 살펴보았습니다. 두 가지 질문을 던지면서 제2장을 결론지었습니다. 어떻게 하면 믿지 않는 이들의 관심을 일깨워서 그들이 별로 중요하게 생각하지도 않고 이미 과거의 유물처럼 치워 버렸던 복음을 다시금 진지하게 생각해 보게 할 수 있는가? 어떻게 하면 믿지 않는 이의 마음을 겹겹이 둘러싸고 있는 무관심이라는 벽을 소망의 빛으로 뚫고 들어갈 수 있는가?

제3장에서는 예수님께서 어떻게 그 시대의 사람들과 관계를 맺

으셨는지 살펴보았습니다. 예수님께서는 일관성 있게 한 가지 주제를 사람들에게 전달하셨습니다. 바로 예수님 자신의 신원이었습니다. 기나긴 인류 역사 중에 아주 잠깐 동안 우리와 함께 지내셨던 분, 이분이 바로 창조주 하나님이셨습니다. 예수님께서는 빛이 없어서 고생하던 세상 사람들에게 참빛이 되셨습니다. "나는 세상의 빛이니 나를 따르는 자는 어두움에 다니지 아니하고 생명의 빛을 얻으리라"(요한복음 8:12)라고 말씀하셨습니다. 예수님을 믿으면 어두움 속에서 생을 허비하지 않게 됩니다. 또한 자기가 가는 곳을 밝히 볼 수 있습니다.

예수님께서는 그 빛을 영적 자손들에게 물려주셨습니다. 예수님은 "너희는 세상의 빛이라.… 이같이 너희 빛을 사람 앞에 비춰게…하라"(마태복음 5:14-16)라고 말씀하셨습니다. 이 말씀은 매우 큰 책임을 우리에게 맡겨 줍니다. 그분께서는 사람들에게 계속 나아가십니다. 우리는 그 길을 따라갑니다. 예수님께서 삶과 말씀을 통해 어둠 속에서 길을 비추신 것처럼, 하나님과 새로운 관계를 가진 우리도 예수님과 마찬가지로 삶과 말을 통해, 여전히 어둠 가운데 살아가는 사람들에게 이 빛을 비추어 하나님께 이르는 다리를 보여주어야 합니다. 어두움을 밝히는 것은 빛의 본질입니다.

"너희가 전에는 어두움이더니 이제는 주 안에서 빛이라. 빛의 자녀들처럼 행하라"(에베소서 5:8). 빛은 시선을 끕니다. 광고업자들은 서로 경쟁하면서 광고판에 창의적으로 빛을 밝혀서 사람들의 주의를 끌려고 합니다. 거울 하나에서 반사된 빛도 어둠 속에서는 금방 눈에 띕니다. 만일 우리가 빛이면 우리도 주위의 관심을 끌 것입니다.

믿음, 소망, 사랑

그리스도인의 특징이 무엇일까요? 불행하게도 어떤 이들은 온갖 잘못된 이유로 주목을 받을 때가 있습니다. 즉 그리스도인으로서 구별되는 특징이 오히려 그들만의 고집스러운 특이한 행동 양식일 경우가 있습니다. 그러나 어떤 이들은 정말로 예수님을 드러내기 때문에 두드러져 보입니다.

일전에 아프리카의 한 수양회에 참석했습니다. 참석자들은 대부분 아프리카 국가 출신이었습니다. 그중 한 젊은이는 몇 달 전에 자기 큰형을 잃었습니다. 형은 이슬람교를 믿는 친구들에게 복음을 증거해 왔습니다. 그러던 어느 날 자기 방에서 숨진 채로 발견되었습니다. 죽은 형은 8남매 중 장남이었습니다. 아버지가 돌아가셨기에 형은 가장으로서의 역할을 해 왔습니다. 크나큰 슬픔과 상실감이, 수양회에 참석한 그 형제의 모습에 아직 남아 있었습니다.

아프리카의 국가들에는 상당수의 이슬람교도가 삽니다. 이런 이유에서 아카드라는 레바논 출신의 그리스도인이 강사로 초빙되었습니다. 그는 자기 일생 대부분을 이슬람교도들의 사고방식을 이해하는 데 헌신하였고, 이 수양회에서는 이에 대한 일련의 강의를 할 계획이었습니다. 주위 사람들은 그가 한 가지 목표에 사로잡혀 있다는 사실을 쉽게 발견할 수 있었습니다. 바로 이슬람교도입니다. 이슬람교도에 대한 사랑이 그에게서 흘러넘치는 것을 볼 수 있습니다. 그의 말을 들으면, 이슬람교도야말로 세상에서 가장 좋은 사람들 같습니다.

아카드가 강의를 할 때, 형을 잃은 그 아프리카인 젊은이는 강의 내용을 들으면서 심각하게 갈등하였고, '한 번도 고난을 겪어 보지 않은 사람은 쉽게 그렇게 얘기하지'라고 생각했습니다. 아카드는

어두움을 밝힘 149

그 갈등을 알아챘는지 자기가 겪은 어려움을 다시 설명했습니다. 그는 이슬람교도들이 어떻게 자기 가정을 약탈하여 아내의 결혼 예물뿐만 아니라 자기의 아름다운 추억도 빼앗아 갔는지를 얘기했습니다. 또 자기의 충성스러운 직원이 어떻게 살해되었는지도 얘기했습니다. 이 설명은 그 젊은 아프리카인뿐 아니라 우리 모두에게도 큰 충격과 함께 도움이 되었습니다. 아카드는 이 세상 가치관과는 다른 가치관 가운데 생을 보냅니다. 그렇기에 자신이 극도로 미워할 뻔한 사람을 사랑할 수 있었습니다. 이게 바로 빛이 된다는 의미입니다.

그리스도인과 불신자 사이에 존재하는 차이는 양자가 서로 다른 가치관 가운데 살기 때문이라고 할 수 있습니다. 바울은 "그런즉 믿음, 소망, 사랑, 이 세 가지는 항상 있을 것인데…"(고린도전서 13:13)라고 기록합니다. 이 세 가지는 그리스도인의 가치관의 주춧돌이 됩니다. 우리 삶이 실제로 이 세 가지 기초 위에 얼마나 굳게 서 있느냐에 따라 얼마나 빛 된 삶을 사느냐가 결정됩니다.

당신은 어쩌면 '이것은 내 생에서 일어나는 이야기는 아닐 거야! 어디서 어떻게 이런 믿음과 소망과 사랑을 얻을 수 있지?'라고 하며 깊은 생각에 잠길지도 모릅니다. 흥미로운 것은 세 가지 모두가 한 근원에서 흘러나온다는 사실입니다. 그 근원은 바로 예수 그리스도입니다.

믿음

신약성경에서는 거듭해서 우리 믿음의 기초가 예수 그리스도라고 얘기합니다. 우리는 '믿음의 주요 또 온전케 하시는 이인 예수님을 바라보아야' 합니다(히브리서 12:2 참조). 우리는 "하나님의 아들을 믿는 믿음 안에서 사는 것"입니다(갈라디아서 2:20). 우리의 믿음은 예수님께서 친히 말씀하신 그대로의 하나님이시라는 사실과 또한 친히 하신 약속을 반드시 지키신다는 사실에 기초합니다.

소 망

우리의 소망은 예수님에 관한 다음 세 가지 사실에 뿌리를 둡니다. 첫째, 예수님께서 죽은 자 가운데서 부활하셨다는 사실입니다. 하나님께서는 "예수 그리스도의 죽은 자 가운데서 부활하심으로 말미암아 우리를 거듭나게 하사 산 소망이 있게" 하셨습니다(베드로전서 1:3). 둘째로 예수님께서는 아버지께로 승천하셔서 항상 우리를 위해 변호하고 계신다는 사실입니다. "이는 하나님이… 앞에 있는 소망을 얻으려고 피하여 가는 우리로 큰 안위를 받게 하려 하심이라. 우리가 이 소망이 있는 것은 영혼의 닻 같아서 튼튼하고 견고하여 휘장 안에 들어가나니, 그리로 앞서 가신 예수께서… 영원히 대제사장이 되어 우리를 위하여 들어가셨느니라"(히브리서 6:18-20). 셋째로는 예수님께서 다시 오실 것이라는 소망입니다. "복스러운 소망과 우리의 크신 하나님 구주 예수 그리스도의 영광이 나타나심을 기다리게 하셨으니"(디도서 2:13).

사 랑

"그가 우리를 위하여 목숨을 버리셨으니 우리가 이로써 사랑을 알고…"(요한일서 3:16). "사랑은 여기 있으니 우리가 하나님을 사랑한 것이 아니요 오직 하나님이 우리를 사랑하사 우리 죄를 위하여 화목제로 그 아들을 보내셨음이니라"(요한일서 4:10). 따라서 그리스도인의 사랑의 원천은 예수 그리스도의 죽음입니다.

하지만 우리 모두는 이러한 믿음과 소망과 사랑의 영역에서 너무도 약하다고 느낄 것입니다. 이 세 영역에서 발전할 수 있도록 아주 실제적인 조언을 드린다면, 날마다 예수 그리스도 안에서 허락해 주신 하나님의 은혜를 묵상하는 습관을 일생 동안 지속하는 것입니다. 누구든지 이 위대한 진리에 사로잡힌 사람은 그 말씀으로 말미암아 변화를 받게 됩니다(고린도후서 3:18).

믿음과 사랑과 소망이 밖으로 드러나는 모습은 매우 독특합니다. 각각 우리 삶에 고유한 열매를 맺습니다. 예를 들어, 믿음은 자유와 순종을 낳습니다(로마서 14:2, 로마서 1:5). 사랑은 종이 되어 섬기며 인내하도록 도와줍니다(갈라디아서 5:13, 에베소서 4:2).

소망도 마찬가지로 특유의 열매를 맺습니다. 분명히 소망은 한 개인에게 가장 쉽게 관찰할 수 있는 변화를 일으킵니다. 에베소서 2:12에 따르면, 그리스도인과 불신자 사이에 있는 근본적인 차이는 바로 소망이라는 요소입니다. 그리스도를 알기 전 우리는 세상에서 소망이 없고 하나님도 없는 사람이었습니다. 베드로는 믿는 이들에게 "너희 속에 있는 소망에 관한 이유를 묻는 자에게는 대답할 것을 항상 예비하되 온유와 두려움으로" 하라고 권면합니다(베드로전서 3:15).

소망은 매력적입니다. 주위 사람의 마음을 사로잡아 끄는 힘이 있습니다. 이로 말미암아 기쁨과 평강(로마서 15:13), 순결(요한일서 3:2-3), 근신(디도서 2:11-13), 인내(데살로니가전서 1:3)가 생깁니다. 그 열매를 더 많이 계속 나열할 수 있습니다.

잠깐 멈추어 생각해 보십시오. 모든 사람이 추구하는 것은 무엇입니까? 아무에게나 한번 물어보십시오. 행복, 평화, 자유, 깨끗한 양심, 안정, 보호 등을 원한다고들 말합니다. 그런데 그들이 인생에서 원하는 이 모든 것은 예수 그리스도로 말미암는 소망에서 얻을 수 있습니다. 그리스도인 중에서 이러한 자질을 조금이라도 드러내는 사람은 어두운 이 세상에서 빛으로 나타나게 됩니다(에베소서 5:8).

그래서 사람들은 우리의 소망에 매력을 느낍니다. 사람들과의 관계에서 긴장이 맴돌 때, 우리의 사랑은 그들의 마음을 누그러뜨리며 은연중에 생긴 장벽이나 비판하는 마음을 무너뜨리고 사라지게 합니다. 모든 것을 견디며, 모든 것을 믿으며, 모든 것을 참으면 가식이 없는 진정한 관계를 맺을 수 있습니다. 우리가 우리의 소망을 알리고 그리스도의 사랑을 실천해 가면 사람들을 믿음으로 인도하게 됩니다.

봅 스미스 박사의 강연을 들은 적이 있습니다. 그는 대학교수로서 경건하고 사랑받는 그리스도인이었습니다. 그에게는 예사로운 말이었지만 나에게는 영원히 기억에 남는 말을 그에게서 들었습니다. 그는 중동에서 2년간 강의한 후 막 돌아왔던 터라 이슬람교도와 접한 신선한 경험을 자주 나누었습니다. 자신이 그들에게 드러낸 개인적인 사랑과 관심이 그들에게 어떤 영향을 미쳤는지를 설명했습니다. 그러고는 "아시다시피 전도의 90%는 사랑입니다"라고 얘기했습니다. 이 말은 내게 큰 울림이 되었습니다.

사도 바울은 "그리스도의 사랑이 우리를 강권하시는도다. 우리가 생각건대 한 사람이 모든 사람을 대신하여 죽었은즉 모든 사람이 죽은 것이라"라고 했습니다(고린도후서 5:14). 주목해야 할 것은 바울에게 동기력을 준 이 사랑의 근원입니다. 이는 바로 그리스도의 사랑입니다. 그리스도의 사랑은 계속해서 아버지의 사랑을 반영합니다. 하나님께서 시작하셨습니다. "우리가 사랑함은 그가 먼저 우리를 사랑하셨음이라"(요한일서 4:19). 이것이 바로 삶을 통한 증거입니다. 나는 이 진리의 중요성을 알고 실행에 옮기기 시작하면서, 전도를 통해 지금도 남아 있는 열매를 거두게 되었음을 고백합니다.

"말씀이 육신이 되어 우리 가운데 거하시매 우리가 그 영광을 보니 아버지의 독생자의 영광이요 은혜와 진리가 충만하더라"(요한복음 1:14). 은혜와 진리가 충만하신 예수님! 우리 그리스도인들은 그리스도를 닮아 가며 사랑 안에서 참된 것을 하도록 부르심을 받았습니다(에베소서 4:15). 이는 우리가 삶 속에서, 예수님께서 사람들을 구원하시기 위해 사랑의 관계를 맺으셨던 것처럼 다른 사람들과 사랑의 관계를 맺어야 함을 보여 줍니다. 이것이 빛으로 사는 것입니다.

10
삶과 신앙의 일치
하나님의 은혜를 드러냄

지금까지 살펴보았듯이 훌륭한 간증을 소유한 사람이란 믿음과 사랑과 소망의 삶을 통해 다른 사람들과 복음 중심의 관계를 맺는 사람임을 보았습니다. 그는 이러한 선한 간증과 관계를 통해 사람들을 주님께로 이끕니다. 어디를 가든지 실망이나 갈등, 죽음 대신에 희망과 평화와 생명을 심습니다. 삶과 신앙의 일치를 통해 하나님의 은혜를 드러냅니다. 이런 사람이 우리 사회에 가장 필요한 사람입니다. 예수님께서는 자신을 세상의 소금이요, 세상의 빛이요, 좋은 씨라 하셨습니다. 예수님은 방향 감각을 잃어버린 세상에서 유일한 예외이셨습니다.

워터게이트 사건이 폭로되었을 즈음에, 나는 워싱턴으로 가는 비행기에 있었습니다. 나는 책을 읽는 데 빠져 있었고, 옆자리 앉은 사람에게는 전혀 관심이 없었습니다. 분명 내가 읽고 있던 책이 그의 관심을 불러일으킨 모양이었습니다. 그가 먼저 그 책에 관하여 말을 걸어왔기 때문입니다. 곧 그가 노사 분쟁 해결을 책임 맡은 변호사임을 알았습니다. 우리 대화는 워터게이트 사건으로 흘렀고, 나는 그에게 그 사건의 원인이 무엇이라고 생각하는지 물어보았습니다. 그는 리더십이 무능하고 고위층이 현실을 모르기 때문이라고 대답했습니다.

나는 적어도 한 가지 다른 요소가 포함되어야 하며 그것은 바로 도덕적 가치 기준이 없기 때문이라 생각한다고 말했습니다. 그가 내 이야기를 이해하지 못했기에 나는 캘리포니아에서 일어난 사건을 예로 들어 설명했습니다.

60년대 초반, 캘리포니아의 몇몇 음식점 주인들이 노출이 심한 토플리스 차림의 여자 종업원들을 고용하기 시작했습니다. 지역 주민들은 이에 대해 소송을 제기했고 부도덕한 행위에 대한 책임을 물었습니다. 음식점 주인들은 주 법정에서 패소하자 대법원에 상고했습니다. 여기서 그들은 주 법정의 결정과는 반대 결과를 얻었고 토플리스 차림의 종업원을 계속 고용할 수 있는 법적 권리를 얻게 되었습니다.

나는 그 변호사에게, 이 경우에서 곤혹스러운 것은 음식점 주인들이 승리하게 된 그 근거와 기준이라고 지적했습니다. 그 결정은 현대의 다른 사건과 마찬가지로 미국법에 한 선례를 남긴 셈이며, 계속해서 사회 전체를 훼손해 나갈 것이라고 했습니다. 음식점 주인들의 주장은 다음과 같았습니다. '우리 음식점에는 이 사회의 지도급 인사들 몇몇이 자주 오기 때문에 음식점 내에서 발생하는 일은 그 사회의 도덕적 표준을 반영하는 것이다. 또한 한 지역의 도덕적 표준을 결정하는 사람은 바로 그 지역의 주민이어야 하므로 몇몇 음식점에서 일어나는 일은 옳다'는 주장인 것입니다.

나는 일단 무엇이 옳고 그른지를 결정하는 것이 주민들에게 달렸다는 것을 인정하게 되면, 우리는 상대주의의 풍랑 속에서 방황하게 된다고 말했습니다. 이러한 궤변을 확대하여 음식점 주인들과 동일한 주장을 하면, 그 지도급 인사들이 스페인어를 하는 사람들이나 또 다른 집단의 사람들을 좋아하지 않는다고 결정한 후, 그들을 죽이는 것도 정당화할 수도 있는 것이라 했습니다.

만약 이것이 극단적으로 들리면, 지난 역사를 한번 생각해 보십시오. 수많은 무죄한 사람들이 무자비하게 살해되었는데, 바로 이런 논리에 기초를 둔 행동에서 비롯된 것이었습니다. 역사학자인 폴 존슨은 지도자들이 어떻게 '계급'이나 '인종', '안보'라는 이름으로 절대적인 도덕 기준을 버렸는지를 지적했습니다. 그는 이런 세상을 '상대주의의 우주에서 표류하는, 방향 없는 세상'이라고 지칭했습니다.

다시 워터게이트 사건으로 돌아가서, 나는 그 변호사에게 피고인들이 반복해서 주장했던 것을 상기시켰습니다. 즉, 그들은 그들의 목표 – 대통령인 리처드 닉슨을 계속 자리에 머물게 하는 것 – 를 이루기 위해서 필요하다고 느낀 것을 실행하였을 뿐이라고 말했던 것입니다. 나는, 당면 목표를 이루는 데 기여하는 것을 '올바른' 것으로 정의한다면, 그 궁극적인 결과는 파멸이라고 말했습니다. 그는 나의 논지를 파악했고 공감했습니다. 그래서 우리는 잠시 동안 생각에 잠겼습니다. 절대적인 가치 기준이 우리 사회에 더 이상 존재하지 않기 때문에 우리의 생존조차도 위협을 받게 되었다는 불행한 사실 때문입니다.

마침내 그가 말문을 열었습니다. "그렇다면 어떤 절대적인 기준을 제시하겠습니까?"

내가 대답했습니다. "저는 그리스도인입니다."

그는 내 대답이 그의 질문과 어떤 연관을 가지는지를 몰랐습니다. 나는 계속해서 설명했습니다. "잠시 당신과 내가 그리스도인이라고 가정해 봅시다. 그것은 우리 둘 다 하나님을 믿는다는 의미입니다. 우리가 인정하고 받아들이기만 한다면 하나님께서 그 절대적인 기준이 되실 수 있지 않겠습니까?"

그 사람은 인정했습니다.

나는 계속해서 말했습니다. "그러나 하나님께서 존재하신다고 해도 우리가 하나님으로부터 인생의 지침을 얻지 못한다면 그 믿음은 우리에게 아무 유익이 없지 않겠습니까?"

그는 다시금 동의했습니다.

나는 계속 말했습니다. "그게 바로 성경이 기록된 이유입니다. 즉, 인생이 무엇이냐에 대해 하나님께서 말씀하신 것입니다. 그래서 그리스도인으로서, 당신과 나는 두 가지 절대적인 기준을 갖게 됩니다. 즉 하나님과 하나님의 말씀입니다. 이것이 우리가 따를 만한 행동 지침의 기초가 된다고 생각지 않습니까?" 이렇게 해서 예수 그리스도에 대한 활발한 대화가 시작되었습니다.

사람이 모이면 언제나 절대적인 도덕 기준이 있어야 살아갈 수 있다는 것은 진리입니다. 이는 한 개인의 삶에서도 비록 덜 분명하게 보일지라도 마찬가지라고 할 수 있을 것입니다.

수년 전 우리 가족은 미국에 잠시 머무르는 동안 새로운 동네로 이사했습니다. 우리가 처음으로 사귀게 된 사람은 길 건너 한 구역 밑에 사는 젊은 부부였습니다. 어느 날 저녁, 그들과 함께 저녁 식사를 하러 나갔을 때, 아내와 나는 그들에게 우리가 이웃의 몇몇 사람을 초청하여 결혼과 가정, 그리고 기타 인간관계에 대하여 성경을 기초로 토의하는 시간을 가질 계획이라고 얘기했습니다. 그들은 매우 적극적으로 반응했습니다. 그 남편은 "제 생각에 이 구역에 사는 사람을 모두 모을 수 있을 거 같습니다. 이곳에 사는 사람들 중에서 행복하다고 할 만한 부부는 거의 없을 겁니다."

사실 우리 사회는 신경과민에 사로잡혀 있습니다. 문젯거리와 긴장감이 사회 전체에 팽배해 있으며 각 사람은 살아남기 위해 안간힘을 씁니다. "어떻게 실망감과 불안감을 대처할 수 있습니까?" "어떻게 하면 이 사람과 좋은 관계를 유지할 수 있겠습니까?" "우리 자녀들은 어떻게 해야 합니까?"

이런 질문에 대한 대답은 사회학이나 철학이나 심리학에서 나오지 않습니다. 프랑스의 새로운 사상가들은 우리 시대를 진단하면서, 모든 이데올로기는 위험한 환상이라고 했습니다. 그들 또한 다른 사람들과 마찬가지로 결론 내리기를, 진정으로 사람의 근본적인 질문에 대답할 수 있는 것은 없다고 했습니다. 이 결론을 통해 그들은 아마도 지금까지 살았던 어떤 세속적인 사람들보다도 진리에 더욱 가까이 이른 셈입니다!

이사야 50:10에서 하나님께서는 이스라엘 백성에게 "너희 중에 여호와를 경외하며 그 종의 목소리를 청종하는 자가 누구뇨? 흑암 중에 행하여 빛이 없는 자라도 여호와의 이름을 의뢰하며 자기 하나님께 의지할찌어다"라고 권면하신 후, 11절에서 사람이 스스로 자기 길을 비춰 보려는 노력의 한계를 이미 예언하셨습니다. "불을 피우고 횃불을 둘러 띤 자여, 너희가 다 너희의 불꽃 가운데로 들어가며 너희의 피운 횃불 가운데로 들어갈지어다. 너희가 내 손에서 얻을 것이 이것이라. 너희가 슬픔 중에 누우리라." 다른 번역본으로도 읽어 봅시다. "너희가 모두 불을 피우고, 횃불을 들고 나섰지만, 너희가 피운 그 불에 너희가 탈 것이며, 너희가 들고 나선 그 횃불에 너희가 소멸될 것이다. 내가 직접 이 형벌을 너희에게 내리고, 너희는 이 고문을 견디어야 할 것이다"(KJV). '불을 피우고 횃불을 둘러 띤 자'란 직역하면 '불꽃으로 너 자신을 둘러쌀 불을 지피는 자'입니다. 여기서 말하는 '불꽃'이란 지속적으로 타는 것이 아니라 잠시 큰 광채를 내지만 곧 스러지고 마는 문자 그대로의 불꽃을 가리킵니다. 이 구절이 의미하는 사람은, 인생 여정에서 역경을 만날 때 자신의 보잘것없는 능력으로 그것을 헤쳐 나가 보려고 애쓰는 어리석은 자들입니다. 하나님의 말씀보다는 우상 등에 의존하는 영적 무지에 빠졌던 이스라엘 백성이나 오늘날 세상 철학의 교묘한 올무, 거짓 종교, 무신론, 자기 의 등에 빠진 자들이 모두 여기에 해당됩니다. 그들은 결국 그 의존하는 것으로 말미암아 멸망하고 맙니다. 이는 마치 빛과 열기를 기대했던 불에게 삼키움을 당하는 모습을 연상케 합니다. 10-11절은 인생 여정 특히 역경 가운데서 하나님을 의지하는 자와 자신이나 우상을 의지하는 자를 비교하고 그 결과를 뚜렷이 대조합니다.

예수님께서 "내가 곧 진리다"라고 하셨을 때, 이는 실로 기쁜 소식이었습니다. 주님은 우리의 기준점이 되어 우리로 사람이 만든 철학의 황폐함을 지나 참된 길을 걸어가도록 도와줍니다. 빛 가운데로, 즉 그리스도의 진리 가운데로 걸어갈 때, 그리스도인은 이 세상에서 하나님께서 주시는 또 다른 방식의 삶의 모본이 되어 사람들에게 새로운 선택의 길을 보여 줍니다.

그리스도인의 가치관

"너희가 전에는 어두움이더니 이제는 주 안에서 빛이라. 빛의 자녀들처럼 행하라"(에베소 5:8). 빛이 된다는 것은 당연히 일치, 즉 하나님의 길과 우리 자신의 삶의 조화를 전제로 합니다. 이러한 조화를 깨는 것은 우리가 사회로부터 받는 영향인데, 우리는 지속적으로 이 영향을 받으면서도 영향을 받는지조차 모를 때가 많습니다.

예수님께서는 누룩에 대해 말씀하시면서, 이러한 위험에 대해 말씀하셨습니다. 제자들에게 '헤롯의 누룩'(마가복음 8:15) 및 '바리새인과 사두개인들의 누룩'(마태복음 16:6)을 주의하라고 경계하셨습니다. 누룩은 인간의 불완전함을 상징합니다(출애굽기 12:15-20, 레위기 2:11, 고린도전서 5:6-8). 예수님께서는 불완전한 사람의 생각을 하나님의 진리와 섞는 것을 경고하셨습니다. 바리새인들은 자기들의 전통적인 종교 관행을 성경의 가르침과 섞어 버렸습니다. 사두개인들은 유대 사회의 대표적인 지식인이요 철학자였습니다. 그리고 헤롯은 세상 시스템을 대표하였습니다. 전통과 철학과 세상 시스템, 이 세 가지 영향은 필연적으로 그리스도인의 가치 체계에까지 영향을 미치고 결국 일부분이 되어 그리스도인이라고 하면서도 거의 세상 사람들의 가치관대로 살아가며 심지어 그것을 깨닫지도 못하는 지경에까지 이릅니다.

이런 일은 우리가 브라질로 이사 가서 문화가 바뀌었을 때, 내게도 일어났습니다. 자신이 속한 문화는 그 문화를 떠나 보았을 때에야 비로소 그 진정한 모습을 깨달을 수 있습니다. 물고기는 자기가 물속에서 헤엄치는지를 모릅니다. 마찬가지로 우리도 우리의 문화가 우리의 생각과 행동에 미치는 영향을 온전히 깨닫지 못합니다. 종종 우리는 이를 이해하기 위해, 그리고 우리 자신을 이해하기 위해 잠시 물러나서 바라보아야 합니다!

그때 나는 한 문화에서 다른 문화로 옮겨 본 경험이 있는 사람들에게는 이런 경험이 공통임을 알았습니다. 친구인 밥 말콤은 필리핀에서 수년간을 선교사로 보냈는데, 다음과 같이 말했습니다. "필리핀에 있으면서 내 신앙의 어느 것이 미국식이고 어떤 것이 필리핀식이며 어떤 것이 그리스도의 것인지를 분류해 보았습니다. 결론적으로 상당 부분이 처음 두 범주에 속한다는 사실을 알았습니다."

브라질로 이사하고 나서 점차 우리가 가진 가치관의 원천을 깨닫게 되었습니다. '성경적'이라고 여겼던 것 중 많은 부분이 실제로는 성경에서 나온 것이 아니라는 사실을 발견하고는 심히 놀랐습니다. 노동과 물질에 대한 태도는 청교도 윤리에 의해 문화적 왜곡을 거쳐 형성된 것이었습니다. 나의 사고방식과 문제 해결의 접근 방식은 컴퓨터 혁명의 영향을 받았습니다. 마케팅 이론과 소비자 보호 운동은 진보라는 것에 대한 정의와 평가에 영향을 주었습니다. 광고와 영상 매체는 나의 생활 수준을 결정하는 데 영향을 미쳤습니다. 나는 우리가 영적으로 돕는 사람들과는 달리 온유한 것보다도 강렬한 것을 선호하는 경향이 있음을 발견했는데, 이 역시 미국 역사의 산물이었습니다. 자녀 양육에 대한 철학도 인본주의의 영향을 받았습니다. 심지어 페미니즘이나 대중문화도 내게 영향을 미쳤습니다. 이처럼 내가 짐짓 성경적이라고 여겼던 여러 요소가 실은 갖가지 단편의 모음이라는 사실을 깨달았습니다. 얼마나 충격이었는지 모릅니다. 나는 그리스도인의 아류 중 하나였던 셈입니다!

이러한 생각이 떠오르자, "이것이 내가 브라질 사람들에게 전달하고자 하는 메시지인가?"라고 자문해 보았습니다. 나의 기독교를 '브라질화'할 필요가 있다는 생각이 들었습니다. 그러나 이내 그것도 결국에는 성경적 기독교의 아류에 불과하다는 사실을 깨달았습니다. 인간의 모든 문화는 죄로 손상을 입었기 때문입니다.

이 시점에서 '하나님의 나라', '천국'이라는 말이 집중적으로 나의 관심을 끌기 시작했습니다. 성경을 읽을 때마다 '하나님의 나라'와 '천국'이라는 단어에 밑줄을 긋기 시작했습니다. 그때부터 2년간 계속했습니다. 하나님께 이것을 분명하게 깨달을 수 있게 해 달라고 기도했는데, 이 주제는 성경의 매 페이지에 나오는 듯 보였기 때문입니다.

그리고 이것이 내가 선택해야 할 방향임을 깨달았습니다! 미국식 기독교도 아니고 브라질식 기독교도 아닌, 천국 문화에서 자란 기독교입니다! 지엽적이고 흠이 있는 인간의 질서가 아니라 흠 없고 보편적인, 하나님의 지배 질서입니다. 천국 문화는 전적으로 새로운 삶의 방식입니다. 하나님께서는 하나님의 백성을 위하여 멋진 계획을 가지고 계십니다. 놀라운 천국 문화에 초점을 맞추게 되면, 이제까지 사람들의 구원과는 거리가 먼 활동을 하며 살았던 여러 영역에 대해서는 다시 심각하게 고려해 보아야 합니다. 성경의 어떤 다른 가르침도 천국에 관한 교훈만큼 그리스도인의 생활의 근본적인 독특함을 우리에게 전달하여 주지 못합니다.

예수님께서는 천국에 관해 이야기하시면서 누룩의 위험성을 말씀하십니다. 어디서 이런 누룩이 생깁니까? 예수님께서는 누룩이 형성되는 과정을 마가복음 7:6-13에서 묘사하셨습니다. 이 과정은 사람이 보기에 좋은 생각에서 시작된다고 지적하십니다. 그게 너무나 좋기에 우리는 이를 모든 이가 따라야 할 모범이자 규칙으로 삼는 데 동의합니다. 결과적으로 그 생각은 하나님의 말씀과 맞먹는 권위를 얻게 됩니다.

그다음 단계는 하나님의 말씀은 무시하고 그 좋은 생각에 여전히 집착하는 것입니다. 이제 그 생각은 전통이 되어 버립니다. 우리는 곧 그 전통을 하나님의 말씀보다 선호하게 되고 이렇게 하여 하나님의 말씀을 옆으로 제쳐 놓게 됩니다. 예수님께서는 "너희의 전한 유전으로 하나님의 말씀을 폐하며 또 이 같은 일을 많이 행하느니라"라고 말씀하십니다(마가복음 7:13).

예를 들어 오늘날 교회에 존재하는 가장 성공적인 전통 하나를 살펴봅시다. 바로 교회 학교입니다. 교회 학교는 훌륭한 생각이었습니다.

원래 교회 학교는 그리스도인 부모를 두지 아니한 어린이들을 가르치는 방편으로 생겨났습니다. 이런 방법이 아니면 복음을 들을 기회가 전혀 없는 어린이들입니다. 초창기에는 자부심을 가진 그리스도인 부모라면 누구도 자기 아이를 교회 학교에 보내지 않았습니다. 이는 자기가 마땅히 해야 할 일을 하지 못했음을 인정하는 셈이 되기 때문입니다. 그런 부모는 자녀를 가르치는 책임을 태만히 했다고 여겨질 것입니다. 신명기 6:6-7에서 이렇게 가르치기 때문입니다. "오늘날 내가 네게 명하는 이 말씀을 너는 마음에 새기고 네 자녀에게 부지런히 가르치며 집에 앉았을 때에든지 길에 행할 때에든지 누웠을 때에든지 일어날 때에든지 이 말씀을 강론할 것이며."

교회 학교를 실시해 보니 그 유익점이 많이 나타났습니다. 그래서 그리스도인 부모들의 태도가 바뀌었습니다. 얼마 안 가서 자부심이 있던 그리스도인들도 자기 자녀를 교회 학교에 보내는 것을 부끄러워하지 않게 되었습니다.

이러한 과정이 예수님께서 마가복음 7장에서 말씀하고 계신 것의 예가 됩니다. 아버지가 그의 책임을 놓아 버리면 여러 손실이 발생합니다! 경건한 생활을 유지하며 성경에 정통하며 자녀들에게 가르치는 능력을 계발해야 할 필요성을 점점 무시하게 됩니다. 자기 가족에 대한 책임을 교회에 전가시켰을 때 그의 삶은 종잡을 수 없게 됩니다.

내게 정신적, 영적 훈련을 계속하도록 자극을 주는 한 가지가 있다면 바로 내 자녀와 후손들이 내 삶의 열매를 상속하게 된다는 점입니다. 이러한 각도에서 볼 때 내가 오직 하나님만 섬기고 경외하는 거룩한 삶을 살기 위해 끊임없이 훈련하며 힘쓰는 것이 매우 중요합니다(신명기 4:39-40 참조).

그러면 오늘날 우리의 기독교 신앙에서 삶과 신앙의 불일치라는 누룩은 어떻게 생깁니까? 요약하면, 복된 소식은 하나의 행동으로 전환되고 행동은 습관으로 바뀝니다. 그 습관은 단지 관습이 되어 버리고 별다른 영적 의미는 없는 것이 됩니다. 비슷하게 믿음은 신조로 변하는 경향이 있고 신조는 단지 상투적으로 고백하는 문구가 되어 버립니다.

그러면 이런 일치의 문제, 즉 하나님의 길과의 조화가 세상 사람들에게 우리가 나아가는 것과 어떤 관계가 있을까요? 매우 밀접한 관계가 있습니다. 일치된 삶은 자연스럽게 의사전달을 할 수 있는 비결이 됩니다. 그리고 이러한 자연스러움은 우리 삶에 매력을 더해 주는 요소가 됩니다. 반면에 우리 삶이 우리가 믿는 것과 다르면, 메시지가 전달되도록 하기 위해 새로운 장치나 방법을 의존하게 됩니다.

반드시 우리는 사물에 대해 가진 개념을 어디서 얻게 되었는지를 한번 생각해 보아야 합니다. 재정, 성공, 결혼, 자녀 양육, 사업, 시간 사용, 성, 사람, 쾌락, 교육, 성장, 사회, 스포츠, 정치, 조직, 종교 등등에 대한 개념을 나는 어디서 얻었는가? 내가 믿는 것은 하나님의 말씀에 근거한 것인가? 그리스도인이 세상의 가치 기준을 빌려 오는 것은 용납할 수 없습니다. J. B. 필립스는 로마서 12:2을 이렇게 번역하였습니다. "여러분 주위의 세상이 그 틀에 여러분을 짜 맞추지 못하도록 하십시오. 대신에 하나님께서 여러분을 새로이 창조하셔서 여러분의 마음의 모든 태도가 변화되도록 하십시오."

우리가 만일 하나님의 말씀으로 돌아가 우리 가치관을 새로이 말씀에 비추어 본다면 우리 믿음을 전달하는 데에 큰 유익을 얻게 됩니다. 어떤 주제든 좀 더 깊이 들어가 보면 복음에 대한 대화로 이끌 수 있습니다. 우리는 언제나 자신이 행하는 생활 방식을 왜 선택했는지 대답할 수 있도록 준비해야 합니다(베드로전서 3:15 참조).

내가 그리스도를 믿은 지 얼마 지나지 않아 친구들에게 복음을 증거하기 시작했을 때, 대개는 장애물 경주의 연속이었습니다. 무엇을 어떻게 말해야 할지 전혀 모르는 상태였습니다. 그래서 전도를 시작하는 데 필요한 '질문'을 노트에 잔뜩 적어 놓았습니다. 내 딴에는 복음의 본론으로 들어가는 데 필요하다고 생각한 질문이었습니다. 때로 그런 질문이 도움이 되기도 했지만 대개는 불리한 상황이 전개되었습니다. 때에 맞게 적절히 행동하지 못하는 듯했습니다. 일상적인 대화 중간에 이러한 질문을 '불쑥불쑥' 던지곤 했기 때문입니다. 그러면 모든 게 비정상적으로 변해 버렸습니다. 나의 질문은 도리어 긴장감이 돌게 하고 마음을 불편하게 했습니다. 그러면 불안한 마음으로 복음을 설명하게 되었습니다.

이런 식의 접근은 시작하는 질문만큼이나 상대방에게 이질감을 느끼게 합니다. 영생에 대해서는 강하게 얘기하지만 현재의 삶에 대해서는 모호한 이야기만 합니다. 우리가 성경과 불일치한 삶을 산다면 우리가 줄 유익은 별로 없습니다. 우리가 전달하는 내용은 그가 이미 아는 것과 본질적으로 크게 다를 바가 없습니다. 심지어 영생조차도 그에게는 특별한 매력을 주지 못합니다. 그는 현재 누리는 생활이 싫기도 하지만 사랑하기도 하는 상반된 태도를 가집니다. 그러나 사랑한다고 해서 영원히 계속하고 싶을 만큼 사랑하지는 않습니다.

한번은 몇 주 동안 선교 여행을 한 적이 있는데 언제나 사람들 속에 파묻혀 있었습니다. 긴장의 연속이었습니다. 잠시만이라도 사람들과 접촉을 피하고 혼자만의 시간을 보내고 싶었습니다. 그래서 비행기에 올랐을 때 통로 곁의 좌석에 앉았습니다. 중간 좌석은 비었고 창가에는 젊은 여성이 자리 잡았습니다. 비행기가 이륙하기를 기다리면서 책을 열심히 들여다보았습니다. 오직 사람들을 피하려는 심산이었습니다. 그러나 젊은 여성은 나와 대화하고 싶어 했습니다. "무엇을 읽고 계세요?"라고 물어 왔습니다.

"책입니다."

"제목이 뭐에요?"

"인공두뇌 심리학입니다."

"심리학을 공부하세요?"

"아닙니다."

모든 대답이 간결했습니다. 그 무렵 엔진에 시동이 걸렸고 활주로에 진입하기 시작했습니다. 계속 말을 걸어 왔습니다. 나는 감기에 걸려 몸이 안 좋았고 거의 아무 소리도 들을 수 없었습니다. 결국 책을 덮고 대화를 시작했습니다.

이내 그 여성의 마음속에 남자를 사귀고 싶은 의도가 있음을 알았습니다. 나는 단도직입적으로 결론을 말했습니다. "저는 여행을 자주 합니다. 또한 여행 중에는 외로움을 느낄 때가 많습니다. 종종 제 아내에 대해 신실하지 못하게 하는 유혹에 접하곤 합니다. 그러나 그런 즐거움은 백해무익하다는 결론을 내렸습니다. 물론 아내를 속일 수 있습니다. 그러나 우리 관계는 서로 사랑과 신뢰에 그 토대를 둡니다. 아내는 저를 신뢰하고 저는 아내를 신뢰합니다."

"저는 여태껏 살아 온 경험을 통해 인생의 참된 의미는 무엇을 잘 해낸다든지 대단한 일을 성취한다든지 혹은 여가를 어떻게 즐기느냐에 있지 않다는 걸 깨닫게 되었습니다. 그 의미는 진실한 관계 속에서 발견된다는 것을 알았습니다. 그래서 지금 제가 가진 최고의 관계를 깨뜨리고 싶지는 않습니다. 만약 아내에게 불성실한 일을 하고 돌아갔을 때, 설령 아내가 눈치채지 못하고 제가 숨길 수 있다 해도 저는 압니다. 아무것도 모르는 아내에게 저는 어느 정도 거리를 둘 것입니다. 관계가 멀어지지만 아내는 왜 그런지 모릅니다. 곧 우리는 한 지붕 밑에서 같이 살아가는 남남이 될 것입니다."

"가장 큰 피해를 입는 쪽은 아내와 가족입니다. 이는 이기심의 극치라고 생각합니다."

그 여자는 엄청 놀라는 표정이었습니다!

잠시 후에 그는 입을 열어 말했습니다. "저는 스물넷입니다. 결혼해야 하지만, 결혼한 제 친구들을 보면 모두 남편에게 성실하지 않아요. 만약 그런 것이 결혼이라면 저는 결혼을 원치 않아요. 제 친구들이 일주일 정도 여행을 떠나면 남편들 역시 딴 마음을 품곤 하지요. 꼭 철없는 소년 같아요. 만일 제 남편이 그런 식으로 살아간다면 저는 견딜 수 없을 거예요."

그리고 이렇게 덧붙였습니다. "저는 선생님이 말하는 것과 같은 생각을 지금껏 전혀 들어보지 못했어요. 어떻게 그런 생각을 갖게 되셨나요?"

"말하면 아마 웃으실 것입니다."

"아니요, 웃지 않겠어요."

"성경에서 배웠습니다."

나는 그에게 성경의 메시지가 무엇이며 어떻게 사람을 변화시켜 질서 가운데 생활할 수 있도록 돕는지를 설명했습니다. 그 무렵 비행기가 착륙하기 시작했습니다. 이런 낭패가! 나의 설명이 한창 진행 중이었기 때문입니다. 그는 나의 모든 설명에 깊은 관심을 보였습니다. 그러나 그만 멈추어야 했습니다.

승객들이 통로로 들어설 때 그가 앞서 가도록 했습니다. 잠시 후 내가 내려 중앙 홀로 들어섰을 때 그는 마중 나온 친구들 10여 명에 둘러싸여 있었습니다. 그가 비행기 안에서 내게 얘기한 친구들이었습니다. 그는 지나가던 나를 멈춰 세운 후 둘러선 친구들에게 소개하였습니다. 나는 10분 이상을 거기에 서 있었는데, 그는 우리가 나눈 대화 내용을 그들에게 차근차근 얘기했습니다. 이로 인해 나는 더욱 안타까운 마음이 들었습니다. '만약 이 사람들과 몇 시간만 더 지낼 수 있다면 그들이 어두움에서 빛으로 나아오도록 도울 수 있을 텐데…'라는 생각이 들었습니다. 하지만 약속된 일정이 있어 떠나야만 했습니다.

그러나 하나님께서는 내게 또 다른 교훈을 예비하고 계셨습니다. 사람들과의 화목을 원하시며 이 일을 이루시는 분은 하나님이시지 우리가 아니라는 것입니다. 약 1년 후에 그 도시에 다시 가게 되었습니다. 주일 아침에 예배에 참석했을 때였습니다. 한 사람이 걸어 들어왔는데 바로 1년 전에 비행기에서 대화를 나누었던 여성이었습니다. 그는 바로 내 옆에 앉았습니다. 예배가 끝났을 때 나는 일어나서 인사를 하며 내가 누구인지를 말해 주었습니다. 그러나 이는 필요 없었습니다. "물론 기억하지요. 저는 그 대화를 절대로 잊지 못할 거예요. 제 삶에 얼마나 큰 변화를 일으킨 대화였는데요!"

이 이야기는 성경에 뿌리를 둔 가치관을 갖는 것이, 어떤 대화라도 거의 대부분을 복음에 대한 얘기로 바꿀 수 있다는 사실을 실제로 보여 줍니다.

그러나 내가 인정하지 않을 수 없는 것은, 새로운 이웃이 이사 오거나 또 다른 도시로 이사 가거나 낯선 사람을 만날 때에는 여전히 두려움이 앞선다는 사실입니다. 나는 대개 염려 섞인 반응을 보입니다. '어떻게 저런 사람에게 접근할 수 있지?' '저 사람은 내가 원하는 유형이 아닌 것 같아.' 바로 그때 나는 그와 친해지지 못하게 막을 수 있는 장애물은 없다는 사실을 스스로 기억해야만 합니다. 결국 식사나 여가 시간의 대화를 통해 영적인 주제를 나눌 기회를 갖습니다. 우리는 얘깃거리를 만들어서라도 얘기해야 합니다. 그리고 모든 대화는 결국 예수 그리스도로 연결이 됩니다.

삶과 신앙의 일치

주후 1세기의 사람이었던 멜커는 이상적인 모습을 이렇게 서술했습니다. "천국은 우리의 내면생활에서 시작되며 내면을 지배해야 합니다. 그리고 외부로 나타나는 모든 행동은 기록된 하나님의 말씀에 나타난 교훈이나 명령과 일치를 이루면서 이러한 내적 본질에서 흘러나와야 합니다.… 겉으로 나타나는 것이 안에 들어 있는 것과 같아질 때까지 그리해야 하며 또한 이것은 개개인에서 나라 전체로 진행되어야 합니다."

선한 간증

오래전 우리 아들이 십대 때 일입니다. 한번은 이렇게 말했습니다. "아빠, 저는 어떻게 하면 간증이 좋은 사람이 될 수 있어요? 저는 누나만큼 훌륭한 그리스도인이 아니에요. 누나는 친구들에게 전도도 할 줄 알거든요."

나의 십대 시절을 번개처럼 회상했습니다. 나는 혼자서는 해결할 수 없는 두 가지 소원이 있었습니다. 하나는 친구들에게 그리스도인으로서 좋은 간증을 보이는 면에서 부모님의 기대 수준에 이르기를 원했습니다. 그러나 동시에 친구들에게서도 인정을 받고 싶었습니다. 이러한 갈등 때문에 죄책감과 긴장감을 느꼈습니다. 이제 똑같은 문제를 겪는 아들을 어떻게 도와주어야 할까요?

마침내 나는 "얘야, 남의 평판에는 신경 쓰지 말거라. 한 가지만 마음에 새겨 두렴. 화평케 하는 사람이 되도록 하려무나"라고 얘기해 주었습니다. 진실로 다른 사람에 대해 사려 깊게 행동하고 또한 갈등을 해결하는 데 주도권을 가진다면 하나님께서 원하시는 대로 살고 있는 셈이라고 설명해 주었습니다. 이는 십대인 아들이 감당할 수 있는 것이었습니다.

몇 주 후에, 아들은 이웃집 아이와 다투었고 친구 관계는 깨졌습니다. 이 사건에 대해 얘기하면서 우리는 화평케 하는 사람이 되라고 했던 것을 기억하고, 로마서 12:17-18을 함께 읽었습니다. "아무에게도 악으로 악을 갚지 말고 모든 사람 앞에서 선한 일을 도모하라. 할 수 있거든 너희로서는 모든 사람으로 더불어 평화하라." 아들은 결심을 한 후 주도권을 쥐고 친구를 찾아가 사과하고 우정을 회복했습니다.

얼마 후 이웃집 아주머니가 아내를 자기 집으로 초대하여 대화를 나누었습니다. 그는 자기 가족들이 두 아이의 우정을 관찰해 왔다고 하면서 "당신에게는 우리에게 꼭 필요한 것을 채워 줄 수 있는 뭔가가 있다고 생각합니다"라고 얘기했습니다. 십대 자녀의 삶을 통해 복음의 문이 열렸습니다.

삶의 간증! 이것이 바로 하나님께서 이스라엘을 향해 가지신 목적이요 사도들의 가르침 속에 일관된 진리입니다. "이는 우리 복음이 말로만 너희에게 이른 것이 아니라 오직 능력과 성령과 큰 확신으로 된 것이니 우리가 너희 가운데서 너희를 위하여 어떠한 사람이 된 것은 너희 아는 바와 같으니라"(데살로니가전서 1:5).

이러한 위대한 진리는 "선한 간증을 보이라"라는 한마디 말로 변했습니다. 그러나 이 말은 자칫 율법주의로 변질될 우려가 있습니다. 사실상 이 진리는 세월이 흐를수록 더욱 제한되어 단지 그리스도인과 불신자들이 '훌륭한 그리스도인'이 어떠하냐에 대해 공통적으로 인정하는 모습을 강조하는 정도로까지 변했습니다. 이러한 모습들은 성경에 근거한 것이라기보다는 그리스도인의 양심에 거리끼지 않는 수준의 행동을 모아 놓은 것에 불과합니다. 우리는 사람들이 원하는 모양을 따라 살지 못하면 불신자들뿐만 아니라 그리스도인들에게도 상처를 줄까 봐 두려워하게 됩니다. 이러한 두려움 때문에 사람들이 기대하는 수준의 모습을 유지하려고 애씁니다. 주위의 불신자들은 자기들의 기준에 맞추어 살도록 그리스도인들에게 압력을 가하며 약점을 잡으려 합니다.

이렇게 되면 그리스도인이 마땅히 보여야 할 모습을 단지 이른바 '성인군자'로만 제한하는 결과를 낳습니다. 이 때문에 복음에 흥미를 가질 수도 있는 많은 사람이 이 진리에 접근할 수 있는 길이 막히게 됩니다.

갓 예수님을 믿은 한 젊은이가 묻습니다. "이제 제가 무엇을 버려야 합니까?" 사람들이 말합니다. "울긋불긋한 옷을 입지 마라. 옷장에서 흰색이 아닌 것은 모두 버려라. 푹신한 베개를 베고 자는 습관도 버려라. 악기도 팔아 버리고 달콤한 빵을 더 이상 먹지 마라. 네가 만약 그리스도께 성실하게 순종한다면 더운 물에 목욕하거나 면도를 해서는 안 된다. 수염을 깎는 것은 우리를 창조하신 하나님을 거역하는 행위이며 하나님의 작품을 고치려고 하는 것과 같다."

이상하지 않습니까? 이는 사람들이 양심을 거리끼게 하는 것이라고 하여 성경에 추가시킨 것들의 실제 예입니다. 지금 이 내용을 읽으면 신기하기까지 할 것입니다. 하지만 이 목록은 기록된 이래로 약 1,800년 동안 꾸준히 전해 내려온 것입니다. 물론 우리 세대에 와서는 그 내용이 조금 바뀌었습니다. 또한 지역과 사람들에 따라서 양심을 거리끼게 하는 바는 다양합니다. 그런데 동일한 성경의 진리에서 여러 가지 적용이 나올 수 있음에도 불구하고, 그리스도인들은 이렇게 정해진 모습을 필요 이상으로 심각하게 받아들이는 경향이 있습니다.

사람들이 마땅히 지켜야 하는 인간적인 수준을 강조하는 도덕주의가 불가피하게 출현하여 그리스도의 몸 된 우리가 취할 수 있는 모습에 큰 제약을 주는 것을 봅니다. 여기에는 수많은 이유가 있겠지만 지금 다 다룰 수는 없습니다. 우리의 관심은 이러한 도덕주의가 복음의 전파에 끼치는 영향입니다. 예수님께서는 바리새인들이 그들의 가르침을 통해 '천국 문을 사람들 앞에서 닫는다'고 말씀하셨습니다. "화 있을진저, 외식하는 서기관들과 바리새인들이여. 너희는 천국 문을 사람들 앞에서 닫고 너희도 들어가지 않고 들어가려 하는 자도 들어가지 못하게 하는도다"(마태복음 23:13). 그리스도인이 어떤 사람이냐 하는 '됨됨이'보다 무엇을 하느냐 하는 '행동'에 강조점이 주어질 때에는 언제나 이런 결과가 생깁니다.

예수님께서는 이에 대해 산상수훈에서 말씀하셨습니다. "이같이 너희 빛을 사람 앞에 비춰게 하여 저희로 너희 착한 행실을 보고 하늘에 계신 너희 아버지께 영광을 돌리게 하라"(마태복음 5:16). 그런데 이 설교의 뒷부분에 가서 "사람에게 보이려고 그들 앞에서 너희 의를 행치 않도록 주의하라"(6:1)라고 말씀하셨습니다. 모순처럼 보이는 듯합니다. 이 두 말씀 사이에는 어떤 차이가 있습니까? 그 의미는 서로 구별됩니다.

예수님의 첫 번째 말씀은 사람들이 우리 안에서 하나님을 볼 수 있도록 살아야 한다는 생각을 소개한 것입니다. 여기서 예수님께서는 어떤 사람 앞에서나 혹은 어떤 환경에서든지 우리의 행동에는 하나님을 드러내는 독특함이 있어야 함을 강조하신 것입니다.

두 번째 말씀의 의미는 헌금, 기도 등 여러 활동과 연관되어 있습니다. 예수님께서는 "이러이런 것은 하지 말라"라고 말씀하지 않으셨습니다. 이 모두를 하라고 말씀하십니다. 예수님의 의도는 "아무도 눈치 채지 못하게 하라!"라는 것입니다. 왜 그렇습니까? 해답은 마음속의 동기와 연관되어 있습니다. 만약 나의 삶에서 다른 사람의 눈에 가장 잘 띄는 요소가 단지 내가 하는 영적 활동들뿐이라면 나는 틀림없이 내 자신을 영화롭게 하는 죄를 범하는 것입니다. 세상 사람들은 우리가 이렇게 살면 절대로 우리에게 다가오려 하지 않을 것입니다. 도대체 어느 누가 먹는 것을 금하고 자기 돈을 바치며 자기의 모든 시간을 드려 무릎을 꿇고 자기가 좋아하게 될지도 아직 확신할 수 없는 하나님께 기도하는 것을 좋아하겠습니까?

우리가 믿음을 알리기 위해서 높은 도덕 기준을 따라 사는 모습이나 교회의 여러 활동을 열심히 참여하는 모습이나 개인적으로 경건한 삶을 살기 위해 애쓰는 모습 등을 장황하게 설명할 때, 이는 복음을 왜곡하는 셈이 될 수도 있습니다. 만약 이 모든 설명에도 불구하고 복음에 매력을 느끼는 사람이 있다면 그는 '내가 그리스도인이 되어야 하는 것은 당연한 것 같은데, 하지만 그 많은 것을 언제 다 하지?'라고 생각할 것입니다.

은혜와 진리가 충만함

그러면 무엇이 선한 간증입니까? 선한 간증을 보이는 사람이란 하나님의 성품을 드러내는 사람을 말합니다. "우리가 그 영광을 보니… 은혜와 진리가 충만하더라"(요한복음 1:14). 얼마나 아름답고 매력적인 모습입니까! 율법을 따라 사는 삶이 아니라 하나님을 드러내는 삶입니다. 이것이 바로 진정한 의미에서 하나님을 영화롭게 하는 것이라고 믿습니다. 즉, 하나님 자체를 드러내는 것입니다.

은혜와 진리, 인자와 공의, 이들은 서로 뗄 수 없는 하나님의 특징입니다. 에베소서 4:15에서는 "사랑 안에서 참된 것을 하여"라고 말씀하는데 비슷한 대구를 이룹니다. 사랑 없는 진리는 파괴만 할 뿐이며, 진리가 없는 사랑은 속임수에 불과합니다.

진리의 자녀답게 행동함

예수님을 대적한 사람들도 예수님께서 진리에 헌신하신 것을 잘 압니다. 한번은 그들이 흠을 잡으려는 질문을 하면서 다음과 같이 말했습니다. "선생님이여, 우리가 아노니 당신은 참되시고 참으로써 하나님의 도를 가르치시며 아무라도 꺼리는 일이 없으시니 이는 사람을 외모로 보지 아니하심이니이다"(마태복음 22:16). 그리스도의 몸 된 지체로서 우리는 그리스도를 본받아 정직하도록 부르심을 받았습니다. 예수님에 대해 "그 입에 궤사도 없으시며"(베드로전서 2:22)라고 기록한 것과 같이 우리도 행하여야 합니다.

진리 그 자체가, 선한 간증을 보이는 것과 무슨 관계가 있습니까? 한 가지는 이혼으로부터 빈곤에 이르기까지 우리 세계가 가진 사회 문제의 대부분은 이기심과 탐욕에 그 근원이 있다는 사실 때문입니다. 문제는 사람의 마음에서 시작되었기 때문에 그 해결책도 마음에서 찾아야 합니다. 이기심의 반대는 자신에게 해로울지라도 진리대로 행하는 것입니다(시편 15편 참조). 시편 15편의 표현을 빌면, 그는 정직하게 살고 옳은 일을 행하며 그 마음에 진실을 말하는 사람이며, 남을 비방하지 않고 자기 친구를 해하지 않으며 이웃을 헐뜯지 않는 사람이며, 하나님을 저버린 자를 멸시하며 여호와를 두려워하는 자를 존중하고 한번 약속한 것은 손해가 가도 지키는 사람, 돈을 빌려 주고도 이자를 받지 않으며 뇌물을 받고 죄 없는 자를 해치지 않는 사람입니다. 이 세상의 근본적인 필요가 바로 이런 성품을 지닌 사람입니다. 이런 성품이 하나님의 자녀들 사이에서 발견되지 않는다면 어디에서 찾을 수 있겠습니까?

그리스도인이 이런 삶의 본을 보일 때, 세상 사람들에게 현재보다 훨씬 나은 생활 방식이 있음을 확증하게 되는 것입니다.

은혜

우리가 하나님의 은혜를 진정으로 드러낼 수 있는 길은 다른 사람과의 관계 속에서입니다. 예수님께서 우리의 인간관계에 얼마나 강조점을 두시는지 알고 있습니까? 하나님의 계명 중에서 가장 큰 것이 무엇이냐는 질문에 예수님께서는 모든 계명은 두 가지로 요약된다고 대답하셨는데 모두 관계를 맺는 것과 연관되어 있습니다. 하나는 "네 마음을 다하고 목숨을 다하고 뜻을 다하여 주 너의 하나님을 사랑하라"요, 또 하나는 "네 이웃을 네 몸과 같이 사랑하라"입니다(마태복음 22:37-40).

예수님께서는 산상수훈에서 우리가 인간관계를 맺을 때 값을 치러야 할 것을 여러 차례 강조하십니다. 마태복음 5:21-48을 다른 번역본으로 한번 읽어 봅시다.

모세의 율법에는 "만일 네가 사람을 죽이면 너도 반드시 죽어야 한다"는 조문이 있다. 그러나 나는 이 조문에 덧붙여 말한다. 까닭 없이 형제에게 화내는 자는 심판받을 것이며, 어리석다고 욕하는 자는 법정에 끌려갈 것이며, 형제를 저주하는 자는 지옥 불 속에 던져질 것이다.

그러므로 만일 네가 성전 제단 앞에 서서 하나님께 제물을 드리려고 할 때 네게 원한을 품은 형제가 생각나거든 제물을 제단 앞에 그대로 두고 가서 그에게 사과하고 화해하라. 그리고 와서 제물을 하나님께 드려라. 너를 고소하려는 사람과 법정에 갈 때에는 길에서 얼른 그와 타협하라. 그렇지 않으면 고소하는 사람이 너를 재판관에게 넘겨 너는 감옥에 갇히게 될 것이다.…

모세의 율법에 "간음하지 말라"고 하였다. 그러나 나는 이렇게 말한다. 음욕의 눈으로 여자를 바라보는 사람은 누구든지 이미 마음속에서 그 여자와 간음한 것이다.…

또 모세의 율법에 "만일 어떤 사람이 남의 눈을 상하게 하였거든 자기 눈도 상하게 하라. 만일 남의 이를 부러뜨렸거든 자기 이도 부러뜨리라"고 하였다. 그러나 나는 이렇게 말한다. 폭력으로 대항하지 말라. 네 한쪽 뺨을 때리는 사람이 있거든 다른 쪽 뺨도 돌려 대라.…

달라는 사람에게 주고, 꾸어 달라는 사람에게 등을 돌리지 말라.

또… "이웃을 사랑하고 네 원수를 미워하라"는 말이 있다. 그러나 나는 이렇게 말한다. 원수를 사랑하라! 너를 박해하는 자들을 위해 기도하라. 그래야만 너희가 하늘에 계신 아버지의 자녀답게 행동하는 것이다.… 그러니 하늘에 계신 너희 아버지께서 완전하신 것같이 너희도 완전한 사람이 되라. (현대어 성경)

따르기가 어려운 내용입니다. 실행에 옮기기에는 불가능하다는 인상이 듭니다. 그러나 하나님께서는 우리가 잘못을 저지를 때에도 언제나 이렇게 행하십니다. 구원을 믿음으로 받느냐 아니면 선행으로 받느냐 하는 문제든지 혹은 매일의 일상생활에서 우리에게 일어나는 일이 공평한가 아니면 부당한가에 대한 판단의 문제든지 상관없이 하나님께서는 우리가 본능적으로 옳다고 '아는' 것과는 정반대로 은혜의 원리를 따라 행하십니다. 사실 우리로서는 불가능하게 보이는 것입니다.

이 은혜는 본질적으로 우리가 받을 자격이 전혀 없는 것입니다. 하나님께서는 은혜로써 우리와 관계를 맺으시며, 우리 또한 다른 사람에게 이렇게 대응하기를 원하십니다. 하나님의 은혜에 대한 이 진리를 아는 것이 영적 성장의 시작이라고 할 수 있습니다. "이 복음이 이미 너희에게 이르매 너희가 듣고 참으로 하나님의 은혜를 깨달은 날부터… 열매를 맺어 자라는도다"(골로새서 1:6)라고 말씀한 것과 같습니다.

　인간적인 본능에는 이러한 진리와는 상반되게 행하려는 성향이 있습니다. 스위스의 정신과 의사이며 저술가인 폴 투르니에는, 우리는 자신의 약점에 대해서는 관대하거나 눈감으려는 성향이 있는 반면에 다른 사람에게는 눈을 부릅뜨고 꾸짖으려 한다고 말합니다. 예를 들어, 자기의 비만은 집안 내력 때문이라고 핑계를 대면서도 다른 사람에게는 음식을 절제하지 않는다고 비판하는 것입니다. 우리는 이런 태도에서도 바뀌어야 합니다.

　회심이란 말에는 이처럼 태도를 바꾼다는 의미가 포함되어 있습니다. 즉, 다른 사람에 대해서는 그가 왜 그런 상태에 있는지를 이해하고 용납하려는 태도를 갖는 반면, 우리 자신의 행동에 대해서는 책임을 지려는 태도를 갖는 것을 뜻합니다. 이것이 '용서의 장'인 마태복음 18장의 내용입니다. "내가 너를 불쌍히 여김과 같이 너도 네 동관을 불쌍히 여김이 마땅치 아니하냐?"(33절). 이 장은 진지한 경고로 끝을 맺습니다. "주인이 노하여 그 빚을 다 갚도록 저를 옥졸들에게 붙이니라. 너희가 각각 중심으로 형제를 용서하지 아니하면 내 천부께서도 너희에게 이와 같이 하시리라"(34-35절).

11
메시지를 흐리지 말라
전통에 가려진 진리

"**사**람이 등불을 켜서 말[곡식 따위를 담는 그릇] 아래 두지 아니하고 등경 위에 두나니, 이러므로 집 안 모든 사람에게 비취느니라"(마태복음 5:15). 이 말씀에서 예수님께서는 우리 안에 하나님께서 이루어 놓으신 일이 가려져서 원래 목적이 훼손될 가능성이 있음을 일깨워 주십니다.

아마도 빛을 가리는 원인에 대해 얘기할 때 제일 먼저 마음에 떠오르는 것은 죄 문제일 것입니다. "만일 우리가 하나님과 사귐이 있다 하고 어두운 가운데 행하면 거짓말을 하고 진리를 행치 아니함이거니와"(요한일서 1:6). 지속적으로 죄 가운데 거하는 그리스도인이 빛을 발하지 못할 것은 분명한 사실입니다. 그러나 또 다른 면에서 당신의 빛을, 곡식을 되는 그릇인 말 아래 가두어 버리는 경우가 몇 가지 있습니다. 이러한 일은 우리가 깨닫지 못하는 사이에 쉽게 일어납니다. 우리의 빛을 가리는 '말'로는 우리가 맺는 관계, 우리의 기대, 우리의 표현이나 행동과 같은 것을 들 수 있습니다.

관계

내가 전도하기 원하는 사람에게 나는 어떠한 모습으로 비칠까요? 대개 두 사람이 처음으로 만나는 경우면 상대방의 신분을 알고자 하는 탐색이 즉시 시작됩니다. 양쪽 모두 상대방의 특징을 통해 자신만이 가진 분류 체계에 맞추려고 바쁘게 살펴봅니다. 이것이 타당하지는 않지만 우리 모두는 그렇게 합니다.

"어떤 일을 하십니까?" (그의 대답을 통해 상당히 많은 실마리를 얻습니다. 그의 사회적 지위, 재정 상황, 학벌 등을 예측합니다.)

"어디에 살고 계십니까?" (이 질문 또한 여러 가지 정보를 제공합니다. 어떤 도시나 어느 지역에 산다는 것을 알고는 내가 만들어 낸 그에 대한 인상을 수정하고 바꾸게 됩니다.)

"학교는 어디에서 다니셨습니까?"

"전공이 뭐였습니까?"

"제임스를 아십니까? 어떻게 아십니까?" (이를 통해 제임스와의 관계를 파악합니다. 제임스를 이미 나의 분류 체계 속에 넣어 두었으므로 조사는 거의 완성된 셈입니다. 사람은 그 친구를 보면 알 수 있기 때문입니다.)

우리가 복음으로 사람들에게 접근할 때도 이와 비슷한 과정이 일어납니다. 그들은 우리에 대해 '이 사람은 어느 교회에서 나왔지?', '어느 교파지? 혹시 이단은 아닐까?', '이 사람이 나를 설득해서 어디로 데려가려는 거지?' 하고 생각합니다.

관계를 통해 어떤 사람을 인식하는 이 문제는 다루기가 매우 까다롭습니다. 다른 사람과 복음을 얘기할 때에 "이 메시지를 받아들이면 당신은 저와 같이 될 것입니다"라는 의미도 전달하는 셈입니다. 그리고 만약 우리 신앙이 특정한 교파나 교회, 조직과 완전히 일치되고 배타적이라는 인상을 심어 주면 무엇이 일어나는지 깨닫기도 전에 사람들에게 거절당하게 됩니다. 특히 세속화된 사람들은 무엇인가 새로 참여해야 하는 조직을 경계합니다. 불필요한 신분의 변화에 대해 재빨리 거부 반응을 보일 것입니다.

한번은 몇몇 그리스도인이 그 도시의 대학생을 대상으로 전도를 시작했습니다. 그들은 어떻게 접근할지 연구하고 자료도 준비하며, 기숙사에서 학생들을 대상으로 설문 조사를 했습니다. 목표는 학생들의 관심을 불러일으켜 전도 성경공부에 참석하도록 하는 것이었습니다.

그들은 800명가량을 접촉했으나 본격적으로 시작하기도 전에 물러나야만 했습니다. 그들이 나누어 준 자료의 서두에는 다음과 같은 말이 있었습니다. "[그들이 속한 단체 이름]에서 당신을 초대합니다." 그들은 학생들을 그리스도께로 초대한다고 생각했으나, 학생들은 그들이 자기네 조직으로 초대한다고 생각했습니다. 800명 중에서 단지 3명만이 반응을 보였고, 결국에는 지속적인 열매로 남은 사람이 없이 끝나 버렸습니다. 사람들을 교회로 초청하기 위한 조직적인 운동이나 초청 프로그램이 세속화된 사람들의 관심을 불러일으킨 적은 거의 없습니다.

분명히 어떤 그리스도인도 의도적으로 그리스도의 이름을 자신의 이름으로 대체하려고 하지는 않을 것입니다. 우리는 아마도 그런 사람을 만나면 충격을 받고 분노를 느낄 것입니다. 따라서 문제는 우리가 어떻게 우리 자신을 보느냐가 아니라, 다른 사람들이 어떤 식으로 우리를 생각하는가에 달렸습니다. 우리 자신에게 지속적으로 물어보아야 할 질문은 '내가 복음을 전하려는 사람들에게 나는 어떻게 인식되는가?'라는 것입니다.

기대

빛을 가리는 두 번째 '말'은 우리의 기대입니다. 이는 첫 번째와 연관됩니다. 영적인 활동에 헌신하게 되면 우리는 종종 자신이 속한 교회나 조직의 성장과 성공에 대해서도 관심이 커지게 됩니다. 교회의 성공은 대개 교인 수로 평가됩니다. 교회의 성장을 평가하고 연구하는 과정에서 여러 단계의 교회 프로그램에 참석하는 사람들의 숫자가 보고됩니다. 유혹은 거의 물리칠 수 없게 되고 교회의 성장에 대한 이러한 관심 때문에 불신자들을 만나면서 미리 그가 교회 내에서 맡게 될 역할을 염두에 두게 됩니다. 그가 준비되었는지 혹은 그것이 그의 영적 성장에 진정으로 도움을 주는 것인지에 대해서는 거의 고려하지 않습니다.

우리는 새 신자들이 그들을 위해 우리가 준비한 것을 좋아하며 그들이 순응하리라 기대합니다. 그들이 우리의 틀에 맞추어 주기를 기대하며, 우리의 형식을 좋아하고 우리의 활동에 참여하며 우리의 행동 양식을 그대로 따르기를 기대합니다. 그리스도를 믿으려고 하는 사람이 이런 모든 것을 놀라우리만치 재빨리 습득하는 것은 거의 불가능합니다. 때때로 잘 순응하는 사람이 있기는 합니다. 그러나 대개는 부정적으로 반응합니다. 나의 사역을 돌아보면, 이러한 방식으로 다루었기 때문에 도중에 그만둔 사람들이 많이 있었습니다. 그들은 말없이 사라집니다. 이유를 말하지 않습니다. 그러나 뒤돌아보면 무엇이 잘못되었는지를 알 수 있습니다.

따라서 이러한 우리의 기대가 예수 그리스도의 빛을 가릴 수 있습니다. 우리가 조직이나 개인의 성공에 기대를 걸게 되면, 이러한 관심이 전도에도 나타나게 되고 진정한 목표를 잃어버리게 됩니다.

표현 방식

각계각층마다 고유 언어가 있습니다. 나는 브라질에서 살면서 그곳 사람들과 영적인 얘기를 몇 분간만 나누어 보면 상대방이 쓰는 말을 들어 보고 그가 신교인지 구교인지 그리고 어느 교파에 속한지를 알 수 있었습니다. 만약 각 분야의 사람들이 자기 영역에서만 생활한다면 문제는 거의 없습니다. 그러나 우리의 주된 관심사는 바로 우리와 같은 부류에 속하지 않은 사람들에게 나아가는 것입니다. 나는 우리가 쓰는 용어가 사람들을 쫓아 버리는 것을 종종 보아 왔습니다. 결과적으로 이 역시 빛을 가리고 흐리게 하는 또 다른 '말'이 됩니다.

우리 성경공부 그룹이 이웃 사람들에게 확장되기 시작할 즈음에 기독교 배경이 전혀 없는 몇몇 불신자가 참석하기 시작했습니다. 대부분은 같은 병원에서 근무했고 얼마 안 가서 우리 성경공부에 대한 소문이 퍼졌습니다.

어느 날 참석자 중 한 사람이 자기 친구가 성경공부에 참석하기 원한다고 하여 그를 초청하는 것에 동의했습니다. 그래서 마르코스라는 사람이 다음 성경공부에 나왔습니다. 그는 멋지고 성숙한 그리스도인임을 알 수 있었습니다. 그의 성경이 너덜너덜해진 것은 전혀 놀랄 일이 아니었습니다. 성경을 거의 다 외우다시피 한 듯 보였습니다.

그러나 토의를 인도하면서 어려움이 생겼습니다. 내가 질문을 던지자마자 그는 다른 사람이 생각할 겨를도 주지 않고 대답해 버렸습니다. 나는 정답을 기대한 게 아니었습니다. 질문을 한 것은 참석자들에게 생각할 기회를 주려는 의도였습니다. 더욱 난처한 점은, 그의 대답은 언제나 옳았습니다. 그룹의 나머지 사람들은 알아들을 수 없는 말이었지만 옳은 것만은 틀림없었습니다. 그들은 더 이상 말할 여지가 없었습니다.

그래서 나는 또 다른 시도를 했습니다. 질문을 던진 후, 해답을 발견할 수 있는 참조 구절들을 알려 주었습니다. 그러나 이것도 별 효과가 없었습니다. 다른 사람들이 성경 구절을 찾는 동안 마르코스는 이미 찾아서 읽고 설명까지 덧붙였습니다. 내가 최후로 취할 수 있는 방법은 모조리 다 설명을 해 주는 것이었는데 이는 가장 비효율적인 의사소통 방법이었습니다.

어느 날 저녁, 공부가 끝날 즈음에 한 사람이 내게 "저는 마르코스처럼 잘할 수 없다는 것을 잘 압니다. 그러나 비록 제가 심오하지는 않지만 저도 답을 얘기하고 싶습니다. 하지만 제가 입을 열려고 하면 마르코스는 벌써 말하고 있었습니다"라고 했습니다. 그 사람의 말이 옳다는 생각이 들었습니다. 그다음 날 나는 마르코스를 집으로 초청했습니다. 상황을 설명한 후 우리는 그가 성경공부에 참석하지 않는 게 좋겠다고 결론을 내렸습니다. 참으로 어려운 날이었습니다. 우리는 따로 만나기로 했습니다.

성경에 나오는 말이라도 일상생활에서 잘 쓰이는 말이 아닌 경우에는 쉬운 말로 바꾸는 것이 좋습니다. 여기에는 우리에게 익숙한 낱말이 포함됩니다. 일례로, 영생, 구속, 의롭다 하심, 화목, 중생, 성령 안에서 행함 등등의 말입니다. 신학적인 단어도 역시 혼란스럽게 합니다. 우리가 하나님의 주권적 섭리, 교회론, 종말론 등에 대하여 말하면 많은 사람이 어리둥절한 표정을 짓습니다. 또한 교회 내에서 쓰는 말도 포함됩니다. 각 개인을 '형제', '자매'라 부릅니다. 또한 '그리스도를 영접한다', '은혜의 보좌 앞에 나아간다' 등의 말을 사용합니다.

우리가 하는 기도 역시 일정한 틀이 있습니다. 많은 이들이 종교적인 형식에 걸맞은 일정한 억양과 특별한 목소리를 내려고 합니다.

우리는 우리가 접근하려고 하는 사람들이 이해할 수 있도록 전달하는 면에 노력해야 합니다.

행동

우리는 어떤 종교적 행동 규범 때문에 복음의 빛을 가리기도 합니다. 어떤 이유에서인지는 몰라도 우리 그리스도인들은 일반적인 금기 사항이 너무 많습니다. 만약 우리가 부도덕하고 불의하고 부정직한 일은 절대로 하지 않는다는 평판을 받는다면 참으로 놀라운 일입니다. 그러나 대부분의 금기 사항이 그렇게 고상한 것은 아닙니다. 주로 그리스도인이 어떻게 행동해야 하느냐에 대한 것인데, 성경에서 명확한 지침을 주지 않는 경우가 많습니다. 성경에서도, 모호한 영역에 대하여서는 자신이 만들어 낸 기준을 남에게 강요하는 것을 금하는데도, 우리는 이러한 행동 규범을 남에게 짐 지웁니다. 골로새서 2:20-21에서는 다음과 같이 말씀합니다. "너희가 세상의 초등 학문에서 그리스도와 함께 죽었거든 어찌하여 세상에 사는 것과 같이 의문에 순종하느냐? 곧 붙잡지도 말고 맛보지도 말고 만지지도 말라 하는 것이니."

수년 전 한 젊은 부부가 멕시코에서 몇 달간 머무는 동안에 예수님께로 돌아왔습니다. 얼마 후에 그들은 고국으로 돌아갔습니다. 그들이 영적으로 성장하리라고는 기대하지 못했습니다. 믿은 지 얼마 되지 않았고 도움을 줄 수 있는 사람이 없었기 때문입니다. 그러나 고향에 돌아갔을 때, 그들은 자기들이 아는 것을 친구들에게 가르쳐 주기 시작했습니다. 얼마 안 가서 일곱 부부가 이 부부에게 영적 성장을 도와 달라고 요청을 하게 되었습니다.

그 부부는 그곳의 한 목회자에게 도움을 청했습니다. 그러나 별로 도움이 되지 않았습니다. 그 부부에게 많은 외적인 행동 규정을 제시하며 지키도록 요구했던 것입니다. 몇 달 후 그 부부는 비용이 많이 듦에도 불구하고 하는 수 없이 자기들에게 처음으로 복음을 깨닫도록 도와준 사람을 찾아가 도움을 구했습니다. 그들은 다음과 같이 말했습니다. "우리는 단순히 한 전통과 습관에서 또 하나의 전통과 습관으로 옮겨 가고 싶지는 않습니다. 성경의 진리를 원래 모습 그대로 가르쳐 줄 사람이 필요합니다."

이 젊은 부부는 우리 그리스도인들이 가진 공통적인 문제를 정확하게 파악하였습니다. 이런 외적 규정은 그리스도인들에게 '전통'을 형성하게 되고 이윽고 성경 다음의 권위를 갖게 됩니다. 이렇게 만들어진 외적인 규정 때문에 올바른 그리스도인의 삶이 무엇인지에 대해 오해가 발생합니다. 연이어서 이런 규정 사항 때문에 예수님께 관심이 있는 사람들이 혐오감을 갖게 되는 경우가 생깁니다.

우리의 관계나 기대, 표현이나 행동 방식 모두가 자칫 우리가 증거하는 그리스도의 참모습을 가릴 수 있습니다. 이런 것 때문에 우리가 전하는 복음이 가려지지 않도록 주의해야 합니다.

12
누가 누구에게 적응하는가
상대방을 편안하게 함

만약 자신의 영역을 넘어 다른 사람들에게 나아가려면, 우리와 우리 사회의 불신자들 사이에 존재하는 의사소통의 틈을 메꾸는 것이 반드시 필요합니다. 앞의 여러 장에서 이렇게 하기 위해 필요한 요소를 몇 가지 살펴보았습니다. 우리는 신앙과 삶의 일치가 어떻게 영향을 미치며, 우리의 관계나 기대, 표현이나 행동 방식이 다른 사람들에게 어떤 영향을 주는지를 토의했습니다.

그러나 이를 안다고 해서 거리감 문제가 해결되지는 않습니다. 무엇인가가 더 필요합니다. 우리가 해야 할 일이 있습니다. 즉 우리가 '얻고자' 하는 사람들에게 적응해야 하는 것입니다. 이러한 적응이 없으면, 아무리 모범적인 삶을 산다고 해도 복음이 진정으로 필요한 사람들에게 영향을 줄 수가 없습니다. 또한 사람들이 우리 삶을 보고 관찰할 수 있으려면 상당한 시간이 걸립니다.

고린도전서 9장에서는 이러한 적응 문제를 다룹니다. 이 구절의 주제는 분명히 전도와 연관됩니다.

고린도전서 9:19-23에서 다음과 같이 말씀합니다.

내가 모든 사람에게 자유하였으나 스스로 모든 사람에게 종이 된 것은 더 많은 사람을 얻고자 함이라. 유대인들에게는 내가 유대인과 같이 된 것은 유대인들을 얻고자 함이요, 율법 아래 있는 자들에게는 내가 율법 아래 있지 아니하나 율법 아래 있는 자같이 된 것은 율법 아래 있는 자들을 얻고자 함이요, 율법 없는 자에게는 내가 하나님께는 율법 없는 자가 아니요 도리어 그리스도의 율법 아래 있는 자나 율법 없는 자와 같이 된 것은 율법 없는 자들을 얻고자 함이라. 약한 자들에게는 내가 약한 자와 같이 된 것은 약한 자들을 얻고자 함이요, 여러 사람에게 내가 여러 모양이 된 것은 아무쪼록 몇몇 사람들을 구원코자 함이니, 내가 복음을 위하여 모든 것을 행함은 복음에 참예하고자 함이라.

바울은 전도자로서 전도 대상자에게 적응하는 것이 자신에게 달렸다고 말합니다. 전도자가 상대방에게 적응해야지 그 반대가 되어서는 안 됩니다. 바울은 모든 사람에게 모든 모양이 될 자유가 있음을 얘기하는데, '세상 안에' 있는 것과 '세상으로부터 분리'되는 것 사이에 올바른 균형을 이루는 데에 이 자유가 꼭 필요하기 때문입니다. 세상 안에 있기 위해서는 주위 사람들의 삶에 참여하는 데 자유로워야 합니다. 세상으로부터 분리된다는 것은 우리 마음속에 있는 하나님의 절대적인 법과 타협하지 않고, 다시 말하면 죄를 짓지 않고 거룩함을 유지하면서 세상과 함께하는 것입니다.

'여러 사람에게 여러 모양이 된다'는 것은 실제로 무엇을 의미합니까? 유대인 가운데 있을 때에는 유대인처럼 되고 이방인 가운데 있을 때는 율법 없는 자와 같이 된다는 것은 무슨 의미입니까? 이는 어떤 사람들과 함께 있든지 그들의 양심과 전통을 존중하며 다른 문화와 관습을 가진 사람들의 세계에 들어가면 특정한 집단의 관행을 고집하지 않고 그들에게 적응할 줄 아는 융통성이 있다는 의미입니다.

이를 두고 많은 사람이 이러쿵저러쿵 말들을 했으나 바울은 자신의 평판을 포기하는 값을 치를 용의가 있었습니다. 그는 죽는 날까지 그리스도인들 및 불신자들의 입에 오르내린 인물이었습니다. '이방인에게 나아가는' 데에는 성숙함과 용기가 필요했습니다.

어느 미국 선교사 팀이 남미에서 사역의 기초를 닦으면서 느낀 여러 어려움을 토의하는 자리가 있었습니다. 한 남미 사람이 말했습니다. "그들의 성화는 미국식이었습니다. 나는 그들에게서 우리 문화에 적응하기를 두려워한다는 인상을 받았습니다. 이는 그들이 세상의 영향을 받아 타락할지도 모른다는 생각을 가졌기 때문입니다. 그들은 '이방인과 같이' 되는 게 두려웠던 셈입니다."

변화는 어려운 것입니다. 특히 행동의 변화는 더더욱 힘듭니다. 세상 속으로 들어가려면 변화해야 합니다. 이는 사람들의 삶에 참여함을 의미합니다. 우리가 전도하려는 사람들이 가치 있게 여기는 게 무엇인지를 생각하고, 느끼고, 이해하며, 사려 깊게 용납하는 것입니다.

예수 그리스도의 성육신이 바로 우리의 모범입니다. 육신으로 오신 예수 그리스도를 본받는 것이 우리가 나아가야 할 방향입니다. 예수님께서는 하늘 영광을 버리시고 오히려 자기를 비어 사람들과 같이 되었고 자기를 낮추셨습니다(빌립보서 2:7-8). 이렇게 해서 예수님은 모든 일에 우리와 한결같이 시험을 받으셨습니다. 그러나 예수님은 죄가 없으셨습니다(히브리서 4:15). 예수님은 세상에 오셨고 우리는 직접 그분의 삶을 볼 수 있었습니다. 우리가 사는 대로 우리와 함께하셨습니다. 하지만 죄에 대해서는 단호하셨습니다. 만약 예수님께서 육신으로 세상에 오시지 않았다면 우리가 어느 정도나 하나님을 이해하며 따를 수 있었을까요?

바울도 똑같은 원리를 따랐습니다. 그는 불신자들을 하나님께로 인도하기 위해 나아갔습니다. 그러나 그들이 하나님께로 가려면 바울 자신의 삶을 보아야만 한다는 사실을 알았습니다. 그는 이 사실을 데살로니가 성도들에게 상기시켰습니다. "우리가 너희 믿는 자들을 향하여 어떻게 거룩하고 옳고 흠 없이 행한 것에 대하여 너희가 증인이요 하나님도 그러하시도다"(데살로니가전서 2:10).

세상 사람들 앞에서 나타나는 그리스도인의 삶은 좋든지 나쁘든지 상관없이 불신자가 복음을 받아들였을 때 어떠한 삶을 살게 될 것인가를 보여 주는 예고편과도 같습니다. 일반적으로 불신자들은 자기가 본 바에 근거하여 복음을 받아들일지 거부할지를 결정하게 됩니다. 이와 같은 사실을 나는 예기치 않은 경험을 통해 배웠습니다.

브라질 사람인 마리오는 나와 함께 4년 동안 성경공부를 한 끝에 그리스도인이 되었습니다. 루소에서 카프카에 이르기까지 주요 서구 사상가의 책을 거의 섭렵한 사람이었습니다. 그는 마르크스주의를 근간으로 하여 거기에 버트런드 러셀의 사상을 혼합하여 자신의 철학을 세웠는데, 러셀을 수호성인으로 삼았습니다. 마리오는 활동적인 정치가로서 수많은 마르크스주의 활동을 주도했습니다. 그가 왜 4년간이나 나와 함께 성경공부를 지속했는지 내가 왜 그처럼 오랫동안 그와 만났는지는 오늘날 우리 둘 중 아무도 설명할 수 없습니다. 그러나 우리는 그렇게 했습니다.

마리오는 철학적인 배경이 강했기에 성경공부는 종종 그 방향으로 흐르곤 했습니다. 마리오가 그리스도인이 된 지 2년 뒤 어느 날 우리는 옛 추억을 나누는 중이었습니다. 그가 내게 물었습니다. "내가 무엇 때문에 그리스도인이 되기로 결심했는지 아세요?" 물론 그동안 수없이 한 성경공부가 떠올랐지만 잘 모르겠다고 했습니다.

마리오의 대답을 듣고 깜짝 놀랐습니다. 그는 이렇게 말했습니다. "내가 당신 집에 처음으로 들렀던 때를 기억하세요? 우리는 어디론가 가는 길이었는데 당신 가족과 함께 수프를 먹었습니다. 그 때에 나는 당신과 당신 아내와 자녀들을 관찰하면서 당신이 가족들 각자와 어떻게 관계를 맺고 있는지 유심히 보았습니다. 나는 속으로 '나는 언제 내 약혼녀와 이런 관계를 맺을 수 있을까?'라고 물었습니다. 그 대답으로 '절대로 그렇게는 못 될 것이다'라는 사실을 깨달았습니다. 그때 나는 내 자신의 생존을 위해서는 그리스도인이 되어야겠다고 결론을 내렸습니다."

나는 그때 상황을 아주 잘 기억합니다. 우리 아이들은 그날따라 특별히 말을 잘 듣지 않았습니다. 마리오가 보는 앞에서는 당황하지 않고 바르게 고쳐 주려 애썼지만 속으로는 어찌할 줄 몰라 몹시 좌절감을 느꼈습니다.

마리오는 우리 가족을 보면서 그리스도께서 한 가족을 묶어 주는 것을 보았습니다. 구약의 마지막 구절에서는 "그가 아비의 마음을 자녀에게로 돌이키게 하고 자녀들의 마음을 그들의 아비에게로 돌이키게 하리라"(말라기 4:6)라고 약속합니다.

우리 가족은 그날 일이 마리오에게 끼칠 영향을 전혀 몰랐습니다. 하나님께서는 우리 가족이 모르는 사이에 우리를 통해 이런 역사를 이루신 것입니다. 대부분의 그리스도인들은 자신의 성화 과정에서 하나님께서 우리 안에 이루시는 여러 변화에 대해 잘 깨닫지 못합니다.

우리는 삶 속에서 장점보다는 약점이나 언행의 불일치를 먼저 보려는 경향이 있습니다. 그래서 다른 사람들이 우리 자신을 있는 그대로 보게 하는 일에 주춤거리는 반응을 보입니다. 이런 평가가 정확하다고 할지라도 신실하게 하나님과 동행하려는 그리스도인이라면 누구나 자신에게 있는 모든 흠에도 불구하고 그리스도를 드러낼 수 있습니다.

그러므로 우발적으로 다른 사람의 세계에 뛰어들어가 복음을 전하고 우리 식으로 밀고 나가는 것으로는 충분하지 않습니다. 어느 정도 우리 삶을 그들이 볼 수 있도록 해 주는 게 필요합니다. 이렇게 하지 않으면 그가 우리의 부분적인 모습만 보고 전체적인 모습은 보지 못하기 때문에 시야가 제한됩니다. 그는 하나님의 은혜가 우리 삶 속에서 매일매일 넘치는 것을 보지 못하게 됩니다.

그러나 이 같은 상호 교류는 우리 그리스도인들이 '모든 사람에게 모든 모양이 되는' 법을 배워 삶에 적용함으로써 불신자들과 진정한 의사소통을 하는 관계를 맺는 방향으로 나아가지 않는 한 절대 일어나지 않습니다.

관계를 통해 메시지를 효과적으로 전달함

복음을 확증하는 과정에서는 어쩔 수 없이 복음을 전하는 사람과 연관되어 복음이 전달됩니다. 이미지의 문제는 중요합니다. '우리가 이 보배[복음]를 질그릇에 가졌기' 때문입니다(고린도후서 4:7). 그 질그릇이 바로 우리입니다. 불신자가 보이는 첫 번째 반응은 그가 우리 삶에서 관찰한 바와 연관될 것입니다. 따라서 우리 각자는 "불신자가 나를 바라볼 때 그는 나의 어떠한 모습을 볼 것인가? 나의 생활 방식은 그에게 매력적인가?"라고 물어보아야 합니다.

알다시피 이런 종류의 전도는 특별한 기회를 만들어서 하는 이벤트 같은 활동이라고 할 수 없습니다. 이는 '삶'입니다. 삶 자체가 전도가 됩니다. 우리는 불신자들을 우리 삶에 초청하고 또한 우리가 그들의 삶 속에 들어가야 합니다. 관계가 확장됨에 따라 복음도 확장됩니다. 조 앨드릭이 말했듯이 '전도란 매력적이고 멋있게 살아서 불신자들과 관계를 맺기 시작하는 것'이라고 할 수 있습니다.

이 과정은 친분 관계를 계발하는 데서부터 시작되며 일정한 방법을 따르는 경향이 있는 듯합니다. 두 사람 사이의 관계가 발전되기 위해서는 대개 한 사람이 먼저 주도권을 쥐고 시작해야 합니다. 그는 상대방에게 의사 전달을 하기 위한 몇 가지 시도를 합니다. 만약 이러한 시도가 성공하면 두 사람 사이에는 공감대가 생기면서 신뢰 관계가 형성됩니다. 이런 신뢰 관계는 친분을 나누면서 강화됩니다. 서로 친구가 되는 것은 좋은 관계를 발전시키는 데 꼭 필요한 환경이라고 볼 수 있습니다.

이제 관계를 계발해 나가는 4단계를 자세히 살펴봅시다. 각 단계에서 일어날 수 있는 일을 나열하면 다음과 같습니다.

1단계. 주도권을 쥠
- 먼저 인사함
- 친절하게 대함
- 간단한 대화를 시도함
- 상대방 이름을 기억하고 자주 사용함
- 상대방에 대해 진실한 관심을 가짐

2단계. 신뢰 관계를 형성함
- 마음속으로 '나는 당신을 있는 그대로 받아들입니다'라고 생각함
- 상대방의 말을 흥미를 가지고 경청함

- 당신이 도와줄 수 있는 기회가 생길 때 민감하게 도와줌
- 어떤 일에 당신과 함께할 수 있도록 그를 초청할 기회를 찾음

3단계. '친구'가 됨. 친구가 되기 위해서는 값을 치러야 합니다. 그 값은 바로 시간입니다. 이는 상대방을 먼저 생각해 주는 것을 의미합니다.
- 경청함 – 그의 생각과 감정에 주의 깊은 관심을 보임
- 상대방에게 확증함 – 당신이 그를 좋아한다는 것을 표현함
- 투명함 – 당신의 감정을 숨김없이 표현함
- 당신을 도와주거나 당신에게 호의를 베풀 기회를 그에게 줌
- 그를 뜯어 고치려 하지 않고 있는 그대로 받아 줌

4단계. 관계를 발전시킴
- 그에게 당신의 생각을 알리고, 당신 삶의 내면을 볼 수 있게 함
- 그의 조언을 구함
- 당신의 자원을 나눔 – 물질, 재능 등
- 그를 위해 시간을 내어 줌
- 지나치지 말 것 – 그를 주관하거나 소유하려 하지 말 것

위에서 설명한 단계를 다 밟아야만 다른 사람들을 전도할 수 있다고 말하는 것은 아닙니다. 전도는 어느 단계에서든지 할 수 있고 대개는 초기 단계에서 효과적입니다. 다음 여러 장을 통해 이런 내용이 어떻게 실행에 옮겨지는지 살펴보겠습니다.

13
몸 된 교회의 증거
각자의 능력을 보완함

복음의 선포에 대해 얘기하면서 '말로 증거'하는 것이 필요함을 살펴보았습니다. 복음의 확증에서는 '삶으로 증거'하는 것에 대하여 나누었습니다. 믿는 이들로 이루어진 그리스도의 몸이 이 전도의 과정에 참여하게 되는 것은 자명한 사실입니다. 또한 서로 독특한 관계를 맺고 있는 일단의 그리스도인이 존재한다는 사실 자체도 세상에게는 증거가 될 수 있습니다. 우리는 하나님께서 세상에 자신을 계시하는 방법이 처음부터 사람들을 통해서라는 사실을 알았습니다. 첫 번째로 이스라엘을 쓰셨는데, 노예 상태의 민족이 몇 세대가 안 되어 비교할 수 없을 정도로 아름다운 나라가 되었습니다. 그리고 나서 하나님께서는 교회를 세우셨습니다. 예루살렘의 조그만 방에 모여 어찌할 바를 모르던 120명의 제자들을 하나의 독특한 무리로 만들어 그들이 세상 사람들에게 삶의 표준이 될 수 있게 하셨습니다.

하나님께서는 하나님의 말씀을 온 세상에 전하기 위해 언제나 사람들을 사용하십니다. 앞으로도 그러할 것입니다. 이 사실은 우리가 전도에 대해 가진 개념과 어떻게 증거할 것인지 그 방법에 큰 영향을 끼칩니다.

그러면 실제적으로 이는 무엇을 의미합니까? 두 가지 중요한 의미가 있습니다. 첫째로 협력하는 증거이며 둘째로는 몸의 원리입니다.

협력하는 증거

프랜시스 쉐퍼는 이렇게 말했습니다. "교회는 죽어 가는 문화 속에서 사랑을 실천하는 교회가 되어야 합니다. 그렇다면 죽어 가는 이 문화 속에 사는 사람들이 어떻게 우리를 주목할 수 있겠습니까? 예수님께서는 '너희가 서로 사랑하면 이로써 모든 사람이 너희가 내 제자인 줄 알리라'라고 말씀하셨습니다. 세상 안에서, 현재의 죽어 가는 문화 속에서 예수님께서는 하나의 특권을 세상에 주십니다. 예수님의 권위로, 예수님께서는 당신과 내가 진정으로 거듭난 그리스도인지 아닌지에 대해 판단할 수 있는 권리를 세상에 주십니다. 그 판단의 기준은 다른 그리스도인을 사랑하느냐 하는 것입니다."

예수님께서는 "저희도 다 하나가 되어 우리 안에 있게 하사 세상으로 아버지께서 나를 보내신 것을 믿게 하옵소서"(요한복음 17:21)라고 기도하십니다. 이 구절에 대하여 쉐퍼는 이렇게 말합니다. "여기서 예수님의 말씀은… 세상이 그리스도인들이 진정으로 하나가 되는 실례를 보지 못한다면, 아버지께서 아들이신 예수님을 보내셨다는 것과 예수님께서 주장하시는 것이 사실이며 기독교 신앙이 진리임을 세상 사람들이 믿기를 기대할 수 없다는 의미입니다."

잃어버린 사람을 구원하기는 원하지만 혼자서, 즉 다른 믿는 이들과 분리되어서 증거하려는 그리스도인은 중요한 자원을 잃어버리게 됩니다. 비록 그가 성령의 열매를 보여 준다고 해도 사람들은 대개 그가 단지 혼자라는 이유만으로 그의 증거하는 말을 완전히 신뢰하지 못하는 경우가 많습니다. "그는 훌륭한 배경에서 살아왔어", "그는 색다른 사람일 뿐이야"라고 핑계를 대면서 무시하거나 무관심한 반응을 보입니다. 그러나 믿는 이들의 '몸'과 만났을 때는, 세상 사람들은 몸의 공통분모인 성령께 즉시 관심을 갖게 됩니다. 그러면 그들이 협력하여 보여 주는 간증은 반박할 수 없는 것이 됩니다.

때때로 혼자서 사역하는 것이 불가피할 때도 있습니다. 예를 들어 혼자서나 작은 팀으로 사역하는 것은 기독교 배경이 전혀 없는 곳에 들어가서 사도들처럼 사역할 때에 필요합니다. 바울은 로마서 15:21에서 "주의 소식을 받지 못한 자들이 볼 것이요 듣지 못한 자들이 깨달으리라"라고 했습니다.

이와 같은 사도나 선교사와 같은 역할은 현재까지도 교회에 필수적입니다. 세계에는 아직도 그리스도에 대해 모르는 민족과 문화가 매우 많기 때문입니다. 나는 인생 대부분을 그런 문화 속에서 살았습니다.

아무것도 없는 상황에서 시작하기란 매우 어렵습니다. 처음 접촉하는 사람들은 대개 지속적인 전도의 열매로 남기가 어렵습니다. 결국에는 도시의 여기저기에 흩어진 소수만이 남습니다. 그들은 아마 서로 알지도 못하며 일체감을 느끼기는 어려울 것입니다. 그들은 친구나 가족이 그리스도께로 돌아오는 것을 보려는 소원을 갖게 됩니다. 이런 소원은 그들이 거듭난 직후부터 생기는 것을 자주 볼 수 있습니다. 나는 이것이 하나님께서 새로이 그리스도인이 된 사람들의 마음속에 다른 사람들을 의지해야만 한다는 것을 가르치기 위해 초기부터 심어 주시는 것이라는 생각이 듭니다. 새로운 그리스도인이 다른 사람에게 복음을 나누기 시작하면서 그는 복음을 좀 더 효과적으로 전하는 법을 배우고 싶어 합니다. 이런 필요를 채우려는 욕구가 새로운 그리스도인들을 좀 더 성숙한 그리스도인들에게로 이끌기도 합니다.

이는 내가 경험을 통해 배우게 된 교훈 중 하나이며 오랜 시간이 지나서야 그 성경적인 기원을 깨닫게 되었습니다.

브라질 선교를 하면서 우리는 상당수의 새 신자들이 자신의 동료들에게 복음을 전하는 법을 배우기 원한다는 사실을 발견하였습니다. 또한 그것이 그들에게 필요하다는 사실을 알게 되었습니다. 그러나 전도를 할 수 있도록 그들을 무장시켜 줄 방도가 없었습니다. 그들 대부분은 우리를 만나기 전까지는 한 번도 성경을 본 적이 없는 사람들이었습니다. 어떻게 도와주면 그들의 친구들에게 효과적으로 영향을 줄 수 있을까요?

그러한 상황에 처하면 종종 사역자들은 자기 자신이 직접 가서 그들의 친구들에게 복음을 전하곤 합니다. 이는 좋은 기회를 잃게 되는 결과를 낳습니다. 이럴 때에 새 신자들은 재빨리 "전도는 전문가만이 하는 것이다"라는 잘못된 결론을 이끌어 낼 수 있기 때문입니다. 사역자가 새 신자와 함께 친구들을 방문하러 갈 때에 새 신자는 단순 보조자로서 동행할 가능성이 큽니다. 특별한 변화가 없는 한 남은 평생 동안 계속 그런 역할을 하게 될 것입니다.

우리는 그것을 피해야만 했습니다! 하지만 성경을 거의 모르는 새 신자들이 효과적으로 전도할 수 있도록 어떻게 도울 수 있을까요?

그 해답을 찾기 위해 우리는 많은 기도와 연구와 시도를 했습니다. 그 과정에서 '열린 공부'라는 것을 고안했습니다. 이 열린 공부는 불신자들과 함께 매주 아니면 격주에 한 번씩 연속하여 여섯 차례 공부를 하는 것입니다. 이는 참석자들 중 한 사람의 집에서 중립적이고도 편안한 가운데 이루어졌습니다. 친밀한 분위기가 마련되었습니다. 브라질에서는 음악과 커피가 사용됩니다. 그리스도인의 신앙에 대해 흥미를 일으킬 수 있는 간단한 질문을 먼저 합니다. 예를 들어 "예수 그리스도는 누구십니까?", "인간의 목적은 무엇입니까?"와 같은 것입니다. 계속해서 소재에 제한을 두지 않고 어떤 질문이든지 받아들여 토의를 했습니다. 활발한 토의 분위기를 유지하기 위해 참석자 중 적어도 반은 불신자로 이루어지도록 했습니다.

열린 공부를 통해 훈련의 경험을 최대로 하기 위해 새로이 그리스도인이 된 사람을 지도하여 그 토의를 인도하도록 했고 우리는 그가 이 일을 준비하는 것을 도왔습니다. 참석한 그리스도인들에게는 대답을 길게 하지 말도록 미리 주의를 주었습니다.

그 열린 공부는 성공적이었습니다. 어느 날 오스왈도가 내게 와서 말했습니다. "저는 앞으로 그 열린 성경공부에 친구들을 더 이상 데려오지 않기로 결심했습니다. 결국 참석하는 족족 모두 그리스도인이 되어 버리니까요. 그 성경공부가 저의 성장에 걸림이 될 거라는 느낌이 듭니다. 저 혼자서 전도하는 법을 배우지 못합니다."

나는 오스왈도의 뜻밖의 반응에 어떻게 대답해야 할지를 몰랐습니다. 그래서 실상이 무엇인지를 살펴보기로 했습니다. 열린 성경공부가 왜 그렇게 효과적이었나? 사실 만족할 만한 성경공부는 아니었습니다. 소개해 주는 내용은 매우 빈약했기 때문입니다. 그리고 말이 토의지 토의라고 할 수 없을 정도였습니다. 나는 거의 침묵으로 일관했었습니다. 그 불신자들이 우리가 돕던 그리스도인들을 당황하게 만드는 것을 지켜보아야 하는 고통의 순간이 여러 차례 있었습니다. 그러나 참석한 사람들에게서 비슷한 얘기를 반복해서 듣게 되었습니다. "나는 이런 사람들을 이전에 전혀 보지 못했습니다. 내가 이전에 함께 지내본 어느 누구와도 같지 않습니다." 결국 자주 함께 지내다 보니 그리스도인들의 매력적인 모습이 그들의 마음을 관통했던 것인데, 사람들이 이 성경공부에 관심을 보인 이유는 주로 그들이 들은 것 때문이 아니라 본 것 때문이었습니다. 그들은 그리스도인들이 함께 모여 있는 것을 본 적이 전혀 없었습니다.

그리고 나서 몇 가지 생각이 떠오르기 시작했습니다. 오스왈도가 자기도 친구들에게 혼자 힘으로 전도할 수 있는 능력을 갖추어야 한다고 생각한 이유는 무엇일까? 틀림없이 내게 배웠을 것입니다! 그러면 나는 어디에서 배웠을까요?

하나님께서는 전도를 개인적인 노력으로만 하도록 계획하시지 않았습니다. 성경적인 모습은 각 사람이 서로 협력하는 가운데 그리스도를 드러내는 것입니다. 이는 "우리 모두를 보십시오. 여러분도 우리처럼 될 수 있습니다. 가능성이 있습니다"라고 하며 그리스도를 증거하는 것입니다. 한 사람의 증거는 무시하거나 핑계를 대고 물리칠 수 있습니다. 그러나 그리스도인들이 협력하여 증거할 때에는 이를 쉽게 물리치지 못할 것입니다. 성경은 이렇게 말씀합니다. "어느 때나 하나님을 본 사람이 없으되 만일 우리가 서로 사랑하면 하나님이 우리 안에 거하시고 그의 사랑이 우리 안에 온전히 이루느니라"(요한일서 4:12).

몸의 원리

전통적으로 흔히 전도에는 대개 두 가지 형태가 있습니다. 전도집회와 개인 전도입니다. 둘 다 모두 훌륭한 전도 방법이며 꼭 필요합니다. 하지만 이는 전도 과정의 일부입니다. 두 가지 접근 방법은 모두 대부분의 그리스도인이 참여할 엄두를 못 내게 만드는 경향이 있습니다. 전도 집회는 각 개인에게서 그가 자신을 전도인으로 계발해야 할 책임을 쉽게 빼앗아 버릴 수가 있습니다. 반면에 개인 전도의 경우에는, 그리스도인들이 대개 혼자서 이를 배우도록 방치되고 그래서 그 방법을 모르는 경우가 많이 생깁니다. 그 결과 많은 그리스도인들이 자기는 개인 전도에 은사가 없다고 생각하며 그냥 뒤로 물러나 버리고 맙니다.

잃어버린 사람들을 구원할 수 있는 기회가 오면 종종 몇 가지 방법이 시도됩니다. 대개 일시적인 전도 집회나 설교 같은 방법들이 동원되며 일반적으로 사람들의 마음에 죄책감을 느끼게 만든 채 끝납니다. 평범한 그리스도인들도 좀 더 지속적으로 좀 더 실제적인 방법으로 전도에 참여할 수 있는 방법이 있지 않을까요?

신약성경에서 교회에 관하여 보여 주는 아주 중요한 진리 하나는 교회가 '몸'이라는 사실입니다. 즉, 각 구성원이 상호 작용하며 서로 긴밀하게 의존 상태를 유지하며 살아가는 유기체라는 것입니다(로마서 12장, 고린도전서 12장, 에베소서 4장 참조). 이 진리가 적용이 되어야 할 곳이 있다면 바로 전도입니다.

한 사람의 영적 은사를 발견하고 계발하는 것에 대해 많은 연구가 있었습니다. 일반적으로 "내 은사가 무엇인가?"라는 질문에 답하기가 매우 어렵습니다. 무엇을 근거로 대답할 수 있습니까? 차라리 이렇게 묻는 편이 좋을 것입니다. "내가 할 수 있는 일이 무엇인가?" 이에 대해서는 모든 사람이 대답할 수 있습니다. 자신이 할 수 있는 일을 하면 처음 질문에 대답할 수 있게 됩니다. 실제 행함으로써 자신의 은사를 발견할 수 있습니다!

혹시 "전도는 제 은사가 아닙니다"라는 말을 얼마나 자주 들어 보셨습니까? 이는 잘못된 말입니다. 전도는 몇몇 사람에게 주어지는 은사가 아니라 모든 그리스도인이 감당해야 할 기본 역할이기 때문입니다. 그러나 몇몇 사람의 경우에는 특별히 효과적으로 전도에 쓰임을 받는 경우도 있습니다. 고린도전서 12:4-6에는 서로 다른 봉사와 은사가 나옵니다.

전도를 협력하는 사역으로 바라보게 될 때 우리는 곧 그리스도의 몸을 세우는 어떤 은사라도 잃어버린 사람을 구원하는 데에 쓰임을 받는다는 것을 알게 됩니다. 이는 잃어버린 사람을 구원하는 것과 몸을 세우는 일이 서로 떨어질 수 없기 때문입니다. 어느 한쪽도 다른 쪽이 없으면 존재하지 못합니다. 몇 명의 제자들이 서로 연합하여 복음으로 세상에 나아가는 일에 그들의 능력과 자원을 들일 때, 몸 전체가 제 기능을 발휘하며 전도가 이루어집니다. 이러한 상황에서는 어떠한 은사도 전도를 위해 선하게 사용될 수 있습니다. 당신에게 자연스럽게 나타나는 것 이를테면 친절, 조직 능력, 사교성, 능력 있는 기도, 요리, 성경에 대한 해박한 지식, 가르치는 것 등 무엇이든 당신이 할 수 있는 것은 모두 전도에 유용하게 사용될 수 있습니다. 당신의 은사나 당신의 능력과 자원, 관심사는 그리스도의 몸인 교회를 세울 수 있고, 불신자들에게 의사소통의 다리를 놓을 수 있습니다. 당신이 현재 가진 능력으로 시작하십시오. 이렇게 계속 하다 보면 당신이 가지지 않은 능력도 얻게 될 것입니다.

몇 년 전의 일입니다. 브라질 쿠리티바 대학의 같은 학과를 졸업한 공학도 5명이 있었습니다. 영적 성장의 정도는 달랐으나 모두 다 그리스도인이었습니다. 그들은 함께 상파울루로 가서 사역을 하기로 했습니다.

상파울루는 인구가 천만이 넘는 대도시였지만 그리스도인은 거의 없었습니다. 세상에서 아주 긴급하게 복음이 필요한 도시 중 하나입니다. 그들은 한 아파트로 이사를 갔지만 아무도 직장을 구하지 못했습니다. 함께 모은 돈도 다 떨어져 버렸습니다. 거의 돈이 떨어져 먹을 것조차 없을 즈음에 한 명이 직장을 구했습니다. 그는 가장 어린 그리스도인이었습니다. 한 달이 금방 지나갔습니다. 다섯은 그 한 명의 월급으로 살아야만 했습니다. 11개월 후에 다섯 중에서 가장 성숙했던 에빌라시오가 마지막으로 직장을 구했습니다. 그는 믿음으로 이 모험을 선두에서 지휘해 왔습니다.

그들 중에는 전도에 대해 잘 아는 사람이 한 명도 없었습니다. 아무도 인도자로서 훈련받거나 성경을 가르쳐 본 적도 없었습니다. 그러나 그들이 배운 것을 함께 모았을 때 각자의 능력이 아무리 작아 보여도 충분한 힘을 발휘하게 되었습니다. 그들은 새로이 만나는 사람들과 동료들에게 복음을 심어 나가기 시작했습니다. 믿는 이들로 구성된 새로운 몸이 태어났습니다.

에베소서 4:11-12은 지도자(사도, 선지자, 복음 전하는 자, 목사 및 교사)의 역할이 하나님의 사람들을 복음을 증거하는 사역에 준비되도록 도와주는 것임을 명확히 보여 줍니다. 우리는 이 증거가 모든 그리스도인의 책임이라는 사실을 알아야 합니다. 구경꾼이 있어서는 안 됩니다. 각자가 가진 은사가 무엇이든지 이는 다른 은사와 협력하여 사용될 때 제 기능을 다하기 때문입니다. 그때에야 비로소 다른 방법으로는 불가능한 일이 일어나는 것을 보게 됩니다. 전도는 복음을 전파하는 전문적인 몇 사람에게만 국한된 일이 아닙니다. 혼자서 할 때에는 결코 기대할 수 없는 일을 우리가 함께함으로써 이룰 수 있습니다.

우리가 나눈 원리를 가장 단순하고 재생산력 있게 실천하는 방법이 있다면 그것은 이웃 사람들과 함께하는 성경공부일 것입니다. 무엇이 필요할까요? 일단 관찰하면서 사려 깊은 이웃이 되는 게 필요합니다. 자기 집을 개방하여 복음에 유익하도록 준비합니다. 또한 사람들을 초청하여 그들의 관심사와 필요를 알아 갑니다. 그러면서 성경에 관한 토론으로 이끕니다. 누군가는 그러한 그룹을 함께 유지하고 지속하게 하는 책임을 느끼는 게 필요합니다. 그룹이 너무 커지면 그룹을 작게 나누어야 할 때임을 깨닫고 누군가가 새로운 그룹을 시작합니다. 이게 바로 실제적이며 재생산하는 전도입니다! 만약 우리 모두가 이러한 노력에 자신을 드린다면 어떤 일이 일어날지 한번 상상해 보십시오.

방금 말한 내용은 교회가 시작된 후 처음 300년 동안 초대교회에서 사용한 방법의 기본적인 형태에 가깝습니다. 박해를 받았기 때문에 그리스도인들은 드러내 놓고 활동할 수 없었습니다. 교회 건물도 없었습니다. 그래서 가정집이나 다른 장소를 이용해야 했습니다(로마서 16장 참조). 나는 우리가 교회를 우리의 거실이나 사무실에서 빼 내어 교회당이라는 특별히 지어진 건물 안으로 이주하기 시작했을 때, 교회의 기본적인 성격 가운데 필수불가결한 무엇인가를 잃지는 않았나 하는 생각을 하게 됩니다. 소그룹을 통해 이루어지는 '지도자 계발'에 대한 필요가 사라졌습니다. 여러 가지 조직과 활동이 정착됨에 따라 일반적인 그리스도인들은 이러한 전도의 책임을 거의 느끼지 못하게 되었습니다. 그러나 우리는 전도에 대한 이런 압력을 받을 필요가 있습니다. 말하자면, 교회는 성문을 굳게 걸어 잠근 방어용 성채가 아니라 오히려 기동성을 갖추고 진격하는 특공대와 같다고 할 수 있습니다. 그럴 때 교회는 힘을 발휘하게 됩니다.

결론

우리는 자신이 가진 능력이나 자원이 무엇이든지 간에 하나님 앞에서 잃어버린 사람을 구원하기 위하여 사용해야 할 책임이자 특권이 있습니다. 그렇다고 전도를 개인적인 활동을 통해서만 해야 한다는 의미는 아닙니다. 전도는 합심하여 노력하는 것입니다. 우리 중 그 누구도 서로 협력하지 않고서 이 사역을 이룰 수 없습니다. 우리의 자원을 마음이 맞는 몇 친구들의 자원과 함께 묶어서 공동 목표를 이루어야 합니다. 이 목표는 바로 우리가 한 몸으로 연합하여 믿지 않는 사람들의 삶에 능동적으로 참여함으로써 그리스도를 증거하는 것입니다.

14
동시에 역사하는 세 가지
삶, 몸 된 교회, 그리고 말

확증하는 전도를 이야기하면서 다음과 같은 세 가지를 강조했습니다.

삶으로 하는 증거

삶으로 증거하기 위해서는 삶과 신앙이 일치해야 합니다. 완전 무결함을 보여 주는 것이 아니라 하나님의 은혜를 받은 자로서 살아가는 것입니다. 그 결과로 복음이 우리를 통하여 드러나게 되며 우리가 맺는 여러 관계 속에서 그들의 구원을 위하여 기여할 수 있게 됩니다.

몸 된 교회의 증거

또한 그리스도인의 무리가 불신자들에게 끼칠 수 있는 종합적인 영향력에 대해서도 살펴보았습니다. 서로 사랑하는 독특한 능력을 지닌 무리가 있다는 이 단순한 사실 자체만으로도 세상 사람들에게 강력한 설득력이 있습니다. 이는 우리가 전하는 메시지의 실체를 보여 줍니다. 즉 우리는 변화된 사람들이며 예수님께서는 진실로 하나님 아버지께서 보내신 분이시고 누구에게나 이러한 복을 누릴 희망이 있다는 사실을 증거합니다.

그러나 이 증거가 사람들의 관심을 끌려면 그리스도의 몸의 각 지체가 세상 사람들을 위해 세상에 보내심을 받은 자로서의 삶을 보여 주어야 합니다. 이것이 몸 된 교회의 증거입니다.

말로 하는 증거

만약 우리의 전도가 처음 두 가지로 끝을 맺는다면 전도는 미완성으로 끝나 버릴 것입니다. 성경은 이렇게 말씀합니다. "그런즉 저희가 믿지 아니하는 이를 어찌 부르리요? 듣지도 못한 이를 어찌 믿으리요? 전파하는 자가 없이 어찌 들으리요? 보내심을 받지 아니하였으면 어찌 전파하리요? 기록된 바 '아름답도다. 좋은 소식을 전하는 자들의 발이여' 함과 같으니라"(로마서 10:14-15).

일반적으로 눈으로 본 것은 말로까지 설명되어야 의사 전달이 온전히 이루어졌다고 할 수 있습니다. "지도하는 사람이 없으니 어찌 깨달을 수 있느뇨?"라고 에디오피아 내시는 빌립에게 물었습니다. 그러고는 빌립을 청하여 병거에 올라 같이 앉으라고 했습니다(사도행전 8:31). 우리는 우리의 믿음을 다른 사람들에게 말로 이야기해야 합니다.

세 가지를 동시에 함

아마도 지금 이야기한 것을 순서적으로 해야 한다고 생각할지도 모르겠습니다. 즉, 어느 정도 시간을 투자하여 개인적인 관계를 맺고 그 결과로 그 사람을 그리스도인의 교제 가운데로 데려온 후에야 비로소 그에게 무엇인가를 얘기할 수 있게 된다는 생각입니다. 만약 내가 당신에게 그런 인상을 준다면 당신을 비생산적인 잘못된 길로 인도한 셈입니다.

우리는 하나님께서 동시에 세 가지 방법 모두를 통해 우리를 사용하실 것을 기대합니다. 이 세 가지 영향력 – 우리의 삶, 마음이 하나가 된 그리스도인의 무리, 그리고 우리의 말 – 은 우리가 접근하기 원하는 사람이 그리스도를 만나서 제자의 삶을 살 때까지 모두 지속되어야 합니다.

이러한 영향력 중 어느 하나도 그 자체로서는 불완전합니다. 말 없는 증거는 결점이 많은 게 사실입니다. 그러나 말로만 증거하는 것 또한 상당히 결함이 많습니다. 오로지 말로만 하는 전도는 인격적이지 못합니다. 개인적인 차원에서 이루어진다 할지라도 반드시 삶을 보여 주어야 합니다. 데살로니가전서 2:8에서 바울은 "우리가 이같이 너희를 사모하여 하나님의 복음으로만 아니라 우리 목숨까지 너희에게 주기를 즐겨함은 너희가 우리의 사랑하는 자 됨이니라"라고 말했습니다.

따라서 이 세 가지 영향력은 함께 역사합니다. 어떤 것이 먼저냐

하는 것은 상황에 따라 다르지만, 경험으로 보건대 관계를 맺는 초기에 나의 믿음을 나누는 것이 필요했습니다. 내가 알게 된 것은 오래 기다리면 기다릴수록 얘기를 꺼내기가 더욱 어려워진다는 사실입니다. 이렇게 말을 꺼내기가 어려워지면 다른 사람과의 관계를 맺을 때마다 말을 꺼내지 못하고 미루는 습관이 형성될 수도 있습니다. 우리는 처음부터 말을 많이 할 필요는 없습니다. 대개는 '깃발을 내거는' 것으로 충분합니다. 즉, 그리스도에 대해 간단하게 얘기하는 것입니다.

말로 하는 전도가 선행되면서 가능한 대로 빠른 시일 안에 다른 두 영향을 주는 게 필요합니다.

래리는 세속화된 사람이었고 과격하고 반문화적 성향을 띤 실존주의자였습니다. 우리가 그를 만난 것은 그 도시로 이사 온 직후에 참석한 파티 자리에서였습니다.

서로 대화를 나누면서 나는 그 마을에 새로 이사 왔기에 아는 사람이 별로 없다고 했습니다. 나는 이사 가는 곳마다 이웃 몇 명과 정기적으로 만나 성경을 함께 공부해 왔는데, 여기서는 아직 그렇게 못하고 있으며, 이런 모임을 계속 가지고 싶다고 했습니다. 그러면서 그에게 나와 함께했으면 좋겠다고 했습니다. 그는 자기는 하나님의 존재를 믿지 않고 성경에 대해서도 아는 바가 없기는 하지만, 내게 도움이 된다면 한번 해 보겠다고 대답했습니다. 그는 내가 바라던 형의 사람이었고 우리는 다시 만날 시간을 약속했습니다.

우리는 서로 모르는 사이였지만 성경을 함께 공부하기 시작했습니다. 그러나 얼마 안 가서 함께 많은 시간을 보내며 가깝고도 허물없는 관계를 형성하게 되었습니다. 그 사이에 우리 모임에 몇 사람을 더 모으게 되었습니다.

래리는 복음의 내용과 그 주장에 대해 갈등했습니다. 성경 내용에 이해가 안 되는 점이 많았고 성경공부를 지속해야 할지 고민하며 자신의 의지와 계속 싸웠습니다. 개인적인 관계를 통해 형성된 사랑과 우정이 중요하게 되는 것은 바로 이러한 내적 갈등이 시작될 때입니다. 이런 시점에서 불신자들이 보이는 자연스러운 반응은 복음을 피하는 것입니다. 그러고는 성경이 없는 곳이라면 어디든지가 버립니다! 그러니 친구 관계 속에서 맺어진 사랑과 우정이 그를 붙잡습니다. 성령께서는 이러한 영향력을 사용하셔서 믿지 않는 사람들이 복음에 지속적으로 노출되게 하십니다.

래리에게 이런 일이 일어났습니다. 이러한 세 가지 영향력, 즉 삶으로 하는 증거, 몸 된 교회의 증거, 그리고 말로 하는 증거는 그가 분명한 그리스도인이 될 때까지 함께 역사하였습니다. 그의 경우에는 바로 말로 하는 증거가 최초의 만남이 이루어진 통로였습니다.

제4부에서 확증하는 전도의 실제적인 면을 다루도록 하겠습니다.

제 4 부

삶으로서의 전도에 대한 실제적 안내

들어가는 말
방법보다 마음이 우선이다

지금까지 전도와 관련된 질문 중에서 자주 나온 것은 바로 어떻게 사람들의 관심을 일깨우느냐 하는 것입니다. 세속화라는 큰 물줄기 속에서 어떻게 사람들에게 전도를 할 수 있을까요? 종교 문제는 세속화된 사람의 관심 속에는 전혀 들어 있지 않습니다. 따라서 관심이 없는 사람들 사이에서 관심을 불러일으키는 것은 전도에서 첫 번째 관문입니다!

그러고 나서 우리가 실제로 불신자 친구를 만나다 보면 '전도 방법'에 대한 의문이 금세 무수히 튀어나옵니다. 이전에 효과적이었던 방법이나 설명이 더 이상 우리의 의사를 전달하는 데 한계가 있다는 사실을 알게 됩니다. 따라서 변화하는 사회의식에 맞게 새로운 방법이나 접근법이 끊임없이 필요하게 됩니다.

올바른 방법을 갖는 것은 매우 중요합니다. 우리의 도구로 사용되기 때문입니다. 그러나 열매를 맺는 것이 단순히 올바른 기술로 말미암은 것이라는 인상을 주어 잘못 이해될 수도 있습니다. 좀 더 기본적인 두 가지 다른 요소가 있습니다. 즉, (1) 우리도 사고방식이 변화해야 하며, (2) 기술이 아니라 영적인 자원에 의지해야 한다는 점입니다.

우리의 사고방식을 변화시킴

문화의 변화는 한 개인의 세계관과 가치관에 큰 변화를 일으키게 됩니다. 이런 이유 때문에 바로 자기 문화권 내에서 타문화권 선교사가 되는 법을 배워야 할 필요가 있습니다. 의사 전달은 우리가 나아가고자 하는 사람들을 우리가 얼마나 이해하느냐에 달렸습니다. 이러한 이해는 우리가 다른 사람의 관점에서 삶을 바라보기 위해 다른 사람의 입장에 서서 생각할 때에야 가능합니다. 이것이 바로 사고방식을 바꾼다는 의미입니다. 여기에는 우리 자신의 사고방식이 변화되는 것을 감수하는 희생이 포함됩니다. 그 결과 우리는 다른 사람의 가치관을 이해하고 동일시하게 됩니다. 문화에 대한 이러한 통찰력은 그들과 예수 그리스도 사이의 틈을 잇는 다리를 놓기 위한 디딤돌이 됩니다.

영적 자원을 의지함

아마도 방법과 연관하여 매우 위험한 점이 있다면, 방법이 효과적일 때 그 방법에 의존하기 시작한다는 사실입니다. 무엇인가 시도합니다. 잘됩니다. 다시 시도했더니 역시 잘됩니다. 성공적이 되면 될수록 지속적인 성공이란 단지 그 활동을 지속하는 데 달린 문제라고 생각하기 쉽습니다. 그 활동을 계속 반복하며 열심히 하기만 하면 목표를 이룰 수 있을 것이라고 생각합니다. 그러나 그러한 성공 공식에 따른 접근을 신뢰하기 시작하면 또한 '육체에 속한' 무기 즉 세상적인 방법에 의지하는 게 됩니다.

우리의 주된 영적 자원은 하나님의 성령과 하나님의 말씀입니다. 성공이나 영적 승리는 그게 무엇이든 모두 이 두 자원으로 말미암아 이루어집니다.

사울에서 바울로 변화

이방인을 향한 사도가 되기 위하여 자신의 과거를 벗어 버리는 경험을 했던 바울은 영적 자원을 의지하는 법을 배우는 데 아주 훌륭한 모본이 됩니다. 바울은 자기의 사고방식을 변화시키기 위한 수술을 감행했으며 자기 자신을 신뢰하는 것을 포기하고 대신에 성령과 하나님의 말씀에 의지하였습니다.

바울은 회심한 직후부터 사역을 시작했습니다. 그는 성공에 필요한 모든 자질을 갖추었습니다. 유력한 바리새인이었고 '모든 백성에게 존경을 받는' 가말리엘의 문하생이었습니다(사도행전 5:34, 22:3, 26:5 참조). 아마 유대인 중에서 사역을 효과적으로 할 수 있는 자질을 갖춘 사람이 있다면 바로 바울이었습니다. 다메섹으로 가는 길 위에서 회심하였을 때 그는 즉시 유대인 사회에 자기의 능력을 인상 깊게 드러내기 시작했습니다. "사울은 힘을 더 얻어 예수를 그리스도라 증명하여 다메섹에 사는 유대인들을 굴복시키니라"(사도행전 9:22).

바울은 모든 논쟁에서 이긴 듯하였습니다. 그러나 사람들에게 믿음을 갖도록 격려한 것이 아니라 그의 얘기를 듣는 이들에게 적대감을 불러일으켰습니다. 그들은 바울을 죽이려고 하였습니다. 그래서 그는 광주리를 타고 다메섹을 빠져 나왔습니다(사도행전 9:23-25).

예루살렘에서 바울은 다시 유대인들과 격렬하게 변론하였고 결과는 이전과 비슷했습니다. 유대인들은 그를 죽이려고 공모했습니다(사도행전 9:28-29). 그래서 형제들이 알고 데리고 내려가서 다소로 보내었습니다. 그리하여 온 유대와 갈릴리와 사마리아 교회가 '평안'하여 든든히 서 갔고 주님을 경외함과 성령의 위로로 진행하여 믿는 사람들의 수가 더 많아졌습니다(사도행전 9:30-31). 아마도 바울이 떠난 것과 교회가 평안하여진 것 사이에는 뭔가 연관성이 있는 듯합니다.

다소로 떠나면서 바울은 다메섹과 예루살렘에서 한 경험을 거듭된 실패로 생각할 수도 있었습니다. 그러나 이러한 실패는 영적 전투로 가득 찬 그의 인생에서 아주 중요한 경험이었습니다. 실패는 배우는 일에 매우 효과적인데 특히 하나님의 긴밀한 인도하심을 따를 때에는 더욱 그러합니다.

이후 몇 년 동안 하나님과의 깊은 교제, 말씀, 그리고 사려 깊은 생각을 통해 그는 변화해 갔습니다. 다소로 다시 돌아왔을 때 그는 분명 다른 사람으로 변해 있었고 전과는 다른 접근 방법을 보였습니다. 이처럼 그는 모든 육신적인 자원을 내려놓고 전적으로 영적인 무기만을 가지고 접근하기로 결심했습니다(고린도후서 10:3-4 참조).

바울은 변화된 후에 자신이 복음을 전하는 방법을 다음과 같이 기록합니다. "형제들아, 내가 너희에게 나아가 하나님의 증거를 전할 때에 말과 지혜의 아름다운 것으로 아니하였나니, 내가 너희 중에서 예수 그리스도와 그의 십자가에 못 박히신 것 외에는 아무것도 알지 아니하기로 작정하였음이라. 내가 너희 가운데 거할 때에 약하며 두려워하며 심히 떨었노라. 내 말과 내 전도함이 지혜의 권하는 말로 하지 아니하고 다만 성령의 나타남과 능력으로 하여 너희 믿음이 사람의 지혜에 있지 아니하고 다만 하나님의 능력에 있게 하려 하였노라"(고린도전서 2:1-5).

바울에게 '육체의 무기'는 무엇이었습니까? '말과 지혜의 아름다운 것'과 '지혜의 권하는 말'이었습니다. 다시 말하면, 유창한 말솜씨, 뛰어난 지혜, 정연한 설득력이었습니다! 그가 이 세 가지를 사용하는 것은 아주 자연스러웠지만 이것을 내려놓기 위해서는 필사적인 노력이 필요했습니다. 무엇인가 '작정'을 해야만 했던 것입니다. 이와 대조적으로, 우리는 전도에 참여하지 않는 것을 정당화하기 위해 우리의 말솜씨와 지혜와 설득력의 부족을 핑계로 댑니다.

하나님께서는 분명히 바울이 혼자 생각 중일 때 그가 소유했던 지식이나 그가 누렸던 특권이 사람들에게 매력을 주지 못함을 강하게 보여 주셨으리라 생각됩니다. 그는 자기가 원래부터 가진 강점이나 능력을 사용하기를 원했을 것입니다. 이것이 그에게는 더 안전하게 느껴졌을 터입니다. 그러나 그는 이런 것을 모두 내려놓고 듣는 자들의 수준과 필요에 맞추기 위해 두려움과 떨림으로 접근하였습니다.

최선의 방법은 스스로 체득하는 것이다

방법 그 자체에는 여러 가지 제한점이 담겨 있습니다. 흔히 방법은 주어진 어떤 상황에서의 부분적인 필요를 채우려는 시도 속에서 태어나기 마련입니다. 그리고 소문이 퍼져서 다른 사람들은 이미 효과가 입증된 그 방법을 사용하기 시작합니다. 그러나 다른 상황에서 그 방법이 활용될 때에는 두 상황 사이의 차이 때문에 효과가 제한되기 마련입니다. 따라서 다음 장부터는 어떤 특정한 '방법'을 정해 주려는 의도로 진행되지 않습니다. 오히려 새로운 아이디어와 방법을 생각하도록 자극하는 예제나 원리를 소개하려는 게 목적입니다. 창조적이 되려면 이미 친숙해진 것을 새로이 조합하여 볼 줄 아는 능력이 필요합니다.

당신은 방법을 원할 것입니다. 이 내용 중에서 어떤 방법을 선택하게 되든지 자신의 상황에 맞게 적절히 변화를 주기 바랍니다. 그 결과 자신에게 가장 좋은, 자신만의 방법을 체득하게 되리라 믿습니다.

15
전도는 팀의 협력이다
몸 안에서 여러 은사의 균형

당신은 전도에 참여하기 원하리라 생각합니다. 그렇지 않다면 지금 이 책을 읽지 않았을 터입니다. 이제 당신이 직접 전도하는 일에 기꺼이 자신을 드리기로 충분히 동기 부여를 받았다고 생각해 봅시다. 가장 먼저 무엇을 해야 할까요? 내 생각으로는, 당신과 마음이 맞는 사람, 즉 당신과 동일한 열망을 가진 사람을 한 명 찾아서 그와 함께 사역에 헌신하는 것입니다.

의외라고요? 그럴지도 모르겠지만 사실 우리는 모든 것을 혼자서 하도록 창조되지 않았기 때문에 이게 결코 의외가 아닙니다. 한 가지 예를 들면, 예수님께서는 제자들을 전도하러 보내실 때 둘씩 짝을 지어 보내셨습니다. 사도 바울도 역사상 뛰어난 자질을 갖춘 그리스도인임에 틀림없었지만 거의 언제나 팀을 만들어 사역했습니다. 그는 동역자를 택하는 일에 매우 신중하였습니다. 그와 함께 전도 여행을 한 사람들에게는 일정한 수준이 필요했습니다. 요한 마가는 이에 미치지 못했습니다. 그래서 마가가 선교 팀에 합류하는 것을 바울이 반대했고 결과적으로 바울과 바나바는 헤어지게 되었습니다(사도행전 15:36-41).

자원을 합함

팀을 구성하는 데에는 몇 가지 중요한 이유가 있습니다. 우선 우리 중 아무도 모든 은사를 가지고 있지 않다는 점입니다. 우리 혼자서는 능력의 한계와 시간적인 제약이 있습니다. 잠깐 멈추어 자신을 평가해 보십시오. 당신의 능력이 얼마나 됩니까? 당신이 할 수 있는 것은 무엇입니까? 일주일에 얼마만큼 다른 사람의 삶에 투자할 수 있겠습니까? 당신의 한계는 무엇입니까? 두려워하는 것은 무엇입니까?

당신이 우리와 같은 평범한 사람이라면 이런 질문에 대한 대답이 아마도 실망스러울 것입니다. 그리고 시작도 해 보기 전에 전도라는 중요한 사역을 계속해 나가는 것을 포기하고 단지 한번 해 보기만을 바라는 생각만 가질 뿐 그 이상의 어떤 것도 시도하지 않으려는 유혹을 받을 것입니다. 그러나 또한 성경을 통해 볼 때 전도를 하지 않는 것은 합당한 선택이 아니라는 사실도 이미 잘 알 터입니다. 에베소서 4:11-16과 같은 구절을 통해 단지 앉아서 구경만 하는 사람은 있을 수 없다는 사실을 압니다. 하나님의 백성들은 '봉사의 일'을 하기 위해 준비되어야 합니다. 온 몸은 '각 지체가 그 분량대로 역사할 때'에만 자라납니다. 모든 그리스도인은 일꾼으로 성장해야 하며 자신의 은사와 성숙 정도와 무관하게 잃어버린 자들을 구원하고 구원받은 사람들을 세워 주는 일에 참여하여 힘을 합해야 합니다. 따라서 우리는 어떤 방향으로 가든 긴장감을 느끼게 됩니다! 만일 자신이 가진 자원만 헤아려 본다면, 우리 대부분은 세상에 복음을 들고 나가는 데에 필요한 준비를 갖추지 못했다는 결론을 내립니다. 곁에서 머뭇거리는 것 또한 합당하지 않습니다. 이런 고민을 어떻게 해결해야 할까요?

교회에 관한 기본 진리 중 하나는 교회가 몸이며 유기체라는 사실입니다. 이는 하나님께서 각 지체가 다른 지체와 떨어져서 기능을 하도록 계획하지 않으셨다는 의미입니다. 진실로 우리는 하나님 앞에서 각자가 행한 대로 회계하여야 합니다. 그러나 그리스도인의 삶이나 사역은 개인적이 되어서는 안 됩니다. 우리는 그것을 혼자서는 할 수 없습니다.

하나님께서 한 사람에게 모든 은사를 주지 아니하신 사실이 매우 흥미롭습니다. 물론 하나님께서는 한 사람에게 모든 은사를 주실 수도 있었습니다. 얼른 보기에는 하나님께서 각 사람에게 혼자서도 사역을 감당할 수 있도록 필요한 모든 것을 주시기만 했어도 오늘날 훨씬 더 많은 일이 성취되었을 것처럼 보입니다. 그러나 하나님께서는 그렇게 하지 않으셨습니다. 대신에 하나님께서는 우리 각자를 어느 한 영역에서 전문가로 만드셨습니다. 하나님께서는 우리에게 어느 특정한 영역에 대해서만 은사를 주셨고 다른 영역에서는 주지 않으신 것을 봅니다. 우리에게는 재능이 필요한 만큼 제약도 필요합니다. 제약이 없으면 혼자서도 일을 해 나갈 수 있습니다. 그러면 우리는 독립적이 되어 갑니다. 그러기에 우리가 가진 제약은 우리를 서로 묶어 주는 접착제와 같은 역할을 합니다.

그래서 우리는 팀을 형성할 필요가 있습니다. 일단 기도 가운데 한 사람 혹은 그 이상의 마음이 맞는 친구를 선택했다면 그다음 단계는 동역하는 일에 자신을 헌신하고 자신의 자원을 잘 평가하여 이를 동원하는 것입니다. 두 명 또는 그 이상으로 구성된 팀은 전도를 하려는 당신에게 큰 도움이 될 것입니다.

동역에 헌신함

우리 각자가 사람들과 함께하는 일에 드려지기 위해서는 정복해야 할 적이 셋이 있습니다. 바로 분주함과 타성과 미루는 버릇입니다.

분주함은 우리도 모르는 사이에 다가옵니다. 우리는 한 상황에서 한 가지 활동에 참여하기 시작합니다. 그러고는 또 다른 책임을 받아들입니다. 미처 깨닫기도 전에 하루도 빠짐없이 매일 여러 가지 일을 쫓아다닙니다. 결코 이런 상황을 의도하지는 않았지만 반복되는 이러한 활동이 폭군처럼 횡포를 부리는 것을 겪게 됩니다.

이때에 두 번째 적인 타성이 다가옵니다. 타성이란 변화나 새로움을 꾀하지 않고 이전에 해 오던 방식대로 하고자 하는 굳어진 습성을 말합니다. 우리는 너무나 바쁩니다. 이 점을 잘 압니다. 불평도 합니다. 심지어 자신의 마음속 깊숙이 그릇된 것이 가득하다는 사실을 발견하기도 합니다. 그러나 그럼에도 불구하고 우리 삶은 타성에 젖어 매일 변화 없이 계속됩니다. 침체에서 벗어나기란 매우 힘듭니다. 이렇게 달과 해를 거듭합니다.

미루는 습관은 세 번째 적입니다. 우리는 자신이 여러 가지 활동에 끌려다님을 깨닫습니다. 처음에는 내가 그 활동을 선택했는데 어느 순간부터 그 활동이 나를 끌고 갑니다. 자신의 삶을 별로 중요하지 않은 것에 허비한다는 사실을 깨닫습니다. 하나님께서 우리를 향하여 마음속에 품고 계신 진정한 목적이 무시되고 있음을 알게 됩니다. 잠시 활동을 멈추고 재평가한 후에 다시금 균형 잡힌 삶을 살아야 한다는 것을 알지만 그렇게 하지 않습니다. 계속 미루기만 합니다. 내일로, 모레로, 꾸물거릴 뿐입니다.

예수님께서는 '좁은 문'으로 들어가라고 말씀하십니다(마태복음 7:13-14). 주님께서는 이 말씀에서 구원에 대한 각자의 선택에 대해 말씀하고 계신 것 같습니다. 그러나 이 비유에서 우리 삶에 대한 교훈도 얻을 수 있습니다. 좁은 문을 선택하십시오. 좀 더 어려운 것을 선택하십시오. 삶이 당신을 끌고 가지 않도록 하십시오. 멸망으로 인도하는 문은 크고 그 길이 넓어 그리로 들어가는 자가 많다고 하셨습니다. 하나님을 따른다는 것은 평생에 걸쳐 좁은 문을 선택하는 것입니다. 바울은 우리 중의 어떤 사람은 마치 급작스러운 화재에서 겨우 몸만 빠져나온 사람처럼 하나님 앞에 나타나게 될 것이라고 지적합니다. 우리 삶에서 아무것도 내놓을 것이 없고 단지 잠옷만 걸친 모습으로 드러나는데, 이는 우리 삶을 썩어 없어질 것에 투자했기 때문입니다(고린도전서 3:15 참조).

분주함과 타성과 미루는 습관과 같은 적과 싸우기 위해서는 우리 대부분은 도움이 필요합니다.

마음이 맞는 몇몇 동역자와 서로 책임감을 갖고 협력할 때 우리 삶에서 얻는 아주 큰 유익이 있다면 바로 우선순위와 헌신을 다시 새롭게 할 수 있다는 것입니다. "철이 철을 날카롭게 하는 것같이 사람이 그 친구의 얼굴을 빛나게 하느니라"(잠언 27:17). 함께 팀으로 일하려고 한다면 시간을 내어 함께 기도하고 다른 사람에게 자신의 삶을 개방하며 하나님의 명령과 약속에 근거하여 마음을 서로 연합하여야 합니다. 이것이 바로 동역하는 일에 헌신하는 삶의 모습입니다.

두려움과 실망감을 극복함

다른 사람들과 팀을 이룸으로써 얻는 또 다른 유익은 전도할 때 생기는 두려움을 극복할 수 있도록 도와준다는 점입니다. 전도를 뒤로 미루는 진짜 이유는 대개 두려움 때문입니다. 나는 종종 이를 경험했습니다.

두려움이 왜 엄습하는지는 이해할 수 없습니다. 오늘날까지도 나는 어떤 사람에게 복음을 처음으로 나누려고 할 때에는 두려울 때가 종종 있습니다. 그날 저녁으로 예정한 대화를 생각할 때마다 하루 종일 걱정스러울 때가 많습니다.

그러나 두려워하는 마음은 우리에게 필요한 동반자이기도 합니다. 앞에서 바울이 두려움과 떨림으로 나아간 것을 보았습니다(고린도전서 2:3). 에베소 성도들에게 유일하게 부탁한 개인 기도 제목이 자신이 두려움을 극복할 수 있게 해 달라는 것이었습니다(에베소서 6:19-20). 처음으로 기록된 초대 교회의 기도 제목도 담대함을 구하는 것이었습니다(사도행전 4:29).

따라서 우리는 차라리 이런 두려움이 항상 존재하는 것임을 인정하고 마음속에 평안을 누리는 편이 좋을지도 모르겠습니다. 이럴 때에 우리가 할 수 있는 것은 두려움을 서로 나누며 함께 이 두려움을 하나님께 가지고 나아가는 것입니다. 두려움은 그 자체로서는 죄가 아닙니다. 그러나 두려움이 나의 행동에 영향을 끼치도록 놓아두면 믿음 없이 행하게 됩니다(마가복음 4:40). 예수님께서 제자들을 내보내실 때 둘씩 짝을 지어 보내신 주된 이유 중 하나도 여기에 있을 것입니다(누가복음 10:1 참조). 두려울 때에 혼자 있으면 그 두려움에 정복당할 수 있기 때문입니다.

"두 사람이 한 사람보다 나음은 저희가 수고함으로 좋은 상을 얻을 것임이라. 혹시 저희가 넘어지면 하나가 그 동무를 붙들어 일으키려니와, 홀로 있어 넘어지고 붙들어 일으킬 자가 없는 자에게는 화가 있으리라"(전도서 4:9-10).

당신이 어느 정도 실패를 경험할 것은 분명합니다. 당신은 계획을 세워 이를 위해 기도하고 계획한 바를 행할 것입니다. 그러나 아무것도 일어나지 않습니다. 그러면 무엇을 해야 합니까? 아주 평범한 반응은 전도하려는 생각 자체를 포기하는 것입니다. 실패는 언제나 실망스럽습니다. 새로운 시도에는 언제나 실패할 가능성이 있습니다. 그런 경우에는 당신이 함께 팀을 형성한 사람들의 객관적인 견해를 고려하여 팀을 다시 재정비하여 나아가야 합니다.

자신의 자원을 평가하여 이를 사역에 드리라

한번은 브라질 중부의 새로운 도시로 이사했습니다. 내가 맡은 책임을 수행하기 위해서는 대부분의 시간을 여행에 들여야 했습니다. 따라서 자녀들 교육과 교통 여건을 고려하여 한 도시를 선택했습니다. 일단 정착한 이후에 나는 개인 전도와 양육에 관심을 갖기 시작했습니다. 대부분의 시간을 이곳저곳을 돌아다니며 가르치거나 다른 사람의 사역을 도와주었지만 불신자들을 만나거나 영적으로 어린 사람들을 지속적으로 도와주려는 나의 관심은 채워지지 않았습니다. 물론 아내와 가족들도 같은 필요를 느꼈습니다.

몇 달 간은 상당히 힘들었습니다. 나는 몇몇 사람을 만나며 그들이 성경에 대하여 관심을 갖도록 여러 가지로 노력했습니다. 그러나 어느 정도의 시간이 지나면 내가 4-5주 정도의 선교 여행을 떠나야 했습니다. 내가 집으로 돌아올 때면 그동안 사귀어 놓은 사람들은 내 이름조차 기억을 하지 못하였고 나는 다시 처음부터 시작해야 했습니다. 이런 일이 자꾸 되풀이되자 결국에는 좌절감을 느꼈습니다. '나처럼 여행 스케줄로 가득 찬 사람이 이런 사역을 시도하는 것은 불가능한가?'라는 생각마저 들었습니다. 그러나 내가 만약 여행을 자주 해야 하는 사업가들을 돕는다면 그런 변명을 허락하지 않을 것임을 깨달았습니다.

이 상황을 두고 아내와 함께 기도했습니다. 그러면서 우리의 사역 팀은 바로 우리 가족이라는 것과 우리의 사역은 가족들이 관계를 맺는 범위 내에서 시작해야 한다는 생각이 떠올랐습니다. 우리 아이들은 누구와 함께 놀지? 우리는 그들의 부모를 아나? 그래서 아내와 함께 아이들 친구의 부모를 위해 기도하기 시작했습니다. 특별히 한 부모와 관계가 형성되기 시작했습니다. 우리는 그들에게 호의를 보였고 그들도 긍정적으로 대응하였습니다. 그들 부부는 모두 전문 직업인으로서 상당히 자주 여행을 해야 하기 때문에 우리 사정을 이해할 것이라 기대했습니다.

어느 날 아내와 나는 그들에게 우리의 관심사를 간단히 설명했습니다. 우리는 그들에게 우리가 친구들과 성경을 공부하는 일을 지금까지 자주 해 왔음을 얘기하며 이런 성경공부는 우리의 삶을 성경적인 원리 중심으로 이끌어 주기 때문에 꼭 필요하다고 설명했습니다. 또한 나의 스케줄 때문에 생긴 좌절감도 얘기했습니다. 그리고 나서 나는 그들이 우리와 함께 성경을 공부하는 것이 어떻겠느냐고 물었습니다. 그들은 이를 즐겁게 받아들였고 우리는 함께 성경을 공부하기 시작했습니다.

다음번 여행으로 내가 멀리 갔을 때에 아내와 가족은 그들과의 관계를 유지하기 위해 그 도시에 머물렀습니다. 내가 돌아왔을 때에 우리는 다시 공부를 시작했습니다. 이런 식으로 1년 6개월이나 계속된 후 그들은 모두 하나님의 은혜를 깨닫고 그리스도 안에서 성장하기 시작했습니다. 우리의 팀은 배가된 것입니다!

우리는 우리의 자원을 재평가한 후에 새로운 사람들에게 나아가야 할 때라고 결정했습니다. 그래서 믿지 않는 또 다른 두 부부를 초청하여 성경을 공부하기 시작했습니다. 우리는 요한복음 1장으로 되돌아갔습니다. 그러나 이것은 처음의 그 부부에게는 익숙한 것이었고 내가 없는 동안에도 그 남편이 성경공부를 인도할 수 있었습니다. 나의 여행은 오히려 우리에게 유익한 결과를 낳았습니다. 다른 사람이 리더십을 계발할 수 있는 기회가 생긴 것입니다.

이렇게 시작된 것이 내가 여러 해 동안 지속해 온 방법이 되었습니다. 이 모임은 지속적으로 활발하게 성장했습니다. 각 참석자들은 비록 아직 예수님을 믿는 믿음에는 이르지 못했다 하더라도 자기 역할을 다했습니다. 어떤 이는 친절을 베풀었습니다. 참석자들과 의사소통을 잘하는 사람도 있었고 새로운 화제를 꺼내어 분위기를 밝게 이끌어 가는 사람도 있었습니다. 또 어떤 사람은 기도에 열심으로 드려졌고 가르치기를 잘하거나 조직력을 발휘하여 일을 잘 해 나가는 사람도 있었습니다.

그룹으로 일할 때에는 그룹 내의 사람에게서 발견되는 능력은 어떤 것이든 잘 활용하는 것이 필요합니다. 만약 오늘 자신들이 할 수 있는 것을 열심히 한다면 내일은 오늘 못했던 것을 할 수 있게 될 것입니다. 그 반대도 역시 참일 것입니다. 만약 우리의 능력을 사용하지 않는 채 내버려 두면 결국에는 그 능력을 잃어버리게 될 것입니다.

이러한 기본적인 개념을 다음과 같이 그림으로 나타낼 수 있습니다.

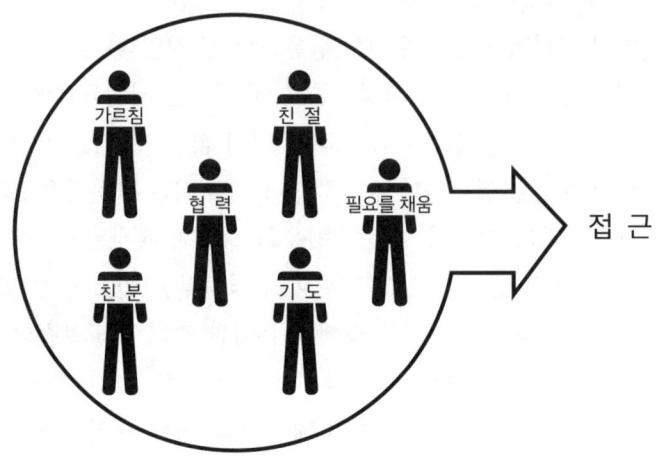

　이러한 전도 방법이 계속 생명력이 있으려면 항상 그룹을 나누는 것에 대하여 고려해야 합니다. 이를 통해 새로운 인도자가 필요함을 자연적으로 알 수 있습니다. 또한 각 사람이 참여할 수 있는 기회가 더욱 많아집니다. 그룹을 나눌 때에는 그룹 내에서의 친분 관계를 고려해야 합니다.

다른 그리스도인들이 어떻게 생각할까

　이에 대해 생각하면서 아마도 마음속에는 다음과 같은 질문이 생길 수 있습니다. '이 일이 내가 헌신하는 다른 일과 갈등을 일으키면 어떻게 하나? 내가 참석하는 교회의 비전이나 프로그램과 갈등을 일으키지는 않을까?'
　이에 대한 답은 지금 속한 모임이나 교제의 성격에 달렸습니다. 만약 당신이 다니는 교회가 교회 자체를 살아 있는 교회, 즉 사람들이 활동할 수 있는 터전으로 생각한다면 그 교회가 가진 비전은 폭이 넓을 것입니다. 반대로 만약 그 교회를 하나의 성채로 여겨 가끔 자신들의 보호벽 안으로 들어올 사람을 모으기 위해 병사들을 내보내는 곳으로 생각한다면 그들의 비전은 폭이 좁을 것입니다. 이런 경우에 두 가지 목적이 갈등을 일으켜 긴장 관계를 형성할 것입니다.

만약 오늘날의 교회가 이 세대의 잃어버린 자들과 접촉하기 원한다면 우리의 비전은 충분히 넓어야 합니다. 우리는 방금 설명한 종류의 접근 방법을 교회 내에 받아들여 전체 속에 꼭 필요한 부분으로 만들어야 합니다. 아마도 교회에 대한 새로운 이해가 필요할 것입니다. 즉, 교회가 부르심을 받은 영역을 이웃과 주변 상가까지도 포함할 수 있도록 충분히 큰 원을 그려서 생각해야 할 것입니다. 그러나 이는 또 다른 주제에 속합니다.

현재 필요한 것은 당신의 우선순위를 재조정하여 당신 삶의 형태를 당신 사역에 맞게 변화시키는 것입니다. 이를 위해서는 당신의 교회에서 이해를 받아야 할 것입니다.

최근 여러 교회에서 이런 변화가 일어남을 볼 수 있습니다. 나는 지니 렛츠가 자기 교회 성도들에게 교회 건물에는 일주일에 한 번만 찾아와도 충분하다고 말하는 것을 들었습니다. 교회에 출석하는 횟수가 중요한 것이 아니라는 말입니다. 교회에서 보내지 않는 나머지 시간은 그들의 가정을 통해 사역에 들여져야 한다는 것입니다.

조 앨드릭은 "오늘날에는 믿지 아니하는 사람들 속으로 나아가 최전선에서 함께 삶을 나누는 사람들이 필요합니다"라고 말합니다. 그는 또한 '그리스도인들을 세상에 배치하는 것'에 대하여 얘기합니다.

우리가 말한 것과 같은 전도 방법은 한두 가지의 특정한 프로그램으로는 실행할 수 없습니다. 불신자들과 의미 있는 관계를 맺으려면 자유롭고 격식에 매이지 않는 시간을 갖는 것이 필요합니다. 어떻게 하면 이렇게 할 수 있겠습니까? 이것이 바로 그리스도의 몸 된 교회가 성취해야 할 사명입니다. 교회는 바로 이 일에 드려져야 합니다. 이 세대의 사람들에게 나아가려고 한다면 오직 그들의 삶의 터전으로 우리가 나아가는 수밖에 없습니다. 그들은 우리에게 오려 하지 않을 것이기 때문입니다.

16
첫걸음을 내디딤
회심은 한 번에 한 단계씩 일어난다

한번은 고향에서 전도에 관한 워크숍을 진행한 적이 있었습니다. 참석자 중에는 나의 옛날 친구도 있었습니다. 수십 년 전에 우리는 함께 많은 시간을 보냈습니다. 그때 그는 그리스도인이 된 지 얼마 되지 않았던 터라 나는 내가 배워 온 제자의 도에 관한 내용을 그에게 부지런히 전달해 주었습니다.

그에게 다른 사람에게 복음을 전하는 법도 보여 주었습니다. 그러고서 나는 몇몇 상황에서 내가 증거하는 것을 그에게 보여 주었습니다. 다음에 나는 그에게 그의 친구들과 업무상 관계가 있는 사람들의 명단을 작성하도록 했습니다. 그가 나에게 명단을 보여 준 후 우리는 몇 주 동안 그 사람들을 위해 기도했습니다. 그러고는 내 친구를 격려하여 그가 그들을 한 사람씩 점심 식사에 초대하여 복음을 나누도록 했습니다. 그 후 그는 자기가 아는 사람들에게는 누구에게나 열심히 복음을 전했습니다. 그러나 전도를 선포로만 생각했기 때문에 얼마 안 가 전도할 사람이 없게 되었습니다. 복음을 선포한 것으로 전도는 끝났다고 생각한 터였습니다.

　워크숍이 끝난 후, 친구는 다가와서 오래전에 내가 자기를 열심히 도와주었던 일을 떠올리면서 자신이 친구들에게 어떻게 복음을 전했는지를 얘기했습니다. 그는 이 워크숍을 통해 전도와 연관하여 새로운 것을 배우게 되었다면서 고마워했습니다. 그가 새로이 배운 것은 전도란 복음을 선포하여 열매를 거두는 일만이 아니라 뿌리고 심고 하면서 복음을 확증하는 일도 포함한다는 사실이었습니다. 오래전 나는 그 친구에게 전도하는 것을 다 가르쳤다고 생각했었습니다. 그러나 결국 내가 그에게 전도에 대해 가르쳐 준 것은 전도 과정의 일부만이었던 셈입니다.

전도를 통해 대립하다

　신앙생활 초기 몇 년 동안 나는 전도에 대해 매우 단순하게 이해했습니다. 전도를 내 친구나 아는 사람에게 복음을 전할 기회를 엿보다가 기회가 생기면 이를 이용하여 복음을 전하기만 하면 되는 것으로 생각했습니다. 그렇게 하여 그들이 하나님께 자신의 마음을 열지 아니면 그냥 닫을지에 대해 결정을 내릴 수 있는 기회를 그들에게 주는 것으로 나의 전도는 끝났다고 생각했습니다. 기회가 자연스럽게 생기지 않을 때는 기회를 만들어서 그들에게 나아가곤 했습니다.

　듀이와 나는 동급생이었습니다. 나는 그의 태도를 보고 간단한 대화를 통해 그를 주님께 이끌 수 있으리라는 확신이 생겼습니다. 그래서 나는 복음을 나눌 기회를 찾기 시작했습니다. 그러나 몇 주가 지나도 자연스러운 기회는 한 번도 오지 않았습니다. 그래서 나는 그에게 함께 낚시하러 가자고 했습니다.

낚시 후에 우리는 앉아서 물고기를 씻기 시작했고 나는 그에게 불쑥 복음을 전하기 시작했습니다. 내 생애에 그때처럼 사람을 잘못 본 경우가 없었습니다. 듀이는 그리스도인이 되기에는 아직 멀었고 더욱이 그 주제에 대해 대화하는 것조차 원하지 않았습니다. 나의 갑작스러운 전도는 그를 아주 당황하게 했으며 그에게 심한 불쾌감을 주었고 이렇게 해서 더 이상의 대화가 불가능해졌습니다. 그때부터 우리 사이는 모든 것이 어색했습니다.

만약 그때에, 내가 나중에 배웠던 것을 조금만이라도 알았더라면 듀이와의 대화는 다른 결과를 낳았을 것입니다. 앞에서 전도가 거두어들이는 것뿐만 아니라 심는 것과 물 주는 것을 포함하는 하나의 과정이라고 정의했습니다. 우리가 이 진리를 무시하고 아직 거두어들일 준비가 되지 않은 곳에서 거두려는 시도만을 계속 고집할 때에는 회심보다는 오히려 관계가 더욱 멀어지는 결과를 낳게 됩니다. 그 이유는 명확합니다. 복음을 전하는 데에는 상대방으로 하여금 결정을 내리도록 한다는 의미가 함축되어 있습니다. 주장하려는 자세로 다른 사람에게 민감하지 못한 사람은 전도를 할 때에, 그리스도께 아직 굴복할 준비가 되어 있지 않은 불신자들을 힘으로 밀어붙이려고 하다가 전도를 마친 후에는 상대방과의 관계에 틈만 생기는 경우가 있습니다.

성공한 이야기

우리는 성경을 이전에 읽어 본 적도 복음을 접해 본 적도 없는 사람이 복음을 처음으로 듣고 그리스도를 믿게 된 예를 찾을 수 있을 것입니다. 어쩌면 당신에게 이와 같은 일이 일어났을 수도 있습니다. 그렇습니다. 분명히 이와 같은 경우가 있으리라고 확신합니다. 하지만 이는 예외적인 드문 경우라고 할 수 있습니다. 예외적인 것에 우리 에너지를 지나치게 쏟아붓는 것은 지혜롭다고 할 수 없습니다. 또한 예외라고 불리는 것도 자세히 살펴보면 대개는 사실상 전혀 예외가 아니었음이 드러나게 됩니다.

실제로 우리가 신약에서 발견하는 갑작스러운 회심의 예들을 보면 상당히 준비된 결과로 얻어진 것입니다. 에디오피아 내시는 순례 여행에서 되돌아가는 길이었고 처음으로 복음을 들을 때 선지자 이사야의 글을 읽고 있었습니다(사도행전 8:26-39). 로마인으로서 최초의 회심자인 군대 백부장 고넬료는 경건하고 하나님을 경외하는 자로서 가난한 사람들을 도와주며 하나님께 정기적으로 기도한 사람이었습니다(사도행전 10:1-2). 사도 바울의 경우에는 그가 준비되기 위해서 성경적인 개념들이 성경을 통해 오랜 세월에 걸쳐 전해 내려왔으며, 그를 쳐서 앞을 못 보게 한 강력한 환상이 필요했습니다(사도행전 9:1-9). 회당이 없던 빌립보에서는 하나님께서 지진을 급작스럽게 일으키셔서 추수를 위한 준비를 하셨고 그 결과 간수와 그 집 사람들이 구원을 얻게 하셨습니다(사도행전 16:25-34).

우리는 진실로 '하나님의 동역자들'입니다(고린도전서 3:9). 하나님께서 이미 준비해 놓으신 곳에서 우리가 거두어들이는 것입니다. 그러나 대부분의 경우 하나님께서는 우리가 추수를 위해 미리 준비하기를 원하십니다. "그런즉 한 사람이 심고 다른 사람이 거둔다 하는 말이 옳도다"(요한복음 4:37).

그러면 이제 중요한 점은 선포와 확증 중에서 어느 것이 옳으냐를 따지는 것이 아닙니다. 양쪽 모두 그 자체의 영역이 있습니다. 따라서 우리는 언제 어느 것을 사용해야 할지를 물어보는 게 현명합니다.

네비게이토 선교회의 창시자인 도슨 트로트맨은 그가 만나는 모든 사람들의 삶 속에 자신을 사용해 주시기를 기도했습니다. 본받을 만한 훌륭한 기도 제목입니다. 만약 한 사람이 그리스도께로 돌아오는 것이 하나의 과정이라고 할 때, 우리가 만나는 사람마다 그리스도께로 한 걸음씩 나아가도록 도와주는 것이 어떻겠습니까? 어떤 사람들은 단지 한 발자국만 더 나아가면 되는 경우도 있을 것입니다. 그들의 영적 출생을 돕는 일은 우리 생애에 큰 기쁨이 될 것입니다. 어떤 이들은 훨씬 멀리 떨어져 있지만 우리가 그들을 도와 복음을 향하여 내딛게 한 그 한 걸음도 역시 중요한 것이 됩니다.

기본적으로 우리가 맺는 인간관계에는 두 종류가 있습니다. 하나는 낯선 사람들을 만나는 일시적인 경우이며, 또 하나는 친구나 이웃, 동료들과의 관계처럼 지속적인 경우입니다. 옆자리에 앉은 승객은 첫 번째 경우입니다. 어떤 서류에 당신의 사인을 부탁하는 이웃이 있다면 두 번째에 속합니다. 우리가 전도를 하려고 할 때 당면 목표는 언제나 우리가 만난 그 사람이 그다음 걸음을 내딛도록 도와주는 것이지만, 이러한 구분을 염두에 두는 것도 중요합니다.

우연히 만나는 경우에는 그 사람의 배경과 사고방식을 알기 위해 분별 있게 행동해야 합니다. 우리는 언제든지 복음을 설명할 수 있도록 준비해야 합니다. 그러나 서둘러서 복음을 소개하려고 그 사람에게 압력을 가하거나 대화의 주제를 영적인 것으로 밀어붙임으로써 위압감을 주는 행동은 피해야 합니다. 이는 그에게 공정하게 대하는 게 아닙니다. 우연한 만남인 경우에는 대부분 우리가 하는 증거가 하나님께서 준비하시는 다른 영향력으로 다시 강화되고 보충될 것이기 때문입니다. 때로는 그 사람에게 복음의 핵심을 분명하게 이해할 수 있도록 도와만 주고 헤어질 수도 있습니다. 그런 경우에는 하나님께서 우리의 그 전도를 사용하셔서 그 사람을 긍정적인 방향으로 인도하시리라 확신할 수 있습니다.

좀 더 지속적인 관계인 경우에는 상대방의 태도와 감정에 상당히 민감할 필요가 있습니다. 복음은 긴급한 소식입니다. 그러나 그런 이유로 우리가 서둘러야 한다든지 선포에만 모든 노력을 기울여야 한다는 뜻은 아닙니다. 베드로후서 3:9을 보면, 하나님께서는 갈등하는 사람들이 경계선을 넘어올 때까지 세상에 대한 심판을 보류하시며 이 세상을 새롭게 하시는 일을 늦추고 계십니다. 따라서 하나님께서 어떤 사람의 삶 속에서 무엇인가를 시작하기 위해 우리를 사용하신다면 열매 맺는 데까지 우리를 인도하실 의도가 있으시다고 가정할 수 있습니다. 그러므로 일상생활 속에서 계속 만나는 사람들에 대해 그들과의 관계를 단절하기보다는 오히려 전도를 하나의 과정으로 여기고 그들과의 관계를 발전시켜 나가면서 전도할 필요가 있습니다.

친구나 이웃이나 알고 지내는 사람들을 떠올려 보십시오. 대부분은 어느 한 가지는 공통된 관심이나 활동 영역이 있게 마련입니다. 우리는 이 영역이 복음을 위해 계속 비옥한 환경으로 바뀌어 가는 것을 경험할 수도 있고 아니면 함부로 접근하다가 황폐하게 만들어 버릴 수도 있습니다. 확증하는 전도는 이미 맺은 지속적인 관계가 주는 유익한 기회를 최대로 활용할 수 있는 방법입니다.

작은 결정들

그러면 이와 같이 이미 아는 사람에게 복음을 전하려면 어떻게 도입하는 게 좋은지 물어 오는 사람들이 종종 있습니다. 어떤 사람은 이렇게 묻습니다. "상대방에게 내가 원하는 주제를 긍정적이면서도 위협적이지 않게 꺼내는 법을 배우고 싶은데 어떻게 하면 좋을까요?"

대개 사람들은 한 번 질문을 던져 바로 시작할 수 있기를 기대합니다. 즉 한마디 말로 영적으로 무감각한 상태인 그들을 은혜롭게 인도하여 그리스도에 대해 효과적으로 이야기할 수 있도록 해 주는 질문을 기대합니다. 하나님께서 이미 길을 충분히 예비하여 놓으신 상황이라면 이 시점에서 잘못될 가능성은 거의 없습니다. 당신이 말하는 거의 모든 것이 그에게 유익이 될 것입니다. 빌립은 에디오피아 내시에게 그가 읽는 말씀이 이해가 되느냐고 단순하게 물어 보았습니다(사도행전 8:30). 베드로는 고넬료에게 왜 자기를 불렀는지 물었습니다(사도행전 10:29). 그러나 우리가 만나는 사람들은 대부분 에디오피아 내시처럼 이사야의 글을 읽고 있지도 않으며(사도행전 8:27-28), 고넬료처럼 하나님의 환상을 본 것도 아닙니다(사도행전 10:3-6). 준비되지 아니한 사람에게는 그가 현재 있는 곳으로부터 우리가 그를 인도하여 가기 원하는 곳까지 한 번에 쉽게 갈 수는 없습니다. 단 한 번에 복음을 전할 수 있는 방법을 묻는 것은 마치 축구 경기에서 90미터 밖에서 골을 넣으려면 어떻게 공을 차야 하는지 묻는 것과 같습니다.

한 번에 되기를 기대하기보다는 작은 결정들의 관점에서 생각하는 것이 더 좋습니다. 전도를 연속적인 과정이라고 할 때 우리 역할은 그리스도께로 인도하는 길에 상대방과 동행하여 길을 안내하여 주는 것입니다. 그와 함께 한 걸음씩 그 길을 같이 걸어가야 합니다. 그래서 한 걸음 한 걸음을 작은 결정이란 말로 설명할 수 있을 것입니다. 그 과정을 그림으로 나타내면 다음과 같습니다.

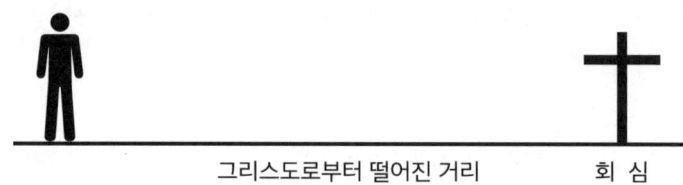

이런 관점에서 고려해 볼 때 질문은 바뀌게 됩니다. 그리스도로부터 멀리 떨어져 있는 이 사람에게 어떻게 복음을 제시해야 하는가를 묻기보다는 이 사람이 그리스도께 가까이 갈 수 있도록 하려면 무엇을 해 주어야 할지를 생각해 보게 됩니다.

우리가 가진 자원을 한번 생각해 봅시다. 예를 들면, '하나님께서는 우리를 세상의 빛이 되도록 만드셨다', '우리 안에는 성령이 계신다', '우리는 기도할 수 있다' 등등. 모두 놀라운 자원입니다. 이 자원을 사용할 때 하나님께서 효과적으로 역사하실 것을 기대하면서 앞으로 나아갈 수 있습니다.

그리스도께로 향하는 첫걸음은 의외로 별로 중요해 보이지 않는 것으로 시작될 수가 있습니다. 예를 들면, 인사를 건넨다든지 조그만 호의를 베푼다든지 이웃끼리 물건을 빌리거나 빌려 준다든지 울타리를 사이에 두고 대화를 한다든지 등등. 이런 것이 점차 함께 저녁 식사를 한다든지 야외에 함께 나간다든지 하는 것과 같이 친목을 도모하는 활동으로 바뀝니다.

거리가 좁혀질수록 자세히 관찰하십시오. 그들의 삶 속에서 문제가 있는 영역에 대화의 초점을 맞추거나 가르치려고 하면 순조롭지 못한 출발을 하게 될 우려가 있습니다. 당신이 새로 사귄 친구는 무엇에 관심이 있는지 그의 필요는 무엇인지를 이해하려고 노력하십시오.

마침내 당신은 상대방이 당신에 대해 다음과 같은 '회심 직전의 결정들'을 하도록 이끌게 될 것입니다.

- 그는 좋은 사람인 것 같다.
- 그를 더욱 알고 싶다.
- 그는 나를 편안하게 해 주며 나를 용납한다.
- 그가 왜 그렇게 살 수 있는지 알아 봐야겠다.
- 아마 그의 사고방식은 성경에서 비롯된 것 같다.
- 그는 예수님을 믿고 나는 믿지 않지만 그를 만나는 게 좋다.
- 그리스도인이 되는 것은 틀림없이 유익하다.
- 나는 그의 친구들이 좋다. 나도 그들처럼 확신을 가지고 살고 싶다.
- 언젠가 성경을 한번 보면 흥미가 있겠다.

이제 다음과 같이 그릴 수 있습니다.

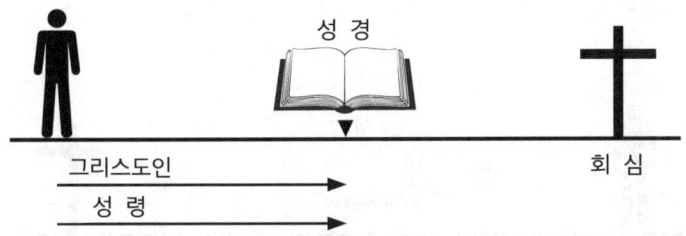

불신자가 성경에서 말하는 바를 알고 싶어 하는 시점까지 이르렀다면, 그가 믿음을 갖기 위해 넘어야 할 수많은 장애물 중 중요한

첫걸음을 내디딤 241

장애물이 극복된 셈입니다. 믿지 아니하는 현재의 위치와 그리스도에 대한 믿음을 갖는 지점 사이의 길이 비교적 순탄하게 바뀌었습니다. 이는 영적인 무기가 충분하기 때문입니다. 성령께서는 이제 검을 사용하실 수 있습니다. "하나님의 말씀은 살았고 운동력이 있어 좌우에 날선 어떤 검보다도 예리하여 혼과 영과 및 관절과 골수를 찔러 쪼개기까지 하며 또 마음의 생각과 뜻을 감찰하나니"(히브리서 4:12). 이런 이유 때문에 불신자를 우리와 함께 성경을 공부하기 원하는 지점까지 인도하는 것을 최초 목표로 삼는 것이 매우 효과적입니다. 기회가 좋은 한 순간을 포착하여 복음을 전해서 결과를 보려고 하기보다는 목표를 바꾸어 위와 같은 것을 처음 목표로 하여 전도를 생각하면 여러 가지 유익점을 발견할 수 있습니다.

만약 잘 운용하기만 한다면 불신자들과 함께 성경을 공부하는 것이 관계를 갈라놓기보다는 오히려 유대 관계를 강화하게 됩니다. 그리고 진리의 기초를 놓음으로써 그가 믿음을 갖는 데에 필요한 기반을 닦아 줄 수 있습니다. 또한 그 사람이 본래부터 가진, 하나님을 거부하려는 반항적인 의지와 싸워 이길 수 있는 여유와 시간을 제공합니다. 다시 말하면, 영적으로 건전한 출생이 이루어질 가능성이 커집니다.

따라서 도표에 다음과 같이 첨가할 수 있습니다.

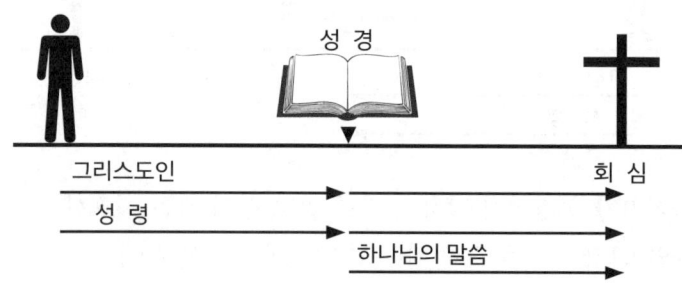

그 외의 작은 결정

일단 불신자가 함께 성경을 공부하기 시작했다면 새로운 작은 결정이 내려지리라 예상할 수 있습니다. 아마도 다음과 같습니다.

- 성경을 이해하는 게 불가능하지 않다.
- 성경은 뭔가 중요한 것을 얘기한다.
- 성경이 인생에 대해 얘기하는 것은 내 경험과도 일치한다.
- 예수님이 바로 그 열쇠 같다. 누구신지 궁금해진다.
- 예수님은 하나님이시다.
- 나는 예수님 말씀대로 행하는 것이 필요하다.
- 나는 예수 그리스도를 믿겠다.

대부분의 사람들 사이에서 성공적인 전도를 하는 데 필요한 핵심 사항은 그들이 우리와 함께 성경을 공부하게 함으로써 그들에게 복음을 깨닫고 받아들일 수 있는 기회를 주는 것입니다. 이는 불신자를 믿음으로 인도하기 위해서 복음을 한 차례 소개하고 즉시 반응을 기대하는 전도 방법과는 큰 대조를 이룹니다. 여기서 제안하는 방식은 새로울 것이며 따라서 많은 질문이 생길 것입니다. 아마도 다음과 같은 내용일 것입니다. '성경을 인정하지도 않는 사람을 어떻게 인도하여 성경을 공부하도록 할 수 있는가? 어떻게 하면 그들의 관심을 유지시켜서 매번 빠지지 않고 성경을 공부하도록 할 수 있는가? 틀림없이 내가 대답할 수 없는 질문을 할 텐데 그럴 때 어떻게 해야 하나? 심기만 하면 추수는 어떻게 하나? 언제가 거둘 때인가?' 다음 장에서 이런 질문을 구체적으로 살펴보도록 하겠습니다.

17
무관심에서 믿음으로 연결하는 다리
공통 관심사를 발견함

아마도 세계에서 가장 무관심한 사람들을 예로 든다면 금요일 저녁에 뉴욕의 라과디아 공항과 워싱턴 D.C.의 내셔널 공항 사이를 오가는 비행기에 탄 승객들입니다. 이 시간에는 언제나 사업가들로 가득한데 그들 중 상당수가 1년에 100여 회씩은 같은 길을 오갑니다. 이륙하기 전에 언제나 변함없이 승무원이 일상적인 안전 지침을 얘기합니다. 설명하는 동안에 승객들은 거의 예외 없이 무관심한 반응입니다. 승무원은 인내를 가지고 안내 방송을 계속하며 무관심은 극에 다다릅니다. 마침내 설명이 끝나면 사람들은 해방감을 느낍니다.

   승무원이 승객의 관심을 집중시키지 못하는 이유는 크게 두 가지입니다. 우선 전달하는 내용에 새로운 게 없습니다. 비행기에 탄 사람들은 모두 이미 셀 수 없이 그 내용을 들었습니다. 또한 승객들에게 얘기하는 위험은 현실성이 없게 느껴집니다. 따라서 승무원의 설명에 귀 기울일 필요성을 거의 느끼지 않습니다.

그러면 승객들의 관심을 끌어 실제로 그들이 귀를 기울여 마침내는 산소마스크 사용법을 배우게 하려면 어떻게 해야 할까요? 만약 그 비행기가 6km 상공에서 고장을 일으켜 고도를 잃기 시작했다고 가정해 봅시다. 그리고 동일한 승무원이 나타나 그 긴급한 상황 속에서 동일한 승객들에게 동일한 안전 지침을 설명한다고 하면 사람들이 엄청 집중하여 들을 것입니다! 사람들은 강력한 동기를 부여받아 스튜어디스가 말하는 내용이 자신들에게 정말 필요하고 중요한 사항임을 깨닫게 될 것입니다.

세속화된 사람들은 비슷한 이유로 종교적인 것에 대해 귀 기울이기를 싫어합니다. 새로운 이야기가 없을 것이라고 미리 단정을 짓습니다. 그리스도인들의 주장이나 경고는 끊임없이 되풀이되는 듯 보입니다. 만약 우리가 그들의 관심을 끌기 원한다면 그들이 느끼는 필요와 그들에게 맞는 수준에서부터 시작해야 합니다.

이 때문에 예수님께서는 니고데모에게 "사람이 거듭나야 하나님 나라를 볼 수 있다"라고 말씀하셨습니다. 니고데모는 유대인 사회에서 올라갈 수 있는 데까지 올라가 있었습니다. 그는 자신의 성공을 통해 안정감을 누렸습니다. 그래서 예수님께서는 "네가 거듭나지 않으면 진정한 성공을 할 수 없다"라고 말씀하시면서 니고데모의 관심을 끌었습니다. 물을 길러 나온 우물가의 여인에게는 물에 대해 이야기하기 시작하셨습니다. 어부들에게는 고기를 잡는 것에 대해 말씀하셨습니다. 굶주린 사람들에게는 떡에 대하여 말씀하셨습니다. 주님께서는 익숙한 일상적 관심사로부터 시작하셨고 이렇게 세속적으로 보이는 것에서 시작하여 듣는 사람들이 새로운 시각으로 바라보고 이해할 수 있도록 이끌어 가셨습니다.

무관심은 우리가 만나는 아주 두려운 장애물입니다. 무관심한 사람은 특별한 이유가 없습니다. 그들은 단지 마음에 두지 않을 뿐입니다. 예수님께서 말씀하신 씨 뿌리는 비유에 나오는 '길가'와 같습니다(마태복음 13:4). 그 땅은 너무도 단단해서 씨가 뿌려질 때 튕겨 나오며 마침내는 새들이 와서 먹을 때까지 그냥 버려져 있습니다. 마음이 강퍅하다는 것은 싸우려 한다든지 격한 태도를 의미하지 않습니다. 무관심을 의미합니다. 아무리 상냥하고 가냘프게 보이는 사람이라도 영적으로는 여전히 강퍅할 수 있습니다!

어떤 사람들은 마치 모든 일에 무관심한 듯한 인상을 줍니다. 그들은 모든 것에 대해 보기는 하지만 또한 전혀 믿으려고 하지는 않는 듯 보입니다. 그러나 그것은 단지 겉으로 보이는 인상일 뿐입니다. 모든 사람에게는 자기가 관심을 두는 것이 최소한 하나 정도는 있습니다. 바로 그것이 대화를 시작해야 할 곳입니다. 그 시작점이 무엇이든 간에 그 주제에 대하여 최종적인 권위를 갖는 것은 결국 하나님의 말씀이라는 사실을 확신할 수 있습니다. 그러므로 우리 목표는 그 사람의 필요에서 시작하여 그가 가진 필요가 무엇이든 결국은 그리스도 안에서 채워질 수 있다는 사실을 알 수 있도록 그를 인도하는 것입니다.

시작점

방금 한 말에서 분명한 점은 사람들의 관심을 정확하게 파악할 수 있는 만능 접근법이나 만능열쇠는 없다는 사실입니다. 종종 각 상황에 맞는 새로운 열쇠를 만들어야 할 경우가 많습니다. 특별히 어려운 일은 아닙니다. 이를 위해서는 주의 깊게 관찰하고 민감하게 행하는 것부터 시작해야 합니다. 몇 가지 예를 들어 보겠습니다.

1. 젊은 부모

대부분의 브라질 사람들에게 가정은 상당히 높은 우선순위를 차지합니다. 대학 졸업생에게 소원이 무엇이냐고 묻는다면 대개는 결혼하여 가정을 이루고 자녀를 갖는 것이라는 대답을 듣습니다. 안정된 가정생활을 하고 아내와 자녀들을 풍족하게 해 줄 능력을 갖기 원합니다. 브라질은 자녀 중심적인 사회입니다.

대학을 졸업할 쯤이면 대개 복음에 대하여 무관심합니다. 다른 일에 몰두해 있습니다. 어떻게 하면 빨리 취직하고 결혼할 것인가에 관심이 많이 쏠려 있습니다. 그러나 6-7년이 지난 뒤에 이 젊은이의 가정을 살펴보면 삶이 계획대로 진행되지 않는다는 사실을 발견하게 됩니다. 엄마와 아빠는 이제 세 살 된 아기의 혹독한 독재 아래 살아갑니다. 아기는 최근에 태어나 자기 성역을 침입한 동생을 상대로 공포 정치를 펼치기 시작합니다.

부모는 어쩔 줄을 모릅니다. 아이에게 올바른 행동을 가르치려다가 아이의 마음을 상하게 할까 두려워 아이의 버릇없는 행동을 참기로 합니다. 그러나 견디기에 너무 벅찹니다. 자신들의 좌절감을 배우자에게 드러내기 시작합니다. 처음에 가졌던 꿈은 이제 흔적도 없이 사라지고 맙니다. 이제 그들에게는 절실한 필요가 있습니다!

우리는 이러한 필요를 선택하여 그들과 함께 성경에 따라 자녀를 양육하는 법에 관해 토의를 시작할 수 있습니다. 우리는 많은 부모들이 어찌할 바를 모르는 상황에 처하기 때문에 비록 그들이 이전에는 성경을 무시했더라도 성경에서 자녀 양육과 교육에 대해 무어라 가르치는지 알고 싶어 한다는 사실을 발견했습니다. 비록 성경과 세상의 육아 방법은 거의 대부분 일치하지 않고, 이 부모들은 성경이 제시하는 바를 인정할 준비가 되어 있지 않지만 토의를 할 때마다 성경은 예외 없이 최종적인 권위를 갖게 됩니다. 모든 부모가 겪는 경험을 통해 성경이 진리임을 인정할 수밖에 없습니다.

이 글을 쓰는 동안 아내와 나는 이웃에 사는 한 유대인 엄마와 성경공부를 하는 중입니다. 그 엄마는 논쟁을 좋아합니다. 그는 우리 아이들에게 매력을 느꼈습니다. 그래서 성경을 함께 공부해 보기로 동의한 것입니다. "나는 우리 아이들이 당신 자녀들처럼 살았으면 좋겠어요"라고 하는 게 그 이유입니다. 우리는 자녀 양육과 훈계에 관한 성경의 지침이 젊은 부모들에게 결코 거부할 수 없는 매력적인 다리 역할을 한다는 사실을 알게 되었습니다. 성경을 함께 공부하면서 그들이 성경에 대한 무관심에서 벗어나 진정한 관심을 가지게 되는 것을 수없이 경험하곤 합니다.

2. 대학생

앞의 사람을 10년 전에 만났다면 그들은 자녀 양육에 관한 교훈을 받아들이는 데 전적으로 무관심할 것입니다. 이제 막 대학 생활을 시작했기 때문에 관심과 흥미는 다른 것에 가 있습니다.

대학생이 되면 이제 부모와 가족, 친척들의 강한 영향력에서 어느 정도 자유롭게 됩니다. 스스로 생각하고 질문하며 그 결과를 행동에 옮길 만한 여유가 있습니다. 과거에 영향받은 어떤 철학적인 경향이 조금이라도 있다면 이 시절에 그게 삶으로 드러나기 시작합니다. 그들은 자신의 존재를 설명할 방법을 찾으며 자신의 행동을 정당화하고 의미를 부여하기를 원합니다. 따라서 우리에게는 또 다른 시작점이 있습니다.

이런 경우에 무관심에서 빠져 나오게 하는 하나의 다리로서 다음과 같은 일련의 명제가 도움이 될 것입니다.

가. 인간은 존재한다. 우연히 진화되어 이곳에 있든지 아니면 창

조되었다고 할 수 있다. 만약 창조주가 있다면 명철하고 큰 능력을 가진 존재일 것이다. 질문은 이 두 가지 대안 중에서 어느 게 참이냐는 것이다.

나. 이 질문에 대한 대답을 연구할 수 있도록 우리가 가진 가용 수단은 오감, 즉 시각, 청각, 미각, 촉각, 후각이다. 우리가 가진 지식은 모두 보고, 듣고, 맛보고, 만지고, 냄새를 맡아서 습득하게 된 것이다.

다. 만약 하나님이 존재하시고 또한 영적인 존재시라면 우리 감각으로는 느낄 수 없는 분일 것이다. 과학은 사람의 감각 기관을 사용하여 연구를 하기 때문에 하나님에 대해서는 해답을 전혀 주지 못한다.

라. 따라서 하나님이 먼저 우리 사람에게 자신을 나타내지 아니하신다면 우리는 하나님을 알 수 없을 것이다.

마. 성경의 기본적인 주장은 하나님께서 우리의 시간과 공간 속에 들어오셔서 자신을 알 수 있게 계시하셨다는 것이다.

바. 나사렛 예수님은 자신이 바로 하나님의 계시라고 주장하신다. 그분의 말씀이 거짓이어서 그분이 하나님을 드러내는 분이 아니라면, 하나님은 여전히 알 길이 없다. 인간의 역사를 살펴볼 때, 자신이 하나님이라고 주장한 사람은 예수님 외에는 없다.

사. 이를 통해 우리의 연구를 단순화할 수 있다. 즉 다음과 같은 질문으로 축약된다. '예수님은 누구신가?' 하는 것이다. 만약 그분

의 주장이 사실이라면 우리는 인간의 존재에 대한 해답을 얻게 된다. 만약 그분의 주장이 거짓이라 해도 우리에게는 여전히 답이 있다. 이 경우에 답이란 아무 답이 없다는 것이다.

'하나님께서는 예수 그리스도 안에서 발견될 수 있는 분이다. 즉 예수님 안에서 보고, 만지고, 들을 수 있는 분이다(요한일서 1:1-2)'라는 이러한 주장이 사실일 수 있다는 가능성에서 시작하여 우리는 불신자들을 초청하여 "예수님이 누구신가?"에 대한 대답을 찾도록 도울 수 있습니다.

3. 기독교 배경을 가진 사람

위에서 말한 방법은 철학적인 질문을 하는 사람들에게 효과적입니다. 그러나 이 세대의 많은 사람에게는 이 질문이 의미 없는 경우가 많습니다. 제1장에서 다룬 세속화된 서구 사람들은 이런 문제에 대한 논의 자체를 포기해 버린 사람들의 예일 것입니다. 그들은 아무 답이 없다고 즉시 결론을 내립니다. 그러나 또한 자신들과 마찬가지로 다른 사람들도 역시 답을 갖고 있지 않다고 쉽게 단정해 버립니다. 그래서 그들은 우리에게 왜 답을 찾느라 고생하느냐고 반문합니다. 그러고는 무엇이든지 당신의 관심을 끄는 게 있다면 거기에 열중하는 게 좋다고 말합니다.

합리적인 논리를 추구하는 서구 전통 속에서 성장한 우리는 이와 같은 사람들을 잘 이해할 수 없었습니다. 그러나 그들이라고 예외는 아닙니다. 그들에게도 역시 다른 이들과 마찬가지로 고유의 필요와 욕구가 있습니다. 이것이 그들을 그리스도께로 효과적으로 인도하는 다리의 역할을 할 수 있습니다. 단지 그 다리가 다를 뿐입니다. 그 다리는 단지 몇 개의 재치 있는 생각으로 이루어지는 게 아닙니다.

세속화된 서구 사람들에게 인간관계는 기본적인 관심사입니다. 여기에는 아이러니한 면이 있는데, 비록 인간관계를 가장 중요한 것으로 여기지만 동시에 눈에 띌 정도로 이 영역에서 무능한 것을 봅니다. 그 이유 중 하나로, 그들이 인간관계가 좋지 않은 분위기 가운데서 자랐다는 점을 들 수 있습니다. 이전부터 내려온 기독교적 유산을 버린 그들은 자신의 인생에 응집력을 줄 만한 것으로 이제 남은 것은 오직 사람들뿐임을 깨닫고 인간관계에 매달리게 되었습니다. 그래서 인간관계의 영역에서 생기는 필요와 욕구, 이를테면 사랑, 인정, 용납 등은 그들을 그리스도께로 인도하는 다리를 놓기에 충분한 발판이 됩니다.

성경은 건강하고 올바른 인간관계에 대해 많은 교훈을 얘기해 주기에 이 주제에 관해 토의하는 것은 매력적이며 유익합니다. 그러나 사랑과 용납에 대해 얘기만 하는 것은 실제적인 해결 방안이 될 수 없습니다. 직접 의미 있는 관계를 맺어 나가야 합니다. 나는 이 세대의 많은 사람이 다른 이유가 아닌 단지 전도하는 사람들에게서 무조건적인 사랑을 받았기 때문에 성경에 대해 관심을 갖거나 그리스도께로 인도되는 것을 보았습니다. 성경을 함께 공부하자는 초청이 받아들여졌는데 이는 열띤 논쟁의 결과라거나 혹은 인생 문제에 대한 새로운 관심이 생겼기 때문이 아니라 단지 성경을 공부함으로써 사랑과 온화함을 누릴 수 있는 기회가 하나 더 생겼기 때문입니다. 나는 논리가, 다른 사람을 설득할 수 있는 수단으로 지나치게 과대평가되어 왔다고 확신합니다. 논리는 언제나 사랑에 비해 낳는 결과가 빈약합니다.

지금까지 예를 든 세 가지는 그리스도께로 이르는 다리를 놓는 방법을 보여 주기 위해 단지 '예'로서 제시한 것입니다. 이것이 당신이 전도하기를 원하는 사람들의 관심과 열망에 맞는 다리를 놓는 데 사용되어, 창조적인 생각을 하는 면에 도움이 되기를 기대합니다. 다른 예도 얼마든지 있습니다. 즉 성공의 추구, 성공적인 결혼 생활이나 직장 생활 등이 있습니다. 여기서 더 나아가기 전에 잠깐 멈추어 두 가지 질문을 해 봅시다. 내가 나아가 복음을 전하기 원하는 사람들이 느끼는 필요와 소원에는 무엇이 있는가? 어떤 방법으로 이러한 필요와 소원이 그리스도께로 이끄는 다리 역할을 할 수 있는가?

그다음에 생기는 자연스러운 질문은, 다음 장에서 다룰 텐데, "어떻게 우리의 친구와 이웃과 동료들이 이 다리를 건너 그리스도께로 나아오도록 도울 수 있는가?" 하는 것입니다.

18
근원적인 자료로 나아감
전적으로 성경 말씀을 의지함

자료에는 근원적인 일차 자료가 있는 반면에 이차적인 자료도 있습니다. 일차적인 자료란 실제로 눈으로 본 목격자가 제공한 자료입니다. 과학에서라면, 일차적인 자료는 실제로 실험을 해 본 사람이 보고한 자료일 것입니다. 그는 기본적인 연구를 하고 새로운 정보를 얻습니다. 이차적인 자료란 그 일차적인 자료를 다시금 정리하여 소개한 것입니다.

어떤 종류의 정보에서라도 신뢰성은 중요한 문제가 됩니다. 특히 이차적인 자료에서 나온 정보는 개인적인 편견이나 주관과 무관하다고 볼 수 없기 때문에 더욱 그렇습니다. 전달자가 의도적으로 거짓말을 하지 않더라도 오해를 불러일으킬 여지가 많습니다. 전달자의 주관적인 판단이 섞여 왜곡이 생길 수 있기 때문입니다.

뉴스 매체는 전달 방법에 따라 똑같은 사실이라도 얼마나 다양하게 변할 수 있는지를 잘 보여 줍니다. 주어진 이슈에 대해 보도된 모든 게 사실이라 할지라도 무엇을 넣고 뺄지를 선택하는 단순한 행동부터 그 보도에 들인 시간이나 지면의 양에 따라 여론을 좋게 할 수도 있고 나쁘게 할 수도 있습니다.

같은 사실이라도 다양하게 달라질 수 있는 예를 또 하나 들면 역사 서술입니다. 멕시코의 역사책과 미국의 역사책을 잠깐만 비교해 보면 동일한 사건이 다르게 서술 및 평가되어 있는데 영웅과 악당이 바뀌어 있는 경우를 종종 발견하게 됩니다. 어느 나라에서 책을 펴냈느냐에 따라 용감한 행동이 그 반대로 야만적인 행동으로 묘사되기도 하고 별로 중요하지 않은 승리가 큰 승리로 기록되기도 합니다.

세속화된 사람에게 복음을 전하려 할 때에 그리스도인인 우리가 근원적인 일차 자료, 즉 성경의 내용만을 전달하려고 의도적으로 우리 자신을 제한한다는 사실을 상대방에게 알려 줌으로써 호소력이 대단히 커질 수 있습니다. 비록 세속화된 사람들이 성경의 영감이나 권위를 받아들이려 하지 않는다고 해도 자기 스스로 이 유명한 책을 살펴볼 수 있는 기회를 갖는 것은 상당히 매력적으로 보입니다. 성경은 그와 우리에게 토의와 대화의 공통 범위를 제공합니다. 그는 양쪽 모두 동등한 입장이라는 느낌을 받게 되며 스스로 생각하고 결심하는 일에 자유로움을 느끼게 됩니다.

종종 불신자들은 자신이 주입되거나 맹목적으로 조종당한다는 느낌을 두려워하거나 싫어합니다. 기독교 서적이나 자료는 매우 많습니다. 비록 대다수가 매우 유익하다고 해도 모두 이차 자료의 범주에 속할 뿐입니다. 기본적이고 근본이 되는 일차 자료에 대해 어떤 사람이 깨닫거나 묵상하고 느낀 바를 기록한 것이기 때문입니다. 이에 대해 불신자들은 의구심을 가지고 바라보게 됩니다. 그들은 모든 내용을 균형 있게 보고 있다고 생각하지 않습니다. 따라서 회의론자들이나 의심이 많은 불신자들도 비록 지금까지는 거리를 유지하며 가까이하려 하지 않았다 할지라도 근원적인 자료를 탐구해 보자는 제안에는 긍정적으로 반응합니다. 만약 환경이 양쪽 모두에게 공정하기만 하다면 말입니다. 따라서 우리의 목표는 이렇게 중요한 것에 시간을 들여 탐구하는 일이 유익하며 지혜롭다는 점을 불신자에게 깨닫도록 함과 동시에 올바른 환경을 조성하는 것입니다.

새로운 생각에 익숙해짐

사람들은 대체로 새로운 생각에 자동적으로 거부감을 갖습니다. 변화에 저항하는 것이 인간의 본성이기 때문에 변화가 들이닥치면 우선 거부 반응을 보입니다. 변화가 생길 때 따르는 상실감 때문이라고 할 수 있습니다. 그러나 잘 모르던 것이라도 익숙해지면 곧 쉽게 받아들이게 됩니다. 어떤 변화를 맞게 될 때는 대개 네 가지 국면이 일어납니다. 즉, 거부, 인내, 수용, 동화의 단계를 거칩니다. 무엇인가 새로운 것에 처음으로 부딪히게 되면 대개 그것을 거부하려는 경향이 있습니다. 그러나 어느 정도 시간이 지나면 대체로 참고 지내는 방향으로 바뀝니다. 그 후에는 그것의 긍정적인 면을 발견하기 시작하며 받아들이기 시작합니다. 여기까지 이르면 그 생각에 동화되는 데 얼마 걸리지 않습니다. 그것을 자신의 것으로 삼습니다.

불신자가 처음으로 성경을 공부해 보자는 제안을 받게 되면 대개 그 제안을 거절합니다. 따라서 제안할 때 상대방에게 구체적인 응답을 요구하지 않는 게 좋습니다. "언제 한번 성경을 스스로 읽고 이해하는 방법을 소개하고 싶습니다." 또는 "언제 한번 우리가 하는 성경공부에 당신을 초대하고 싶습니다." '언제 한번'이란 말은 막연하여 확실한 대답을 요구하는 말이 아닙니다. 그러나 그러한 말에 대해 어떤 반응을 보이느냐를 관찰함으로써 그 날짜를 다음 주로 할지 아니면 다음 달로 할지를 가늠해 보는 것은 어렵지 않을 것입니다. 아니면 다른 반응이 올 때까지 기다려야 할지도 모릅니다.

이러한 초청을 몇 번 반복한 후에는 대개 두 가지 일이 일어납니다. 첫째로 상대방은 그 제안에 익숙해져서 점점 그 제안을 받아들일 수 있게 됩니다. 둘째로 그는 당신이 언제 초청할지 궁금해하기 시작합니다. 형세가 갑자기 역전됩니다. 그는 당신이 약속을 지키기를 기대합니다.

시작하도록 도움

우리의 현재 목표는 그가 성경공부를 시작하도록 도와주는 것입니다. 여기서 시작하여 그가 성경의 중심 주제를 이해하도록 도와주어야 합니다. 즉 예수님께서 하나님이시며, 누구든지 그를 믿으면 사망에서 생명으로 옮겨진다는 사실을 알도록 돕는 것이 목표입니다. 이 목표는 두 질문으로 요약됩니다. (1) 예수님은 누구신가? (2) 예수님은 내게 무엇을 원하시는가?

이 두 가지 질문은 성경을 공부할 때에 잊기가 쉽습니다. 성경은 66권으로 이루어져 있어서 내용이 다양하게 보이기 때문입니다. 한 사람을 초청하여 성경을 공부하기 시작할 때 그가 이 두 가지 요소에 초점을 맞추도록 도와주어야 합니다. 아마도 다음과 같이 대화가 진행될 것입니다.

A: 성경을 공부하는 데에 흥미가 있으면 돕고 싶습니다.
B: 나는 성경에서 말하는 것을 알고는 싶지만, 믿지는 않습니다.
A: 물론 그렇겠지요. 성경은 우리 그리스도인들이 가진 유일한 일차 자료입니다. 만약 이 근원적인 자료를 살펴본 후에 사실이 아니라고 생각한다면 당신 스스로 결론을 내리면 됩니다. 하나님에 대한 당신의 질문을 묻어 버리고 스스로의 길을 가도 괜찮을 겁니다. 만약 반대 경우라면 당신은 성경에서 진리를 발견할 수 있겠지요. 그러면 스스로 진리를 발견한 셈입니다. 어쨌든 당신에게 유익할 겁니다.
B: 일리가 있는 듯하군요.
A: 성경은 다른 책하고 다릅니다. 단순히 집어 들고서 첫 장부터 읽기 시작하지는 마십시오. 성경은 66권으로 되어 있습니다. 약 1,500년에 걸쳐 40여 명의 많은 사람에 의해 기록되었습니다. 당신의 질문에 대한 답을 찾기 위해 성경을 바로 처음부터 읽어 나가는 것은 마치 어떤 문제를 가지고 도서관에 들어가 정보를 찾으려고 서가의 모든 책을 첫 번째 책부터 읽어 나가는 것과 같습니다. 도서관 사서에게 도움을 얻는다면 훨씬 나을 겁니다. 그는 당신의 시간을 절약하여 주며 서가에서 올바른 책을 선택하도록 도와줄 겁니다. 이게 바로 제가 당신에게 제안하는 것입니다. 당신이 길을 찾아 가는 데에 도움을 주고 싶습니다.
B: 좋습니다.
A: 그럼 시간을 정하는 게 어때요?

이렇게 해서 함께 시간과 장소를 정한 후 대화를 끝냅니다. 장소는 당신 집이나 그의 집과 같이 특별하지 않고 친숙한 장소면 좋습니다. 당신 성경과 같은 성경을 따로 한 권 더 가지고 가는 것이 좋습니다. 주석이 있거나 쉽게 풀어 쓴 성경을 피하고 전통적으로 사용하는 성경을 사용하는 것이 좋습니다. 어떤 경우 주석 내용이 도리어 성경의 권위에 대한 신뢰도를 떨어뜨릴 수도 있기 때문입니다. 또한 "남자답게 강건하여라"(고린도전서 16:13)라는 말씀을 단지 쉽게 '담대하십시오'나 '용감하십시오'라는 의미로 설명해 주는 것도 도움이 되지 못합니다.

A: 성경은 신약성경과 구약성경 두 부분으로 되어 있습니다. 구약성경은 예수 그리스도 이전에 일어난 일과 연관이 있습니다. 신약성경은 예수님께서 이 세상에 계시던 시대의 사람들이 그분의 생애를 설명한 책 네 권으로 시작됩니다. 곧 이어 그리스도인들의 초기 활동을 기록한 책이 나옵니다. 신약성경의 나머지 부분은 새로이 그리스도인이 된 사람들이나 교회를 위하여 쓴 편지인데 이 편지는 서기 1세기 무렵에 세상에 퍼지기 시작했습니다.

신약성경과 구약성경의 전체 주제는 같습니다. 그 주제는 바로 하나님께서 반역한 인간을 구원하시기 위해 자기 자신을 인간에게 나타내시는 것입니다. 성경의 핵심적인 내용은 예수님이 바로 그 나타내신 바 된 하나님이시라는 것입니다.

구약성경은 이를 세상이 준비하게 하려고 기록되었습니다. 신약성경은 하나님이 자기를 나타내신 사건을 기록함과 동시에 그 의미도 설명합니다.

B: 당신 말이 이해는 가지만 당신과 같은 결론에 도달할 거라 약속할 수는 없군요.

A: 물론이지요. 내가 원하는 건 단지 그 내용을 자세히 살펴보자

는 것입니다. 성경이 사실이냐 아니냐는 논외의 문제입니다. 지금은 그리스도인이란, 한 인물 예수 그리스도라는 기초 위에 서 있다는 사실을 이해하는 게 중요합니다. 만약 그분이 성경에서 말하는 바와 같은 인물이 아니라면 기독교는 아무것도 아니며 또한 어떤 해답도 줄 수 없습니다. 이해하시겠습니까?

B: 취지를 알겠습니다.

A: 내 의도는 당신에게 직접 성경을 공부할 기회를 제공하려는 것이며 그 결과 예수님의 신원에 대해 당신 스스로 결론을 내리는 겁니다.

B: 좋습니다!

A: 앞에서 말씀드린 대로 신약성경은 복음서라고 불리는 네 권의 책으로 시작합니다. 세 권은 예수님의 삶과 교훈을 직접 접한 사람들이 쓴 것이며, 또 한 권은 의사가 기록한 것입니다. 왜 네 개냐고요? 이는 마치 사거리의 각 방향에 있는 네 사람이 사거리 중앙에서 일어난 한 사건을 목격한 것과 같습니다. 각 사람의 증거는 본질적으로 같음에도 불구하고 그들이 처한 위치와 그들에게 특별히 관심을 끌었던 사건들에 따라 달라집니다. 각 사람의 증언을 합치면 어느 사건이라도 더욱 완벽하게 기록될 수 있을 것입니다. 이것이 바로 복음서가 네 개인 이유입니다. 이 넷을 모두 합하면 예수님의 생애를 네 방향에서 입체적으로 기록한 것과 같습니다.

나는 우리가 네 번째 복음서인 요한복음부터 시작하기를 권합니다. 요한은 예수님의 아주 가까운 친구였고, 따라서 요한복음 내용은 예수님을 개인적으로 친밀하게 알았던 사람의 증언입니다. 요한의 증언은 신약성경 142페이지에서 시작합니다. 자, 처음 세 구절을 읽어 보도록 하겠습니다.

B: "태초에 말씀이 계시니라. 이 말씀이 하나님과 함께 계셨으니 이 말씀은 곧 하나님이시니라. 그가 태초에 하나님과 함께 계셨고 만물이 그로 말미암아 지은 바 되었으니 지은 것이 하나도 그가 없이는 된 것이 없느니라."

A: 이해했습니까?

B: 아니요.

A: 그렇게 말할 만도 합니다. 우리가 그 의미를 해석할 수 있는지 알아봅시다. 이 구절에서 '말씀'은 무엇을 의미할까요?

B: 모르겠습니다.

A: 14절을 봅시다.

B: "말씀이 육신이 되어 우리 가운데 거하시매."

A: 따라서 이 '말씀'은 분명히 사람이 된 것입니다. 누구일까요?

B: 예수님?

A: 맞습니다. 이제 '말씀'이란 단어 대신에 '예수님'이란 말을 넣어서 이 세 구절을 다시 읽어 봅시다. 요한은 예수님에 대해서 무엇이라고 주장합니까?

B: 예수님은 태초부터 계셨고 바로 하나님이셨으며 세상을 창조하셨다는 내용입니다. 그러나 나는 받아들일 수 없습니다!

A: 나는 당신에게 동의를 요구하지 않는다는 사실을 기억하시겠지요? 나의 역할은 단지 여기에 기록된 것을 당신이 이해할 수 있도록 돕는 것입니다. 당신은 이것이 예수님에 대한 요한의 주장임을 인정하시겠습니까?

B: 예. 그러나 받아들일 수는 없습니다.

A: 좋습니다. 계속합시다. 다음 두 구절을 읽어 볼까요?

이런 식으로 계속합니다. 우리의 목적은 불신자를 인도하여 요한복음 전체를 읽도록 하는 것입니다. 그리하여 예수님이 누구시며 그분이 우리에게 원하시는 바가 무엇인지를 요한복음을 통하여 이해할 수 있도록 돕는 것입니다.

목표는 불신자의 동의를 받아 내거나 불신자를 논쟁에서 이기는 것이 아니라 이해하도록 돕는 것입니다. 상대방에게 의심할 수 있거나 동의하지 않을 수 있는 여지를 주어야 합니다. 죄, 의, 심판에 대하여 깨닫게 하시는 분은 우리가 아니라 오직 성령이십니다(요한복음 16:8-11 참조). 또 사람들 마음속에 있는 생각과 뜻을 드러내는 것도 바로 하나님의 말씀인 성경입니다(히브리서 4:12 참조). 이러한 책임을 하나님께 맡겨야 하며 우리가 떠맡아서는 안 됩니다. 하나님과 동역하면서 우리가 해야 할 역할은 불신자로 하여금 이러한 성령과 성경의 능력에 접하도록 도와주는 것이며, 반역의 삶에서 나와 믿음을 향하여 나아가는 과정 속에서 갈등하는 그 사람을 사랑하는 것입니다.

요한복음 각 장에 대한 주요 질문이 부록에 나와 있습니다. 하지만 이게 전부 다는 아닙니다. 당신 경험을 통해 더 유용하고 새로운 질문을 만들 수 있을 것입니다. 다만 처음 시작하는 당신에게 도움을 주려는 의도에서 이 질문을 제시합니다. 한 번에 한 장씩 공부해 나가는 것이 제일 좋습니다. 분명히 한 장의 내용을 충분히 소화하려면 한 시간을 토의해도 부족할 것입니다. 그러나 매 구절을 너무 자세히 공부하려다 보면 상대방은 질리게 되고 머지않아 당신 혼자서 공부하게 될 것입니다!

다시 우리 대화로 돌아가 봅시다. 한 시간 정도가 지났습니다. 이미 요한복음 1장의 14절까지 공부를 마쳤습니다. 우리는 원래 의도한 바를 다시 기억해야 합니다. 즉 상대방이 성경의 메시지를 스스로 탐구하도록 돕는 게 원래 목적입니다. 이 시점에서 본다면, 이 주제에 대하여 둘이서 연구할 수 있는 처음이자 마지막 기회입니다.

A: 이 정도면 시작으로는 충분합니다. 본문 내용을 점점 이해하기 시작하는 듯 보이는군요. 어떻게 느끼십니까?
B: 좀 어렵게 느껴지기는 하지만 조금씩 이해는 갑니다.
A: 여기서부터는 쉬워지는데 요한은 예수님 생애에 일어난 일을 기록합니다. 다음에도 계속해 볼까요?
B: 예.
A: 다음번에는 여기서부터 시작합시다. 도중에 미리 읽고 싶으면 그렇게 해도 좋습니다. 당신에게 특히 중요하다고 생각되는 것이나 흥미로운 게 있으면 뭐든지 밑줄을 긋기도 하고, 이해가 안 되면 옆에다 물음표를 해 놓으십시오. 일주일 정도 뒤에 같이 만나 당신의 관찰 내용과 질문을 함께 토의해 봅시다.

지속하도록 함

요한복음 전체를 끝까지 공부하기로 제안한다든지 혹은 6주간 계속하자고 제안하기보다는 한 번에 한 주씩 약속하는 게 좋습니다. 우리가 여유 있게 대하면 그들은 우리에 대해 더욱 자유롭게 느낄 것입니다. 만약 우리가 기대치를 정했는데 그들이 이에 못 미치면 우리는 좌절감을 느끼게 됩니다.

때때로 어떤 불신자는 자신이 성경에 대해 관심을 갖게 된 사실을 친구들 사이에서 전혀 부끄러워하지 않습니다. 그러나 대부분은 그 반대입니다. 그는 다른 사람들에게 놀림을 받을지도 모른다는 두려움 때문에 갈등할지도 모릅니다. 우리는 그들의 이런 감정에 깨어 있어야 합니다. 니고데모는 밤중에 예수님을 찾아왔습니다. 사회적 물의를 일으키는 사람에게 관심이 있다는 사실이 알려지기를 원치 않았습니다. 물론 예수님께서는 이것을 알고 계셨지만 낮에 찾아오라고 하면서 니고데모를 돌려보내지 않으셨습니다. 그리스도께 찾아오는 사람은 이미 마음속에서 사탄과 싸움을 벌이는 중입니다. 그 순간에 또 다른 일로 갈등하게 만들 필요가 없습니다. 사탄과의 싸움이면 충분합니다. 따라서 우리는 분별력 있게 그를 편안하게 해 주어야 합니다.

상대방이 이러한 갈등 탓에 방해받지 않도록 하기 위해 우리가 할 수 있는 일은 언제 어디서 만날지를 신중하게 결정하는 것입니다. 다른 사람에게 방해받지 않는 장소이어야 합니다. 교회 건물은 불신자에게는 중립적인 장소가 아닙니다. 음식점이나 사무실은 다른 사람의 방해를 받습니다. 자기 집에서 하는 게 한 가지 방법일 수도 있습니다. 물론 사무실이라도 다른 사람의 방해를 받지 않는 시간이나 장소가 확보되면 괜찮을 것입니다.

한번은 한 친구와 함께 어느 대학의 학생회관에서 전도를 위한 그룹 토의를 했습니다. 우리는 토의를 진행해 달라는 초청을 받았습니다. 학생회관 라운지에 많은 사람이 모였고, 우리는 우리를 소개한 후에 무슨 질문이든 제한 없이 받았습니다. 그런 후에 진정한 관심이 있는 사람들을 다시 모아 성경공부 그룹을 형성하였습니다.

한 모임의 경우에 우리는 잭 스미스라는 학생의 방에서 공부했습니다. 첫 주에는 성황리에 진행되었습니다. 적어도 우리 생각에는 그랬습니다. 하지만 그 모임에 참석하지 않은 그 방의 나머지 사람들에게는 우리가 불의의 습격을 한 셈이 되었습니다. 그들은 분명히 우리를 방해하는 일을 준비하는 데에 하루 종일을 허비했을 터입니다!

두 번째 모임의 첫 30분간은 모든 것이 정상적으로 진행되었습니다. 그러나 갑자기 문 바깥에 있는 녹음기에서 라디오 프로그램을 흉내 낸 소리가 울려 퍼졌습니다. 음악이 몇 소절 흘러나오다가 광고 방송이 나오고 또 음악이 나오다가 광고가 나왔습니다. 세례 요한이 신고 다니던 진짜 샌들을 판매한다는 광고 내용이었습니다. 잭 스미스와 다른 참석자들은 크게 수치심을 느꼈습니다. 나도 심한 좌절감을 느꼈습니다. 우리의 성경공부는 방해를 받았습니다. 이 일을 뒤돌아보면 우리가 그다음에 취한 행동은 어떤 용기를 가지고 그랬는지 의아할 정도입니다. 우리는 잭 스미스의 방에서 계속 만나기로 한 것입니다! 다른 참석자들은 다 떠나고 잭과 우리만 남았습니다. 그때에야 우리는 다른 장소를 찾게 되었습니다. 이때의 경험을 통해 우리는 주님께서 가르쳐 주시는 교훈을 많이 배우게 되었습니다.

처음 우리는 우리 행동을 담대함이란 명목으로 정당화했습니다. 그러나 그리스도와 동일시함으로 말미암아 주위에서 받는 압력은 언제나 생깁니다. 우리는 그가 이런 압력을 받을 때 우리마저 압력을 가하지 않도록 조심해야 합니다. 만약 필요하다고 해도 우리는 그에게 압력을 가하는 최후의 사람이 되어야 합니다!

이 장에서 우리는 일대일로 성경공부를 시작하는 것을 주제로 다루었습니다. 때때로 이것이 전부일 때가 많습니다. 즉 한 사람과 진행할 때가 많습니다. 만약 그룹으로만 시작해야 한다는 생각 가운데 출발한다면 우리는 한 사람과 만날 수 있는 기회를 쉽게 지나칠 수 있습니다. 종종 이 방법이 결국에는 가장 좋은 것으로 드러날 때가 많습니다. 물론 우리가 여기서 소개한 방법은 소그룹 내에서도 효과적으로 적용할 수 있습니다.

19

믿음의 성경적 기초

말씀에 의지적으로 굴복함

근원적인 자료로 돌아가려는 우리의 목표는 사람들로 하여금 예수 그리스도에 대한 믿음을 갖게 하는 것입니다. 마크 트웨인은 믿음을 '실제로는 진리가 아니지만 그렇다고 믿는 것'이라고 했는데, 사실 진정한 믿음은 그 반대입니다. 믿음은 진리에 기초를 두어야 합니다.

성경에서 믿음에 대해 정의를 내린 곳을 하나 들면 로마서 4:21입니다. "약속하신 그것을 또한 능히 이루실 줄을 확신하였으니." 믿음은 하나님께서 친히 약속하신 것을 능히 이루시리라고 확신하는 것입니다. 따라서 믿는다는 것은 하나님께서 말씀하신 바를 아는 것과 더불어 자신의 생애를 그 사실에 내어 맡기는 것을 의미합니다. 하나님께 대한 믿음은 불확실한 어두움 속으로 뛰어드는 것이 아닙니다. 이는 우리를 향하신 하나님의 뜻에 의식적이고 자발적으로 굴복하는 것입니다. 믿음이란 의지적인 굴복입니다.

전도는 불신자에게 믿음이란 측면에서 하나님께 반응하는 데에 필요한 자료를 제공해 주는 역할을 합니다. 이를 위해 우리는 진리로 기초를 쌓아 두어야 합니다. 그러면 어떤 시점에 이르러야 기초가 다 이루어졌음을 알 수 있겠습니까? 그것을 알기가 쉬운 것은 아닙니다.

웨인 다이는 한 글에서 뉴기니의 고산족에게 복음을 전하는 선교사들의 사역을 기록했습니다. 원시생활을 하는 이들 종족과 함께하면서 선교사들은 그들의 일부다처제와 어떤 나무의 열매를 씹는 풍속에 상당한 관심을 보였습니다. 선교사들은 이 관습이 영적이지 않다고 여겨 관심을 보인 것입니다. 이 두 가지 관습은 그리스도인의 교제에서 커다란 문제가 되었습니다.

그러나 그 사람들은 다른 문제를 좀 더 심각하고 중요한 것으로 여겼습니다. 그들은 서로 알력을 피하려고 애썼습니다. 이것이 오래 사는 비결이라고 믿었기 때문입니다.

다이는 그 종족의 많은 사람이 선교사들의 선교에 반응했던 여러 예를 소개했습니다. 그들은 세례를 받은 후 몇 년 동안 교회에 출석하고 헌금도 하였습니다. 그리스도인은 어떻게 살아야 하는지에 대한 여러 규칙에도 순종하였습니다. 어느 날 그 마을 족장이 선교사들에게 와서 말했습니다. "우리는 이제 예수님의 죽음에 보답할 만큼 한 것 같습니다." 그러고 나서 다시 그들의 전통적 관습과 우상 숭배로 되돌아갔습니다.

어찌 된 일입니까? 믿음이 전혀 생기지 않았기 때문입니다. 기독교 신앙처럼 보이던 것은 사실 그 고산족 사람들이 해 왔던 우상 숭배라는 토대 위에 세워진 것이었습니다. 그들은 싫증을 느끼기 전까지는 선교사들과 함께 갔지만 다시 옛날로 되돌아가 버렸습니다.

이와 같은 경우에는 기독교와 우상 숭배 사이에 대조가 뚜렷하기 때문에 무엇이 잘못되었는지를 알아내는 데 특별한 능력이 필요하지 않습니다. 그러나 이와 같은 위험이 전도를 하는 곳에서는 언제 어디에서나 잠재하며 이를 제대로 알아채기란 많은 경우 대단히 어렵습니다.

내가 엔리케를 만난 것은 어느 해 1월 브라질의 쿠리티바에서였습니다. 우리는 화랑에서 만났는데 우연히 대화를 시작하게 되었습니다.

어쩌면 엔리케는 내가 만난 사람들 중에서 머리가 가장 뛰어난 사람이었습니다. 엄청나게 책을 많이 읽었고 생생하게 기억했습니다. 비잔틴 예술에서부터 유전공학에 이르기까지 어떤 주제든 마치 방금 그 주제에 관한 책을 읽은 듯이 토론할 수 있었습니다. 포르투갈어 외에도 영어와 스페인어를 거침없이 할 수 있었고 독일어와 프랑스어도 구사할 수 있었습니다. 우리가 처음 만났을 때 그는 결혼한 지 얼마 안 되었으며 한 언어 학교의 소유주였습니다.

엔리케와 나는 화랑에서 나와 레스토랑에 들어가 차를 마셨습니다. 그의 첫 질문은 "미국인인 당신이 쿠리티바에는 뭐 하러 왔습니까?"였습니다. 내가 온 이유를 이야기하자, 그는 "좋습니다. 그럼 저부터 변화시켜 보십시오. 그러면 우리 학교에서 함께 그 일을 계속할 수 있을 겁니다"라고 대답했습니다. 그는 그 자리에서 복음을 설명해 주기를 원했습니다. 나는 그를 멈춘 후, 다음날 만나 차분하게 성경을 통해 함께 얘기하자고 했습니다. 다음날 엔리케는 복음을 듣고는 바로 예수님을 믿기로 했습니다. 몇 주 지나지 않아 그의 아내도 뒤따라 믿었습니다. 그와 나는 몇 년 동안 거의 매일 만났습니다. 친구 관계가 깊어졌습니다. 마치 친형제처럼 되었습니다.

그러나 나는 엔리케가 믿은 지 얼마 후부터 그의 치명적인 약점을 발견하고는 그의 참모습을 알 수 있었습니다. 함께 식사하면서 처음으로 눈치채게 되었는데 그는 식사를 할 때에 절제하지 못했

믿음의 성경적 기초

습니다. 나는 다른 영역도 주의 깊게 관찰하기 시작했습니다. 절제하지 못하는 습관은 돈 사용 방식이나 사업 경영 방식에도 나타났고 몇몇 행동에서도 무절제한 모습을 엿볼 수 있었습니다. 걱정이 되었습니다. 갈라디아서 5:22-23을 보면 성령의 열매 중 하나가 '절제'인데 그에게는 이 열매가 보이지 않았습니다. 그래서 이를 위해 간절히 기도했습니다.

엔리케에게 성경은 여전히 새로운 것이었습니다. 그래서 그는 성경을 열심히 섭취하는 데 바빴습니다. 전도도 아주 열심히 했습니다. 그러나 그것도 그에게 더 이상 새롭지 않게 되어 나는 그가 신앙생활을 계속하려면 특별한 동기 부여가 있어야만 하는 상황에 이르게 되지 않을까 두려워했습니다. 그런데 우려하던 그 일이 실제로 일어났습니다.

그가 스스로 성경 읽는 것을 멈추었을 때 그의 말씀 섭취를 도와주기 위해 함께 만나서 성경을 읽기로 했습니다. 2년 동안 매일 나는 그와 성경을 펴 놓고 교제를 했습니다. 결과적으로 엔리케의 삶은 그리스도인의 행동을 겉모습만 따라 하는 수준을 유지했습니다. 그러나 나는 그의 기본적인 문제에 대한 성령의 역사의 결과를 한 번도 보지 못했습니다. 나는 하나님께 불평하면서 왜 주님께서 하실 일을 내가 감당해야 하느냐고 물었습니다. 그러나 이런 태도는 아무 도움이 되지 않았습니다.

나는 그러한 어려움을 날마다 겪을 수는 없었습니다. 그래서 2년쯤 흐른 뒤에 엔리케를 내 힘으로 양육하는 것을 단념해야겠다고 결심했습니다. 그는 스스로 하나님의 영양분을 공급받아야 했습니다.

그 후 우리가 안식년을 맞아 미국으로 잠시 돌아갔고 7개월간의 안식년을 마치고 쿠리티바에 돌아와 보니 엔리케는 파산했고 그 도시를 떠나고 없었습니다.

엔리케와 내가 마지막으로 만난 것은 한참 후 포르투알레그레의 한 식당에서였습니다. 새로 시작한 일도 무너지기 직전이었습니다. 대화를 하는 중에 그는 "당신은 쿠리티바에서 나를 그리스도인으로 만들려고 무척이나 애를 썼지요!"라고 했습니다.

엔리케는 그리스도인이 아니면서도 그리스도인의 삶을 살려고 노력했습니다. 그리고 나는 그를 도우려고 무던히도 애썼습니다. 얼마나 안타까운 일입니까? 엔리케는 여러 번 결심을 하며 노력했으나 나는 그가 올바른 믿음의 기초를 쌓도록 돕지를 못한 셈이었습니다. 결과적으로 그와 나는 2년 동안을 헤매며 허비한 것입니다.

우리는 믿음이 단 하나의 확실한 기초, 즉 우리 가운데 사셨고 하나님의 말씀이신 예수 그리스도라는 굳건한 반석 위에 세워져야 한다는 점을 명심해야 합니다(에베소서 2:20). 믿음은 다른 것 위에 놓이지 않습니다. 여기에 타협은 있을 수 없습니다. 믿음은 다른 종교적인 신념이나 우상 숭배 혹은 사람에게서 비롯된 가치관과 융화될 수 없습니다. 우리는 하나님께서 원하시는 조건 대로 나아가야 합니다. 우리의 요구 조건을 내세우며 나아가서는 안 됩니다.

몇 마디 그럴듯한 말로 중요한 문제를 얼버무린 후에 '영접 기도' 등 '결신'이라고 생각되는 어떤 행동을 하도록 유도하고는 전도에 성공했다며 만족하기가 얼마나 쉬운지 모릅니다. 모든 선교사에게 중요한 문제 하나는 그가 사역하는 사람들이 그들의 믿음을 실제로 예수 그리스도께 두는지 아니면 단순히 선교사 자신을 따르는지를 분별하는 것입니다. 때때로 한 세대가 지나가고 나서야 그러한 잘못된 믿음이 발견되는 경우도 있습니다.

따라서 전도할 때에는 상대방의 진정한 태도가 무엇인지를 살펴보아야 합니다. 전도자에게 호의를 베풀어 주려고 피상적으로 한 결신은 결국 진정한 믿음으로 이르는 길을 막게 됩니다. 엔리케의 경우에도 회심에 필요하다고 내가 그에게 얘기한 모든 것을 그는 행하였습니다. 그래서 그에게 실제로는 영적 출생이 일어나지 않았는데도 그와 나는 그가 믿고 있다고 추측한 것입니다. 이런 경우에 그 결과 혼란이나 착각이 생기거나 믿음을 갖는 것에 환멸을 느끼게 됩니다.

어떤 사람이 우리 제안을 받아들여 믿음을 갖기 원하지만 그가 만약 이 세상 삶에서 뭔가 혜택을 누리려고 기대한다면 결국 환멸을 느끼기가 쉽습니다. 미국에 머물 때 이웃 사람에게 복음을 전한 적이 있습니다. 그는 관심 없다는 듯이 퉁명스럽게 말했습니다. "여보시오. 나는 지금까지 세 번이나 영접 기도를 했단 말입니다." 그는 믿으려고 시도했으나 소용이 없었습니다. 다른 것에 관심을 두었기 때문입니다.

이런 일을 어떻게 피할 수 있겠습니까?

결정을 내림

그리스도인이 되려는 결심을 하거나 또는 어떤 일이든지 중요한 결정을 하려고 할 때에는 인격을 구성하는 세 가지 요소가 꼭 필요합니다. 곧 감정과 지성과 의지입니다.

예를 들어 젊은 두 남녀가 만납니다. 서로에게 매력을 느낍니다. 둘 다 속으로 '내가 결혼하고 싶은 사람이다'라고 생각합니다. 감정이 이끄는 대로 내버려두면 곧 결혼식이 있게 될 것입니다. 그러나 지성이 끼어들어 충동적인 감정적 반응에 의문을 제기합니다. 서로 조화를 이룰까? 상대방은 어떤 사람인가? 나는 경제적인 능력이 충분한가? 둘 다 모두 생각을 더 진전시키기 전에 시간을 두고 몇 가지 질문에 대답하는 게 필요하다고 결론을 내립니다. 그래서 두 사람은 좀 더 많은 시간을 보냅니다. 남자는 결국 여자가 겉모습뿐만 아니라 마음도 아름답다는 결론을 내리고 여자도 남자가 결혼 상대자로서 적격이라고 결론을 내립니다. 이제 그들의 지성은 결혼에 대해 감정과 보조를 같이하게 되었습니다.

그러나 최종적이며 가장 어려운 결정 문제가 남았는데 바로 의지의 문제입니다. 이 때문에 결혼식장으로 향하는 것을 보류하고 다음과 같은 질문을 합니다. "나는 지금까지 살아온 생활 방식을 상대방을 위해 기꺼이 포기할 것인가? 나의 자유에 관해서는 어떠한가? 결혼은 나의 자유를 포기할 만한 것인가? 책임이 늘어날 텐데 이 책임을 기꺼이 감당하기를 원하는가?" 이 의지가 감정 및 지성에 동의할 때에야 비로소 결혼이 성사됩니다. 그리고 이는 그리스도께로 나아오는 결정을 할 때에도 흡사합니다.

이것이 씨 뿌리는 사람의 비유에 나오는 메시지입니다.

아무나 천국 말씀을 듣고 깨닫지 못할 때는 악한 자가 와서 그 마음에 뿌리운 것을 빼앗나니 이는 곧 길가에 뿌리운 자요, 돌밭에 뿌리웠다는 것은 말씀을 듣고 즉시 기쁨으로 받되 그 속에 뿌리가 없어 잠시 견디다가 말씀을 인하여 환난이나 핍박이 일어나는 때에는 곧 넘어지는 자요, 가시떨기에 뿌리웠다는 것은 말씀을 들으나 세상의 염려와 재리의 유혹에 말씀이 막혀 결실치 못하는 자요, 좋은 땅에 뿌리웠다는 것은 말씀을 듣고 깨닫는 자니 결실하여 혹 백 배, 혹 육십 배, 혹 삼십 배가 되느니라.
(마태복음 13:19-23)

반응에 차이가 나는 것은 씨 때문이 아니라 토양 차이 때문입니다. 네 가지 반응이 나옵니다.

믿음의 성경적 기초

1. 길가

흙이 매우 딱딱합니다. 심지어 감정적인 반응조차도 없습니다. 우리 모두는 이런 종류의 사람을 잘 압니다. 도대체 영적인 것에는 전혀 관심이 없는 듯 보입니다. 전도할 때 그들은 매우 까다로운 상대입니다. 교양을 갖춘 문화인일지는 모르나 하나님의 말씀에 대해서는 완고합니다. 유일한 희망은 하나님께서 그들의 완고함을 깨뜨리셔서 좋은 씨를 받을 준비가 되도록 토양 상태를 바꾸어 주시는 것입니다. 이 방법 외에는 다른 방법이 없습니다. 오직 우리가 기도할 때 하나님께서는 그들의 완악함을 깨뜨리십니다. 나는 이렇게 역사하시는 하나님을 자주 경험했으며 언제나 인상적이었습니다.

2. 돌밭

이 사람은 듣고서 즉시 기쁨으로 말씀을 받아들입니다. 그는 감정적으로 반응합니다. 그러나 믿음의 기초가 없기 때문에 그 반응은 오래 지속되지 못합니다. 어찌된 일입니까? 그는 일단 충동적으로 결정을 내리고 난 후에 생각합니다. 자신이 한 일에 대해 재차 생각하고는 감정적으로 행한 것에 대해 당황합니다. 대개는 자기를 그러한 결정으로 이끈 사람들을 피하려 합니다.

비유에서는 이러한 경우가 애초부터 진정한 이해가 없었기 때문에 생긴다고 합니다. 지성이 만족되지 않았기 때문에 결정 내용을 좀 더 자세히 살펴보려고 합니다. 혹은 어떤 이유로 그 사람은 아직 그리스도께 헌신할 마음의 준비가 안 되었을 수도 있습니다.

3. 가시떨기

여기서 이 씨는 싹이 틉니다. 보기에 아주 좋습니다. 이번에는 생명이 있습니다! 그러나 같은 땅에서 다른 씨앗도 눈에 띠지 않게 자랍니다. '세상의 염려'나 '재리의 유혹'과 같은 것입니다. 이는 다른 관심이나 야망을 뜻합니다. '의지'는 다른 헌신거리 속에 잠복하였다가 어느 때가 되면 그 사람이 복음에 반응하려는 것을 막아 버립니다.

왜 이런 사람이 그리스도인이 되려는 결정을 내렸을까요? 단순히 더 이상 복음에 대해 따지는 것에 싫증이 나고 지쳐서 그런 결정을 내릴 수도 있습니다. 또는 자기가 그리스도인이 되지 말아야 할 핑계를 더 이상 댈 수 없었을 수도 있습니다. 진정으로 그리스도인이 되기를 원하지 않음에도 말입니다. 복음에 대해 변론하는 사람을 이기기가 그렇게까지 어렵지는 않을 수도 있습니다. 상대방은 자신이 졌다는 생각이 들면 "당신이 이겼소"라고 해 버립니다. 겉으로 굴복하기는 하지만 그리스도께 자신의 삶을 드리지는 않습니다. 여전히 변화되지 않은 채로 남아 있습니다.

하나님께서 자신의 살아 계심을 모든 사람에게 증명하는 것이 얼마나 쉬운 일인가를 생각해 본 적이 있습니까? 예수 그리스도를 보십시오. 부활하신 후에 예수님께서는 예루살렘으로 돌아가셔서 3일 전에 자신을 죽였던 사람들을 만나 설교를 한번 하실 수도 있었습니다. 그러나 예수님께서는 그렇게 하시는 대신 자신을 제한하여 이미 믿은 사람들만 방문하셨습니다. 만약 성전으로 돌아갔다면 온 세상이 그분이 구세주라는 사실을 인정했을 것입니다. 그런데 왜 그렇게 하지 않으셨습니까? 나는 예수님께서는 그런 것을 보고 믿는 사람들의 반응은 의미 있게 보시지 않았다고 생각합니다. 세상은 자신의 뜻을 굴복하고 그분의 절대주권에 항복할 것입니다. 그러나 거기에는 믿음도 없고 사랑도 없습니다. 단지 그분의 절대주권에 마지못해 복종하는 것입니다.

방금 얘기한 것이 일어날 때가 있는데 바로 예수 그리스도께서 심판하시는 그날입니다.

그리스도인이 되기로 결정하는 또 다른 이유는 자기 자신의 원래 생각을 그대로 고집하면서도 그리스도인의 삶을 살 수 있다고 생각하는 것입니다. 그러나 그렇게 할 수는 없습니다. 우리는 하나님께서 제시하신 조건대로 나아가야 합니다. 그렇지 아니하면 전혀 나아갈 수가 없습니다.

예수님께서는 3년 반 동안 사역을 하시면서 계속 인기를 누리셨습니다. 가시는 곳마다 어디든지 수많은 사람이 따라다녔습니다. 예수님의 말씀을 좋아했습니다. 예수님께서 보여 주시는 기적에 매료되었습니다. 예수님을 왕으로 삼으려 했습니다. 겉으로 보면 예수님은 매우 성공적이었습니다. 그러나 주님께서는 그러한 반응에 감동받는 대신에 단호한 태도로 그 무리들에게 매우 어려운 말씀으로 도전하셔서 마음을 상하게 하여 집으로 돌려보내셨습니다(요한복음 6:25-66 참조).

무엇이 문제일까요? 사람들은 잘못된 동기로 주님을 따랐습니다. 주님께서는 만약 그들이 영생을 얻는 유일한 근원으로 예수님을 받아들일 준비가 안 됐다면 그들은 예수님과 하나도 관계가 없다는 사실을 말씀하신 것입니다. 그들은 예수님을 좋아하기는 했지만 자신의 삶에서 예수님을 중심에 모시려는 준비가 안 됐습니다. 예수님의 요구에 마음이 상하였기에 자기 길로 가 버렸습니다.

의지는 개인적인 믿음을 갖는 데 가장 큰 장애물이 됩니다. 타락 이후로 인간의 가장 기본적인 문제였던 반역은 우리 의지의 소산물이기 때문입니다. 사탄은 하와에게 속삭였습니다. "너희가 하나님과 같이 되리라"(창세기 3:5 참조). 너무도 매력적인 제안이었습니다! 반역은 바로 자신만의 길을 고집하는 것입니다(이사야 53:6 참조).

하나님께서는 반항하는 사람들에게 별다른 역사를 하시지 않습니다. 주님께서는 우리의 선택의 자유를 침해하지 않으시려고 자신을 제한하십니다. 이 사실은 하나님께서 자기 백성에게 하신 호소에 잘 나타납니다. "너희는 범한 모든 죄악을 버리고 마음과 영을 새롭게 할지어다. 이스라엘 족속아, 너희가 어찌하여 죽고자 하느냐? 나 주 여호와가 말하노라. 죽는 자의 죽는 것은 내가 기뻐하지 아니하노니, 너희는 스스로 돌이키고 살지니라!"(에스겔 18:31-32).

종종 우리는 주위 사람들에게 복음을 전할 때 마치 무지가 믿음에 이르는 가장 큰 장애물인 것처럼 생각하기 쉽습니다. 무지는 물론 장애물입니다. 그러나 이는 부차적인 것입니다. 만약 당신이 사는 도시 전체를 전도하는 것이 단순히 모르는 사람들에게 복음을 알리는 것이라고 한다면 얼마나 쉽겠습니까? 그러나 구원은 그리스도께 의지적으로 복종하는 것을 의미합니다. 또 다른 길은 없습니다.

4. 좋은 땅

좋은 땅에 떨어졌다는 것은 '말씀을 듣고 깨닫는 자'를 가리킵니다. 우리는 그가 충성되기 때문에 좋은 땅인 것을 압니다. 열매가 있는 곳에는 생명이 있음을 알 수 있습니다.

그러면 영적인 생명이 태어난 것을 어떻게 알 수 있을까요? 어떻게 아기가 태어난 것을 알 수 있을까요? 생명 그 자체가 이를 증거합니다. 그리스도인이 되는 것은 성령을 받아들이는 것과 같습니다(로마서 8:9 참조). 존재하는 모든 것을 창조하셨으며 모든 권세와 지혜를 가지신 분이 한 생명 안에 들어와서 눈에 띠지 않게 숨어 있는 게 가능하겠습니까? 영적인 생명이 있다는 증거는 단지 어떤 질문에 대해 올바른 답을 할 수 있는 능력을 의미하는 것만은 아닙니다. 성령의 열매가 드러나야 합니다. "오직 성령의 열매는 사랑과 희락과 화평과 오래 참음과 자비와 양선과 충성과 온유와 절제니 이 같은 것을 금지할 법이 없느니라"(갈라디아서 5:22-23).

어린 그리스도인에게 구원의 확신은 똑같은 근원, 즉 성령의 역사로 말미암습니다. "우리에게 주신 성령으로 말미암아 그가 우리 안에 거하시는 줄을 우리가 아느니라"(요한일서 3:24).

20
회심의 원동력
그리스도인과 성령, 그리고 말씀

앞에서 믿음의 기본적인 장애물이 무지가 아니라 반역이라고 결론지었습니다. 이게 사실이라면 하나님께서 사람을 자신에게로 이끄시려고 사용하시는 방법을 통해 입증될 것입니다. 이미 살펴본 대로 하나님께서는 사람들이 복음에 준비되도록 하기 위해 여러 환경과 사건을 통하여 역사하시며, 각 나라와 족속에 영향을 끼치십니다. 이 외에도 하나님께서는 자신의 권능으로 또 다른 영향력을 끼치십니다. 곧 성령과 성경 말씀과 그리스도인입니다. 이 셋은 하나님께서 화목의 사역을 위해 사용하시는 기본적인 통로입니다.

이미 하나님께서 그리스도인을 각 단계에서 어떻게 사용하시는지 살펴보았습니다. 그리스도를 믿는 각 개인의 삶을 통하여, 그리스도인의 아름다운 교제를 통하여, 그리고 개인 전도를 통하여 화목의 사역에 그리스도인을 사용하십니다. 이제 이 장에서는 두 가지 다른 통로, 즉 성령과 성경 말씀에 대하여 살펴보도록 하겠습니다.

성 령

　브라질의 쿠리티바에서 사역을 시작할 무렵 나는 무엇인가 일어나야 한다는 압박감을 느꼈습니다. 겉으로 보면 부족한 게 없었습니다. 가족들이 낯선 곳에 정착하는 데 필요한 것도 모두 갖추었습니다. 그런데 깊은 좌절이 엄습해 왔습니다. 한번은 일기에다 이렇게 썼습니다. "나는 지금 선교사로서 모든 걸 갖추었다. 그러나 단 하나 없는 게 있다. 내가 영적으로 도와주는 사람이다."

　쿠리티바에서 우리는 외국인이며 낯선 사람이었고 한 사람도 몰랐습니다. 나는 내가 할 수 있는 일이면 무엇이든지 몸을 던져 헌신적으로 했고 내게 나의 존재를 정당화시켜 주는 활동을 열심히 하는 중이었습니다. 나는 상대방이 까다롭지만 않다면 할 일을 발견하기란 어렵지 않음을 곧 알게 되었습니다. 기회의 문은 열리기 시작했습니다. 그런데 뭔가를 하려고 기도할 때면 하나님께서는 마태복음 15:13 말씀으로 나의 마음을 뒤흔드셨습니다. 어느 곳에 가든지 기억나는 말씀이며 지금도 그러합니다. 예수님께서는 "심은 것마다 내 천부께서 심으시지 않은 것은 뽑힐 것이니"라고 하셨습니다.

　잘못된 의무감에서, 혹은 부탁을 받았는데 거절을 못해서, 또는 단지 우리가 하고 싶은 일이어서, 어떤 활동에 빠져 들어가기란 얼마나 쉬운 일인지 모릅니다! 내가 쿠리티바에서 열심히 하던 여러 활동에 하나님께서 함께하시지 않는다면 결국에는 나의 모든 노력은 뿌리째 뽑힐 것임을 깨닫게 되었습니다. 아무것도 남지 않을 것입니다. 여러 대안을 검토한 후에 내가 생각하던 모든 계획을 버리고 긴장감 가운데 살기로 결심했습니다. 하나님께서 먼저 움직이시지 않으면 나는 한 걸음도 움직이지 않기로 했습니다. 이렇게 성령을 의뢰하기로 결정하였을 때 새로운 차원의 절망감을 경험하게 되었습니다. 나는 이사야 45:13-14의 약속을 새로이 기억했습니다. "내가 의로 그를 일으킨지라 그의 모든 길을 곧게 하리니 그가 나의 성읍을 건축할 것이며 나의 사로잡힌 자들을 값이나 갚음 없이 놓으리라.… 애굽의 수고한 것과 구스의 무역한 것과 스바의 장대한 족속들이 다 네게로 돌아와서 네게 속할 것이요 그들이 너를 따를 것이라. 사슬에 매여 건너와서 네게 굴복하고 간구하기를 '하나님이 과연 네게 계시고 그 외에는 다른 하나님이 없다' 하리라." 6개월 동안 매일 나는 성경을 펴서 이 구절을 읽고 브라질 사역을 위해 기도했습니다.

예수님께서는 "나를 떠나서는 너희가 아무것도 할 수 없음이라"(요한복음 15:5)라고 말씀하셨습니다. 성령께서 우리가 하는 일에 구체적으로 역사하시지 않는다면 우리는 무엇이 잘못되었는지를 찾아보거나 혹은 그 일을 포기해야 합니다. 예수님께서는 부활하신 후 제자들에게 예루살렘을 떠나지 말고 성령을 보내 주시기를 기다리라고 하셨습니다(사도행전 1:4-5 참조). 성령께서 그들에게 임하시기 전까지 그들이 할 수 있었던 일은 그게 전부였습니다. 그들은 함께 모여 마음을 같이하여 오로지 기도에 힘썼습니다.

회심에서 성령의 역할

요한복음 16:7-11에서 예수님께서는 화목하게 하는 과정에서 성령께서 하시는 역할에 대해 말씀하십니다. 예수님께서는 성령을 보내실 것이며 성령께서는 오셔서 세 가지 면, 즉 죄와 의와 심판에 대해 세상을 책망하실 것이라고 하셨습니다. 이것이 바로 좋은 씨인 하나님의 말씀을 받아들이도록 마음 밭의 상태를 바꾸는 데에 필요한 세 가지 내용입니다.

예수님께서는 이 세 가지 내용의 원인과 결과를 말씀하시면서 다음과 같이 덧붙이셨습니다. "죄에 대하여라 함은 저희가 나를 믿지 아니함이요, 의에 대하여라 함은 내가 아버지께로 가니 너희가 다시 나를 보지 못함이요, 심판에 대하여라 함은 이 세상 임금이 심판을 받았음이니라"(요한복음 16:9-11). 이 세 구절에서 앞뒤 인과 관계를 금방 이해하기가 쉽지 않습니다.

성령께서 한 사람의 죄에 대해 책망하시는 것이 예수 그리스도를 믿지 않는 것과 어떤 연관이 있을까요? 연관이 아주 많습니다. '믿지 않는 것', 즉 불신은 모든 죄악의 뿌리가 됩니다. 이는 반역과 동의어입니다. 누가복음 16장에서 지옥에 있는 부자가 자기 형제들에 대해 걱정하는 것을 볼 수 있습니다. 그래서 그는 아브라함에게 요청하기를, 한때 자기 집 대문 앞에서 구걸하다가 이제는 역시 죽어 천국에서 아브라함 품에 있는 나사로더러 자기 형제들에게로 가서 경고하게 해 달라고 했습니다(27-28절 참조). 아브라함의 대답은 충격적이었습니다. "저희에게 모세와 선지자들이 있으니 그들에게 들을지니라." 이에 부자가 말합니다. "그렇지 아니하니이다, 아버지 아브라함이여. 만일 죽은 자에게서 저희에게 가는 자가 있으면 회개하리이다." 아브라함이 말합니다. "모세와 선지자들에게 듣지 아니하면 비록 죽은 자 가운데서 살아나는 자가 있을지라도 권함을 받지 아니하리라"(29-31절 참조).

여기서 다시금 인간의 기본적인 문제가 무지가 아니라 반역임을 알 수 있습니다. 사람들이 복음을 알고 있으면서도 복음을 믿지 않으려고 한다면 이는 그들이 믿기를 원치 않는 것입니다. 그래서 하나님께서는 성령을 보내셔서 사람들의 죄를 책망하시며 사람들의 마음을 하나님께로 움직이려 하십니다.

두 번째 구절은 무슨 의미일까요? 예수님께서는 자신이 아버지께로 가시기 때문에 성령께서 '의에 대하여' 사람을 책망하실 것이라고 말씀하십니다. 여기서는 어떤 연관 관계가 있습니까? 간단히 말하면 이는 예수님께서 의의 완벽한 수준이 되심을 의미합니다. 예수님의 삶은 의에 대하여 새로운 모습을 보여 주셨습니다. 주님께서 육신으로 세상에 계셨을 때 사람들의 불의함이 드러나게 되었습니다. 이는 예수님께서 하신 말씀으로 확증됩니다. "나는 세상의 빛이니 나를 따르는 자는 어두움에 다니지 아니하고 생명의 빛을 얻으리라"(요한복음 8:12). "아직 잠시 동안 빛이 너희 중에 있으니 빛이 있을 동안에 다녀 어두움에 붙잡히지 않게 하라"(요한복음 12:35). 예수님께서 이 세상을 떠나신 후 이 역할을 맡게 하시려고 성령을 보내셨습니다. 오늘날 성령께서는 각 사람의 마음속에 참된 의의 수준을 제시하여 자신이 얼마나 타락하였는지 보여 주시는 유일한 분이십니다.

세 번째 구절은 어떻습니까? "심판에 대하여라 함은 이 세상 임금이 심판을 받았음이니라"(요한복음 16:11). 여기서의 연관 관계는 무엇입니까? 우리는 죄로 물든 타락한 세상에 살고 있습니다. 모든 피조물은 심판에 이르게 됩니다. 사탄은 이 세상 임금으로서 이미 심판을 받았습니다. 완전히 패배하였습니다.

반면에 불신자들은 자신의 업적과 소유가 영원히 지속될 것처럼 행동하며 삽니다. 성령께서 불신자들 가운데서 역사하셔서 인생의 불안정함과 허무함과 유한함을 깨닫게 하십니다.

성령께서는 죄와 의와 심판에 대하여 책망하십니다. 이 책임이 우리에게 주어지지 않고 성령께 맡겨졌다는 사실을 알 때 얼마나 안도감이 생기는지 모릅니다!

회심에서 성경 말씀의 역할

최고의 권위는 성경입니다. 성경 자체에 불신자들에게 영향을 줄 수 있는 능력이 있습니다. 우리가 할 일은 성경을 옹호하거나 변호하는 것이 아니라 성경이 역사하도록 기회를 만드는 것입니다.

그러나 성경의 권위를 인정하지 않으려 하는 사람들에게는 어떻게 해야 할까요? 세속적인 사람의 입장은 대체로 믿지 아니하려 하거나 성경의 권위를 거부하는 것입니다. 그러면 어떻게 해야 합니까?

우리는 성경의 영감이나 성경의 권위에 대한 내용으로 대화를 이끌어서는 안 됩니다. 중요하지 않은 문제이어서가 아니라 단지 대화를 시작하기에 적합한 주제가 아니기 때문입니다. 복음의 진리는 그 특유의 순서가 있으며 그 순서에서 벗어나 복음을 전할 수 없습니다. 이는 마치 뼈대도 세우지 아니한 집에 지붕을 씌울 수 없는 것과 마찬가지입니다.

우리를 통해 그리스도를 영접한 사람 중에 엘리사라는 자매가 있었습니다. 엘리사의 아버지는 독일인이었는데 여전히 히틀러 치하의 독일 제국을 충성스럽게 지지하였습니다. 그는 자기 딸이 믿음을 가졌다는 소식을 듣고 소스라치게 놀랐습니다. 그는 우리 집을 찾아와서는 우리가 어떤 사람들이며, 자기 딸과 무엇을 하는지를 알려고 했습니다. 그는 너무도 화가 나서 거실 중앙에 놓인 대형 나무 테이블을 미처 보지 못하고 다가오려다가 그만 테이블에 부딪혀 그 위에 넘어졌습니다. 자기 딸에게 일어난 일에다가 정강이까지 부딪쳐 생긴 아픔 때문에 그는 격노했고, 성경을 처음부터 끝까지 파헤쳐 믿을 수 없는 책이라는 것을 증명해 보이겠다고 큰소리쳤습니다.

그는 창세기부터 시작할 예정이었고 계속 진행하면서 자신이 발견한 모순을 모두 단단히 기록할 작정이었습니다. 물론 그는 이 목표를 이루지 못했습니다. 레위기와 민수기의 어느 부분에선가 포기했기 때문입니다. 그가 제기한 모든 질문은 여전히 미해결 상태로 남았습니다. 그러는 사이에 딸인 엘리사는 더욱 성숙한 믿음을 갖게 되었습니다.

우리가 지난 수년 동안 사역해 온 사람들은 대부분, 처음에는 성경의 권위와 영감을 받아들이려 하지 않았습니다. 그럼에도 불구하고 나는 그 문제에 관해 거의 토론하지 않았습니다. 불신자들과 만날 때든지, 우리가 그리스도께로 인도한 사람들과 만날 때든지, 우리가 알려 주어서 유용했던 정보는 단지 성경의 기원, 형성 과정, 그리고 언제 기록되었는지에 관한 것이었습니다.

성경은 언제나 스스로 권위를 지닙니다. 어린 그리스도인이 성경을 접하게 되면 성경은 그의 삶에 영향을 끼치기 시작합니다. 자기도 모르는 사이에 성경의 위대함을 알게 됩니다. 이는 성경이 유일한 진리이기 때문에 생기는 자연스러운 결과입니다. 성경은 그 권위를 입증하기 위하여 진리의 빛을 발합니다. 성경에는 사람과 인생과 사회와 세상에 대한 내용이 기록되어 있는데, 모두 꾸며낸 것이 아니라 사실을 기록한 것입니다.

그러나 성경 말씀은 한 단계 더 나아갑니다. 성경은 우리 개인의 생각 속에 담긴 온갖 오류와 불일치를 드러냅니다. "하나님의 말씀은 살았고 운동력이 있어 좌우에 날선 어떤 검보다도 예리하여 혼과 영과 및 관절과 골수를 찔러 쪼개기까지 하며 또 마음의 생각과 뜻을 감찰하나니"(히브리서 4:12).

불신자들이, 살아 있고 마음을 드러내며 장래에 일어날 일을 알려 주는 능력이 성경 말씀에 있는 것을 대할 때에, 성경이 정말로 권위가 있다고 인정하는 것 외에 할 수 있는 것이 무엇이 있겠습니까? 그리스도께 굴복하든지 아니면 그리스도께 자신의 삶을 맡기길 거절하든지 이 외에는 아무것도 할 게 없습니다.

어디서 시작할 것인가

어디가 시작점일까요? 이러한 반응이 일어나기를 원한다면 어디에서 시작해야 할까요? 이 질문에 대한 답은 듣는 사람이 어느 위치에 있느냐에 달렸습니다. 그는 얼마나 이해합니까? 그가 받아들이는 것은 무엇입니까? 그가 아는 것은 무엇입니까?

제3장에서 말했듯이, 어떤 경우이든 모든 복음의 메시지는 두 가지 질문으로 요약될 수 있습니다. 우리의 목표는 그를 어떤 시점에서 만났든지 이 두 가지 질문과 연관하여 그 사람과 함께 성경을 공부하기 시작하는 것입니다. 이는 바울이 다메섹 도상에서 빛을 보고 쓰러졌을 때 예수님께 물었던 질문이었습니다(사도행전 22:8,10). 곧, "주여, 뉘시니이까?"와 "주여, 무엇을 하리이까?"입니다.

이 두 가지 질문을 다른 말로 비꾼다면, "예수님은 누구신가?"와 "예수님은 내게 무엇을 원하시는가?"라고 할 수 있습니다.

예수님은 누구신가

성경은 역사상의 한 인물이신 '나사렛 예수'를 기초로 하여 이야기를 전개해 나갑니다. 예수님께서는 "너희가 나를 알았더면 내 아버지도 알았으리로다. 이제부터는 너희가 그를 알았고 또 보았느니라.… 나를 본 자는 아버지를 보았거늘…"(요한복음 14:7,9)이라고 말씀하셨습니다.

　기독교에서 기본적으로 확증하는 것은 하나님께서 자신과 사람 사이의 단절된 틈을 잇기 위해 먼저 주도권을 쥐셨기 때문에 우리가 하나님을 알 수 있다는 사실입니다. 이것은 중요한 문제인데 만약 이것이 사실이 아니라면 사람은 단지 자신의 감각에만 의존하여 하나님께 나아가도록 방치되는 것이기 때문입니다. 결국에는 어디에도 다다르지 못하게 됩니다. 간단히 말해서 예수님이 하나님이시든지 아니면 하나님은 우리가 도저히 접근할 수 없는 저 멀리에 계신 분일 뿐입니다. 이렇게 되면 우리는 상대주의라는 망망대해에서 미아가 되어 버릴 것입니다.

　성경 말씀에 따르면 하나님께서는 역사적으로 여러 가지 방법을 통하여 자신을 계시하셨습니다. 그리고 예수 그리스도에 이르러 절정에 이르렀습니다. "옛적에 선지자들로 여러 부분과 여러 모양으로 우리 조상들에게 말씀하신 하나님이 이 모든 날 마지막에 아들로 우리에게 말씀하셨으니, 이 아들을 만유의 후사로 세우시고 또 저로 말미암아 모든 세계를 지으셨느니라. 이는 하나님의 영광의 광채시요 그 본체의 형상이시라. 그의 능력의 말씀으로 만물을 붙드시며 죄를 정결케 하는 일을 하시고 높은 곳에 계신 위엄의 우편에 앉으셨느니라"(히브리서 1:1-3).

　"그 본체의 형상이시라." 당신은 하나님이 존재하시는 것을 믿지 못하겠습니까? 그러면 예수 그리스도는 누구십니까? 하나님의 공의에 관해서는 어떠합니까? 당신은 이 문제에 관하여 어려움이 있습니까? 그렇다면 예수님을 바라보십시오. 예수님의 공평과 공의는 어떠했습니까? 이 세상에 존재하는 악의 문제에 관해서는 어떠합니까? 예수님께서는 이 문제를 어떻게 다루셨습니까? 성경은 진정 성령의 감동으로 쓰인 하나님의 말씀입니까? 예수님께서는 이에 대하여 무엇이라고 하십니까?

우리가 예수님의 신원에 대한 이런 기본적인 질문을 해결하기 전까지는 다른 어떤 질문에 대해서도 확신 있게 얘기할 수 없습니다. 그러나 예수 그리스도가 하나님의 아들이시라는 결론을 내렸을 때, 한때는 풀 수 없는 듯 보이던 수많은 질문이 갑자기 불필요한 것이거나 혹은 쉽게 이해될 수 있는 것임을 알게 됩니다.

성경은 예수님에 대해 이러한 결론을 내릴 수 있도록 사람들을 인도합니다. 요한은 자신이 복음서를 쓴 이유를 "오직 이것을 기록함은 너희로 예수께서 하나님의 아들 그리스도이심을 믿게 하려 함이요, 또 너희로 믿고 그 이름을 힘입어 생명을 얻게 하려 함이니라"(요한복음 20:31)라고 하였습니다.

예수님께서는 믿지 아니하는 유대인들이 성경의 기본적인 뜻을 오해하였다고 꾸짖으셨습니다. 주님께서는 그들이 "성경에서 영생을 얻는 줄 생각하고" 성경을 열심히 공부한다고 하셨습니다. 그러나 이어서 성경의 목적은 "내게 대하여", 즉 예수님 자신에 대하여 증거하는 것이라고 하셨습니다(요한복음 5:39).

따라서 한 사람을 구원에 이르도록 이끄는 과정에서 성경이 하는 최초의 역할은 "예수님이 누구신가?"라는 질문에 대답하도록 돕는 것입니다. 이 질문에 대답하고 나면 다음 질문이 중요하게 됩니다.

예수님께서는 내게 무엇을 원하시는가

물론 불신자가 예수님이 하나님이시라는 것 이외의 결론에 도달한 경우에는 이 두 번째 질문은 무의미합니다. 그러나 예수님이 바로 친히 주장하신 대로 하나님이심을 믿는다면 그의 삶에 있는 다른 모든 관심사는 다음 질문에 묻히게 됩니다. "그분은 나에게 무엇을 원하시는가?"

만약 성육신이 사실이라면, 즉 하나님께서 실제로 사람이 되셨다면, 이 사실은 지상에 있는 모든 사람에게 가장 중요한 것이 될 것입니다. 결과적으로 우리는 "예수님께서 제게 원하시는 것은 무엇입니까?"라고 물어야만 합니다.

아직 믿지 아니하는 사람에게는 그 대답이 한마디로 좁혀집니다. 바로 "믿으라!"입니다.

한번은 예수님을 따르던 무리들이 지금 여기서 토의하는 질문과 매우 유사한 것을 예수님께 물었습니다. "우리가 어떻게 하여야 하나님의 일을 하오리이까?" 예수님께서는 다음과 같이 말씀하셨습니다. "하나님의 보내신 자를 믿는 것이 하나님의 일이니라"(요한복음 6:28-29).

나는 첫 번째 질문인 "예수님은 누구신가?"에 대한 답을 이해했던 날을 결코 잊지 못합니다. 내가 생각해 낼 수 있었던 논리적인 반응은 두 번째 질문에 대한 대답을 즉시 행동에 옮기는 것이었습니다. 나는 노트 하나를 구했고 여러 날을 투자하여 복음서를 뒤져 순종해야 할 모든 명령을 찾았습니다. 노트의 3분의 2가 채워졌을 때 나는 실망했습니다. 나는 모든 명령을 따라 살 수 없다는 것과 심지어 그 명령을 다 기억조차 할 수 없음을 깨달았기 때문입니다. 이는 순종하는 삶의 역동적인 성격을 제대로 이해하지 못했던 까닭입니다. 살아 있는 책인 성경은 우리가 그 말씀에 실제 순종하여 살아갈 때에 우리 삶을 새롭게 비추어 줍니다. 꾸준히 순종하는 삶을 통해 성령의 도우심을 경험하면 성경 말씀이 살아 있음을 더욱 잘 알게 됩니다.

분명한 사실은 이 두 가지 질문을 제쳐 놓고는 성장할 수 없다는 것입니다. 그리스도인의 삶에서 지속적으로 성장하는 일은 예수 그리스도를 더욱 깊이 알아 갈 때에 일어납니다. "예수님이 누구신가?"와 "예수님은 내게 무엇을 원하시는가?"라는 질문은 인생의 어느 때에나 가장 중요한 질문이 됩니다. 이는 또한 우리가 매일 성경을 읽어 나갈 때 탐구할 핵심 질문입니다.

이 장에서 우리는 하나님께서 화목의 사역을 하실 때에, 그 과정의 일부분에 사람의 노력을 얼마나 사용하시는지를 이야기했습니다. 그리스도인은 개인으로든 함께로든 자신의 삶과 말을 통해 증거합니다. 우리는 성경 말씀을 들을 수 있는 곳으로 불신자를 인도합니다. 성경 말씀은 진리를 나타내며 그리스도를 증거합니다. 성령께서는 각 사람을 책망하시며 회개하도록 이끄시고 생명을 주십니다.

아브라하오의 예

아브라하오는 브라질 파라나 대학의 농과대학 학생이었습니다. 그는 마르크스주의자였습니다. 그가 학교에 다니는 목적은 공부가 아니라 학내에 정치적 불안을 조성하고 고조시키는 것이었습니다. 어느 날 그의 기숙사 룸메이트가 그리스도인이 되었습니다. 친구 이름은 자크였습니다. 아브라하오는 자크를 신랄하게 비웃었고 자크는 기가 죽은 상태에서 아브라하오를 우리 성경공부에 초대했습니다. 아브라하오는 자기가 원하던 것, 곧 말썽거리를 만들 기회를 얻게 되었습니다.

성경공부가 진행될 때 아브라하오는 거실 한구석에 말없이 앉아 있었고 우리 이야기에 대부분 무관심한 반응을 보였습니다. 토의가 거의 끝나 갈 즈음, 모든 사람이 대화를 끝내고 이제 차를 마시려고 할 때 갑자기 아브라하오가 손을 들더니 토의를 인도하던 형제에게 미리 준비한 날카로운 질문을 던졌습니다. 인도자는 생각을 정리하기 위해 잠시 머뭇거렸습니다. 그러자 아브라하오는 다시 손을 들었고 두 번째 질문을 발사했습니다. 이제 그 두 가지 질문에 대답해야만 했습니다. 인도자는 당황하기 시작했습니다. 침묵이 길어졌습니다. 아브라하오는 계속해서 두세 개 질문을 더 던졌습니다. 결국 인도자가 당황하여 어찌할 바를 모르자, 아브라하오는 이렇게 말했습니다. "자, 보십시오. 당신은 자기가 말하는 것도 잘 모릅니다. 내 질문에 대답할 수 없군요."

    그다음 주에도 아브라하오는 계속 참석하였고 한 번도 빠지지 않았습니다. 될 수 있는 대로 많은 혼란을 주려고 최선을 다했습니다. 나는 공부에 더 이상 참석하지 않도록 요구하고 싶은 마음이 굴뚝같았으나 그에게 접근하기 위해 마지막 시도를 하기로 결심했습니다.

    공부가 끝난 후 아브라하오와 여러 가지 얘기를 나누면서 나는 아브라하오에게 물었습니다. "내게 가능성을 얼마만큼 제시하겠습니까?"

    그는 무슨 의미냐고 했습니다. 나는 "내가 옳고 당신이 틀리다는 것, 즉 하나님이 실제로 존재하신다는 것에 대해 가능성을 얼마만큼 인정할 수 있겠습니까?"라고 물었습니다.

    그는 웃으면서 "전혀 없습니다!"라고 얘기했습니다.

    그래서 나는 되물었습니다. "당신은 지금까지 밝혀진 모든 사실을 연구하고 아직 알려지지 아니한 모든 것을 탐구했으며 우주 전체를 살펴본 후에 이제 내 앞에 와서 '하나님은 절대 없소'라고 말하는 것인가요?"

"그렇지는 않습니다."

"그러면 내가 옳고 당신이 틀릴 수 있는 가능성을 인정해야 하지 않겠습니까?"

그는 동의했습니다. 나는 계속해서 그를 밀어붙였습니다. "가능성을 얼마만큼 인정하겠습니까? 20%?"

"아니요."

나는 가능성을 계속해서 낮추었습니다. 15%로, 다시 10%로 낮추었고 마침내 "최소한 5%의 가능성은 인정할 수 있겠지요?"라고 했습니다.

그는 내 말의 의도가 무엇인지를 물어보았습니다. 나는 이렇게 대답했습니다. "만약 내가 옳고 당신이 틀리다면 당신은 이미 죽은 목숨입니다. 그리고 이제 이러한 가능성이 있기 때문에 당신이 합리적으로 행동하는 유일한 방안은 우리 중에 누가 옳은지 알아보기 위해 이를 검증하는 것입니다."

"내가 어떻게 하면 되겠습니까?"

"가장 근원적인 자료로 돌아가야 합니다. 진지하게 연구를 하는 사람이라면 누구나 이차적인 자료, 즉 다른 사람들이 그것에 대해 말한 것보다는 원래의 자료를 조사하기 마련입니다."

"그러면 근원적인 자료는 무엇입니까?"

"성경입니다."

"나는 성경을 믿지 않습니다."

"그게 바로 당신이 가진 우월한 조건입니다. 성경은 우리 그리스도인들이 가진 유일한 근거입니다. 만약 당신이 성경이 틀린 것을 입증한다면 당신이 이긴 것입니다."

"그럼 무엇을 하기 원하는 것입니까?"

내가 대답했습니다. "성경은 작은 글씨에다 두꺼운 책입니다. 그래서 다른 책처럼 처음부터 끝까지 다 읽어 나갈 수는 없습니다. 실제로는 66권의 책을 모아 놓은 것이기 때문입니다. 내가 제안하는 바는 당신이 어디를 읽어 볼지를 보여 주며 그것이 말하는 바를 이해할 수 있도록 돕겠다는 것입니다."

아브라하오는 이 제안을 받아들였고 우리는 첫 번째로 만날 날짜를 정했습니다. 나는 그에게 요한복음을 권했습니다. 그에게 처음 세 구절을 읽게 함으로써 시작하였습니다. "태초에 말씀이 계시니라. 이 말씀이 하나님과 함께 계셨으니 이 말씀은 곧 하나님이시니라. 그가 태초에 하나님과 함께 계셨고, 만물이 그로 말미암아 지은 바 되었으니, 지은 것이 하나도 그가 없이는 된 것이 없느니라"(요한복음 1:1-3).

아브라하오에게 그 구절이 말하는 바를 이해했느냐고 물어보았습니다. 그는 모르겠다고 했습니다. 나는 "'말씀'이 무엇을 가리키겠습니까?"라고 물었습니다.

그는 몰랐습니다. 그래서 14절을 가르쳐 주었습니다. "말씀이 육신이 되어 우리 가운데 거하시매."

약간 도움을 주자 그는 그 구절이 예수님을 가리킴을 알았습니다. 성경에서 예수님이 영원하시고 또한 만물을 창조하셨다고 주장하는 것을 알아채자 곧바로 싸우려고 들었습니다. 나는 그를 가라앉히면서 말했습니다. "나는 여기에 기록된 것에 당신이 동의를 하거나 혹은 믿기를 요구하는 게 아닙니다. 단지 성경에서 말하는 바를 분명히 이해했는가를 확인하고 싶을 뿐입니다. 아시겠지요?"

"알겠습니다. 하지만…."

"좋습니다. 그럼 다음 구절로 넘어갑시다."

계속 그다음 주, 또 그다음 주, 이렇게 계속 공부를 해 나가면서 아브라하오는 조금도 양보하지 않는 듯한 태도를 보였습니다. 그는 예수님에 대한 모든 주장을 신화나 전설 또는 허황된 이야기로 돌렸습니다. 나는 계속 성경이 예수님이 누구신가에 대해 얘기하는 것을 그가 이해할 수 있도록 돕는 한 가지 목표에만 집중했습니다. 따라서 그가 계속 반기를 들어서 우리의 만남에 긴장감이 돌기는 했지만 결코 논쟁으로 흐르지는 않았습니다.

그러는 도중에 나는 친구와 함께 성령께서 아브라하오의 심령을 변화시켜 주시도록 간절히 기도했습니다.

몇 달 후에, 그가 바뀌고 있음을 느끼기 시작했습니다. 성경 말씀에 대해 더 이상 반기를 들지 않았습니다. 한 구절과 다른 구절 사이의 연관성을 이해하기 시작했습니다. 부정적인 태도에서 긍정적인 태도로 점점 변했습니다. 여름방학 동안에 극빈자를 위한 정부 후원 사업에 자원봉사자로 참여하기도 했습니다. 방학이 끝나 돌아왔을 때 더 이상 적군의 모습이 아니었습니다. 마치 오랜 친구 같았습니다. 한마디 말도 없이 우리는 다시 요한복음으로 돌아가 공부를 시작했습니다.

마침내 나는 호기심을 더 이상 참지 못하였습니다. 너무나 변해 있었기 때문입니다! 요한복음 13장을 공부하려고 앉았을 때 물었습니다. "그런데 아브라하오, 무슨 일이 있었나?"

그가 대답했습니다. "예, 그게 사실입니다."

"뭐가 사실이란 말인가?"

"예수님이 하나님이란 말이요."

"그래서?" 나는 계속 물었습니다.

"예, 저는 지금 그리스도인이 된 것 같습니다. 그러나 한 가지 얘기할 게 있습니다. 저는 정치적 활동을 열심히 합니다. 그리고 지금까지 정부에 반대하는 입장을 취해 왔습니다. 또한 반미주의자입니다. 친구들은 내가 미국 사람인 당신을 만난다고 비난합니다."

"계속 말하게나."

"제 사정이 그렇다는 말씀입니다. 전 그냥 당신이 이런 제 사정을 알아야 한다고 생각했습니다."

"내가 알면 현재 우리 상황에 무슨 영향이 있게 되나?"

"그런 건 아닙니다."

그러고 나서 나는 "한 구절을 보여 주고 싶네"라고 하면서 요한복음 13:13 말씀을 같이 보았습니다. 마침 우리가 공부하려던 부분이었습니다. "너희가 나를 선생이라 또는 주라 하니 너희 말이 옳도다. 내가 그러하다."

그에게 물었습니다. "예수님이 선생이시라는 것이 무엇을 의미하나?"

그의 대답은 완벽했습니다. "그건 우리가 생각하고 믿는 바가 예수님으로부터 비롯되어야 한다는 의미입니다. 우리는 그분을 따라 생각해야 합니다."

"자네는 이것을 받아들이나?"

"예."

"예수님이 주님이시라는 것은 무엇을 의미하나?"

다시금 그의 대답은 탁월했습니다. "그것은 그분이 제 상관이 되셔야 한다는 의미입니다."

"자네는 이것을 받아들이나?"

그는 그렇다고 대답했습니다.

우리는 정치학이나 경제학을 토론한 적이 없습니다. 아브라하오와 나는 이제 같은 한 선생님과 같은 한 주님, 즉 예수 그리스도의 권위 아래 있게 되었습니다. 우리 둘은 동일한 신호에 따라 움직입니다. 즉 '천국의 시민답게 살라'는 신호입니다.

이 사례에서 배울 수 있는 교훈은 무엇입니까?

우리가 할 일은 다른 사람이 성경을 '이해'하도록 돕는 것입니다. 성경을 증명해야 할 짐을 우리가 질 것이 아니라 성경에 맡겨야 합니다. 깨닫게 할 책임은 성령께 있지 우리에게 있지 않습니다. 그러나 우리는 상대방이 찬성하든지 반대하든지 마지막 결정을 내릴 때까지 그가 계속 하나님의 말씀을 접하도록 하는 일에 충성스럽게 임할 책임이 있습니다. "사람이 마땅히 우리를 그리스도의 일꾼이요 하나님의 비밀을 맡은 자로 여길지어다. 그리고 맡은 자들에게 구할 것은 충성이니라"(고린도전서 4:1-2).

그리스도인인 한 친구가 있었습니다. 그는 모든 사람이 만나 보고 싶어 하는 아주 매력적인 사람이었습니다. 언제나 때에 맞게 말을 하였습니다. 어디를 가든지 증거를 잘하였으며 사람들이 좀 더 알고 싶어 하도록 만들어 놓고 떠나가곤 했습니다. 수년 전 우리가 처음으로 만났을 때 나는 그가 장래에 수많은 사람에게 큰 영향을 끼칠 거라는 생각이 들었습니다.

그러나 그렇게 되지 못했습니다. 그는 나비처럼 멋있었지만 나비가 같은 꽃에 두 번 앉으리라고 기대할 수 없듯 자꾸 여기저기 옮겨 다녔습니다. 그리스도에게서 멀리 떨어져 있는 사람을 그리스도께로 인도하려면 끈질긴 인내와 꾸준한 성실이 필요합니다. 이는 저항이 계속되는 환경 속에서도 어려움을 참고 이기며 관계를 확립하고 발전시키며 유지해 나가는 것을 의미합니다. 때때로 그러한 관계가 불신자로 하여금 성령을 거부하고 달아나지 않도록 하는 유일한 끈이요 힘이 됩니다.

분명히 이 일을 위해서는 값을 치르게 됩니다. 영적 에너지뿐만 아니라 신체적, 감정적, 물질적, 정신적 에너지도 많이 듭니다. 그리고 시간도 많이 듭니다. 만약 한 사람의 중요성을 확신하지 못한다면 이같이 많은 투자를 할 수 없을 것입니다.

요 약

아직 하나님과 화목하지 못한 사람들에게 하나님께서 의사 전달을 하는 수단은 성령과 성경 말씀과 그리고 그리스도인입니다. 각각 구체적인 역할이 있습니다. 그리스도인은 자기가 보고 들은 것을 증거합니다(요한일서 1:1-3 참조). 그는 불신자들을 인도하여 성경 말씀에 접하도록 합니다. 그러면 성령께서는 각 사람의 마음에 증거하여 주십니다. 이는 '살았고 운동력이 있는' 하나님의 말씀(히브리서 4:12)으로 이루어지며, 이를 통해 한 사람이 거듭나게 됩니다.

이렇게 수고와 역할이 분담된 사실을 마음속에 명확히 기억하는 일은 중요합니다. 자신이 성령의 역할을 하려고 한다든지 혹은 성경의 역할을 하려고 하면 결국은 무익한 결과를 낳을 뿐입니다. 한 사람이 성령의 확증을 받아 하나님의 말씀으로 말미암아 영적으로 거듭난다면 우리는 그 사람이 확실히 영적 생명을 가졌음을 확신할 수 있을 것입니다. 사역에는 열매가 맺힐 것입니다. 우리에게는 그러한 일을 할 수 있는 특권이 있습니다.

21
말씀을 사용하여 인도함
가장 효과적인 도구인 질문

좋은 질문은 매우 훌륭한 교육 수단입니다. 예수님께서는 최고의 선생님이십니다. 예수님만큼 질문을 잘하는 사람은 없었습니다. 논쟁을 일으킬 여지가 많은 문제도 종종 단 한 번의 질문으로 핵심을 찔러 해결하셨습니다.

중풍병자에게 "네 죄 사함을 받았느니라" 하는 말과 "일어나 네 상을 가지고 걸어가라" 하는 말이 어느 것이 쉽겠느냐? (마가복음 2:9)

데나리온 하나를 내게 보이라. 뉘 화상과 글이 여기 있느냐? (누가복음 20:24)

너희는 나를 누구라 하느냐? (마태복음 16:15)

요한의 세례가 하늘로서냐 사람에게로서냐? (마가복음 11:30)

예수님의 질문은 강한 충격을 주었습니다. 이 질문은 듣는 이들에게 다른 방법으로서는 도저히 도달할 수 없는 결론에 이르도록 했습니다. 예수님께서 어떻게 질문을 사용하셨는지 그리고 그것이 다른 사람에게 어떤 영향을 미쳤는지를 관찰하려는 목표로 복음서를 공부해 보면 그 자체로서 의사소통을 배울 수 있는 좋은 기회가 됩니다.

의사소통은 서로 간에 이해가 필요한 경우에는 언제 어디서나 일어납니다. 중요한 점은 다른 이에게 **말하는** 것 자체가 아니라 상대방에게 어떻게 **들리고** 무엇이 받아들여지느냐 하는 것입니다. 질문을 사용하는 것은 의사 전달을 하는 데 특히 효과적인데 이는 우리의 자연스러운 사고방식과 일치하기 때문입니다. 우리는 생각을 할 때에 스스로 질문을 던집니다. '다음번에 할 일은 뭐지? 언제 그 일을 시작할 수 있을까? 다른 대안이 있다면 성공률은 몇 퍼센트일까?' 등.

과학은 가설과 검증의 기초 위에서 발전합니다. 가설은 질문 역할을 합니다. 검증을 통해 가설이 확증되거나 혹은 사실이 아님이 판명되며 경우에 따라서는 새로운 형태로 바뀝니다. 이런 과정을 반복하면서 이해의 수준을 높여 갑니다.

이 장의 제목을 "말씀을 사용하여 인도함"이라고 붙였습니다. '인도함'이라는 말을 사용한 이유는 전도할 때 '이야기함' 혹은 '가르침'이라는 말보다 우리가 할 일을 좀 더 잘 표현하기 때문입니다. 우리의 목적은 불신자를 인도하여 성경 속에서 진리를 탐구하도록 돕는 것입니다. 우리는 그의 기본적인 가정과 가치관이 성경적이지 않다는 사실을 반드시 알아야 합니다. 그가 믿음에 이르려면 그의 기본적인 가정이 새롭게 세워져야 합니다. 그리고 이 과정에는 시간이 걸립니다. 그가 새로운 발견을 하고 토대를 다시 쌓는 것이 필요합니다. 이 과정은 대부분 잠재의식 속에서 진행되지만 변화는 실제로 일어납니다. 우리는 이 과정이 진행되는 동안 인내를 가지고 인도해야 합니다.

만약 우리가 전도를 단지 복음의 내용을 말로 이야기해 주거나 가르쳐 주는 것으로만 제한하여 이해한다면, 자신의 가치관을 완전히 바꾸어야 하는 사람들을 섬기는 데 필요한 인내력과 지구력을 갖지 못할 것입니다. 그들에게는 동기를 부여하고 용납해 주는 분위기가 형성된 환경 속에서 자신의 문제를 깊이 생각해 볼 여유가 필요합니다. 그들에게 꼭 맞는 질문을 하는 법을 배우는 것은 이런 필요를 채우는 데 중요한 열쇠가 됩니다.

일반적으로 우리는 질문을 던지는 데에 별 관심이 없습니다. 대신에 불신자들이 제기하는 질문에 대답할 수 있는 능력을 갖는 데에 더 많은 관심을 기울입니다. 사실상 그리스도인들은 두 가지 잘못된 개념의 희생 제물이 되곤 합니다. 하나는 '나는 사람들의 질문에 잘 대답할 수 없을 것 같다. 그래서 전도에 참여하기에는 자질이 부족하다'는 생각과 또 하나는 '나는 불신자들이 물어보는 질문에 대해 대답하는 법을 배웠다. 그래서 전도할 준비가 되어 있다'는 생각입니다.

이는 핵심을 놓치는 것인데, 가장 중요한 점이 '질문에 대답할 수 있는 능력'이라고 가정하기 때문입니다. 물론 질문에 어떻게 대처하고 어떻게 대답할지를 알아 두는 게 필요합니다. 그러나 모든 해답을 알아야 하는 것은 아닙니다. 복음을 통해 한 사람을 인도하려 할 때 실제로 중요한 것은 '질문을 하는 능력'입니다. 이 장을 진행하면서 그 이유를 살펴보고 어떻게 질문을 하고 대답을 하는지 알아보도록 하겠습니다.

질문하는 법

우리는 다른 사람이 말씀 속에 담긴 진리를 발견하도록 이끌어 주는 질문을 몇 가지 만들었을 때에야 성경공부를 인도할 준비를 갖추었다고 할 수 있습니다. 물론 이렇게 하는 능력은 그 구절이 말하는 바와 의미하는 바를 명확히 이해했다는 것을 전제로 합니다. 여기에는 어느 정도 수고가 따릅니다. 특히 처음으로 성경공부를 인도할 경우에는 더욱 그렇습니다.

제15장에서 팀을 이루어 하는 전도의 중요성을 얘기한 바 있습니다. 여기서도 팀이 필요한데, 혼자서 성경공부를 인도하면 인내하기가 쉽지 않고 또한 주도권을 쥐고 이끌어 나가기가 어렵기 때문입니다. 팀을 이룰 사람을 선택한 후 제일 먼저 할 수 있는 활동 중 하나는 요한복음(또는 따로 선택한 다른 책)을 함께 공부해 나가는 것입니다. 목적은 두 가지를 들 수 있습니다. 하나는 당신 스스로 본문을 이해하기 위해서고 또 하나는 다른 사람에게 던질 질문을 만들기 위해서입니다.

질문은 세 가지 역할을 할 수 있습니다. 어떤 주제에 대한 토의를 시작하고, 진행하며, 요약하는 것을 도와줍니다. 다음은 도입, 진행, 요약 질문의 예입니다.

도입: 니고데모는 예수님에게서 무엇을 관찰했습니까?
진행: 예수님께서는 이에 어떤 반응을 보이셨습니까?
요약: 이 대화를 통해 영적인 일을 이해하는 우리 인간의 능력과 연관하여 어떤 결론을 내릴 수 있습니까?

부록에 제시한 요한복음에 대한 질문은 대개 도입 질문입니다.

당신이 실제로 한 문단에 대해 토의를 시작하게 되면 대부분의 진행 질문과 요약 질문을 당신 스스로 만들 수 있음을 알게 될 것입니다. 질문은 이러한 세 가지 역할을 다 할 수 있다는 점을 명심하는 게 좋습니다. 질문을 적절히 사용하면 의사소통 수준이 좀 더 향상될 수 있습니다.

자주 사용되는 진행 질문에는 전형적인 것이 많은데 예를 들면 다음과 같습니다.

- 그가 왜 그것을 얘기했다고 생각합니까?
- 그가 의미하는 바가 무엇이라고 생각합니까?
- 이 구절에서 관찰되는 다른 점은 무엇입니까?
- 왜 그렇게 생각합니까?
- 그가 여기서 왜 _____ 라는 말을 사용했다고 생각합니까?

또한 당신이 사용할 수 있는 기본적인 요약 질문을 몇 가지 예로 들면 다음과 같습니다.

- 이 단락의 주제를 어떻게 요약할 수 있겠습니까?
- 이것을 자신의 말로 어떻게 말할 수 있겠습니까?
- 방금 토의한 주제를 어떻게 요약할 수 있겠습니까?

지금까지 우리는 토의 가운데서 질문이 하는 세 가지 역할 또는 기능에 대해 다루었습니다. 질문은 또한 그 종류도 다양합니다. 예를 들면 다음과 같습니다.

- 이해: 이 구절은 무엇을 말합니까? 또 다른 것은?

- 해석: 이 구절은 무엇을 의미합니까?
- 이유: 어떻게 해서 이런 결론에 이르게 되었습니까?
- 지시: (한 사람을 가리키며) 당신은 어떻게 생각합니까?
- 비교: 둘 사이에는 어떤 유사점이나 차이점이 있습니까?
- 적용: 이 구절은 당신에게 어떤 영향을 줍니까?

주의 사항

이 장을 시작하면서 질문이 아주 좋은 교육 수단이라고 했습니다. 그러나 질문은 무기로도 사용될 수 있습니다. 부주의하게 사용되면 잠깐 뒤에는 의사소통이 단절되거나 절름발이가 될 수도 있습니다. 질문이 중립적이지 않을 때 그렇습니다. 질문은 또 하나의 진술입니다. "언제 당신은 아내를 때리는 것을 멈추었습니까?"라는 질문 속에 담긴 의미는 명백합니다. 그러나 명백히 악의가 없어 보이는 "이 장은 당신의 삶에 어떻게 적용이 됩니까?"라는 말 속에도 당신이 은근히 의도하는 바가 숨어 있을 수 있습니다. 한두 개의 비슷한 질문으로 함께 공부하는 사람을 어느 때에든지 궁지로 몰 수도 있습니다. 아마도 다음과 같은 것이 될 것입니다.

- 이 장에서 당신에게 말하는 것은 무엇입니까? (이 장은 당신에 대하여 이야기합니다!)
- 당신은 여기서 말하는 바가 사실이라고 동의합니까? (당신은 바뀌어야 합니다!)
- 그것에 대하여 당신은 무엇을 해야 한다고 생각합니까? (당신은 바로 지금 변화되어야 합니다!)

오해를 불러일으킬 수 있는 이런 종류의 질문을 몇 개만 던져도, 처음에는 생각할 여지와 시간을 주면서 용납의 분위기 속에서 시작하였던 것이 말싸움으로 전환됩니다. 그리고 벽에 부딪혀 산산조각 나는 유리처럼 관계는 끝이 납니다. 이렇게 되기가 너무도 쉽지만 한 번으로 모든 게 끝나 버립니다!

현명하게 인도하려면 적용 질문을 좀 더 일반적인 성격을 띤 것으로 다듬는 게 필요합니다. 예를 들어 "이 장에서 자신에 대해 배운 것이 있습니까?" 그러고서는 멈춥니다. 물러섭니다. 그가 자기 삶을 이전과 전혀 반대로 바꾸기 위해서는 여유가 필요합니다. 이런 여유를 갖도록 도우십시오. 머지않아 그는 목표 지점에 다다르게 될 것입니다.

질문에 대답하는 법

불신자가 당신과 성경을 공부하기 시작할 때, 말은 하지 않지만 품고 있는 가장 큰 의문은 '그 문제에 대해 내 생각을 어느 정도까지나 표현해야 하나? 만약 내 의심이나 질문을 전부 다 드러낸다면 어떤 반응을 보일까?' 하는 점입니다. 처음에는 시험해 보려고 어느 정도 '안전한' 질문을 할 것입니다. 이 질문에 어떻게 반응하느냐가 그때부터 그와의 의사소통 수준에 영향을 미치게 됩니다. 만약 독단적[불안정의 한 형태임]으로 또는 방어적[이 또한 불안정의 한 형태임]으로 반응하면 그는 금방 이 게임의 규칙을 알아차리고는 그 규칙에 따라 행동할 것입니다. 그러나 그의 의심과 질문에 오히려 수용하고 격려하는 태도를 보이면 그 효과는 훨씬 클 것입니다.

질문을 환영함

질문을 잘하는 것도 좋지만 훨씬 효과적인 것은 상대방이 스스로 좋은 질문을 하도록 이끌어 내는 것입니다. 그 구절에 대한 토의가 다른 사람이 제기한 질문을 기초로 하여 진행된다면 토의의 효과는 더욱 증대될 것입니다. 그래서 불신자들에게 먼저 어떤 질문이 있는지 물어보아야 합니다. 때때로 그는 질문을 할 만큼 실제로 이해하지는 못하지만 대부분은 토의를 진행하기에 충분할 만큼은 됩니다. 만약 그가 질문을 했음에도 불구하고 중요한 진리가 전달되지 않았다면 미리 준비한 질문을 던질 수 있습니다.

이런 방법으로 인도해 나가면, 심지어 그 질문이 본문과 연관되지 않더라도 우리는 모든 질문이 자유롭게 꽃필 수 있는 분위기를 창조할 수 있습니다. 대개 불신자들이 수년 동안 품어 온 질문이지만 이전에는 질문을 제기할 기회나 자유가 없었습니다. 이런 질문이 등장할 때 진심으로 환영하는 것이 매우 중요합니다. 어떻게 대답해야 할지 모를 경우에는 큰 위기감을 느끼게 되겠지만 이에 대해 미리 염려할 필요는 없습니다. 중요한 점은 불신자의 질문을 긍정적으로 받아들이는 것입니다.

세 종류의 질문

사람들은 왜 질문을 할까요? 그 동기가 언제나 배우려는 것만은 아닐 수도 있습니다. 심지어 대답은 원치 않고 함정에 빠지게 하거나 당황하게 만들려는 의도로 질문을 던지기도 합니다. 이는 '함정 질문'이라고 부를 수 있습니다. 또는 회피하거나 자신의 행동을 정당화하기 위해 하는 것일 수도 있고 단지 시간을 지연하려는 속셈으로 던질 수도 있습니다. 이는 '방어 질문'이라고 부를 수 있습니다. 그리고 진정으로 배우며 알고 싶은 마음에서 비롯된 솔직한 질문이 있습니다. 이는 '정직한 질문'이라 할 수 있습니다.

질문은 상대방의 의도를 따라 대답하는 것이 필요합니다. 이에 대해 잠언 기자는 멋지게 기록해 놓았습니다. "미련한 자의 어리석은 것을 따라 대답하지 말라. 두렵건대 네가 그와 같을까 하노라. 미련한 자의 어리석은 것을 따라 그에게 대답하라. 두렵건대 그가 스스로 지혜롭게 여길까 하노라"(잠언 26:4-5). 다른 말로 하면, 질문 뒤에 숨은 동기를 파악하지 못하거나 그 의도를 놓치게 되면 결국 그 사람이 놓은 덫에 걸리게 됩니다. 그런 함정 질문에 대해 순진하게 대답하려고 하면 바보 노릇을 하게 됩니다.

복음서에는 이러한 세 가지 종류의 질문에 대한 예가 많습니다. 예수님께서 이러한 질문에 어떻게 대답하시는지를 고찰해 보면 많은 교훈을 얻을 수 있습니다. 액면 그대로 질문을 받아들이기보다는 묻는 사람의 동기와 의도에 따라 대응하셨습니다. 누가복음 10:25-37에 나오는 대화에서 흠을 잡으려는 함정 질문이면서도 자기 방어를 위한 질문을 예수님께서 어떻게 처리하셨는가를 볼 수 있습니다.

어떤 율법사가 일어나 예수님을 시험하려는 의도로 물었습니다. "선생님, 내가 무엇을 하여야 영생을 얻으리이까?" 이는 흠을 잡으려는 질문이었습니다. 예수님께서는 이를 기회로 삼아 그를 가르치려고 하는 대신에 질문으로 응답하였습니다. "율법에 무엇이라 기록되었으며, 네가 어떻게 읽느냐?"

율법사가 대답하였습니다. "네 마음을 다하며 목숨을 다하며 힘을 다하며 뜻을 다하여 주 너의 하나님을 사랑하고 또한 네 이웃을 네 몸과 같이 사랑하라 하였나이다."

예수님께서 말씀하셨습니다. "네 대답이 옳도다. 이를 행하라. 그러면 살리라." 함정 질문을 던지는 사람들은 새로운 정보를 원하는 것이 아니기 때문에 예수님께서는 이 사람에게 아무 정보도 주지 않으셨습니다. 주님께서는 단지 그가 아는 것을 상기시켰을 뿐입니다. 그러나 이것만으로도 공격하려는 사람을 방어적인 입장에 서게 하는 데 충분합니다.

이 사람이 '자기를 옳게 보이려고' 다시 예수님께 물었습니다. "그러면 내 이웃이 누구오니이까?" 이는 자기 방어를 위한 질문입니다.

이번에는 예수님께서 선한 사마리아인의 비유를 들어 말씀하시면서 다른 경우에서처럼 질문 하나를 하는 것으로 결론을 맺으셨습니다. "네 의견에는 이 세 사람 중에 누가 강도 만난 자의 이웃이 되겠느냐?"

이에 율법사는 "자비를 베푼 자니이다"라고 대답했습니다. 자기를 방어하는 질문은 종종 이와 비슷합니다. 그 율법사는 누가 이웃인지에 대해 쓸데없이 세세한 구별을 하려고 시도했습니다. 그런 질문은 자신의 책임을 회피하거나 자기를 정당화하려는 데서 비롯되었습니다. 예수님께서 마지막으로 대답하신 것은 "가서 너도 이와 같이 하라"라는 것이었습니다. 그 사람의 상태를 회복시키는 데에는 별 영향을 주지 않은 듯하지만 아마도 그는 떠나가면서 매우 곤혹스러움을 느꼈을 것입니다.

하지만 예수님께서는 세상에 계실 때 정직한 질문을 하는 사람들에게는 모든 시간을 들이셨습니다. "…혼자 계실 때에 그 제자들에게 모든 것을 해석하시더라"(마가복음 4:34).

예수님의 본은 우리가 따르기 어려운 수준입니다. 그러나 주님으로부터 많은 교훈을 얻을 수 있습니다. 우리는 불성실한 질문에 대응하기 위해 반박할 수 없는 주장이나 옹호론을 준비하고 해설하는 데 시간을 허비할 수도 있고 우리의 길을 막는 질문을 잘 분별하여 진지한 질문은 진지하게 대하고 다른 종류의 질문은 우리를 괴롭히지 않도록 할 수도 있습니다. 흠을 잡으려는 질문에 비록 만족할 만한 대답을 할 수 있다 하더라도 그 대답이 질문한 그 사람을 그리스도께로 가까이 인도하는 일에 별다른 영향을 주지 못한다는 사실을 알아야 합니다! 그러므로 중요한 점은 질문 속에 담긴 '의도'에 따라 대답하는 것입니다.

질문의 의도를 분별함

만약 불신자에게 친근한 환경을 만들어 주는 데 성공하려면 그가 어떤 질문이든 할 수 있다는 자유로움을 느껴야 합니다. 어쩌면 그는 정직한 질문을 하기 전에 시험해 보는 질문을 할지도 모릅니다. 대개 시험해 보는 질문은 누가복음 10장에 나오는 율법사의 경우와는 달리 악의가 섞이지 않은 게 보통입니다. 오히려 질문하는 사람이 좀 더 심각한 질문을 해도 안전한지를 알아보고 싶은 것입니다. 형세를 살펴보려고 시험적으로 해 보는 질문입니다. 모든 질문의 의도를 파악하는 것이 쉽지도 않고 언제나 필수인 것도 아닙니다. 그러나 몇 가지 간단한 지침이 있는데 이를 따른다면 질문을 분별하는 데 도움이 될 것입니다.

어떤 변화가 있을 것인가

불신자가 질문을 할 경우 당신은 먼저 자신에게 몇 가지 질문을 해 보아야 합니다. '내가 이 질문에 대답한다면 무슨 변화가 있을까? 내가 그에게 만족할 만한 대답을 했을 때 그는 어떻게 할까? 그것을 받아들이고 그에 따라 행할까? 아니면 다름 아닌 거절하려는 의도일까?'

만약 이러한 질문을 자신에게 물어 본 후에 그 불신자의 질문이 당장 대답할 만한 가치가 있다고 생각되면 또한 당신이 그 질문에 대답할 준비가 되었다고 느끼면 그 질문을 다루기 시작하십시오.

정직한 질문의 특징 한 가지는 질문을 하고 나서 대답을 듣기까지 기다리려 한다는 사실입니다. 당신이 만약 "좋은 질문입니다만 지금 당장은 어떻게 대답해야 할지 모르겠습니다. 이번 주 동안에 공부를 해서 다음번에 만났을 때 알려 드리겠습니다"라고 얘기해도 싫어하지 않을 것입니다. 그러나 당신을 올무에 걸리게 하거나 시험하려는 동기로 질문을 한 사람은 당장에 대답을 요구할 것입니다. 그러나 이미 살펴본 바와 같이 동기가 올바르지 않을 때에는 아무리 훌륭한 대답을 해 주어도 아무런 변화가 생기지 않을 것입니다.

질문을 받아 적어 두십시오

당신이 공부하는 본문에서 나온 질문이라면 대개 정직한 질문이며, 이런 질문은 나올 때마다 다루어도 좋습니다. 그러나 대답을 다 아는 사람은 아무도 없습니다. 따라서 어떻게 대답해야 할지 모르는 질문이 불가피하게 생깁니다. 만약 우리가 그 질문을 귀찮아하지 않는다면 상대방도 이해할 것입니다. "잘 모르겠습니다. 하지만 한번 알아보겠습니다"라고 먼저 말하면 두려움에 빠져 방향을 못 잡고 헤매는 것보다 더 신뢰감을 주게 됩니다. 우리는 그 질문을 적어 둔 다음, 다음번에 만날 때 대답을 줄 수 있도록 준비해야 합니다.

본문과 무관하게 뜻밖에 튀어나오는 질문에 대해서는 좀 더 자세히 살펴보는 것이 필요합니다. 예를 들어 어떤 사람이 "만약 예수 그리스도만이 유일한 길이라면 하나님께서는 예수 그리스도의 이름을 전혀 듣지 못한 이방인들에게는 어떻게 하실 거죠?"라고 묻는다면, 그러한 질문 뒤에는 몇 가지 동기가 숨어 있을 수 있습니다. 트집을 잡으려는 것일 수도 있는데 이런 경우에는 정직한 질문이라고 볼 수가 없습니다. 단지 하나님이 공의롭지 않다고 말함으로써 자신의 불신을 합리화하려는 의도에서 하는 말일 뿐입니다.

아니면 자기 방어를 위해 물어보는 질문일 수도 있습니다. 아마도 그 토의는 분위기가 경직되어 편안함을 느낄 수 없을지도 모릅니다. 그 사람에게는 시간과 여유가 필요합니다. 그는 성령께서 혹은 당신이 복음을 통하여 자기에게 접근하는 것을 알아채지만 아직은 받을 준비가 되어 있지 않습니다. 그래서 곤란한 질문을 던져 더 이상 대화가 진행되는 것을 막으려 합니다. 때때로 그 사람에게는 진정으로 그런 여유가 필요할 때가 있으며 당신은 그가 이러한 여유를 갖도록 여건을 조성해 주어야 할지도 모릅니다. 만약 그의 의도가 "누가 나의 이웃입니까?"라는 율법사의 질문과 비슷한 것이라면 그에 대한 답을 할 필요가 없습니다.

이렇게 주의를 다른 곳으로 돌리려는 상대방의 전술에 휘말리는 것을 피하기가 쉽지는 않습니다. 그럴 때는 이렇게 이야기하기 바랍니다. "정말 중요한 질문입니다. 앞으로 이해하게 될 것입니다. 자, 그 질문을 기록해 두겠습니다." 질문을 받아 적음으로써, 당신은 그를 진지하게 대하며 그의 의견을 경청하고 그의 관심사와 의문점을 존중한다는 사실을 전달합니다.

다음번에 공부하러 만날 때 그 종이를 꼭 가져가야 합니다. 공부를 시작할 때 그것을 꺼내어 테이블 위에 놓으십시오. 이는 상당히 많은 의미를 전달합니다. 이는 '나는 당신의 질문을 잊지 않았습니다. 앞으로 이해하게 될 것입니다. 또한 당신이 또 다른 질문이 있어도 얼마든지 환영합니다'라는 뜻을 전달합니다.

질문에는 순서가 있다

종종 어떤 특정한 질문에는 대답하기가 어려운 경우가 생기는데 이는 단지 순서에 어긋나게 질문을 했기 때문일 수도 있습니다. 예를 들어 하나님의 존재에 대해서도 의심하는 경우에 어떻게 하나님의 공의를 토의할 수 있겠습니까? 그래서 함께 공부하는 사람들에게 질문에는 일종의 순서가 있다는 개념을 전달해 주는 게 필요합니다. 이렇게 하면 그는 어떤 질문에 대해서는 연기해야 한다는 것을 이해하게 되며 또 다른 질문을 하는 데에 자유로움을 느낄 것입니다.

질문마다 나오는 대로 즉시 대답하려고 하기보다는 적어 둠으로써 대화의 방향을 조절할 수 있게 됩니다. 우리는 이 질문들을 언제 어떻게 다룰지를 결정할 수 있습니다. 이렇게 함으로써 어떤 질문이 처음 제기되었을 때 관찰한 그의 잘못된 동기를 중화할 수 있습니다. 우리를 함정에 빠뜨리려는 욕구는 우리가 사랑과 용납을 꾸준히 보여 주면서 사라지게 됩니다. 관계가 진전될수록 질문의 본질이 변하게 될 것입니다.

물론 순서에 따라 질문에 대응한다는 이러한 생각에는 중요한 예외도 있습니다. 종종 어떤 질문의 경우에는 명백히 그리스도께로 나아가는 길을 막아 버리는 경우가 있습니다. 대답해 줄 기초가 아직 준비되지 못했다 하더라도 앞으로 계속 나아가기 전에 그러한 질문을 한 사람에게 어떤 형태로든 대답을 해 주어야 할 때도 있습니다.

이런 경우라면 다음과 같이 대응할 수 있을 것입니다. "당신에게 중요한 질문이라 생각되는군요. 그래서 성경에서는 이에 대해 무엇이라 말하는지 보여 드리도록 하겠습니다. 그 대답이 당신에게 만족스럽지 못할 수도 있습니다. [그는 아직 성경의 권위에 동의하지 않은 상태입니다.] 그렇게 하는 것은 당신에게 정보를 제공하기 위해서입니다. 그 질문에 대해 성경이 말하는 바는 바로 이렇습니다.…"

이 상황에서 우리의 대답을 그가 받아들이느냐 거부하느냐는 부차적인 문제입니다. 중요한 것은 성경 말씀에서 무엇이라고 하는지를 얘기해 주는 것입니다.

성경을 굳게 붙듦

성경을 믿지 않는 사람들과 공부할 때에는 계속 성경만을 사용하는 것이 특히 중요합니다.

다음과 같은 입장을 계속 유지해야 합니다. "당신은 성경의 권위를 받아들일 준비가 되어 있지 않지요? 이해할 만합니다. 우리가 여기 함께 앉아 있는 이유 한 가지는 성경이 말하는 바가 사실인지 아닌지 당신 스스로 판단해 볼 기회를 드리려는 것입니다. 그래서 토의에서 내 자신의 의견을 빼도록 노력하겠습니다. 우리는 자기의 의견이 다른 사람의 의견보다 크게 나을 게 없음을 계속 기억하는 것이 필요합니다. 당신의 질문에 대해 성경에서 보여 주는 것만을 당신에게 전달하기 위해 노력하겠습니다."

이와 다른 입장을 취하게 되면 결국 성경의 권위를 잠식하게 될 것입니다. 만일 우리 의견을 섞게 되면 그것이 우리의 것이든 아니면 이차적인 자료나 전통에서 나온 것이든지 간에 우리는 두 번째의 권위를 창조하게 됩니다. 즉 사람 자신입니다! 이렇게 되면 토의가 진행될 경우에 사람의 말로써 최종적인 결론을 내리고 상대방의 입을 막으려고 하게 됩니다.

이처럼 성경이 스스로 증거하도록 하는 태도는 우리 스스로가 성경에 대해 깊이 확신하는 삶을 살 때에 생깁니다. 성경은 사실이기 때문에 권위가 있습니다. 따라서 우리가 옹호하지 않더라도 성경은 그 자체로서 큰 능력이 있습니다. 삶의 문제에 관한 것을 다룰 때나 인간과 사회에 대하여 다룰 때나 성경은 언제나 진실된 소리만을 냅니다. 이것이 반복되면 반복될수록 불신자들은 대개 무의식적으로 성경의 권위를 인정하기 시작합니다.

분수령이 되는 질문

중요한 열쇠가 되는 질문이 한 가지 있습니다. 일단 대답하기만 하면 다른 대부분의 질문에 대한 답을 알게 해 주는 질문입니다. 이전에 불가능하게 보였던 많은 질문이 쉬운 것으로 변하게 됩니다. 물론 이러한 분수령이 되는 질문은 제3장에서 제기했던 예수님의 신원에 관한 질문, 즉 "예수님은 누구신가?"입니다.

예수님의 신원은 다른 대답의 기본 전제가 되는 사실입니다. 예를 들어 한 사람이 그리스도의 신성을 인정하기까지 하나님과의 관계에서 해결할 수 없는 여러 딜레마에 맞닥뜨리게 됩니다. 이것은 누가복음 7:29-30에 묘사되어 있습니다. "모든 백성과 세리들은 이미 요한의 세례를 받은지라 이 말씀을 듣고 하나님을 의롭다 하되, 오직 바리새인과 율법사들은 그 세례를 받지 아니한지라 스스로 하나님의 뜻을 저버리니라."

한 무리는 하나님을 의롭다 했으나 한 무리는 그렇지 않다고 했습니다. 하나님을 의롭다고 한 사람들은 요한의 세례를 받은 사람들이었습니다. 하나님을 의롭지 않다고 한 사람들은 요한의 세례를 받지 않은 사람들이었습니다. 그러나 요한의 세례가 하나님의 의로우심에 대한 각 개인의 입장과 무슨 관계가 있습니까? 요한의 세례는 회개의 세례였습니다. 회개한다는 것은 스스로가 잘못됐다고 결론짓는 것입니다. 하나님께서 의로우시다는 것을 인정하기 전에 먼저 자신이 잘못했다는 사실을 인정해야 합니다.

다른 말로 하면 하나님이 의로우시다면 나는 불의한 것입니다. 그러나 내가 의롭다면 하나님이 잘못된 것입니다. 내가 잘못되었다는 것을 인정할 준비가 되어 있지 않기 때문에 하나님께서 잘못된 분이 되어야 합니다. 따라서 나는 하나님에게서 의롭지 못한 것을 발견해야 합니다. 이게 바로 이방인이나 심한 정신박약아의 운명에 대해 질문을 하게 되는 근본 원입니다. 또 인간 스스로가 이 세상을 지옥으로 바꾸어 놓고는 이 곤란한 상태에 대해 하나님을 비난하는 이유입니다. 우리는 하나님에게서 잘못된 것을 발견하든지 아니면 우리가 바로 비난받아 마땅하다는 것을 받아들여야 합니다. 그러나 자신이 비난받아 마땅하다는 사실을 받아들이면 우리는 또한 자신의 말로 스스로 자신을 심판하는 셈이 되는 것입니다.

예수 그리스도의 신원에 대한 질문이 해결될 때, 우리는 비로소 우리 자신의 불의함을 인정할 수 있게 됩니다. 우리의 불의함과는 대조적으로 하나님의 의가 복음을 통하여 나타났습니다. 로마서 1:17은 "복음에는 하나님의 의가 나타나서 믿음으로 믿음에 이르게 하나니…"라고 말씀합니다.

당신은 하나님의 의로우심에 대해 의문을 제기합니까? 예수님의 생애를 살펴보십시오. 불의하신 적이 있습니까? 없습니다. 그뿐 아니라 예수님께서는 우리를 불의함에서 구원하실 수도 있습니다. 우리는 이것을 누릴 수 있습니다.

일단 이것이 이해되면 나머지 질문은 대부분 저절로 해결될 것입니다.

- '하나님이 계시는가?' 하나님의 존재에 대한 이 질문은 예수님이 하나님이심을 알았기 때문에 중복된 것이 됩니다.
- '하나님은 어떤 분이신가?' 예수님을 바라보십시오.
- '우주 만물의 기원은 무엇인가?' 이 세상은 무엇에서 비롯되었습니까? 사람은 누구입니까? 인생은 도대체 무엇입니까? 이러한 질문이나 이와 유사한 질문에 대한 답은 예수님께서 하신 말씀에서 발견할 수 있습니다.

제안

당신이 성경 말씀으로 다른 사람을 인도하는 문제로 씨름할 때 도움이 되는 몇 가지 실제적인 제안이 있습니다.

해야 할 것

- '말해 주었다고 전달된 것은 아님'을 기억하십시오.
- 당신의 역할은 상대방이 진리를 발견하도록 안내하는 것임을 기억하십시오.
- 성경 자체에 권위와 능력이 있음을 기억하고 전적으로 성경 말씀만을 의지하십시오.
- 가르칠 때에는 주로 질문을 사용하십시오.
- 상대방의 따지는 질문을 지혜롭게 다루는 법을 배우십시오.
- 진지한 질문을 활용하는 방법을 배우십시오.
- 상대방에게 생각하며 답을 발견할 여유를 주십시오.
- 그 사람과 당신 사이가 아니라 그와 진리 사이에 갈등이 생기도록 계속 유념하십시오.
- 그의 감정과 염려에 깨어 민감하게 대하십시오.
- 그를 편안하게 해 주십시오.
- 공부의 목적에서 벗어나지 않도록 주의하십시오.
- 그룹을 잘 편성하십시오.
- 어려운 질문은 기록해 두었다가 일정한 순서에 따라 대답하십시오.
- 성경을 변호하려는 논쟁을 피하십시오.
- 어떤 주제에 대해 논쟁하는 것을 피하십시오.
- 독단적인 대답을 하려고 하지 마십시오.
- 상대방의 압력이나 당신의 지식 부족 때문에 위기감을 갖지 마십시오.
- 논리적으로 따져서 대답하려는 태도를 피하십시오.
- 상대방의 동의를 강요하지 마십시오.
- 상대방의 행동을 판단하려는 마음으로 보지 마십시오.

기대되는 결과
- 성경이 그 권위를 책임질 것입니다.
- 성경이 진리로 모든 논쟁을 이길 것입니다.
- 성령께서, 계시하시고 책망하시는 그분의 역할을 다하실 것입니다.
- 예수님의 신원이 명백해질 것입니다.

22

심을 때와 거둘 때

과정을 민감히 파악함

"**너**희의 허물과 죄로 죽었던 너희를 살리셨도다"(에베소서 2:1).

우리의 사역은 죽은 사람들을 대상으로 합니다. 죽은 자 가운데서 일하는 것이 바로 전도입니다. 죽음은 불쾌한 것입니다. 추합니다. 우리는 죽음에서 멀어지기를 원하므로 그것을 자세히 살펴보기를 원하지 않습니다.

영적으로 죽은 사람들도 이와 마찬가지입니다. 그들의 행동은 대개 추하며 우리를 당황하게 합니다. 우리는 그들의 행동과 말에 감정이 상합니다. 우리는 그들이 자신의 행동을 깨끗하게 할 수 있도록 그들을 변화시키기를 갈망합니다. 그러나 세상은 살기에 좋은 곳이 아닙니다. 그리고 종종 세상 사람들은 존경스럽지도 않고 함께 지내고 싶을 만큼 훌륭하지도 않습니다. 그럼에도 불구하고 우리는 바로 이 사람들에게로 보냄을 받았습니다.

예수님께서는 "건강한 자에게는 의원이 쓸데없고 병든 자에게라야 쓸데 있나니, 내가 의인을 부르러 온 것이 아니요 죄인을 불러 회개시키러 왔노라"(누가복음 5:31-32)라고 하셨습니다. 후에 혼인 잔치 비유에서 같은 개념을 전달하셨습니다(마태복음 22:1-14, 누가복음 14:15-24). 이 비유에서 상류 사회 사람들이 변명만 하려고 할 때에 왕은 신하들을 보내어 거리와 골목에서 가난한 자들과 병신들과 소경들과 저는 자들을 데려오라고 하였습니다(누가복음 14:21). 그래서 잔칫집은 사회에서 버림받은 사람들로 가득 찼습니다.

우리는 자신의 기준으로 다른 사람들을 판단하고 평가하여, 상대방을 용납할 것인지를 결정하기가 매우 쉽습니다. 그러나 영적으로 죽었고 절름발이고 또한 소경인 사람들이 우리에게 다가올 때 우리가 현실적으로 그들에게 기대할 만한 것이 무엇이겠습니까? 열 살 때 부모에게 버림받고 살아온 사람에게 무슨 기대를 걸어야 합니까? 자기와 어머니를 버리고 집을 떠난 무책임한 아버지, 그래서 성장 과정에서 심각한 정신적 해를 끼치고 경제적으로 아주 힘들게 한 아버지에 대한 분노를 극복해야 하는 사람에게 어떻게 해야 합니까?

하나님께서는 "나를 미워하는 자의 죄를 갚되 아비로부터 아들에게로 삼사 대까지 이르게 하거니와"(출애굽기 20:5)라고 말씀하셨습니다. 이 말은 처벌의 차원이 아니라 자손들에게 미치는 부모의 죄의 영향력이 심각함을 이야기한 것입니다. 인생 경험이 많은 사람은 누구나 조상이 남긴 이런 슬픈 유산 탓에 그 자손들이 얼마나 고생하는지를 잘 이해합니다. "아비로부터 아들에게로." 그 아버지에 그 아들인 것입니다. 아버지가 심은 것을 아들이 거둡니다. 우리가 보냄을 받은 사람들에게는 비정상적인 행동이 다반사입니다. 이러한 타락은 대대손손 이어져 내려왔습니다. 따라서 우리가 접하게 되는 일들에 충격을 받거나 감정이 상해서는 안 됩니다.

우리는 다른 이를 판단하는 데에 너무도 천부적인 소질을 발휘합니다. 마음속으로 불신자들을 판단하고 비판하기가 매우 쉽습니다. 아내와 자녀들을 버리고 그 과정에서 심각한 정신적 상처를 준 사람을 정죄할 때에 우리 자신을 너무도 고결한 존재로 여기기 쉽습니다. 이런 때에 우리는 도리어 울어야 합니다. 그들은 허물과 죄로 죽었습니다(에베소서 2:1). 그들은 '공중의 권세 잡은 자'에게 묶여 있습니다(에베소서 2:2). 이게 바로 현실입니다. 만약 우리가 흑암의 권세로부터 하나님의 아들의 나라로 생명과 빛에 이르는 순례의 길을 가려는 어떤 사람과 동행하려면 살아 있는 사람과 죽은 사람 사이에 존재하는 거리감과 차이점을 인식하고 넓은 관용과 인내력을 갖추어야 합니다.

대부분의 사람들에게 그리스도께로 이르는 길은 멀고도 멉니다. 비록 주님은 언제나 가까이에 계시지만 사람은 너무나도 멀리 떨어져 있습니다. 가치관이 완전히 뒤바뀌어야 합니다. 완전히 뒤돌아서야 하는 사람들도 많습니다. 어떤 이가 현대인이라 부르는 사람들 사이에 공통적으로 퍼져 있는 가치관과 전제 조건을 다음과 같이 요약했습니다.

하나님은 만약 존재한다 해도 단지 비인격적이며 도덕적인 힘일 뿐이다. 인간은 기본적으로 자신 안에, 도덕적으로 진보하고 올바른 선택을 할 수 있는 능력을 가지고 있다. 행복은 물질이 무한정으로 공급되는 것으로 이루어진다. 옳고 그름을 판단하는 객관적 토대는 실제로는 존재하지 않는다. 초자연적인 것은 상상의 산물이다. 사람이 선하게 살면 영원한 운명은 보장된다. 성경은 사람이 기록한 하나의 책에 지나지 않는다.

이와 같은 가치관과 그리스도인의 입장을 비교해 보면, 복음을 이 세대에 전하려고 할 때에 고려해야 할 엄청난 폭과 거리를 알 수 있습니다. 이렇게 넓고 큰 폭은 우리의 변론이나 반대 증거의 제시 혹은 단호한 반박 등으로는 좁혀지지 않습니다. 우리는 그들이 틀렸다는 것을 증명해 보임으로써 사람들을 얻을 수 있는 게 아닙니다. 오히려 예수 그리스도의 뛰어나심과 아름다우심을 앎으로써 더 나은 길이 있다는 사실을 깨닫게 됩니다. 그러나 그 일에는 시간이 걸립니다. 내 자신의 경험으로 볼 때 대개 불신자들은 영적 출생이 일어나기 전에 성경을 통해 그리스도와 친숙해지는 것이 필요하며 이를 위해서는 1년 또는 그 이상의 시간이 걸리는 경우가 많습니다. 그러나 영적으로 출생하기까지 이에 필요한 시간이 충분히 투자된 경우에는 아주 건강한 아기가 출생하며 영적 생명이 살아 있음을 확실히 볼 수 있습니다.

심어야 할 때 - 심고 가꾸면서 관심을 유지함

그러면 어떻게 상대방의 관심을 유지할 수 있습니까? 그가 그리스도인도 아닌데 어떻게 하면 매주 성경공부 모임에 참석하게 하여 그 사람을 좀 더 만날 수 있겠습니까? 앞에서 이미 이 질문에 대해 몇 가지 대답을 했습니다. 그것은 바로 사랑과 용납입니다. 여기에는 인간적인 어떤 기대나 규제가 없어야 합니다. 자신의 개인적인 목표를 위해 그 사람을 사용하지 않는 것입니다. 근원적인 자료인 성경을 정직하게 살펴볼 수 있도록 그에게 기회를 제공하는 것입니다. 하나님의 말씀을 통해 성령께서 지속적으로 동기를 주시는 것입니다. 그러나 이에는 못 미치지만 역시 마음에 새겨야 할 기술적인 사항이 몇 가지 있습니다.

1. 토의의 템포를 알맞게 조절하십시오

종종 "우리는 지난밤에 자정까지 토의를 했습니다. 참석자들이 멈추려고 하지 않아서요"라고 말하는 것을 듣습니다.

참석자들이 멈추려고 하지 않았다는 것은 사실일 것입니다. 그러나 그다음 날 그들은 분명히 하루 종일 피곤하게 지내며 토의를 중간에 멈추지 않은 것에 대해 뒤늦게 후회할지도 모릅니다. 다음 주에 그들은 지난주와 비슷한 시간을 보낼 만한 신체적, 감정적 에너지가 있는지 재차 생각할 것입니다. 토의를 질질 끌지 마십시오. 당신에게 주도권이 있을 때에 멈추십시오. 당신이 멈추기를 사람들이 기대하기 전에 끝내십시오.

한 장을 공부해 나가면서 이 원리를 주의해서 지키십시오. 계속 나아가십시오. 모든 질문에서 마지막 한 방울까지도 남기지 않고 다 짜내려는 수고를 하지 마십시오. 다음 문단으로 넘어갈 시기를 결정하는 데에는 그룹의 다른 사람들보다 당신이 앞서 주도권을 잡아야 합니다.

간단히 말해서 사람들을 지루하게 하지 마십시오.

2. 매일의 삶과 연관된 내용을 이야기하십시오

만일 참석자들의 입에서 당신이 참으로 심오한 이야기를 한다는 말이 나온다면 아마도 칭찬은 아닐 것입니다. 그들이 실제로 이야기하는 바는 당신 말을 이해하지 못하겠다는 의미일 수도 있습니다. 진리는 그 본질이 매우 단순합니다.

토의 내용이 이론적이거나 신학적인 방향으로 쏠리게 되면 토의는 지루한 것이 되고 맙니다. 성경이 말하는 바를 일상생활의 경험과 연관시키는 데 성공할 때에 비로소 토의는 생생해집니다.

나눌 내용을 듣는 사람 중심으로 정하기 바랍니다. 인도자인 당신의 주의를 끄는 내용이 반드시 중요한 것은 아니라는 사실입니다. 오히려 듣는 이에게 연관되어 있느냐가 중요합니다. 당신의 필요와 관심사가 꼭 상대방에게 관심을 끌지는 않습니다.

3. 결석하는 사람을 받아주십시오

불신자가 마지막 순간에 참석을 취소한다든지 혹은 단순히 나타나지 않을 때 그를 공격하지 마십시오. 이는 그가 그리스도께로 가는 역동적인 과정의 일부분이기 때문입니다. 불신자는 성경을 공부하는 데 들이는 시간에 대해 태도가 유동적입니다. 지속하기를 원하지만 원하지 않을 때도 있습니다. 그러다가 복음의 의미를 이해하기 시작하면서 대개 마음속에 갈등을 일으키게 됩니다. 이는 그리스도께 한 발자국 다가섰다는 의미입니다.

한 친구는 그리스도께로 이른 자신의 순례 여행을 간증하면서, 나를 얼마나 자주 바람맞혔는지를 얘기했습니다. 그는 자주 성경공부 계획을 바꿀 구실을 찾으려고 어지간히 애썼습니다. 나와 만나 성경공부를 하기보다는 종종 아무 연락도 없이 친구와 술 마시러 갔습니다.

이런 일이 생기면 나는 대개 며칠씩 그냥 흘러가도록 두었습니다. 그리고 나서는 그가 근무하는 직장에 잠깐씩 들르곤 했습니다. 커피를 마시면서 겨우 몇 분 동안 얘기를 나누었습니다. 왜 결석했는지는 절대로 물어보지 않았습니다. 이미 그 이유를 알기 때문입니다. 그리고 그 역시 아무 설명도 하지 않았습니다. 헤어지면서 나는 그에게 "목요일 저녁, 저녁 뉴스 이후가 어떻습니까?"라고 물었고, 우리의 만남은 이렇게 지속되어 갔습니다.

우리는 결석한 사람들을 용납해야 합니다. 가능하면 직접 가서 만나는 게 좋습니다. 만나는 것은 공부가 얼마나 잘 진행되는지에 상관없이 중요합니다. 잠깐 만난다든지 전화 통화라도 하는 것은 친구 관계를 확증하는 데 도움이 되며 갈등이 시작될 때를 대비할 수 있습니다.

4. 친밀한 분위기를 유지하십시오

사람들은 주요 생활 방식이 자기와 다른 사람과는 함께하려 하지 않는 경향이 있습니다. 불신자들을 그룹으로 모을 때는 가능한 한 동질감을 유지하도록 고려하는 게 바람직합니다.

신비롭게도 불신자들을 사로잡는 것은 그리스도인 사이에 존재하는 '하나 됨'입니다. 그들에게는 이 점이 특이하게 보입니다. 그들 자신만으로는 그리스도인과 같이 행동할 능력이 없습니다. 그들은 하나님께서는 사람을 차별하지 않으시며 그리스도의 몸인 교회도 모든 구성원이 동등하다는 말을 듣고 감동받을지도 모릅니다. 아마도 이것이 사실이며 올바르다는 사실에 대하여 동의할 것입니다. 그런데 우리는 그 그룹에 참여시키려고 하는 새로운 사람에 대한 자신의 선입견을 바꾸기 위해서는 아무런 시도도 하지 않을 수가 있습니다.

종종 단순히 친밀함이 부족해서 불신자들이 떨어져 나가기도 합니다. 그들은 조그만 물결도 일으키지 않고 그냥 조용히 사라집니다. 자연스러운 친밀감을 유지하기 위해 심사숙고하지 않는다면 임의로 모인 사람들의 관심을 계속 끌어갈 수 없다는 것은 자명한 사실입니다.

5. 그룹의 균형을 잘 유지하십시오

전도 성경공부에서는 믿는 사람보다는 아직 믿지 않는 이들에게 더 많은 관심을 베풀어야 합니다. 이 사실은 매우 중요합니다. 그런데 그리스도인 부부 서넛이 불신자 부부 한둘을 대하는 것을 종종 보았습니다. 이는 불신자들을 매우 위축시킬 수 있습니다. 그들은 자신이 성경에 무지하다는 사실에 지나치게 신경 쓰게 되며 진정으로 모르는 점을 묻기를 두려워하게 됩니다. 그들은 자기가 하는 질문이 어리석어 보일까 봐 또는 그리스도인의 입장과 근본적인 불일치를 드러내게 될 때 거절당할까 봐 두려움을 느끼게 됩니다. 불일치를 원하지 않기에 종종 말로만 반대하지 않는 것을 선택합니다. 그런 상태에서는 진정한 의사소통이 거의 불가능하게 됩니다.

훌륭한 성경공부는 격식을 차리지 않으며 틀에 매이지 않고 위기감을 주지 않아야 합니다. 용납하는 분위기로 가득 차야 하고 비난을 삼가며 긴장을 풀어 주어야 합니다. 이러한 상황에서는 엉뚱한 생각이 많이 튀어나올 수 있습니다. 그러나 이는 바람직한 모습입니다. 자연스럽게 표현하는 분위기가 필요합니다. 즉 어울리지 않거나 실수가 섞인 말을 할 수 있는 여지를 주는 게 좋습니다. 우리는 모든 것을 단번에 올바르게 할 수가 없습니다. 그러나 그룹이 주로 그리스도인으로 구성된 곳에서는 분명히 자기 의견을 마음대로 표현하지 못하는 사람이 있습니다. 그리스도인 중에 누군가가 '오해를 바로잡으려고' 성경 말씀을 제시하려 들 것이기 때문입니다. 이렇게 자기 의견이 억눌리게 되면 불신자의 관심은 오래 유지되지 못합니다. 참석자의 관심을 계속 유지하기 위해서는 여러 가지를 고려해야 하는데 다음 제안도 그중 하나입니다.

6. 찬송과 기도는 부적절합니다

전도 성경공부를 하는 자리에서 찬송과 기도는 부적절합니다. 짧은 설교도 마찬가지입니다. 교회 배경 속에서 성장한 사람들은 자기가 불신자들에게 어떻게 나아가는지를 깨닫는 데 어려움을 느낄 때가 많습니다. 그들은 자신의 행동이 상대방에게 적절한지 잠시 생각해 보지도 않고 습관적으로 행할 때가 많습니다. 이런 일은 불신자들에게 충격을 주기도 합니다.

예를 들어, 나는 혼자 읽으려고 성경을 폈을 때 잠깐 멈추어 하나님께서 깨닫게 해 주시도록 도움을 청하는 기도를 하고 읽기 시작합니다. 읽고 난 후에도 대개 다시금 기도하곤 하는데 이 경우는 내가 방금 읽은 내용이 내 삶의 일부가 되게 해 주시기를 구하는 기도입니다. 그러나 불신자와 성경을 공부할 때에는 시작할 때나 마칠 때나 기도를 하지 않습니다. 두 가지 이유에서 그렇게 합니다. 첫째, 불신자는 자기가 아직 존재조차 의심하는 누군가에게 얘기하는 것에 참여할 수 없다는 점입니다. 더욱 중요한 것은 토의를 시작하고 끝낼 때에 기도를 하는 것이 불신자들에게는 종교 의식처럼 보이며 이것만으로도 토의가 형식화되기에 충분하기 때문입니다! 이것 때문에 토의 분위기가 바뀌어 버립니다.

물론 인도자 자신은 토의를 시작할 때나 끝낼 때 기도해야 합니다. 그러나 당신만 그것도 속으로 하는 것이 좋습니다. 하나님께 기도한다고 하면서 기도를 통해 불신자에게 설교를 하듯이 하지 마십시오. 마찬가지로 찬송을 하고 싶으면 마음속으로 하십시오. 믿지 않는 사람들에게는 찬송이나 기도나 설교는 교회 예배와 매한가지로 보입니다. 우리는 강의를 하기보다는 토의를 해야 하며, 가르치기보다는 이끌어야 합니다. 또한 찬송과 기도를 할 때에 마음속으로 하나님께 해야 합니다.

제20장에서 인격의 세 가지 요소, 즉 지성, 감정, 의지가 그리스도인이 되는 결정을 하거나 또는 다른 의미 있는 결정을 하는 데 영향을 끼친다는 점을 얘기했습니다. 감정은 동기력을 일으키는 데 기여하고 지성은 이유를 제시하며 의지는 행동으로 나타내도록 하는 데에 기여합니다. 단지 감정적인 기초 위에서 행한 결정이나 지적인 동의에서 나온 결과로써 내린 결정은, 다시 말하여 의지가 포함되지 않은 결정은 그 어떤 것도 진정한 결정이 아닙니다. 그러한 결정은 시간이 지나거나 압력이 닥쳐오면 시험을 견디지 못합니다. 사람들이 새해가 되면 으레 그렇듯이 판에 박힌 듯한 결심은 이런 면을 잘 나타내 줍니다.

그리스도인이 되려는 결정을 할 때 반드시 의지가 포함되어야 합니다. 하나님과의 관계에서 제일 처음 문제를 일으킨 것도 이 의지이기 때문입니다. 아담의 죄는 하나님 대신 자기가 머리가 되려는 것이었습니다. '결신'이라 함은 우리 손에 든 무기를 내려놓고 두 손을 들고 하나님께 나아가는 것입니다. 이는 하나님의 법에 굴복하여 살겠다는 의미입니다. 제3장에서 본 바와 같이 이것이 예수님께서 '믿음'이라는 말 속에 부여하신 의미입니다. 이와는 다른 낮은 수준으로 결신을 설명하거나 소개하는 것은 복음을 잘못 해석한 것입니다.

불신자가 그리스도인이 되겠다는 결심을 어떤 방식으로 표현하든(그것이 기도이든 간증이든 세례를 받겠다는 결심이든 간에), 그것은 내적으로 이미 성령과 연합한 것을 드러내는 것이어야 합니다. 때때로 우리가 전도라는 방법으로 사람들에게 증거를 할 때 이런 변화는 대개 우리가 함께 있지 않을 때 일어납니다. 우리는 그 사람의 태도와 삶의 변화에 의해서만 이 같은 변화가 일어났다는 것을 알 수 있습니다. 종종 이런 첫 번째 신호는 호칭의 변화에서 나타나는 경우가 많습니다. "당신네 그리스도인들"이라고 하지 않고, "우리 그리스도인"이라고 말합니다. 아니면 자원하여 간증을 하려는 것으로 나타날 수도 있습니다.

비록 우리가 그 사람이 사망에서 생명으로 옮겨지는 내적인 변화를 일으킬 수는 없지만 그 과정에서 상당히 많은 것을 도울 수 있습니다.

불신자와 함께 성경을 보아 나갈 때 그의 태도는 대개 변화하기 시작합니다. 처음에는 그의 말이나 대답이나 질문에 대개 불신이나 의심이 담겨 있거나 심지어 호전성을 띨 수도 있습니다. 그러나 그러한 반발이 사라질 때가 옵니다. 그가 던지는 질문의 의도가 바뀔 것입니다. 이는 그가 최초의 질문, 즉 "예수님은 누구신가?"에서 "예수님은 내가 무엇을 하기 원하시는가?"라는 질문으로 나아가는 중임을 의미합니다.

이러한 태도 변화가 일어날 때가 복음의 핵심 내용에 초점을 명확히 맞출 시기입니다. 그에게 복음을 요약한 내용과, 예수님께 응답하려면 어떻게 해야 하는지를 명확하게 알려 줄 때입니다. 그는 이제 결단하는 일이 남았다는 사실을 인식해야 합니다.

대개 수주 후에 함께 공부할 때에, 진도를 한 장 더 나아가는 대신 이번에는 좀 더 새로운 것을 하자고 제안합니다. 성경의 중심되는 메시지를 요약한 예화를 나누고 싶다고 얘기합니다. 그러고는 다리 예화를 설명해 나갑니다. 이 예화는 그리스도가 어떻게 생명과 죽음을 갈라놓는 틈을 연결시켜 주는 다리가 되는지를 보여 줍니다. 만약 요한복음을 공부하는 중이라면 요한복음에 나오는 구절을 토대로 삼아 시작합니다. 핵심 요점에 대해서는 성경의 다른 부분에 나오는 구절도 찾아 보여 줍니다. 그러면 우리가 얘기하는 바를 명확히 하며 성경이 얼마나 조화로운지를 보여 주어서 좋습니다. 418페이지에 이 예화가 간단히 소개되어 있습니다.

이 시점에서 이 예화를 사용하는 목적은 그 사람이 결단을 하도록 요구하기 위한 것은 아닙니다. 오히려 그에게 결단에 대한 동기를 부여하기 위한 것입니다. 따라서 끝낼 때에 그에게 "당신은 이 그림에서 어느 위치에 서겠습니까?"(그는 이미 머릿속으로 그것을 결정했습니다)라고 묻는 대신에 "이 예화는 성경의 핵심 주제를 요약하고 있습니다. 이것을 접어 성경 속에 잘 보관하십시오. 앞으로 나아가면서 다시금 참조할 것입니다"라고 말해 줍니다. 그때부터 토의를 요약하면서 매번 이 예화를 사용합니다. 토의가 끝날 때마다 그것을 꺼내어 방금 공부한 장의 내용이 예화 전체와 어떻게 일치하는지 얘기합니다.

복음을 이런 식으로 요약해 주면 몇 가지 중요한 영향을 끼치게 됩니다.

- 성경을 잘 이해하도록 돕습니다. 이는 기본적인 틀을 제공해 주기 때문에 어느 부분에 연관시킬지를 알려 줍니다.
- 결단을 내려야 한다는 사실을 마음속에 심어 줍니다.
- 그 사람이 어떤 식으로 반응을 보여야 할지를 명확히 보여 줍니다.

나와 함께 공부했던 한 사람은 이렇게 말했습니다. "매일 아침 일어날 때마다 나는 '오늘이 내가 그 다리를 건너는 날인가?'라고 스스로 질문했습니다." 그리스도께로 가고 있는 사람들에게 인격의 세 요소인 지, 정, 의가 의사 결정 과정에서 어떤 역할을 차지하는지 앞에서 다루었는데 이 점을 이해하면 도움이 됩니다.

몇 년 전에 한 선교사 친구가 편지를 보내 왔습니다. 다른 나라에 파송된 지 얼마 안 되는 친구였습니다. 몇 달 동안 불신자 다섯 명과 성경을 공부해 왔는데 이제 그만둘 예정이라고 했습니다. 그의 말에 따르면, 그들은 모든 것을 이해하고 복음의 진리를 받아들일 시점까지 이르렀습니다. 그러나 그들 중 아무도 그리스도께 굴복하지 않았습니다. 그들이 결신을 하지 않겠다고 드러내 놓고 말했기에 이제 포기하고 다른 선교지로 갈까 한다고 했습니다. 그는 내 의견을 듣고 싶어 했습니다.

답장을 통해 나는 그가 진정으로 문제가 되는 것이 무엇인지를 그들이 명확히 이해하도록 이끈 것을 격려해 주었습니다. 나는 의지는 결국 언제 어디서나 문제가 되며 불신자가 이 사실을 인정할 때 우리는 실망하기보다는 축하해야 한다고 얘기했습니다. 이는 분명 진전이 있는 것이라고 인정해 주었습니다. 내 친구는 계속 그 그룹에 집중했고 마침내 그 사람들이 그 나라 사역의 기초가 되는 사람들로 변화되었습니다.

다음과 같이 말하는 것이 때때로 도움이 됩니다. "솔직히 말하자면, 내가 당신에게서 받은 인상은 당신은 지적인 수준에서만 당신의 의문점을 만족시키려 한다는 것입니다. 이제 진정한 문제는 하나님께서 당신의 삶에 주인이 되시도록 허락하겠느냐 하는 것입니다. 당신도 이것이 진정한 문제라고 생각합니까?"

지적인 의문은 대개 그리 오래 지속되지 않습니다. 무신론이나 불가지론을 주장하는 사람들도 지적인 질문은 대개 몇 주 정도면 해결됩니다. 그러나 의지는 별개의 문제입니다. 무한정 지속될 수 있습니다.

언제 포기해야 하는가

하나님께서는 한 사람의 의지를 무시하지 않으십니다. 사람은 끝까지 "아니요"라고 말하며 고집을 피울 수도 있습니다. 그러나 그것이 하나님께 대한 최종적인 "아니요"인지는 아무도 모릅니다. 그리고 그 결정을 하나님께서 그대로 받아들이셔서 그때부터는 죽 혼자 내버려두실 거라고 생각지는 않습니다. 우리는 이 시점에서 하나님의 인도하심에 민감하게 주목하여 살펴야 합니다.

지금까지 이야기해 온 전체 과정은 기도와 함께 진행되어야 합니다. 모든 토의 과정에서 기도하십시오. 한 사람을 그리스도께로 인도하는 데에 필요한 것은 무엇이든지 해 주시도록 기도로써 하나님께 의뢰하십시오. 이러한 기도에 대한 하나님의 응답을 우리는 능히 경험할 수 있습니다. 우리는 한 사람에 대해 얼마나 오랫동안 인내해야 할까요? 하나님께 그 실마리를 얻을 수 있습니다. 하나님의 무궁하신 사랑을 기억해야 합니다. 하나님께서 그에게 머무르시는 한 우리도 그에게 머물러야 하지만 그 이상은 아닙니다. 우리가 떠나는 경우는, 상대방이 더 이상 진리에 이르기를 의식적으로 거부하고 하나님을 자기의 삶에 모셔 들이지 않겠다는 의지적 결정을 하고도 아무렇지도 않고 평안함을 느낄 때입니다.

도움을 주십시오

성급하게 결단한 사람은 마음에도 없는 말을 합니다. 실제로는 하지도 않은 것을 했다고 생각합니다. 진정한 그리스도인이 아니면서 그리스도인처럼 행동하기란 힘든 일입니다. 아무도 그 일을 무한정 지속할 수 없습니다. 결국 도중하차하고 맙니다.

그러나 때가 무르익기를 기다리면서 결단을 계속 미루도록 내버려 두는 것도 마찬가지로 위험합니다. 복음의 내용을 잘 알면서도 종종 자신의 죄 가운데서 죽는 경우가 있습니다. 때로 사람들은 단순히 등을 떠밀어 주어야 할 경우가 있습니다. 다음과 같이 대화가 진행될 것입니다.

> A: 이제까지 6개월간 성경을 공부했습니다. 어떻습니까? 그리스도를 향하여 얼마나 나아간 것 같습니까?
> B: 처음보다는 많이 이해하게 되었습니다.
> A: 그러면 당신이 그리스도인이 되려면 뭐가 필요하다고 생각합니까?
> B: 똑 부러지게 얘기할 순 없지만, 단지 그리스도를 내 마음에 모셔 들이는 결정을 하는 게 필요하다는 생각이 듭니다.
> A: 그렇게 하고 싶습니까?
> B: 예, 그렇습니다.
> A: 뭘 해야 할지를 알고 계시지요?
> B: 물론입니다.
> A: 바로 지금 그 결정을 하는 게 어떻겠습니까? 아니면 나중에 혼자 하시겠습니까?

긴박감을 가지되 조급해하지는 마십시오

1871년 10월 8일 저녁에 발생한 시카고 대화재는 전도에 지대한 영향을 끼쳤습니다. 어느 집 헛간에서 발생한 화재는 강한 바람과 건조한 날씨 탓에 순식간에 도시 전체로 확산되었고 많은 사람이 사망하였습니다. 이 화재가 발생할 즈음 무디는 시카고에서 전도 집회 중이었습니다. 이 비극적인 사건을 접하고 무디는 앞으로 말씀을 전할 때는 반드시 예수님을 믿도록 초청하는 시간을 갖겠다고 선언했습니다. 이후 많은 사역자가 무디의 이러한 결심을 본받게 되었고 오늘날 우리 역시, 적어도 개인 전도의 수준에서는 이러한 긴급한 마음을 품고 사역을 합니다. 종종 우리는 상대방이 그 자리에서 결심을 하지 않으면 앞으로도 계속 그렇지 않을까 우려합니다. 더구나 그 사람이 자기 길로 가 버리고 나서 구원받을 기회를 더 이상 만나지 못하고 그러다 예기치 않게 사고로 죽게 되면 그 피값을 우리가 책임져야 할지도 모른다는 불안감에 빠지게 됩니다.

그러나 이러한 근심은 잘못된 책임감에서 비롯된 것입니다. 추수하는 주인은 내가 아닙니다. 하나님이십니다. 사람들을 그리스도께로 이끄는 분은 성령이십니다. 우리가 확신할 수 있는 바는, 하나님께서는 그리스도의 메시지에 관심을 보여 그리스도께로 나아가는 도중에 있는 사람들 안에서 시작하신 일을 계속 진행하시며 완성하시리라는 사실입니다.

복음은 긴급한 소식입니다. 그러나 이러한 긴급성 때문에 조급하게 복음을 전할 필요는 없습니다. 조급하다 보면 도리어 파괴적인 결과를 낳을 수도 있기 때문입니다. 한 친구는 자신이 거듭났는지에 대해 고민하며 8세부터 거의 15년 이상을 엄청난 내적 갈등을 겪으며 살았습니다. 결국 23세 때에 자신에게 내적 변화가 전혀 일어나지 않았음을 깨닫게 되었고 예수님을 마음에 모셔 들이는 결단을 했습니다. 그래서 우리에게는 인내가 필요합니다. 하나님께서 가장 적절한 시기에 회심이 일어나도록 하시리라 믿어야 합니다.

제 안

추수터에서 심고 거두는 모든 과정에서 몇 가지 실제적인 지침을 마음속에 간직해 두면 좋습니다.

해야 할 일
- 불신자를 있는 그대로 받아들이십시오. 그에게 진실한 친구가 되십시오.
- 성경공부를 위해 만나는 날 사이에도 친밀한 접촉을 유지하되 과도하게는 마십시오. 대개는 한 번 정도 만나는 걸로 족합니다.
- 단순화하십시오. '예수님은 누구신가?'와 '예수님은 내게 무엇을 원하시는가?'라는 두 가지 기본 질문에 초점을 맞추십시오.
- 그룹으로 모여 공부할 때에는 동질감을 유지하십시오.
- 궁극적인 결정을 내릴 필요가 있음을 알려 주는 기회에 민감하게 깨어 있으십시오.
- '결단'하려는 생각이 무르익도록 그에게 여유를 주십시오.
- 성령께서 역사하시도록 실제적인 '도움'을 주십시오.

피해야 할 일
- 불신자를 뜯어 고치려고 하지 마십시오.
- 공부 시간을 질질 끌지 마십시오. 오히려 조금 일찍 끝내어 모자란 듯한 느낌을 주는 편이 더 좋습니다.
- 그가 성경공부에 결석했다고 마음 상해 하지 마십시오. 오히려 용납하고 격려해 주십시오.
- 진전이 느리다고 걱정하지 마십시오. 계속 성경 말씀을 접하

도록 도우십시오.
- 상대방의 결신을 조급하게 서두르는 마음을 갖지 마십시오. 반항적인 의지를 극복하려면 시간이 걸립니다. 성령께서 역사하시도록 하십시오.

기대할 수 있는 결과
- 하나님께서는 반드시 하나님의 목적을 이루십니다.
- 그의 회심은 진실됩니다.
- 당신이 지속해 나가면 양육은 자연스럽게 이루어집니다.

23
기회를 넓히라
새로운 관계로

사람은 본래 의미 있고 중요한 일에 참여하고 싶은 갈망이 있습니다. 하나님의 목적에 참여하는 것, 다시 말해 주님의 사역을 완성하는 일에 참여하는 것보다 더 의미 있고 더 모험적인 일은 없을 것입니다. 주님의 사역은 사람과 연관되어 있습니다.

이 책은 건강한 그리스도인이라면 전도를 통해 다른 사람들과 의미 있는 관계를 맺으려 한다는 사실을 가정하고 썼습니다. 또한 우리는 그렇게 할 수 있다는 가정을 하고 썼습니다. 예수님께서는 사마리아 여인과 말씀하신 후 그 심정을 다음과 같이 표현하셨습니다. "내게는 너희가 알지 못하는 먹을 양식이 있느니라. 나의 양식은 나를 보내신 이의 뜻을 행하며 그의 일을 온전히 이루는 이것이니라"(요한복음 4:32,34). 전도를 위한 대화 그것이 곧 자신의 양식이라 하신 것입니다. 예수님께서는 전도에 들인 대화만으로 충분히 만족을 얻으셨습니다.

그리스도인으로서 우리는 자연적으로 전도에 관심을 갖게 됩니다. 그러나 우리가 불신자들과 의미 있는 관계를 맺기 원한다면 개인적으로 몇 가지가 변화되어야 합니다. 이 책 전반부에서 전도와 연관하여 어떻게 이런 변화를 할 수 있는지를 다루었습니다. 간단히 복습해 보면 다음과 같습니다.

- 적극적으로 행동하고 자신의 생활 습관을 바꿈으로써 타성을 극복해야 합니다.
- 우리 세대의 사람들을 이해하고 그들과 관계를 의미 있게 맺는 법을 배워야 합니다.
- 의사소통 기술에서 새롭게 배워야 합니다.
- 불신자 친구들이 성경 말씀에 지속적으로 접하도록 관계를 이끌어 가야 합니다.

발전적으로 사역이 확장되어 나가도록 하십시오

여기까지의 단계에 들어섰으면 애써 얻은 좋은 기회를 잃어서는 안 됩니다. 전도는 연속적이어야 하며 나아가 우리 삶의 주요한 한 영역이 되어야 합니다. 이 영역에서 우리가 겪는 첫 번째 갈등은 자신이 성공했을 때 나타납니다. 우리의 불신자 친구가 그리스도를 알게 되었다 합시다. 그다음 단계는 무엇일까요? 또다시 전혀 새로운 사람과 사귀며 새로이 관계를 맺기 시작해야 할까요? 새로운 불신자와 성경을 펴 놓고 마주 앉는 일을 반복해야 할까요?

이러한 과정만 반복된다면 무엇인가 잘못 행하고 있는 것이며, 각 상황마다 잠재되어 있는 자연스러운 기회를 활용하지 못하는 셈이 됩니다. 대개 관계가 처음으로 형성되기 시작하고 그 사람이 그리스도께 반응하기 시작하면 이미 맺었던 관계는 또 다른 관계와 연결됩니다. 그 사람을 중심으로 관계를 맺을 수 있는 동심원이 확대되면서 기회는 무한정 지속되고 커집니다.

그러나 기회가 이런 식으로 확장되려면 지혜가 필요합니다. 새 신자를 도와 그리스도의 몸에 화합하도록 하는 과정에서 우리가 할 일은 그가 동료들이나 가족들과 지속적으로 의사소통을 할 수 있도록 도와주는 것입니다.

다른 그리스도인들과의 만남

새 신자가 교회에 처음으로 참석하면서부터 참으로 미묘한 만남이 시작됩니다! 한번은 선교사 수양회에 초청받아 그러한 주제로 말씀을 전한 적이 있습니다. 그들은 자신들의 상황을 다음과 같이 설명했습니다. "우리는 전도에서는 비교적 성공적이지만, 결신자를 교회로 데려오는 데는 어려움이 있습니다. 그 시점에서 열매를 대부분 잃어버립니다." 이는 전 세계에 걸쳐 그리스도의 몸 된 교회가 공통적으로 겪는 어려움 중 하나입니다.

새 신자를 세상에서 교회로 인도하는 데 성공하느냐 못 하느냐는 여러 가지 요소에 달렸습니다. 이를테면, 교회의 영적 분위기, 교회의 조직과 형태, 채택한 전도 방법의 성격, 새 신자의 배경, 교회의 '문화'와 새 신자의 '문화' 사이의 간격 등입니다.

나는 초대 교회가 새 신자들과 아주 쉽게 하나가 된 것에 경이로움을 느낍니다. 교회는 자생적이었고 또한 '대중적'이었습니다. 초대 교회는 주위 문화와 자연스럽게 조화를 이루었습니다. 그들은 주로 집에서 모였습니다. 사도들의 노력으로 일단 교두보가 확보되면 신자들이 주위 사람들에게 영향을 주었기 때문에 교회가 성장했습니다. 조직이나 여러 의식은 매우 의미가 있었는데 이는 그때 필요한 것을 채우려는 목적으로 만든 것이기 때문입니다. 흥미로운 점은 신약성경에는 새 신자를 교회 안으로 어떻게 인도하는지에 대한 이야기가 거의 없다는 사실입니다. 결신하는 것은 곧 교회에 참여하는 것과 같았습니다!

아마도 이 문제에서 우리 생각을 180도 바꾸는 사고의 전환이 필요할 것입니다. 특히 두 문화 사이에 실제적으로 큰 거리감이 존재한다면 더욱 그러합니다. 우리는 새 신자를 교회의 기존 질서에 어떻게 맞출까를 생각해야 할까요, 아니면 교회를 새 신자에게 어떻게 맞출까를 생각해야 할까요? 교회는 물리적인 '조직'이 아닙니다. 교회는 유기체 곧 '사람들'입니다. 교회는 서로 도움을 주고받아야만 그리스도인으로서의 삶을 영위할 수 있는 사람들로 구성되어 있습니다. 교회 '건물'이 새 신자들의 영적 필요를 채워 주지는 못합니다.

'교회'를 '사람'으로 생각한다면 우리는 교회의 기존 질서를 전혀 해치지 않고서도 우리가 전도한 사람들과 화합하는 데 필요한 융통성 있는 조치를 얼마든지 취할 수 있습니다. 그들과 같은 사람들이 더 많이 그리스도께로 돌아오게 되며 그들이 교회의 보냄을 받은 사람들의 도움을 받으면서 그들의 모든 필요가 채워시게 됩니다. 이러한 조치가 임시적이든 혹은 영구적이든 당장 두 가지 면에서 장점을 지닙니다. 첫째로, 새 신자는 그가 이미 받아들인 환경 속에서 영적으로 성숙할 시간을 충분히 갖게 됩니다. 이를 통해 앞으로 적응해 나가는 데 필요한 인내력을 얻습니다. 둘째로, 그가 현재의 죄 된 상태를 떠나도록 도울 때 원래 그가 맺은 자연스러운 여러 관계에서 그를 억지로 떼어 내는 수고를 하지 않아도 됩니다.

그러므로 새 신자를 현재의 교회 조직 속으로 서둘러 연결하려고 하지 마십시오. 특히 극도로 세속화된 삶을 살다가 새로이 믿은 사람들의 경우에는 더욱 그러합니다. 또한 새로운 삶과 이전 삶의 간격이 너무 커서 새로운 가죽 부대가 필요하다는 사실을 인정하고 그를 이해해 주어야 하는 상황도 있다는 점을 이야기해 두고 싶습니다.

그리스도인다운 행동에 대한 기대

애매한 행동 영역에서 계속 순응을 요구하면 새 신자는 이전에 관계를 맺었던 사람들에게 자기를 드러낼 기회를 잃기 쉽습니다. 따라서 우리는 절대로 타협할 수 없는 행동(옳은 것과 그른 것)과 심각하지도 긴급하지도 않은 도덕적 지침에 따른 행동을 구별해야 합니다.

성경은 몇 가지 행동 영역에 대해 지침을 줍니다. 어떤 일은 언제나 옳습니다. 상황이 어떠해도 이 일을 하면 당신의 행동은 언제나 옳습니다. 갈라디아서 5:22-23은 이런 것의 예를 나열합니다. 곧, 사랑과 희락과 화평과 오래 참음과 자비와 양선과 충성과 온유와 절제입니다. 이 같은 것을 금지할 법은 아무것도 없습니다. 그러므로 제일 먼저 추구해야 할 것은 성경에서 구체적으로 올바른 행동이라고 밝히는 자질입니다.

그리고 나서 동일한 성경 본문은 언제나 잘못된 행동도 보여 줍니다. 상황이 어떠하든 이것은 잘못입니다. 음행과 더러운 것과 호색과 우상 숭배와 술수와 원수를 맺는 것과 분쟁과 시기와 분 냄과 당 짓는 것과 분리함과 이단과 투기와 술 취함과 방탕함과 또 그와 같은 것들인데 이는 허용이 안 됩니다(갈라디아서 5:19-21). 그리스도인이라면 누구나 언제든지 예외가 없습니다.

이처럼 명확히 구별되는 것도 있지만 반면에 논쟁의 여지가 있는 중간 범주에 속한 것도 있습니다. 이는 성경이 구체적으로 다루지 않은 영역으로 예를 들면 어떤 날을 중히 여기며 어떤 음식을 먹느냐에 관한 문제입니다. 이 경우에 무엇이 적절한 행동인지는 몇 가지 요소에 따라 그때그때마다 결정됩니다. 어떤 경우에는 특정한 행동이 잘못된 것일 수도 있습니다. 그러나 다른 경우에는 그 행동이 올바른 때도 있습니다. 성경은 이를 개인에게 맡기는데, 무엇이 자신에게 올바른가를 결정하는 것뿐 아니라 언제와 어디서를 결정하는 것도 마찬가지입니다.

이같이 어느 정도 개방된 조처는 교회에서 바로 실시하기에는 너무 모호하고 위험스럽게 간주됩니다. 행동을 순응하면 쉽게 어울리며 살 수 있습니다. 그러나 문제가 되는 것은 순응하지 않을 때입니다. 이때에는 여러 가지 비판과 갈등이 생겨나게 됩니다. 따라서 골치 아프거나 미심쩍은 영역이나 문제에 대해 행동 지침을 정해 놓는 것이 안전하다는 생각을 하게 되며 다른 사람들에게 이 지침을 따르도록 요구하기 시작합니다. 성경은 미심쩍은 문제를 이런 식으로 해결하지 말라고 가르치지만(로마서 14:1-4,22), 현실을 살펴보면 어떤 형태로든 이렇게 하는 것을 보게 됩니다(골로새서 2:16,20-23).

로마서 14장에 따르면, 건전한 교제에 나타나는 한 가지 특징은 절대적이 아닌 상대적인 문제에 대하여 가 개인이 기진 다양한 확신에 대해 사랑의 태도로 대한다는 것입니다. 성숙한 사람은 하나님의 나라가 무엇을 먹고 마시느냐에 있지 않음을 압니다. 결과적으로 미심쩍은 문제에 대해서는 상대방을 비판하지 않고 다양한 행동을 용납합니다. 결국 모든 책임을 하나님 앞에서 개인적으로 져야 한다는 사실을 압니다. 따라서 양심이 약한 사람들에게 여지를 만들어 주며 또한 제멋대로인 사람들도 받아들입니다. 그들 자신의 행동은 사랑과 절제의 법에 지배를 받습니다(로마서 13:10, 고린도전서 9:24-27).

이러한 성경적인 원리가 적용되는 교제 속에서는 새 신자가 자기 자신의 확신을 키워 나가면서 새로운 삶을 받아들일 여지를 갖게 됩니다. 그 결과 더욱더 성숙한 수준에 이르게 됩니다(히브리서 5:14).

이러한 모호한 문제를 어떻게 다루느냐에 따라 다음에 나아가게 될 전도 대상자의 범위와 성격이 결정됩니다. 새 신자들은 대개 새롭게 적응하게 된 그리스도인의 교제에서 성경 이외에 자신에게 추가적으로 부과된 기준에 적응하려고 할 때에 기존의 불신자 친구들과의 관계를 완전히 끊어 버리게 될 수가 있습니다. 이러한 기준 때문에 옛 친구들은 갑자기 출입 금지 구역에 있는 사람들이 되어 버립니다. 일이 이렇게 되면 우리는 새로 믿은 사람과의 관계를 통해 사람들을 더 많이 만날 수가 없게 되고 다시 맨 처음으로 돌아가 전혀 모르는 사람과 새롭게 관계를 맺기 위해 실마리를 찾아 나서야 합니다.

영적 자손과 동역함

우리는 우리가 이미 접근한 사람들이 기존에 맺고 있는 그들의 여러 관계 속으로 전도의 범위를 확장시켜 나갈 때에, 우리 사회의 전반에서 주류를 이루는 사람들에게까지 나아가 지속적으로 열매를 맺는 사역을 할 수가 있습니다. 이러한 관계 속에서 얻을 수 있는 의사소통의 기회를 쓸데없이 또는 부주의해서 끊어 버려서는 안 됩니다.

새로운 그리스도인들이 세상에서 나와 그리스도의 몸에 연합하도록 돕는 것은 매우 중요합니다. 그러나 이러한 과정이 그들이 형성한 관계를 단절하는 식으로 이루어져서는 안 됩니다. 분명 그리스도께 돌아오는 것은 이전 삶과 결별하고 새롭게 시작하는 것을 의미합니다. 그러나 이는 과거의 죄악 된 삶과의 관계를 끊는 것이지 이전 사람들과의 모든 관계를 청산하는 것은 아닙니다.

우리의 기회가 확장되어 하나의 관계가 또 다른 관계를 낳게 됨에 따라 우리가 사역하는 사람들과 동역하는 것이 필요합니다. 우리는 그들의 도움이 필요하고 그들은 우리의 도움이 필요합니다.

불신자들은 훌륭한 전도자가 될 수 있다

이는 조금 과장된 표현이긴 하지만 일리가 있는 말입니다. 종종 처음으로 성경을 알게 되어 그리스도께로 오고 있는 사람들이 자신이 발견한 새로운 사실에 대해 신선하고 때 묻지 아니한 열심을 내는 것을 보게 됩니다.

내가 현재 돕는 한 새 신자는 여러 사람을 데려왔는데 적어도 12명은 됩니다. 그런데 모두 그가 믿기 전에 데려왔습니다. 그는 종종 우리가 하고 있던 성경공부에 친구들을 데려왔습니다. 그리고 나서 그는 순수한 마음으로 하나님과 하나님께서 하신 일에 대해 의문이 들거나 궁금한 점이 있으면 똑 부러지게 질문을 던졌습니다. 이는 토의를 이끌어 나가는 사람에게는 불안한 일이었습니다. 그러나 그가 데려온 사람들은 그의 이런 행동 때문에 성경에 의심을 갖기보다는 도리어 편안함을 느끼게 되었습니다. 의도하지는 않았지만 그는 그들이 공통적으로 가진 질문을 대신 표현한 셈이었습니다.

우리가 반드시 많은 내용을 알아야만 다른 사람들에게 영향을 줄 수 있는 것은 아닙니다. 빌립은 단 몇 마디 말로 나다나엘을 예수님께 데려왔습니다. "와 보라!"(요한복음 1:46). 사마리아 여인도 이웃 사람들에게 같은 말을 했습니다. "나의 행한 모든 일을 내게 말한 사람을 와 보라! 이는 그리스도가 아니냐?"(요한복음 4:29).

우리는 불신자가 할 수 있는 전도 가능성을 무시해서는 안 됩니다. 우리는 그가 자기 주위 사람들을 데려올 때 그를 크게 격려해 주어야 합니다. 그의 노력이 매우 가치 있음을 확신시켜 주고 그가 데려온 친구들의 필요와 감정을 존중하여 주어야 합니다.

새 신자는 나쁜 전도자가 될 수도 있다

종종 믿음의 경계선을 막 넘은 사람이 다른 사람을 그리스도께로 이끌 수 있는 기회와 능력을 잃게 되는 경우가 있습니다. 상황이 참으로 곤란하게 변합니다. 새롭게 그리스도인이 된 사람은 그가 아는 사람들 특히 가족들을 지배하려고 하며 독선적이 되기 쉽습니다. 그는 지나치게 많이 얘기하고 너무 강하게 압력을 가하며, 자신에게는 명백하게 보이는 것을 다른 사람들이 깨닫지 못하는 것을 이해하지 못합니다. 자신도 그것을 깨닫는 데 많은 시간이 걸렸다는 사실을 잊기 쉽습니다.

그리스도인이 된 지 처음 몇 주 동안에 돌이킬 수 없는 많은 상처를 입히는 일을 할 수가 있습니다. 동료들과의 의사소통이 단절되어 버리기도 합니다. 그리고 나서는 상대방의 잇따른 반발에 마음이 상하여 나중에라도 전도는 안 하겠다고 마음속으로 결론을 짓고는 조심스럽게 피하는 경우가 생기기도 합니다.

따라서 새 신자에게는 적절한 지도가 필요합니다. 그들도 이 책에서 토의한 사항을 알아야 합니다. 자신의 믿음을 적극적으로 나누도록 격려해 주십시오. 그러나 또한 무슨 내용을 얼마만큼 말해야 할지도 알아야 합니다. 그들 역시 전도가 말로 복음의 내용을 전달하는 것 이상이라는 사실을 배워야 합니다. 만약 앞에서 말한 확증이라는 과정을 통해 그들이 그리스도께로 인도되었다면 동료들에게도 동일한 과정이 필요하다는 사실을 쉽게 이해할 것입니다.

당신의 친구 관계를 넓히십시오

그리스도께 돌아온 사람은 당신이 자기 친구들에게 사랑과 용납을 보이고 또한 복음으로 그들을 공격하지 않는다는 사실을 깨달을 때 친구들을 적극적으로 데려올 것입니다. 그러나 이렇게 하는 것이 안전하다고 인정하기 전까지는 그렇게 하려고 하지 않을 것입니다.

우리는 일반적인 관계를 일반적인 관계로 유지하도록 해야 합니다. 상대방이 그것을 성경공부를 위한 미끼로 생각하지 않도록 조심해야 합니다. 나는 한 불신자 친구가 결국에는 나를 대적하면서 내게 속았다고 항의하는 것을 보고야 이런 실수를 멈추었습니다. 우리는 다른 사람들에게 정직하고 우리 의향을 솔직하게 드러낼 때 더 깊은 관계를 맺을 수 있습니다. 일반적인 일은 일반적인 일로 놓아두어야 합니다. 우리가 사람들에게 성경을 펴 보이려는 의향이 있을 때에는 반드시 상대방에게 이러한 뜻을 전달해야 합니다.

저녁 식사 때 나눈 대화 내용이 복음 전파와 무관했다고 해서 그 날 저녁을 허비했다고 생각해서는 안 됩니다. 만약 우리가 빛이라면 복음은 말없이 우리 자신의 빛 된 삶을 통하여 전달될 것입니다. 상대방의 마음에서는 여러 작은 결정이 내려질 것이며 일단 신뢰감 같은 게 형성되면 그 관계는 말로 하는 전도에 무게를 더해 줄 것입니다. 이렇게 우리의 친구를 통해 신뢰를 형성하는 것은 비교적 시간이 적게 걸립니다. 이는 그들이 오랫동안 맺어 온 관계에 얹어 타는 셈이기 때문입니다.

우리는 지금 다른 사람들이 가지고 있는 영향력을 활용하여 복음을 확장해 나가는 것에 대하여 얘기 중입니다. 이때에 주의해야 할

점이 있습니다. 그 기회를 자신의 것인 양 생각하고 그 과정을 단순히 자신의 전도 사역을 단순히 확장하는 것으로만 만들어 버리려는 유혹을 받기 때문입니다. 그러나 우리가 이런 식으로 전도를 해 버리면 이러한 상황 속에 감추어져 있는 위대한 기회를 놓치게 됩니다. 즉 새로운 그리스도인에게 전도를 훈련하여 우리의 사역을 배가할 수 있는 기회를 잃게 됩니다. 우리는 그가 언제나 그 과정에 동역자로 참여하도록 하고 그가 성숙하면서 좀 더 많은 책임을 그에게 맡겨 주어야 합니다. 이처럼 전도를 하기 위한 인간관계의 동심원이 확장됨에 따라 전도자의 숫자도 따라서 배가할 것입니다.

복음에 이르는 다리를 제공하라

에베소에서 이루어진 전도는 참으로 놀랍게 진행되었습니다. 바울은 회당에서 시작했습니다. 유대인과의 갈등이 너무 심해지자 중립적인 장소인 두란노 서원이라는 강연장으로 제자들을 데리고 갔습니다. 바울은 거기서 2년 동안 날마다 하나님 나라에 대하여 말씀을 강론하며 권면하였습니다(사도행전 19:8-10). 그 결과는 다음과 같습니다. "아시아에 사는 자는 유대인이나 헬라인이나 다 주의 말씀을 듣더라." 강론은 어떤 형태였을까요? 어떤 형식으로 진행되었을까요? 그들이 서로 얘기한 것은 무엇이었을까요? 지금은 알 수 없습니다. 하지만 매우 역동적이었다는 것만은 알 수 있습니다. 그렇지 않았다면 아시아 지방 전체가 그들의 메시지를 들을 수가 없었을 것입니다.

이 같은 강론이 매일 공개적으로 이루어졌을 것입니다. 사람들이 와서 듣고 반응하고 돌아가서는 생각하고 그러고는 다시 돌아와서 더 많이 생각할 수 있는 기회를 제공해 주었을 것입니다. 분명히 그 강론은 믿음을 갖게 된 사람들이나 그 도중에 있는 사람들의 입에서

입으로 전달되어 알려졌을 것입니다. 복음에 지속적으로 노출됨으로써 그게 쌓여 그 지역에 큰 영향력을 미치게 되었을 것입니다.

에베소에서 바울이 한 것처럼 아주 널리까지 영향을 끼칠 수 있는 강론은 특별한 은사를 받은 교사만이 계획하고 시도할 수 있을 것이라고 생각할지 모릅니다. 그러나 우리도 그 같은 효과를 거두는 일을 할 수 있습니다. 마음이 맞는 사람이 모이면 각자의 능력이 어떠하든지 가능합니다. 두란노 서원은 유대인의 회당과 비교해 볼 때 분명 중립적인 장소였으며 관심 있는 사람들이 복음을 지속적으로 들을 수 있는 곳이었습니다.

우리도 이와 비슷한 기회를 제공할 수 있는 방법이 많습니다. 심지어 일대일로도 가능합니다. 예를 들어 현재 성경공부를 하고 있는 사람들의 친구들에게 문호를 개방하는 것도 한 방법입니다. 그런데 만일 이러한 결과로 새로운 사람이 성경공부 도중에, 가령 요한복음 5장을 공부할 때에 들어오면 어떻게 합니까? 그럴 경우에는 지금까지 배운 내용을 간단히 복습하여 그가 진도를 따라갈 수 있도록 해 주면 전체에게도 유익할 것입니다.

어린 그리스도인이 자기 친구들과 복음 사이에 있는 간격을 연결하는 다리를 놓는 데 좋은 환경을 만들어 주는 방법을 또 하나 들면, 그들이 깊이 느끼는 필요(제17장 참조)에 대해 몇 차례에 걸쳐 열린 토의를 하는 것입니다. 만약 당신에게 그럴 능력이 부족하다면 누군가를 초청해서라도 하십시오. 그러나 당신이나 당신 그룹 속의 누군가가 그 토의를 이끄는 것이 더 좋습니다. 당신이 토의 자료를 직접 준비할 수 있도록 도와줄 사람을 찾아보십시오. 당신이 배우며 계발될 수 있는 좋은 기회가 될 것입니다.

관심거리가 되는 분야나 주제를 선택하여 공부하십시오. 관련 자료를 읽으십시오. 시간을 들여야 합니다. 당신의 생각이 정리되고 대화를 할 수 있는 수준이 되면 토의를 진행하십시오. 현재 당신 그룹에 있는 사람의 수만큼 불신자를 초청하십시오. 앞으로도 이러한 비율을 유지하는 게 좋습니다.

그 주제에 대하여 성경적인 생각을 할 수 있는 기초를 제공하며 토의가 활성화되도록, 준비된 내용을 20분 내지 30분 정도 소개하십시오. 토의는 긴장을 불러일으킴으로써 시작됩니다. 좋은 질문은 긍정적인 긴장을 낳습니다. 토의를 진행하는 데 지침이 되는 질문을 몇 개 준비하고 또한 마지막 요약도 준비해야 합니다. 토의를 다 마치면 간단히 커피나 차 등 음료를 마시며 쉬거나 함께 서로를 알 수 있는 시간을 가지면 좋습니다. 가능한 주제 몇 가지를 다음에 소개합니다.

- 하나님과 역사: 성경에서는 현재 일어나는 일에 대하여 무엇이라고 얘기하는가? 미래에 일어날 일에 대해서는?
- 성경에서는 결혼에 대해 무엇이라고 말하는가? 가정에 대해서는? 자녀 양육에 대해서는?
- 성공이란 무엇인가? 어떻게 얻을 수 있으며 어떻게 유지할 수 있는가?
- 재정 관리에 대한 성경적인 원리
- 인간관계

이러한 공개 토의의 목적은 사람들을 결단하도록 하는 게 아니라 그들에게 하나님과의 관계가 매일의 삶과 인생을 이해하는 데 근본이 된다는 사실을 알 수 있도록 하는 것입니다. 이러한 토의는 성경을 함께 연구해 보자는 우리의 제안에 긍정적으로 응답할 수 있도록 동기를 줄 것입니다. 또한 새로이 우리의 동역자가 된 사람들이 자기 친구들을 그리스도인과의 교제와 복음의 메시지에 노출되도록 이끄는 데 도움을 줄 수 있습니다.

끝맺는 말
다양성 속의 일치

이 책은 교회가 반드시 감당해야 할 역할 중 하나인 전도에 초점을 맞추었습니다. 한 명의 그리스도인의 성장을 도와 그가 사역을 할 수 있도록 무장시키는 것과 전도를 분리해서 생각한다는 것은 불가능하기 때문에 처음에 제기한 여러 질문에 충분한 대답을 했는지 두려운 생각이 듭니다. 이 책의 범위를 전도에 국한했을 뿐 아니라 전도 중에서도 특정한 형태에 제한했기 때문입니다. 이 특정한 형태는 두 가지 기본적인 필요를 채워 주기 위한 것입니다. (1) 우리 사회의 주류에 속한 사람들, 즉 성경적 가치관과 반대 방향으로 나아가는 사람들 사이에서 복음을 전할 수 있게 합니다. (2) 평범한 그리스도인이 스스로의 동기력 가운데 의미 있고도 지속적인 전도를 할 수 있도록 도와줍니다. 이와 연관된 질문은 이미 앞에서 다루었습니다.

여러분이 이 책을 읽은 후 "나도 할 수 있겠어! 친구들에게 약간만 도움받으면 나도 할 수 있어"라는 반응을 보였으면 합니다.

이 책이 이러한 전도에 대해 꼭 필요한 지침을 제공하기를 기대합니다.

이 책은 우리 사회의 대부분을 이루는 불신자들에게 접근할 때 우리가 그동안 성공적이라 생각한 방법에 의문을 제기합니다. 일반적으로 우리는 그들을 그리스도의 몸으로 이끄는 것에 익숙하지 않습니다. 우리와는 필요도 다르고 가치관도 다른 사람들을 대상으로 어떻게 사역을 하면 좋겠습니까? 이 사람들을 어떻게 그리스도께로 이끌 수 있겠습니까?

현재로서는 이런 질문을 스스로 던지면서 계속 나아가는 것이 필요합니다! 이런 수고의 열매로 기존에 이론적으로 보이던 문제들이 차츰 실제적인 필요로 바뀌게 됩니다. 이를 통해 문제가 무엇인지 좀 더 정확히 알게 되며 성경적이고 실제적인 방법으로 그 문제를 해결할 수 있게 됩니다. 필요는 창조의 어머니라는 말이 있듯이 필요가 있으면 새로운 것을 창조하게 마련입니다.

글을 마치며

14년간이라는 긴 세월을 이방인 사역에 투자했던 바울은 예루살렘으로 올라가서 자기가 이방인 가운데서 전파했던 복음을 교회 지도자들에게 제출했습니다(갈라디아서 2:1-10). 이렇게 하는 이유를 다음과 같이 얘기했습니다. "내가 달음질하는 것이나 달음질한 것이 헛되지 않게 하려 함이라"(2절).

하나님께서 자신의 사역에 큰 복을 주신 것을 경험한 후에 그 모든 것이 헛되지 않을까 하는 염려를 하는 게 이상하지 않습니까? 그는 자신이 전한 메시지에 대해서는 전혀 의심하지 않았습니다!

그는 이렇게 말했습니다. "만일 누구든지 너희의 받은 것 외에 다른 복음을 전하면 저주를 받을지어다"(갈라디아서 1:9).

바울은 형제들이 자신이 하는 일에 대해 어떻게 느끼느냐를 염려했던 것입니다. 그는 이방인 가운데서 자신이 했던 선교 사역을 그들이 이해하고 받아들이기를 원했습니다. 형제들의 승인과 도움을 원한 것입니다. 그는 '일치'를 원하고 있었습니다. 불일치로 인해 생기는 파괴적인 힘을 잘 알았기 때문입니다. 그는 자신이 세우기 위해 노력한 모든 것이 헛수고가 될 수도 있음을 알았습니다.

일치는 획일화가 아닙니다. 이 만남을 통하여 바울과 바나바는 가장 효과적인 것은 다양성 속의 일치를 이루는 것이라는 점에서 야고보와 베드로, 요한과 의견의 일치를 보았습니다. "우리는 이방인에게로, 저희는 할례자에게로 가게 하려 함이라"(갈라디아서 2:9). 따라서 그들이 행한 것과 그 방법에서는 다양성이 있었으나 전체적인 사역에 대해 그들의 마음과 목표는 일치하였습니다.

지금까지 우리는 이미 다양화되었고 현재도 다양화가 진행 중인 이 세상에 복음을 전하는 것에 대해 얘기를 해 왔습니다. 지구상에는 수십억이나 되는 사람들이 다양한 문화와 배경 속에서 살고 있습니다. 그리고 각각의 문화마다 여러 가지 독특한 경향이 있기 마련입니다! 교회가 이 세상을 향한 비건설적인 판단이나 비판을 뒤로하고 이러한 변화에 대처하면서 사람들에게 나아가기 위해서는 하나님의 절대적인 은혜와 도우심을 구해야만 합니다.

또한 우리 각자는 이 책에서 다룬 사역을 개인적으로 확장해 나가는 동시에 영적 지도자들이나 동료 그리스도인들과 하나가 되고 형제들에게 겸손히 복종하는 태도를 힘써 유지해야 합니다. 그렇게 하지 않으면 헛되이 수고하는 결과를 낳을지도 모릅니다. 그리스도인들 사이에 사랑이 충만하지 않는다면 이는 복음을 부인하는 셈이며 결국 복음의 능력과 신뢰성을 떨어뜨리게 됩니다. 우리가 복음을 통하여 세우기 원하는 바로 그것을 도리어 무너뜨리게 되는 것입니다. 예수님께서 당부하신 말씀을 마음에 깊이 새기도록 합시다. "너희가 서로 사랑하면 이로써 모든 사람이 너희가 내 제자인 줄 알리라"(요한복음 13:35).

부록 A
요한복음 성경공부

단순히 역사적 관점에서 볼 때도 '나사렛 예수'는 모든 인류를 통틀어 가장 뛰어난 인물이었습니다. 사람들이 예수님에 대해 무어라 할지라도 거의 모두가 예수님과 절친했던 친구 중 한 명과 하루를 보낼 수 있다면 그 기회를 붙잡으려 애쓸 것입니다.

사도 요한은 예수님의 가장 가까운 세 친구 중 한 명이었습니다. 모든 일에 예수님과 함께했습니다. 종종 네 명만, 즉 예수님과 베드로, 야고보, 요한만 함께한 경우도 있었습니다. 요한은 그분을 들었고, 보았고, 만졌습니다. "태초부터 있는 생명의 말씀에 관하여는 우리가 들은 바요 눈으로 본 바요 주목하고 우리 손으로 만진 바라"(요한일서 1:1). 뙤약볕 아래 먼지 나는 길을 함께 걸었습니다. 함께 대화하고 땀을 흘리며 배고픔과 목마름을 경험했습니다.

요한이 예수님과 함께하면서 경험한 바를 기록한 요한복음은 모두 스물한 장으로 되어 있습니다. 매번 한 장씩 공부하게 되는데 두 장은 길어서 두 번에 걸쳐 공부하도록 했습니다. 덧붙여 이 성경공부의 마지막에 가서는 예화를 통해 요한복음의 중심 메시지를 요약합니다. 공교롭게도 이는 성경 전체의 중심 메시지이기도 합니다. 이러한 스물네 과에 걸친 공부를 통해, 마치 요한과 함께 24시간을 보내는 것과 같은 경험을 하게 됩니다.

 요한과 함께하는 이 모험 속으로 불신자들을 이끌어 가는 인도자로서 먼저 다음과 같은 몇 가지를 마음에 두는 것이 중요합니다. 이미 이런 점을 이 책의 본문에서 다루었는데 여기에서 잠시 다시 한 번 복습해 보고자 합니다.

1. 전도의 모든 과정에서 우리가 할 역할은 각 사람을 사랑하는 것과 그가 성경에서 얘기하는 바를 이해하도록 돕는 일입니다. 나머지는 성령과 하나님의 말씀의 능력에 맡기십시오.
2. 다행히도 우리의 임무는 이른바 기독교라는 종교를 방어하는 게 아닙니다. 사실 성경을 수호할 필요가 없습니다. 창조 이야기나 심지어 하나님의 존재에 대해서조차도 변호할 필요가 없습니다.
3. 불신자의 근본적인 문제는 예수님의 신원에 대한 것이기 때문에 요한복음 성경공부를 통해 이 주제에 집중하고자 합니다. 그것을 간단히 두 질문으로 요약할 수 있습니다. 첫째는 '예수님은 누구신가?' 하는 것이며, 둘째는 '예수님은 내게 무엇을 원하시는가?' 하는 것입니다.
4. 이 두 질문에 기계적으로 따를 필요는 없습니다. 토의는 대개 의도한 대로 진행되지 않습니다. 목표는 요한복음의 모든 부분을 자세히 다 공부하는 게 아닙니다. 단지 각 사람이 그 장에서 말하는 바를 이해하도록 돕는 것입니다.
5. 앞으로 나아간다는 느낌을 갖게 하십시오. 한 달 정도를 같은 장

만 집중하여 공부한다면 누구라도 그만두려 할 것입니다. 계속 성경을 공부하려면 진보하고 있다는 느낌을 주어야 하며 이를 위해서는 만날 때마다 한 장을 다 끝내는 게 좋습니다.

6. 이곳에 제시한 질문은 대부분 '도입' 질문임을 기억하십시오. 당신은 토의가 진행되는 방식에 따라 스스로 만든 '진행' 질문과 '요약' 질문을 준비해야 합니다(302-304페이지 참조).

7. 당신은 한 손에 이 책을 들고 또 한 손에 성경을 가지고 전도 성경공부를 하러 가서는 안 됩니다. 나는 불신자들과 함께 공부할 때는 인쇄된 자료를 사용하는 것에 평안이 없습니다. 인쇄물은 종종 주입한다는 느낌을 줍니다. 당신이 사용하려는 질문이나 참조 구절은 다른 종이나 또는 성경의 여백에 기록해 두는 게 좋습니다. 경험을 통해 보건대 그때그때 참조할 수 있어서 좋습니다.

8. 중간중간에 '주'와 함께 '참조 구절'란이 나옵니다. 이는 해당 구절을 이해하고 성경공부 중에 나오는 질문을 다루는 데 도움이 됩니다. '주'에 나온 모든 내용을 참석자들에게 다 알릴 필요는 없습니다. 당신이 설명해 줄 내용을 잘 선택하십시오. 참석자들에게 그들이 무식하다는 인상을 주거나 당신이 설교를 한다는 느낌을 주지 않도록 주의하십시오.

9. 불신자가 믿음을 갖기까지 스물네 과가 모두 필요할 때도 있습니다. 얼마가 걸리느냐는 그 사람이 그리스도와 얼마나 떨어졌고, 극복해야 할 장애물의 성격이 무엇이냐에 달렸습니다. 그렇다면 만일 요한복음 6장을 공부하다가 믿음을 갖게 되었다면 어떻게 해야 합니까? 그러면 계속 7장으로 나아가도록 하십시오.

그리스도인의 모든 생활은 두 가지 질문, 즉 '예수님은 누구신가?'와 '예수님은 내게 무엇을 원하시는가?'로 요약할 수 있습니다. 우리 모두가 이 두 가지 질문에 대답하는 데에 우리 생을 드리다면 성공적인 삶을 살게 될 것입니다.

성경공부 도중에 한 사람이 그리스도를 믿게 되더라도 계속해 나가는 것이 필요합니다. 영적으로 새로 태어난 것에 대하여 그와 함께 즐거워하십시오. 그러고는 지속하십시오. 특히 두 번째 질문, 즉 '예수님은 내게 무엇을 원하시는가?'에 관심을 두십시오. 요한복음은 아주 훌륭한 '양육' 교재이기도 합니다.

10. 처음에 한 번에 한 과씩 진도를 나가기로 약속했음을 기억하십시오. 그러므로 진도를 나가는 면에서 당신이 주도권을 갖고 조절해야 합니다.

이 자료는 당신을 위한 안내서로 계획하였습니다. 다른 사람들을 위한 것이 아닙니다. 당신이 만나는 사람은 아마 이러한 자료가 있는지조차도 모를 것입니다. 이 자료를 통해 당신은 성경공부 과정에 필요한 것을 선택할 수 있는 여유를 갖게 될 것입니다. 무엇을 어느 정도로 사용할지는 스스로 판단하여 결정하십시오.

성경공부 #1 - 요한복음 1:1-14

1:1-14을 읽으십시오.
1. 1-3절과 14절에 보면 '말씀'이라고 나오는데, 이는 무엇을 가리킵니까? (요한일서 1:1-3 참조)
2. 왜 그분이 말씀으로 묘사되었다고 생각합니까?

주: 언어의 역할은 생각을 전달하는 것입니다. 내가 "연필"이라

고 할 때 당신은 내가 뭘 의미하는지를 압니다. "하나님"이라고 말할 때 마음속에 무엇이 떠오릅니까? 어디에서 하나님에 대한 이런 개념을 얻었습니까? 예수 그리스도는 하나님을 나타내는 '말씀'입니다(요한복음 1:18 참조).

나의 오감에 따라 나는 인식할 수 있는 영역에 제한을 받습니다. 하나님께서는 그러한 인식의 범위를 넘어서 존재할 수 있을까요? 만약 우리가 인식하지 못하는 곳에 존재하신다면 그분을 아는 것은 불가능합니다. 내가 그분을 알려면 그 전에 하나님이 먼저 주도권을 쥐시고 우리에게 '말씀'을 해 주셔야만 합니다. 이것이 바로 여기서 예수님에 대해 주장하는 바입니다.

이 주장을 받아들일 준비가 되어 있든 않든 상관없이 우리의 감각 기관 너머에 하나님이 존재하실 가능성이 있는 한, 무신론이나 독단적인 불가지론의 입장을 따를 수가 없습니다. 어느 누구도 하나님의 존재 여부를 가려낼 만큼 충분히 알지 못합니다!

3. 1-5절과 14절에서 말씀의 특성이라고 볼 수 있는 것은 무엇입니까?

4. 4-9절에서 '빛'은 예수 그리스도를 묘사하는 또 다른 비유입니다. 이 비유의 의미가 무엇이라고 생각합니까? (3:19-21, 8:12, 12:35-36 참조)

5. 9절에서는 각 사람에게 그리스도의 빛이 비췬다고 하였습니다. 이것이 어떤 의미라고 생각합니까?

주: 모든 사람은 그분에 의하여 창조되었고 그분으로부터 생명

을 받았습니다. 그러나 인간은 이러한 생명의 근원을 버리고 결국 흑암으로 떨어져 버렸습니다. 여전히 사람 안에는 그의 신성한 근원의 흔적이 남아 있으나 이 흔적은 단지 한때 그러한 경험이 있었다는 것을 나타낼 뿐입니다. 남아 있는 이 흔적은 무엇입니까?

"하나님을 알 만한 것" - 모든 사람은 하나님에 대해 어느 정도 지식이 있습니다(로마서 1:18-21 참조). 이는 마치 작품을 보고 작가에 대해 무엇인가를 미루어 아는 것과 같습니다.

본성에 있는 도덕성 - 사람에게는 삶을 어떻게 살아야 하느냐에 대한 생각이 있는데 이를 성경에서는 "마음에 새긴 율법의 행위"라고 합니다(로마서 2:14-15).

이 같은 두 요소는 종교와 철학이 존재하는 한 가지 이유이기도 합니다. 사람들은 '하나님'에 대한 인식과 하나님께서 보증하여 주시는 도덕적인 기준이 필요하기 때문에 이들 종교와 철학이 존재하는 것입니다. 그러나 사람은 오직 빛으로 돌아감으로써 빛을 받을 수 있으며 그 결과로 삶의 방향을 새롭게 할 수 있습니다. 생명은 그분 안에 있습니다. 우리가 이 빛으로 나아갈 때 비로소 우리 자신과 다른 사람의 생명을 밝히 이해할 수 있게 됩니다.

6. 11-13절에 따르면, 사람이 어떻게 하나님의 자녀가 됩니까?

주: 다음으로는 하나님의 자녀가 될 수 없습니다.
- 가족의 전통(부모가 믿으므로)
- 자기 자신의 노력
- 다른 사람의 노력(목사, 사제 등)

오직 하나님만이 생명을 주실 수 있습니다.

7. '그리스도를 영접한다'는 것이 무엇을 의미한다고 생각합니까?

주: 12절에서 '영접하는 것'과 '믿는 것'은 동의어입니다. 요한복음 3:36에서 믿음의 반대말은 하나님께 대한 반항입니다. 즉 우리의 삶에 대한 그분의 권위를 받아들이지 않는 것입니다. 여기에서 무슨 결론을 내릴 수 있겠습니까? 믿는다는 것은 복종을 의미합니다. (요한계시록 3:20 참조)

성경공부 #2 - 요한복음 1:15-51

1:15-28을 읽으십시오.

1. 15-18절에서 세례 요한과 저자 요한은 그리스도에 대해 어떤 주장을 합니까?

주: 이 복음서의 저자는 자신의 이름을 전혀 밝히지 않았습니다. 1장에 나오는 '요한'은 세례 요한을 가리키는데 그는 예수님 당시에 유명한 선지자였습니다.

2. '모세로 말미암아 주신' 율법(17절)에 대해 무엇을 알 수 있습니까? 왜 율법을 주셨다고 생각합니까?

주: 율법은 죄가 무엇인지 밝히기 위하여 주신 것입니다. X선과 같이 단지 문제를 드러내어 줄 뿐 아무것도 고치지는 못합

니다. (요한복음 5:45, 로마서 3:19-20, 7:7, 갈라디아서 2:16, 3:24 참조)

3. 23절에 따르면 세례 요한의 주된 역할은 무엇이었습니까? (요한복음 3:26-30, 누가복음 3:4-14, 7:29-30 참조)

주: 세례 요한은 메시야가 '내 뒤에 오신다'고 선포했습니다. 또한 사람들에게 그들의 길을 곧게 하라고 요구했습니다. 이 길은 수 세기 동안의 종교적 전통과 그들 스스로의 의지로 굽고 비뚤어져 있었습니다. 만약 그들의 길을 곧게 하지 않으면 메시야를 알아볼 수 없을 것입니다.

4. 이스라엘 사람들은 어떻게 자신의 삶의 길을 곧게 할 수 있었습니까?

주: 회개는 사고방식의 변화를 의미합니다. 그리스도와 새로운 관계를 맺기 위해 현재의 생활 방식에서 떠나기를 원하는 것입니다. 회개에는 변화가 선행되며 이후에 세례가 있음을 주목하십시오. 요한의 세례는 한 사람이 진정으로 회개했음을 나타내는 표시였습니다. (누가복음 3:4-14 참조)

1:29-34을 읽으십시오.

5. 29절에서 세례 요한이 왜 예수님을 '하나님의 어린양'이라 불렀다고 생각합니까? (이사야 53:4-7, 히브리서 10:1-14 참조)

주: 구약의 제사는 단번에 완전한 제사를 드리신 그리스도의 필

요성을 나타내 줍니다.

6. 33절에서 세례 요한은 예수님께서 성령으로 세례를 주실 것이라 했는데, 여기에는 어떤 의미가 담겨 있다고 생각합니까?

주: 그리스도인이 된다는 것은 단지 어떤 철학이나 신념을 따른다거나 어떤 종교의 구성원이 되는 것이 아닙니다. 이는 두 인격, 즉 예수 그리스도와 각 개인 간에 상호 관계가 형성되는 것을 의미합니다. 이 세례에는 물이 필요하지 않습니다. (요한복음 1:12, 3:5-8, 4:23-24 참조)

1:35-51을 읽으십시오.
7. 여기에서는 다섯 사람이 어떻게 그리스도를 만나게 되었는지를 기록합니다. 그 다섯 사람은 누구입니까? 각 사람이 그리스도를 믿게 된 계기는 무엇입니까?

성경공부 #3 - 요한복음 2장

2:1-11을 읽으십시오.
1. 예수님께서 혼인 잔치에 참석하신 것은 예수님에 대하여 무엇을 나타내 준다고 생각합니까? (마태복음 11:16-19 참조)

2. 혼인 잔치에 포도주가 떨어졌을 때 예수님께서 말씀하신 해결책을 믿을 수 있겠습니까? 왜 그렇습니까?

주: 요한복음 1:3에서 예수님에 관해 어떤 주장이 있었습니까? 창조주가 이 땅에 오셨음에도 자신의 능력을 피조물에게 드러내지 않는다는 것은 거의 상상하기 어려울 것입니다. 그리스도께서는 모든 사물의 근본을 완전히 이해하고 계실 뿐만 아니라 그 피조물에 대한 모든 권세도 가지고 계시기 때문에 피조물의 각 요소에 대해 원하시는 대로 명령하실 수 있을 것입니다(히브리서 11:3 참조).

3. 11절에서 이 사건을 '표적'이라고 했습니다. 사도 요한은 예수님의 기적에 대해 이 표현을 일관성 있게 사용했습니다(요한복음 3:2, 4:54, 6:14, 6:26 등). 왜 그랬습니까? 표적의 기능은 무엇입니까?

주: 표적은 정보를 제공합니다.

4. 그 표적은 예수님에 대해 무엇을 말해 줍니까?

5. 3-5절에 나오는, 예수님과 어머니와의 대화에서 무엇을 발견할 수 있습니까?

주: "여자여"라고 부르는 것은 친애와 존경의 표현이었습니다.

6. 4절에서 예수님이 말씀하신 '때'는 어떤 '때'를 말합니까? (요한복음 7:6, 12:23,27, 17:1 참조)

주: 예수님의 죽음은 전혀 예견하지 못한 절망적 비극이 아닙니

다. 그것은 바로 예수님께서 이 세상에 오신 목적이었습니다. 여러 가지 '표적'은 예수님을 죽음으로 이끄는 여러 사건의 원인이 되기도 했습니다.

2:12-22을 읽으십시오.

7. 13-17절에서, 예수님께서 성전을 깨끗하게 하신 것을 관찰하십시오. 왜 그러한 방식으로 행하셨다고 생각합니까?

주: 유월절은 영적으로 깨끗하게 함을 받는 절기였습니다. 그러나 성전의 상인들은 이 절기를 더럽혔습니다. 그들은 제물로 드릴 동물을 팔고 외국 돈을 성전에서 사용 가능한 돈으로 바꾸어 주었는데, 오로지 자신들만의 이익을 위해서였습니다. 예수님께서는 여러 가지 말씀으로 그들을 지적하시면서 하나님의 이름을 더럽히는 것을 꾸짖으셨습니다. "내 아버지의 집으로 장사하는 집을 만들지 말라"(16절). (로마서 2:24 참조)

8. 예수님의 진노에 대해 어떻게 설명할 수 있습니까? (로마서 1:18 참조)

9. 18-22절에서, 유대인들은 예수님께서 그렇게 권세 있는 행동을 하시자 이에 대해 표적을 보이라고 요구했습니다. 예수님의 대답에서 그분에 대해 무엇을 알 수 있습니까?

10. 왜 예수님의 부활이 궁극적인 표적이 될 것이라고 생각합니까? (고린도전서 15:12-29 참조)

2:23-25을 읽으십시오.

11. 많은 사람이 예수님이 행하시는 표적을 보고 예수님을 믿었으나 예수님은 그들에게 그 몸을 의탁하지 않으셨는데, 그 이유가 무엇이라고 생각합니까?

주: 진정한 믿음이란 헌신을 뜻합니다. 그들은 예수님을 받아들이기는 했지만 헌신까지 나아가지는 않았습니다. 자신의 삶을 마음대로 할 권리를 그대로 가지고 있는 믿음은 진정한 믿음이 아닙니다. (요한복음 12:42-43, 야고보서 2:19, 요한복음 3:36 참조)

성경공부 #4 - 요한복음 3장

3:1-14을 읽으십시오.

1. 1-2절에서, 니고데모가 예수님에 대하여 관찰한 내용 중에서 인상적인 것은 무엇입니까?

2. 3절에서 예수님은 니고데모를 가르치고 계십니다. 예수님에 따르면, 언제 하나님의 일을 이해할 수 있는 자질이 갖추어집니까? (요한복음 1:12-13, 고린도전서 2:7-16 참조)

주: 예수님께서는 니고데모에게 그가 '거듭나지 아니하면' 하나님의 일에 대해 의미 있는 결론을 하나도 얻지 못할 것이라고 말씀하십니다.

3. 4절과 9절에서, 니고데모가 영적인 일을 하나도 이해하지 못하

고 있다는 사실이 어떻게 드러났습니까?

주: 예수님께서는 영적인 차원에서 말씀하십니다. 사람은 하나님의 말씀을 사람들이 흔히 쓰는 일상적인 의미로 해석하며 그 이상의 다른 의미로 받아들이는 데에는 어려움을 느낍니다. 예를 들어 맹인으로 가득 찬 세상에서 붉은 색을 파악하려고 시도하는 모습을 상상해 보십시오. 어떤 것을 파악하는 데에 실패했다고 그것의 존재 가능성을 배제한다는 것은 있을 수 없습니다. 하나님 나라를 '보기' 위해서는 영적인 생명을 가져야 합니다.

4. 3-8절에 나오는 '거듭남'을 어떻게 이해합니까?

주: 거듭남이 의미하는 것은
- 어떤 감각 영역이 죽었던 사람이 이제는 그 영역이 살아나게 되는 것입니다. 성령께서는 이전에 죽었던 영을 새롭게 하십니다(에베소서 2:1-9 참조).
- 한 사람이 새로운 부모를 모시게 됨을 의미합니다. 믿는 사람은 하나님께로서 납니다(요한복음 1:12-13 참조). 그러므로 그는 하나님 아버지의 영적 '유전자'를 소유합니다.

5. 3,5,8절에서, 왜 예수님께서는 사람이 거듭나야만 하나님 나라를 볼 수 있다고 말씀하셨습니까? (에베소서 2:1-9 참조)

주: 하나님 나라를 보는 영적 감각을 가지려면 하나님 아버지의 영적 '유전자' - 하나님의 특성과 능력 - 가 충만한 영을 가져야 합니다.

6. 5절에서 '물로 난다'는 것은 무엇을 의미한다고 생각합니까?

주: 아마도 세례 요한의 세례를 가리킬 것입니다. (이것은 니고데모에게 익숙한 '물'이었습니다.) 그렇다고 구원을 받기 위해서 세례를 받아야 한다는 의미가 아닙니다. 요한의 세례는 독특했으며 이미 삶에서 회개한 것을 나타내는 상징일 뿐입니다(누가복음 3:7-14 참조).

물은 그러한 변화를 일으킬 수 없습니다. 회개해야만 변화가 일어납니다. 영적인 생명이 태어나려면 회개가 꼭 필요합니다(이사야 55:6-7, 누가복음 13:1-5 참조). 예수님께서는 니고데모에게 다음과 같이 말씀하고 계신 것입니다. "세례 요한이 말한 대로 행하라. 이전의 사고방식을 떠나서 방향을 바꾸라. 그러고는 성령께서 네 마음에 들어오시게 하라. 그러면 네게 새 생명을 주실 것이다."

세례 요한이 전한 회개의 메시지는 그 자체로는 불완전합니다. '성령으로 거듭나는' 부분이 추가되어야 합니다. 회개만으로는 영적인 새 생명을 얻을 수 없습니다(사도행전 19:1-7 참조).

3:22-36을 읽으십시오.

9. 27-30절에서, 세례 요한은 자신과 자신의 사역을 어떻게 묘사합니까? 그의 성품에는 어떤 특징이 있습니까?

주: 세례 요한은 그리스도를 증거하려는 사람들이 따라야 할 모범입니다. 그는 자기 자신에게 주의를 끌지 않았습니다. 자신을 '광야에서 외치는 자의 소리', '결혼식의 들러리', 즉 '신랑의 음성을 듣는 친구'라고 했습니다(요한복음 1:19-23, 3:27-30 참조).

10. 31-36절에 따르면, 한 사람이 하나님에 대한 메시지가 진리라는 결론에 이르려면 무엇이 일어나야 함을 보여 줍니까?

11. 이 장에서 함께 토의한 내용을 통해 하나님과 당신과의 관계에 대해 배운 점은 무엇입니까?

성경공부 #5 - 요한복음 4장

4:1-18을 읽으십시오.
1. 이 구절에서 예수님에 대해 무엇을 배울 수 있습니까?

   주: 사마리아 여자라는 점은 제쳐 두고서라도 선생 신분인 사람이 여자에게 겸손히 얘기한 것은 드문 경우였습니다.

2. 10절에서 예수님께서는 '생수'라고 말씀하셨는데 무엇을 의미한다고 생각합니까? (이사야 44:3-4, 요한복음 7:37-39)

3. 예수님께서는 그 '특별한 물'에 대하여 어떤 말씀을 하셨습니까? (14절)

4. 13-14절에서 예수님께서 말씀하신 이 '목마름'이란 무엇이라 생각합니까?

   주: 목마름이란 사람의 내적인 불만족이 아주 심한 상태입니다.

5. 이전에 그 여자는 자신의 목마름을 어떻게 해소하려고 했습니까?

주: 그는 잘못된 샘에서 물을 길어다 마셨습니다 - 부도덕한 이성 관계(요한복음 4:17-18, 이사야 55:1-2 참조).

6. 왜 그 여자가 예수님께서 말씀하신 생수의 의미를 이해하지 못했다고 생각합니까?

주: 그 여자는 물질적인 수준으로 생각한 반면, 예수님께서는 영적인 것을 말씀하셨습니다(요한복음 3:4, 6:26,34 참조).

4:19-30을 읽으십시오.

7. 19-20절에서 사마리아 여자는 대화가 사생활에 대한 얘기로 향하는 것을 감지하자마자 매우 상투적인 기술을 써서 피하려 했습니다. 그것은 무엇입니까?

주: 여인은 종교에 관한 일반적인 토의로 예수님을 끌어가려고 했고 자기 자신의 문제에 초점을 맞추려 하지 않았습니다.

8. 21-24절에서 예수님께서는 여인이 회피하려는 속셈을 어떻게 다루셨습니까?

주: 중요한 것은 예배 장소나 형식, 신조가 아닙니다. 하나님께서 새롭게 거하시는 곳은 각 사람이며 바로 거기서 진정한 예배가 일어나야 합니다(고린도전서 6:19 참조).

9. 26절 말씀을 통해 예수님에 대해 무엇을 알 수 있습니까?

10. 여인은 어떤 결정에 맞닥뜨리게 되었습니까?

11. 여인은 물동이를 어떻게 했습니까?

4:31-42을 읽으십시오.
12. 31-34절에서 예수님께서는 더 이상 시장하시지 않았는데 그 이유가 무엇입니까?

13. 35-38절에서 '추수'란 무엇입니까? 추수하는 주인은 누구입니까? (마태복음 9:36-38, 고린도후서 5:18-20 참조)

14. 39-42절에서 동네 사람들은 예수님에 대해 어떤 결론에 이르게 되었습니까? 그들의 생각은 무엇에 기초한 것입니까?

4:43-54을 읽으십시오.
15. 왕의 신하의 간청에 대해 보이신 예수님의 반응을 당신은 어떻게 이해합니까? 마태복음 8:8에 나오는 백부장과 이 신하의 태도를 비교해 보십시오.

16. 왜 예수님께서는 그 신하의 믿음이 완전하지 않는데도 불구하고 그 간청에 응하셨다고 생각합니까?

성경공부 #6 - 요한복음 5장

5:1-18을 읽으십시오.

1. 5-7절에서 예수님께서는 왜 많은 병자 중에서 38년 된 병자를 택하셨다고 생각합니까? (누가복음 19:10 참조)

2. 이 38년 된 병자가 믿음을 가졌다는 증거는 무엇입니까? 이것이 왜 중요하겠습니까?

3. 6절에서 예수님께서는 왜 "네가 낫고자 하느냐?"라고 물어보셨다고 생각합니까? 어째서 단순한 질문이 아니었다고 생각합니까?

4. 38년 동안 병으로 고생하면서 회복 가능성이 거의 없어 보이는데도 치료할 기회를 기다리고 있는 사람을 상상해 보십시오. 그럼에도 예수님께서는 '더 심한 것'(14절)에 대해 말씀하셨습니다. 그게 무엇이겠습니까? (마태복음 16:26 참조)

5. 죄를 짓지 않는 것이 가능합니까? (로마서 7:14-20 참조) 14절에서 예수님께서는 왜 그에게 다시는 죄를 범치 말라고 하셨습니까? (로마서 3:19-31, 7:21-25 참조)

주: 예수님의 경고를 들은 후에 다시금 죄를 지은 자신의 모습을 보았을 때, 그 사람이 무엇을 느끼게 될지 상상해 보십시오. 그는 스스로 멈추려는 시도를 해 보아야만 스스로는 멈출 수 없다는 사실을 깨닫게 됩니다. 하나님의 방법대로 하기 전에 대개는 자

기 스스로 혼자서 힘든 노력을 해 보아야만 합니다. 자기 힘으로는 죄를 범하지 않는 것이 불가능하다는 것을 깨닫기 위해 스스로 범하지 않으려고 해 보아야만 합니다. 바로 자신의 근본이 변화되지 않고서는 죄를 짓지 않는 것이 불가능하다는 사실을 깨달아야만 합니다. 그는 거듭나야만 합니다(요한복음 3:3 참조).

6. 16-18절에서 왜 예수님께서는 안식일에 관한 전통을 의도적으로 범하셨겠습니까? (마태복음 12:1-14 참조)

주: 오랫동안 관행으로 내려온 전통 탓에 안식일에 관한 구약의 본래 가르침의 의미가 흐려져 있었습니다. 예수님께서는 오직 안식일의 올바른 의미를 제시하시는 것입니다. 전통으로 인해 발생하는 한 가지 폐단은 결국 전통이 성경보다 더 권위를 갖게 된다는 점입니다(마가복음 7:6-9 참조).

7. 17-18절에서 예수님에 대해 어떤 사실을 관찰할 수 있습니까?

5:19-30을 읽으십시오.

8. 19-23절에서 예수님과 아버지의 관계에 대해 어떤 것을 관찰할 수 있습니까? 어떤 의미에서 예수님께서는 하나님 아버지를 의존하셨습니까? (요한복음 8:28, 12:48-49, 14:10 참조)

9. 24절을 약속하시는 예수님에 대해 어떻게 생각합니까? 이 약속을 어떻게 받을 수 있겠습니까?

10. 29절 말씀과, 영생은 '선한 일'이 아닌 믿음으로 말미암는다는

사실을 어떻게 조화할 수 있겠습니까? (요한복음 6:28-29, 15:5 참조)

주: 생명이 먼저 있어야 합니다. 선행을 낳는 것은 생명이 있기 때문입니다.

5:31-47을 읽으십시오.

11. 31-39절에서 예수님께서는 자신의 신성을 대적하는 사람들에게 다섯 가지 증거를 제시하십니다. 어떤 증거 또는 증인이 있습니까?

주:
- 예수님 자신
- 예수님께서 하신 일
- 세례 요한
- 하나님 아버지
- 성경 말씀

이러한 여러 증인을 분리시켜 각각에 대해 의문을 제기할 수도 있습니다. 그러나 함께 증인석에 오르면 사람이 절대로 반박할 수 없습니다.

12. 44절에서 믿음을 방해하는 어떤 장애물을 발견할 수 있습니까? 오늘날에는 이것이 사람들을 어떻게 방해하고 있습니까? (요한복음 12:42-43 참조)

성경공부 #7 - 요한복음 6장

6:1-31을 읽으십시오.

1. 이 사람들은 어떤 동기로 예수님을 따랐습니까? (2,14-15,26-27절 참조)

   주:
   - 신체적 필요, 즉 병 고침(2절)
   - 정치적 이유(14-15절)
   - 물질적 이득, 즉 거저 얻는 떡(26-27절)

2. 이런 요소들이 오늘날에도 사람들을 종교로 이끈다고 생각합니까?

3. 26-29절에서 예수님께서는 이 사람들에게 어떻게 반응하셨습니까?

4. 그들이 그리스도를 진정으로 따르지 못하는 이유가 무엇이라고 생각합니까?

   주: 그들은 표적이 지닌 진정한 의미를 받아들이기를 거절했습니다. 예수님이 그들에게 해 주시는 것 중에서 자신에게 이익이 되는 측면에만 관심이 있었습니다.

5. 27절에서 예수님께서 무리를 먹이실 때 실제로는 무엇을 가르치려고 하셨겠습니까?

6. 예수님께서는 그 떡과 이스라엘 백성이 광야에서 먹은 만나에 또 다른 의미를 부여하셨습니다. 당신은 그 의미를 어떻게 설명하겠습니까? (이사야 55:1-2 참조)

6:32-58을 읽으십시오.

7. 35절과 51절에서 예수님께서 자신을 '생명의 떡'과 '하늘로서 내려온 산 떡'이라고 하셨을 때 그 의미하는 바가 무엇이라고 생각합니까?

주:
- 예수님은 하늘에서 내려오셨습니다 - 초자연적인 곳입니다 (38,41,42절).
- 예수님은 세상에 생명을 주십니다(33절).
- 예수님은 우리의 굶주림과 목마름을 해결해 주십니다(35절).
- 예수님은 영원하십니다(51,54절).

8. 51-58절에서 어떻게 이 '떡'을 먹을 수 있습니까?

9. 예수님께서 "내 살을 먹고 내 피를 마시라"라고 하셨을 때, 이는 어떤 의미라고 생각합니까?

주: 예수님을 먹고 마시는 것은 개인적인 행동입니다. 각 사람마다 그리스도를 '생명의 양식'으로 삼아야 합니다(갈라디아서 2:20 참조). 이 장은 성찬에 대해 얘기하는 것이 아닙니다. 예수님께서는 만찬석상에서 누구와 함께 떡을 떼셨습니까? 무슨 목적이었습니까? 주님의 만찬은 그분의 죽음을 영원히 기억하도

록 마련된 것이었습니다. 예수님께서는 요한복음 6장에서 무리들에게 매우 다른 이유로 자신을 먹고 마셔야만 한다고 말씀하셨습니다. 그것은 무엇입니까? (누가복음 22:14-23 참조)

10. 예수님께서 단순히 선생이나 철학자이셨다면 35-39절과 같은 말씀은 하실 수 없었을 것입니다. 왜 불가능합니까?

6:59-71을 읽으십시오.

11. 60-66절에서 예수님께서는 자기를 따르던 사람들이 자기 말을 듣고 마음이 상한 것을 보시고도 왜 그 상황을 부드럽게 하려고 하시지 않았습니까? (마태복음 15:8-9, 사도행전 28:26-27 참조)

주: 사람들은 예수님을 피상적으로 이해하였습니다. 예수님은 전적인 헌신을 요구하셨습니다. 양다리를 걸치는 것을 원하시지 않았습니다. 그래서 그들을 돌려보냄으로 그들에게 진정한 사랑을 보이신 것입니다. 그들은 오랫동안 자기들이 '예수님의 제자'라는 착각에 빠져 있었습니다. 그러나 예수님께서는 타협할 수 없는 조건을 그들에게 제시하십니다. "네 자신 전부를 내게 바쳐라. 그렇게 하지 아니하려거든 나를 따르는 것은 아예 생각지도 말아라!"

만약 기독교가 우리가 만들어 내는 것이라고 한다면 우리는 더 쉬운 것으로 만들 수도 있습니다. 그러나 기독교는 우리가 만들어 내는 것이 아닙니다. '쉬운 정도'로 말하자면, 우리는 종교를 만들어 내는 사람들과 경쟁할 수 없습니다. 우리가 어떻게 경쟁할 수 있겠습니까? 우리는 **사실**을 다루고 있습니다. 만일 신경 써서 다루어야 할 사실이 하나도 없다면 누구라도 쉽게 만들 수 있습니다. – C. S. 루이스

12. 67-69절에서, 예수님께서 열두 제자에게 "너희도 가려느냐?" 하고 물으셨을 때, 베드로는 그들의 입장을 대표해서 대답했습니다. 베드로의 대답은 무엇이었습니까?

13. 베드로의 말이 무슨 의미라고 생각합니까?

14. 지금까지 한 공부를 통해, 예수 그리스도를 따르는 것에 대해 새롭게 배운 점은 무엇입니까?

성경공부 #8 - 요한복음 7장

7:1-52을 읽으십시오.
이 장의 주제는 "그는 누구인가?"라는 질문을 놓고 끊임없이 일어난 논쟁입니다.

1. '예수님은 누구신가?'라는 질문에 대해 사람들을 당혹스럽게 한 점을 다음 구절에서 찾아보십시오.

   - 요한복음 7:14-15
   - 요한복음 7:19-20
   - 요한복음 7:25-27
   - 요한복음 7:31

- 요한복음 7:40-44
- 요한복음 7:46-49
- 요한복음 7:52

2. 그들이 전에 가지고 있던 메시야에 대한 생각이 어느 정도로 그들에게 혼란을 일으켰습니까? 이러한 선입관이 어디서 비롯되었다고 생각합니까?

주: 말씀에 대한 무지, 말씀을 이해하지 못함(누가복음 24:25-27), 종교적 전통(마가복음 7:6-9) 등.

3. 오늘날에도 사람들이 그리스도를 이해하기 위해서는 먼저 다루어야 할 비슷한 성질의 선입관이 있다고 생각합니까? 이러한 선입관에는 어떤 것이 있습니까?

4. 이 장에서 예수님의 신성을 나타내는 어떤 실마리를 찾을 수 있겠습니까?

주:
- 15-16,46절 - 예수님의 지혜
- 28-29절 - 예수님 자신의 주장
- 31절 - 예수님이 행하신 표적
- 33-34절 - 부활에 대한 예수님의 예언
- 37-39절 - 다른 이에게 생명을 주신다는 주장
- 41-42절 - 성경의 예언

5. 37-39절에 나오는 예수님의 제안 중 당신에게 인상적인 것은 무엇입니까?

    가. 누구에게 제안하셨습니까?

    나. 말씀하고 계신 목마름은 어떤 종류이었습니까? (요한복음 4:13-14, 6:35, 이사야 55:1-3 참조)

    다. 예수님은 실제로 무엇을 주고자 하십니까? (요한복음 14:25-26, 로마서 8:9 참조)

    라. 예수님의 이러한 제안에 대해 당신은 어떻게 응답할 수 있습니까? (요한계시록 3:20 참조)

6. 48-49절에서 하속들은 예수님의 말씀에 감동을 받았습니다. 당국자들은 이러한 감동을 없애기 위해 어떻게 했습니까?

7. 50-52절에서 니고데모는 무엇을 지적했으며 이 말에 당국자들은 어떻게 반응했습니까?

8. 당국자들이 보인 특이한 태도는 무엇이라고 할 수 있겠습니까? 이런 태도는 객관적인 생각을 하는 데 어떤 영향을 끼칩니까? (시편 10:4 참조)

9. 니고데모에 대해 당신은 어떻게 생각합니까?

성경공부 #9 - 요한복음 8장

8:1-11을 읽으십시오.

1. 왜 바리새인들은 이 여자를 예수님께 데려왔다고 생각합니까?

2. 간음 중에 잡힌 여자를 대하는 예수님의 태도에서 무엇을 관찰할 수 있습니까? 예수님은 여인의 행동을 인정하신 건가요? 왜 여자를 정죄하시지 않았습니까?

   주: 이는 예수님이 죄를 눈감아 주셨다는 뜻입니까? 그 여자는 죄 사함이 필요했고 이를 위해 예수님께서는 기꺼이 값을 치르셨습니다. 그 여인의 죄를 대신 지신 것입니다. (요한복음 3:16-18, 베드로전서 3:18, 고린도후서 5:21 참조)

3. 바리새인들을 대하는 예수님의 태도에서 당신에게 의미 있는 것은 무엇입니까?

   주: 예수님께서는 그들이 그 여인과 다를 바가 전혀 없다는 것을 깨닫도록 도와주려 하셨습니다. 그러나 이 경우는 좀 더 어려웠습니다. 여인은 자신에게 문제가 있음을 알았지만 그들은 전혀 몰랐습니다. (마태복음 9:10-13, 21:28-32 참조)

8:12-20을 읽으십시오.

4. 12절에서, 예수님께서는 "나는 …이다"라는 단호한 선언을 또 하셨습니다. "나는 세상의 빛이다"라는 예수님의 주장에 대해 어떻게 이해합니까?

5. 만약 예수님께서 세상의 빛이시라면, 이것이 의미하는 바는 무엇이라고 생각합니까? (에베소서 5:8-15 참조)

8:21-38을 읽으십시오.
6. 24,28,58절에서는 "나는 …이다"라는 문장을 더 많이 발견합니다. 예수님께서 가리키는 것은 무엇입니까? 예수님께서는 자신이 십자가에 못 박히신 후에야, 자신의 신원을 묻는 질문에 대한 대답을 알게 될 것이라고 하셨습니다. 그 대답은 무엇입니까? (로마서 5:8 참조)

7. 가. 23절에서 예수님과 대적들 사이에 갈등이 일어나는 주된 이유는 무엇이었습니까?

   나. 왜 이것을 받아들이기가 어렵다고 생각합니까?

   주: 예수님이 하나님이시라는 사실을 인정하려면 자신의 잘못과 더불어 자신이 변화되어야 함을 인정해야 합니다. (누가복음 7:29-30 참조)

8. 31-36절에서 예수님께서는 진리와 자유에 대해 말씀하십니다.
   가. 예수님이 '진리'라고 하실 때 그 의미는 무엇이라 생각합니까? 진리는 무엇입니까?

   주: 진리란 시험을 통해 확증된 사실입니다. 예수님께서는 요한복음 14:6에서 "내가 곧 진리다"라고 말씀하셨습니다. 이는 극단적으로 자기중심적인 표현일 수도 있으나 만일 이것이 사실

이라면 예수님께서는 완전한 진리이십니다.

나. 31-32절에서 예수님의 주장이 옳은지 혹은 그른지를 어떻게 결정할 수 있습니까?

주: 우리는 예수님을 시험해 보아야 합니다 – 예수님의 말씀에 대하여.

다. 예수님께서는 자유에 대한 영적인 원칙을 제시하셨습니다. 곧 '죄를 짓는 것은 매이는 것이다'는 것입니다(34절). 이것이 무슨 의미라고 생각합니까?

주: "나는 마음 내키는 것은 무엇이든지 할 수 있는 자유가 있다"라고 말하는 사람은 얼마 안 가서 자신이 자유롭게 행하려고 하던 것에 매여 있는 모습을 발견하게 됩니다(마가복음 7:14-23 참조). 우리가 진심으로 되기 원하는 모습이나 하고 싶은 것은 우리 마음에 내키는 대로 해서는 도저히 얻을 수 없습니다.

라. 33절에서 왜 유대인들이 자신들이 영적으로 종의 상태에 매여 있음을 깨닫지 못한다고 생각합니까?

주: 영적으로 종의 상태에 매여 있는 사람은 그 속박 때문에 시야가 가려져서 자신의 진정한 모습을 볼 수 없습니다. (요한복음 9:39-41 참조)

마. 진정으로 자유로우려면 무슨 일이 일어나야 합니까?

주: 예수님께 복종하려면 먼저 우리의 요구 조건을 포기해야 합니다(누가복음 14:25-33 참조). 예수님이 우리를 위해 어떤 것을 해 주시기 전에 우리가 먼저 전적으로 굴복해야 합니다. 예를 들어, 아픈 사람은 의사가 자신을 치료하는 데 필요하다면 어떤 것이라도 할 수 있도록 의사에게 자신을 맡겨야 합니다.

8:39-41을 읽으십시오.
9. 42절에서 왜 예수님께서는 자신을 거절한 유대인들에게 그들이 하나님의 자녀가 아니라고 말씀하셨습니까? 37-47절에서 이 주장을 어떻게 뒷받침하셨습니까?

10. 하나님을 믿으면서도 그리스도는 믿지 않는 것이 가능하다고 생각합니까? 왜 그렇습니까? 하나님을 아는 사람과 알지 못하는 사람은 어떤 특징이 있습니까?

11. 48절에 따르면 이 시점에서 바리새인들은 예수님의 신원에 대하여 어떻게 생각했습니까?

12. 이런 판단의 근거는 무엇이었습니까?

13. 49-59절에서 예수님께서는 그들에게 무엇이라고 대답하셨습니까?

14. 이 장을 요약하면서, 예수님과의 관계를 확립하는 것이 중요한 이유를 적어 보십시오.

성경공부 #10 - 요한복음 9장

예수님께서 행하신 기적은 예수님이 가르치기 원하셨던 영적 진리를 나타내 주는 '표적'이었습니다. 이 소경 이야기는 그중의 한 예라고 볼 수 있습니다. 그를 치료함으로써 예수님께서는 진정한 소경이란 무엇이며 누가 진정으로 눈이 멀었는가를 드러내셨습니다.

9:1-12을 읽으십시오.
1. 2절에서 제자들은 소경을 보고 어떤 평가를 내렸습니까? 34절에 따르면 왜 그런 식으로 생각했을까요?

    주: 이는 그 당시에 일반적인 종교적 해석이었습니다.

2. 3절에서 예수님께서는 소경에 대해 어떤 평을 하셨습니까?

    주: 예수님께서는 소경이 당한 상황을 하나님의 일에 기여할 수 있는 기회로 보셨습니다. 예수님께서는 고난을 어떻게 해석하십니까? 우리가 이 세상에서 보게 되는 고난은 타락의 결과입니다. 믿는 이들도 믿지 않는 사람과 마찬가지로 이 고난에 참여하게 됩니다. 고난은 우리의 삶 속에 하나님이 개입하시는 것을 경험할 수 있는 기회가 됩니다. (누가복음 13:1-5, 로마서 8:18-20, 고린도후서 12:8-10 참조)

3. 8-12절에서 그 사람이 고침을 받은 후 주위 사람들에게서 무엇을 관찰할 수 있습니까?

4. 이전에 소경 되었던 사람의 설명을 듣고도 그들이 만족하지 못한 이유가 무엇이라고 생각합니까?

5. 예수님에 따르면, 하나님의 '일'은 무엇입니까? (요한복음 6:28-29,40 참조)

9:13-34을 읽으십시오.
6. 소경은 자기 이야기를 몇 번이나 설명해야 했습니까? 왜 그렇습니까?

7. 사람들은 소경이 고침받은 사실을 받아들이기를 왜 그렇게 어려워했습니까?

- 이웃(13절)
- 부모(22절)
- 바리새인(16-19,24,29-34절)

8. 이웃 사람들은 소경의 설명에 만족하지 못하고 이 사건을 바리새인들에게 가져갔습니다. 바리새인들이 이론에 밝았기 때문입니다. 이 사건을 이론적으로 검토한 후에 그들이 내린 결론은 무엇이었습니까?

9. 왜 그들의 논쟁은 소경이었던 사람의 확신을 흔들어 놓지 못했습니까?

10. 그 주제에 대해 토론하기에 더 좋은 위치에 있었던 사람은 소경

이었던 자와 그 이론가들 중에 누구였습니까? 왜 그렇습니까?

주: 소경으로 가득한 세상에서 색깔을 설명하려고 하는 것을 상상해 보십시오. 당신은 색깔이 존재한다는 것조차 증명해 줄 수 없습니다. 심지어 소경들은 왜 색깔이 존재하지 않는지 그 이론적 증거도 제시할 수 있을 것입니다. 하지만 원래 소경이었다가 이제 눈을 뜬 거지는 가장 명석한 소경이 아는 것보다 색깔에 대해 더 잘 알 수 있습니다.

11. 논쟁에서 이긴 사람은 누구입니까? 어떤 근거에서 그렇습니까?

12. 소경의 부모는 왜 그런 태도를 보였다고 생각합니까?

9:35-41을 읽으십시오.
13. 이 이야기를 통해 그리스도인이 되는 것에 대해 무엇을 배웠습니까?

14. 바리새인들은 왜 그 소경과 같은 행동을 할 수 없었습니까?

15. 자신이 소경임을 인정하는 사람이 인정하지 않는 사람보다 희망이 있는 이유는 무엇입니까? (누가복음 5:30-32 참조)

16. 그리스도께서 오신 목적을 잘 살펴보십시오(누가복음 4:16-22 참조). 요한복음 9장의 기적과 누가복음 4장 내용에서 발견할 수 있는 비슷한 점은 무엇입니까?

성경공부 #11 - 요한복음 10장

이 장에서 예수님께서는 참된 인도자와 거짓 인도자를 소개하십니다. 성경에서는 인도하는 자와 따르는 자를 설명하면서 목자와 양의 비유를 자주 사용합니다. 왜 그렇습니까?

주: 양은 목자 없이는 살아갈 수 없습니다. 목자가 없으면 양은 무기력합니다.

10:1-18을 읽으십시오.
1. 이 부분은 비유와 더불어 설명이 있습니다. 이 비유의 요점은 무엇이라고 생각합니까?

주: 그리스도께서는 자신의 생명을 주기까지 각 사람에게 깊은 관심을 가지신 유일한 분이십니다. (시편 100:3, 누가복음 15:4-7, 로마서 8:31-39, 베드로전서 2:24-25 참조)

2. 12-13절에서 삯꾼의 특징은 무엇입니까? 삯꾼은 누구를 나타냅니까?

주: 삯꾼은 각 개인이 잘되는 것에는 별로 관심이 없습니다. 그는 직업적입니다. 따라서 그에게 사람은 단지 자기 목적을 이루기 위한 수단일 뿐입니다. 그런 까닭에 위험이 닥치면 이런 인도자는 그 사람을 어려운 처지에 그냥 내버려둡니다.

에스겔 34:1-31을 읽으십시오. 이 구절이 말하는 바를 관찰해 보십시오.

- 삯꾼(1-10절) - 거짓 인도자
- 선한 목자(11-16절) - 참된 인도자
- 양의 무리(16-31절) - 참된 인도자가 관심을 보이는 양

3. 양의 비유에서, 사람에 대해 무엇을 배울 수 있습니까? (이사야 53:6, 마태복음 9:36 참조)

4. 7절에서 예수님은 자신을 양의 문으로 나타내셨는데, 이를 통해 예수님에 대해 어떤 점을 관찰할 수 있습니까? 요한복음 14:6과 비교해 보십시오.

5. 양과 목자의 비유를 통해서 볼 때, 예수님께서는 자기에게 속한 사람들과 어떤 관계를 맺기 원하십니까?

10:19-42을 읽으십시오.

6. 이 장의 나머지 부분에서는 "예수님이 누구신가?"라는 근본적인 질문이 다시 나타납니다. 예수님께서는 어떤 방법으로 자신의 신성을 주장하십니까?

7. 예수님께서는 예수님 자신을 믿는 것에 대해 말씀을 많이 하셨습니다. 요한일서 3:1-2을 찾아보십시오(베드로후서 1:4, 로마서 8:16-17,28-30도 참조). 믿는 사람들, 즉 예수님의 말씀을 지키기로 헌신한 사람들에게 어떤 약속을 하십니까?

주: 예수님께서는 하나님의 독생자시요, 위대한 영적 유업을 받게 될 수많은 하나님의 자녀들 가운데서 맏아들로 이 땅에 오셨습니다.

8. 27-29절에서는 그리스도께 속한 자들이 누리는 안전과 보호에 대하여 묘사합니다. 여기에서 각자의 책임은 무엇입니까? 그리고 그리스도의 책임은 무엇입니까?

9. 24절에서 유대인들이 제기한 질문에 대해 당신 스스로 결론을 내려 본다면 무엇입니까? 당신이 내린 결론의 근거는 무엇입니까? 이 결론이 당신 삶에 어떤 의미가 있습니까?

성경공부 #12 - 요한복음 11장

11:1-17을 읽으십시오.

1. 3-6,11-15절에서 예수님께서는 도와 달라는 친구들의 급한 요청을 의도적으로 늦추어 응답하십니다. 그 결과 나사로는 예수님께서 도착하시기 전에 죽었습니다. 예수님께서 왜 이렇게 하셨다고 생각합니까?

2. 9-10절에서 예수님께서는 낮에 다니는 것과 밤에 다니는 것의 비유를 통해 무엇을 가르치고자 하신다고 생각합니까? (요한복음 8:12, 9:4, 13:27-30 참조)

주: 하나님으로 말미암아 자신의 삶의 방향을 조정하지 않는 사

람은 누구나 밤에 다니는 것입니다.

11:18-27을 읽으십시오.
3. 25절에서 예수님께서 "나는 부활이요 생명이니"라고 말씀하실 때, 그 의미가 무엇이라고 생각합니까?

주: 고린도전서 15:12-19을 읽으십시오. 예수님의 부활은 예수님이 우리에게 약속하신 부활의 핵심 열쇠입니다(고린도전서 15:35-49). 우리의 부활에는 어떤 특성이 있습니까?

4. 25-26절에서 이 약속에 참여하기 전에 각 사람에게 일어나야 되는 일은 무엇입니까? (요한복음 12:24-25 참조)

주: 밀알 두 개가 외관상으로는 아주 비슷하게 보여도 하나는 그 속에 생명의 싹을 가지고 있고 하나는 갖고 있지 않을 수 있습니다. (로마서 8:9-11 참조)

11:28-46을 읽으십시오.
5. 31-35,41-44에서 예수님께서는 나사로를 바로 죽음에서 일으키실 것을 알고 계셨음에도 불구하고 눈물을 흘리셨습니다. 그 이유가 무엇이라고 생각합니까? (누가복음 19:41-44 참조)

11:47-57을 읽으십시오.
6. 그 표적에 대해 두 가지 반응이 있었는데 무엇입니까?

7. 47-48절에서 보통 불신은 지적으로 동의되지 않는 것을 만날 때

생깁니다. 그러나 이 경우에는 반박할 수 없는 증거가 있음에도 불구하고 불신이 나타났습니다. 무엇 때문에 유대 지도자들은 예수님을 거부했습니까? (요한복음 12:9-11,42-43 참조)

주: 정치적이며 개인적인 이유들이었습니다.

8. 이러한 이유들이 오늘날도 여전히 믿음에 이르는 길에 걸림돌이 될 수 있습니까?

9. 49-50절에서 대제사장 가야바가 예수님과 같은 선한 분을 죽이려는 계획을 정당화하기 위하여 사용한 인간적인 논리는 무엇입니까?

10. 51-53절에서 이런 시각이 하나님의 영원한 계획과 어떻게 일치가 됩니까?

주: 이사야 53:1-12과 사도행전 2:22-23를 참조하십시오. 예수님의 죽음은 우연한 사건이 아니며 또한 그의 대적들의 손에 패배한 것도 아닙니다. 이는 하나님께서 사람을 구원하려는 계획을 성취하신 것입니다.

성경공부 #13 - 요한복음 12장

12:1-11을 읽으십시오.
1. 4-6절에서 열두 제자 중 누가 돈궤를 맡았는가를 주목하십시오.

왜 예수님께서 도적질을 하는 사람에게 그 일을 맡겼다고 생각합니까?

주: 유다는 자기의 실제 모습을 볼 수 있는 기회가 필요했습니다. 그래서 자신에게 구세주가 필요하다는 사실을 깨달을 수 있도록 하기 위함이었습니다. (로마서 7:7-8 참조)

12:12-19을 읽으십시오.
2. 17-19절에서 무엇 때문에 큰 무리가 성대하게 예수님을 맞이하였습니까?

주: 앞서 예수님께서는 자신을 왕으로 삼으려는 사람들의 시도를 거절했습니다(요한복음 6:14-18 참조). 그런데 이번에는 왜 거절하시지 않았습니까? 예수님께서는 그들에게 이제 최후의 결단을 내리도록 요구하십니다(요한복음 11:27-57 참조). 이 행동을 통해 유대인들에게 마음을 확정하라고 촉구하시는 것입니다. "나를 메시야로 받아들이든지 아니면 나를 죽이라!" 이는 마지막 표적이었습니다(스가랴 9:9 참조).

12:20-36을 읽으십시오.
3. 이 구절에서 예수님의 중심되는 생의 목표는 무엇이라고 설명할 수 있습니까?

4. 23절에서 예수님께서는 "인자의 영광을 얻을 때가 왔도다"라고 말씀하셨습니다. 27, 32절에 따르면 그 의미가 무엇이라고 생각합니까?

5. 왜 예수님께서 자신의 죽음을 '영광'이라고 말씀하셨다고 생각합니까?

   주: 요한복음 17:4-5과 출애굽기 33:18-19을 읽어 보십시오. 예수님께서는 이 세상에서의 삶을 통해 하나님 아버지의 속성을 세상에 드러내셨고 아버지를 영화롭게 하셨습니다. 이제 예수님의 죽음은 그분께서 세상에 오신 목적과 더불어 그분의 신원을 드러낼 것입니다.

6. 31절에서 "이 세상 임금"은 누구입니까? (누가복음 4:5-7 참조)

7. 이것에 담겨 있는 의미는 무엇입니까? (로마서 8:18-22, 요한일서 5:19 참조)

8. 24절에서 한 알의 밀알에 관한 예수님의 말씀을 통해 예수님의 죽음에 대해 무엇을 배울 수 있습니까? 어떻게 예수님의 죽음은 많은 열매를 맺었습니까? 왜 이러한 죽음이 필요했습니까? (로마서 5:15-19, 베드로전서 2:24, 누가복음 9:23-25 참조)

9. 그다음 구절에서, 예수님께서는 죽음에 관한 이 원리를 우리가 열매 맺기 위한 전제 조건으로 확장하셨습니다. 당신은 이 원리를 어떻게 이해합니까?

12:37-50을 읽으십시오.
10. 몇몇 사람들이 예수님을 믿지 못한 이유는 무엇입니까?

주: 세상의 가치관을 택했거나 영적인 일에 대해 편견과 냉담한 태도를 계속 고집하는 사람들에게는 무슨 일이 일어납니까? 38-40절은 구원받는 것이 불가능한 사람들이 있다는 의미입니까? (사도행전 28:25-28, 고린도후서 3:15-16 참조)

성경공부 #14 - 요한복음 13장

13:1-20을 읽으십시오.

1. 1-16절에서 예수님께서는 제자들에게 영적 원리를 전달하기 위하여 상징적인 행동을 하십니다. 예수님이 제자들에게 무엇을 가르치고 계신다고 생각합니까? (누가복음 22:24-27 참조)

2. 6-9절에서 왜 베드로가 예수님께서 자기 발을 씻기는 것을 그렇게 어려워했다고 생각합니까? (마태복음 16:13-17 참조)

3. 씻기는 것에는 분명 또 다른 의미가 있습니다(8-11절). 그것이 무엇이라고 생각합니까? (디도서 3:5 참조)

   주: 우리는 구원받으면서 깨끗게 되었습니다(고린도전서 6:11 참조). 하지만 우리는 매일 그리스도로 말미암아 깨끗게 될 필요가 있습니다. 우리 발은 세상 먼지로 계속 더러워지기 때문입니다(로마서 12:1-2 참조).

4. 13절에서 예수님께서는 두 가지 주장을 하십니다. 당신에게는 어떤 의미가 있습니까?

가. 우리의 '선생'이라고 하실 때 의미하는 바는 무엇입니까? 당신은 이러한 조건으로 예수님을 받아들입니까? (요한복음 6:68-69 참조)

나. 우리의 '주'라고 하실 때 의미하는 바는 무엇입니까? 당신은 이러한 조건으로 예수님을 받아들입니까? (마태복음 7:21 참조)

5. 14-17절에서 예수님께서 제자들의 발을 씻기는 것을 통해 그밖에 그들에게 전달하시는 교훈은 무엇입니까? 이것이 우리에게는 어떤 의미가 있습니까?

13:21-38을 읽으십시오.

6. 무엇 때문에 유다가 예수님을 배반했다고 생각합니까? (요한복음 12:4-6, 마태복음 26:14-16,47-50, 27:3-10 참조)

7. 34-35절에서 예수님께서는 제자들에게 어떤 교훈을 주십니까? 왜 새 계명이라고 하셨습니까? (레위기 19:18, 마태복음 22:34-40 참조)

주: 유대인의 율법에도 "네 이웃을 네 몸과 같이 사랑하라"라는 계명이 있었습니다. 이제 예수님께서는 이 수준을 바꾸는 새로운 척도를 제시하십니다. "내가 너희를 사랑한 것같이 너희도 서로 사랑하라"라고 하셨습니다. 요한일서 3:16에는 이 수준이 다시금 나와 있습니다.

8. 35절에서 예수님께서 묘사하신 사랑을 실천에 옮기는 사람이 세상에서 독특한 존재가 되는 것은 무슨 요인 때문이라고 생각합니까? (요한일서 4:7-12 참조)

9. 베드로가 예수님을 위하여 자기 목숨이라도 버리겠다고 맹세할 때, 그것이 진심이었다고 생각합니까? 만약 베드로가 진심으로 그런 맹세를 했다면 왜 그가 실패하였다고 생각합니까? (마태복음 26:40-41, 요한복음 15:5, 로마서 7:18-25 참조)

성경공부 #15 - 요한복음 14:1-14

14:1-14을 읽으십시오.

1. 예수님의 가르침에서 가장 중요한 주제는 영생이라는 사실을 알 수 있으리라 생각합니다. 첫 네 구절에서 예수님께서는 영생의 성격에 대해 자세히 설명하십니다. 이 구절에서 영생에 대하여 당신이 배운 것은 무엇입니까? 고린도전서 15:35-50과 비교해 보십시오.

2. 6절에서 예수님에 대하여 무엇을 배웠습니까?

   가. '내가 곧 길이요'에서 예수님께서 의미하신 바는 무엇입니까? (에베소서 2:1-10 참조)

   나. '내가 곧 진리요'에서 예수님께서 의미하신 바는 무엇입니까? (요한복음 8:32 참조)

다. '내가 곧 생명이니'에서 예수님께서 의미하신 바는 무엇입니까? (요한일서 5:11-12 참조)

3. 예수님께서는 제자들에게 그들이 이미 하나님 아버지를 보았다고 말씀하십니다. 빌립은 이해가 안 되어 이의를 제기하면서 예수님께 아버지를 보여 달라고 요청했습니다. 예수님께서는 그들이 실제로 이미 아버지를 보았다고 다시금 확증하는 태도를 보이십니다. 어떤 의미에서 이것이 사실입니까? (요한복음 5:19,30, 8:28, 12:49-50, 14:11 참조)

주: 예수님께서 하신 말씀의 근원은 무엇이었습니까? 예수님의 사역의 근원은 무엇이었습니까? 예수님은 누구의 뜻에 순종하셨습니까?
그러면 예수님께서는 어떤 방법으로 제자들에게 아버지를 끊임없이 드러내셨습니까? 제자들은 예수 그리스도의 삶을 통해 하나님 아버지를 볼 수 있었습니다.

4. 예수님과 하나님 아버지의 이러한 상호 의존 관계가 우리에게는 어떤 의미가 있습니까?

주: 하나님은 우리가 알 수 있는 분입니다. 우리가 그분에 대해 어떤 질문을 하더라도 우리는 예수님을 자세히 봄으로써 해답을 얻을 수 있습니다. 예를 들어 하나님은 공의로운 분이십니까? 예수님을 보십시오. 예수님은 공의로우셨습니까? (히브리서 1:2 참조)

5. 10절에서 당신은 예수님과 하나님 아버지의 관계를 어떻게 묘사할 수 있겠습니까?

6. 10절에서 예수님께서 하나님 아버지를 드러내신 방법을 생각할 때, 그리스도인들은 어떤 방법으로 그리스도를 세상에 드러낼 수 있겠습니까? (요한복음 15:5 참조)

7. 이제 그리스도인에 대한 정의를 내릴 수 있습니다. 그리스도인이란 누구입니까? (로마서 8:9 참조)

8. 당신이 이해한 바에 따르면, 사람이 어떻게 그리스도와 이러한 관계를 형성할 수 있습니까? (로마서 10:9-13 참조)

9. 12-14절에서 우리 삶에서 큰 일이 일어나도록 하기 위하여 예수님께서 제안하신 자원은 무엇입니까?

성경공부 #16 - 요한복음 14:15-31

14:15-20을 읽으십시오.
1. 이 구절에서 예수님께서는 곧 제자들을 떠나실 것임을 명백히 밝히십니다. 16-17절에서 성령에 대해 무엇을 배웠습니까? (로마서 8:9-17, 고린도전서 2:10-12 참조)

2. 여기에 나오는 예수님의 말씀은 앞뒤가 맞지 않은 듯 보이는데 어떻게 이해하였습니까? 예수님께서는 그들에게 누군가를 보내

겠다고 말씀하셨습니다(16-17절). 그러고는 친히 그들에게 다시 오겠다고 말씀하십니다(18-20절). 또한 그뿐만 아니라 아버지께서도 그들과 함께하실 것이라고 말씀하십니다(23절).

14:21-31을 읽으십시오.

3. 15,21,23절에서 예수님께서는 자기 사람들과 맺고 싶어 하는 관계의 특성을 말씀하십니다. 이 구절에서 예수님께서 말씀하신 것을 어떻게 설명하겠습니까?

4. 23절에서 사랑으로 예수님께 순종하는 사람들에게 어떤 약속을 하셨습니까?

5. 예수님을 좀 더 친밀하게 이해하기 위해서는 왜 순종이 필수 조건입니까? (마태복음 11:28-30 참조)

주: 만약 우리가 '예수님의 방식대로' 시도하지 않는다면 예수님은 우리를 도우실 수가 없습니다.

6. 26절에서 성령께서는 그리스도인을 위하여 무엇을 하십니까?

7. 한 사람의 삶에서 성령이 함께하시는 것이, 그렇지 않을 때와 어떤 차이를 낳으리라 생각합니까? (로마서 8:14-17,26-27, 고린도전서 2:12, 갈라디아서 5:22-23 참조)

8. 27절에서 예수님께서 주실 평안은 세상이 주는 것과는 다르다고 말씀하십니다. 어떻게 그 차이를 설명하겠습니까? (빌립보서

4:6-7 참조)

성경공부 #17 - 요한복음 15장

15:1-8을 읽으십시오.

1. 예수님께서는 자신과 그리스도인 사이의 관계를 포도나무와 가지의 관계로 비유하십니다. 어떤 점에서 우리가 가지와 같다고 말씀하십니까?

2. 1절에서 예수님께서는 "내가 참포도나무요"라고 말씀하시는데 여기에는 어떤 의미가 들어 있습니까? 누가복음 6:43-45과 비교하여 보십시오.

   주: 예수님은 참생명을 낳는 유일한 포도나무이십니다.

3. 그리스도께서 포도나무시며 그리스도인은 그 가지라고 한다면 그리스도인은 어떤 열매를 맺습니까?

   주: 그리스도는 자신과 동일한 종류의 과실을 맺습니다. 그분의 성품은 그리스도인 안에서 재생산됩니다(고린도전서 13:1-8, 갈라디아서 5:22-23 참조).

4. 2,6-7절에서 예수님께서는 열매 맺는 가지와 그렇지 못한 가지에 대해 말씀하셨는데, 이것을 어떻게 이해하십니까?

주: 줄기에 붙어 있는 가지는 필연적으로 열매를 맺을 수밖에 없습니다. 열매 맺지 못하는 것은 잘라 버리고 열매를 맺은 것이라 할지라도 열매를 더 맺게 하기 위하여 가지치기를 해 주어야 합니다. 비록 이것이 고통스러운 과정이라 할지라도 꼭 필요한 것입니다. 고난받는 것과 열매를 맺는 것 사이에는 상관관계가 있습니다. (로마서 5:1-5, 히브리서 12:4-13 참조)

5. 열매를 맺는 비결은 무엇입니까?

주: '붙어 있는 것', '거하는 것' 즉 그리스도를 의지하여 살아가는 것이 그 열쇠입니다. 예수님은 아버지와의 관계에서 그렇게 의지하는 삶의 본을 보이셨습니다(요한복음 5:19,30, 8:28-29 참조). 5절에서 예수님은 우리와도 그와 같은 관계를 맺기 원하십니다.

6. 8절에 의하면 열매 맺는 가지의 축복은 무엇입니까?

7. 왜 열매를 맺는 것이 하나님 아버지를 영화롭게 합니까? (요한복음 14:7, 17:4 참조)

주: 이 땅에서의 그리스도의 역할은 아버지를 영화롭게 하는 것이었습니다. 아버지가 누구시며 어떤 분이신지를 사람들에게 드러내는 것이었습니다. 예수 그리스도의 참제자는 이와 동일한 역할을 할 것입니다.

15:9-27을 읽으십시오.

8. 이 구절에 의하면, 예수님을 의지하는 사람에게 예상되는 것은 무엇입니까?

주:

- 예수님의 사랑을 받기 때문에 예수님을 더욱 잘 알 수 있습니다. 예수님의 사랑은 어떻게 나타나 있습니까? 예수님은 자신을 희생하셨습니다(13절). 우리와의 친밀한 관계를 추구하셨습니다(15절). 우리와의 관계에 주도권을 쥐셨습니다(16절).
- 평안.
- 기쁨.
- 예수님이 사랑하시는 것처럼 다른 사람들을 사랑하며 그들의 진정한 친구가 되고 그리하여 그들도 예수님의 제자가 되도록 도와주는 것입니다(12-17절).
- 세상과의 새로운 관계: 갈등(18-20절). 왜 세상은 예수님과 예수님의 제자들을 미워합니까? 자기들과 다르기 때문입니다(19절). 또한 그들은 하나님을 모르기 때문입니다(21절). 예수님은 그들의 죄를 드러내기 때문입니다(22-25절). 세상 사람들의 이런 태도를 바꾸는 두 가지 방법은 무엇입니까? 그것은 성령의 역사와 제자들의 변화된 삶을 통한 간증입니다(26-27절).

성경공부 #18 - 요한복음 16장

이 장은 연속되는 네 개의 장 중 마지막 장에 해당됩니다. 여기서 예수님께서는 열두 제자를 가르치시는 데 모든 관심을 기울이셨습니다. 이 모든 가르침은 예수님 생애의 마지막 며칠 동안에 이루어졌습니다. 예수님께서는 떠나실 것을 준비하고 계셨기 때문에 그 시간을 가장 중요한 것을 강조하시는 데 쓰셨으리라 확신할 수 있습니다.

복습을 위해 다음을 생각해 보십시오.

- 13장에서 예수님께서는 제자들에게 어떤 태도를 가르치셨습니까?
- 14장에서 바로 떠나실 것을 염두에 두시고 그들에게 무엇을 주겠다고 약속하셨습니까?
- 15장에서 핵심이 되는 단어는 무엇입니까? 그 의미는 무엇입니까?

16:1-15을 읽으십시오.

1. 이제 이 16장에서 예수님께서는 같은 주제를 반복하십니다. 즉, 예수님이 떠난 후에도 예수님을 따르던 자들을 지속적으로 돕기 위하여 준비해 놓으신 것을 말씀하십니다. 7절에서는 심지어 자신이 떠나가는 것이 그들에게 더 유익하다고 말씀하셨습니다. 16-20절에서 어떻게 더 유익이 될 수 있습니까? (고린도전서 2:11-16 참조)

주: 모든 인간관계에서 친밀감은 얼마나 가까이에 있느냐에 달려 있습니다. 예수님께서는 자신이 떠나야 한다고 말씀하셨고 그 말씀대로 이 세상을 떠나가셨습니다. 그러나 예수님은 다시 돌아와서 우리와 함께하시겠다고 강조하여 말씀하십니다. 이 일이 일어날 때, 우리는 사도들이 예수님과 함께 있을 때 경험한

것보다 훨씬 더 높은 수준의 친밀감을 누리게 될 것입니다.

2. 가. 8-11절에서 믿지 않는 사람들에게 성령께서 하실 일에 대해 무엇을 배웠습니까?

주: 9-11절에 보면 '…에 대하여라 함은'이라는 말이 세 번이나 나옵니다. 이는 앞 절인 8절의 내용을 설명하려는 의도입니다. 얼핏 보기에는 설명이 충분하지 않는 듯합니다. 그러면 이 구절을 어떻게 이해할 수 있겠습니까?

나. 9절에서 '죄'라는 단어가 의미하는 바는 무엇입니까?

주: 이 경우에 죄는 예수 그리스도를 믿지 않으려는 의도적인 거절을 가리킵니다. (이사야 53:6, 요한복음 3:36, 5:40 참조)

다. 10절에 따르면, 어떻게 '의'를 얻을 수 있습니까?

주: 그리스도께서 아버지께로 돌아가심으로써 가능합니다. (요한복음 11:51-52, 로마서 5:18, 8:31-34, 베드로전서 3:18 참조)

라. 11절에 따르면, 누가 '심판' 아래 있습니까?

마. 누가 이 세상을 지배합니까? 성령께서는 각 사람에게 그들이 장래가 불투명한 한 행성에 살고 있음을 확증해 줍니다. (요한복음 12:31, 마태복음 4:8-10, 베드로후서 3:7 참조)

3. 13-15절에서 예수님께서는 성령께서 그리스도인들을 위해 무엇을 하실 것이라고 약속하십니까?

주: 성령께서는 그리스도인들을 모든 진리 가운데로 인도하십니다(요한일서 2:27 참조). 그리고 그리스도를 영화롭게 하십니다(에베소서 1:17-19 참조). 그 결과로 그리스도를 더욱 잘 이해하게 됩니다.

16:16-33을 읽으십시오.
4. 예수님께서는 제자들의 삶에 닥칠 위기를 예견하십니다.
   가. 16-22절에서 이 위기는 무엇입니까?

주: 그들이 고난받고 눈물을 흘릴 때, 세상은 기뻐할 것입니다.

   나. 무엇 때문에 그러한 위기가 일어납니까?

주: 예수님이 떠나가심.

   다. 예수님의 떠나심이 왜 그들에게 위기를 불러일으킵니까?

주: 제자들은 겁쟁이처럼 행동할 것이며, 그들의 믿음은 무너질 것입니다. 또 마치 협잡꾼이나 돌팔이 의사의 희생물이 된 듯 당황하게 될 것입니다(마가복음 14:27-42 참조).

   라. 22-23절에 따르면 이 위기 속에서 어떤 선한 결과가 나오겠습니까?

주: 제자들은 견고해지며 성숙할 것입니다. 그들은 의기소침 속에 빠져 있다가 예수님께서 실제로 부활하셨다는 사실을 깨닫게 될 것입니다. 그러고 나서 어떤 위협에도 굴하지 않는 사람들이 될 것입니다. 아무도 이로 인하여 생긴 기쁨을 깨뜨릴 수 없을 것입니다.

마. 우리에게도 위기가 필요하다고 생각합니까? (신명기 8:2-3, 야고보서 1:1-4, 고린도후서 7:8-10, 히브리서 12:4-13 참조)

5. 24절에서 이와 연관하여 예수님께서는 우리에게 최고의 자원을 제공하시는데, 그것이 무엇입니까?

6. 26-27절에서 왜 하나님께서 예수님의 이름으로 구한 기도에 응답하신다고 생각합니까?

주: 예수님의 소유가 된 사람들은 하나님의 자녀로서의 특권이 있습니다. (요한일서 5:14-15 참조)

성경공부 #19 - 요한복음 17장

17:1-5을 읽으십시오.
1. 3절에서 예수님은 영생을 다소 독특한 방식으로 설명하십니다. 이 설명을 어떻게 이해하십니까?

주: 영생은 단순히 무엇이 된 상태가 아닙니다. 영생은 하나님

아버지 및 예수 그리스도와 영원한 관계를 맺는 것입니다(요한일서 5:11-12 참조).

2. 4절에서 예수님께서는 아버지께서 하라고 하신 일을 다 이루셨다고 하십니다. 무슨 일을 가리키신다고 생각합니까?

주: 예수님은 자신을 열한 배로 배가하셨습니다. (누가복음 6:12-13, 요한복음 15:16 참조)

17:6-19을 읽으십시오.
4. 이 구절에서, 예수님께서는 자신의 일을 맡기기 위해 제자들을 준비하십니다. 어떤 것을 준비하십니까?

- 하나님의 말씀을 전달해 주셨고 제자들이 이 말씀을 믿고 이 말씀을 따라 살 수 있도록 하셨습니다(6-8절).
- 제자들과 함께 계셨습니다(9-13절).
- 제자들을 위해 기도하셨습니다. 제자들과 다르게 생각하고 행동하는 세상의 압력에 견딜 수 있도록 기도하셨습니다(9-11절).
- 제자들이 길을 잃지 않도록 돌보아 주셨습니다(12-17절).
- 자신의 사역을 제자들에게 맡기셨습니다(18-19절).

5. 제자들이 세상과의 관계를 어떻게 해야 한다고 생각하는지 설명해 보십시오. 왜 그렇게 생각합니까?

17:20-26을 읽으십시오.
6. 이 구절에서, 하나가 되라는 예수님의 가르치심 중에서 인상적

인 것은 무엇입니까? 그것이 왜 중요합니까?

7. 이 장에서 예수님께서는 자신의 메시지를 세상에 전하기 위한 전략을 밝히셨습니다. 그것이 무엇입니까? (마태복음 9:36-38, 고린도후서 5:18-21 참조)

8. 어떤 방법으로 당신이 이 일에 참여할 수 있다고 생각합니까? 당신이 할 수 있는 역할은 무엇입니까?

성경공부 #20 - 요한복음 18장

예수님께서는 처음부터 죽임당할 것을 아셨습니다. 진실로 자신의 죽음이야말로 이 세상에 오신 핵심 목적임을 알고 계셨습니다. (요한복음 2:4, 3:14-15, 12:27 참조)

18:1-9을 읽으십시오.
1. 왜 종교 당국자들은 유다의 도움이 필요했다고 생각합니까?

주: 유다는 예수님과 제자들이 자주 찾았던 한적한 그곳을 잘 알았습니다(2절). 체포는 신중히 해야 했는데 예수님이 무리에게 인기가 많았기 때문입니다. (마태복음 26:3-5,14-16 참조)

18:10-27을 읽으십시오.
2. 베드로의 행동에 대해 어떻게 생각합니까? 10절에서, 베드로는 예수님을 체포하러 온 사람들을 자신이 가진 검으로 공격하여

한 사람의 귀를 베었습니다. 그랬던 그가 얼마 후에 한 여종의 단순한 질문에 겁을 먹고 거짓말을 했습니다. 용기 있게 무리를 대적하던 그가 그렇게 빨리 겁쟁이로 변해 버린 것을 어떻게 설명하겠습니까? (마태복음 26:31-35, 누가복음 22:31-34 참조)

3. 베드로의 경험에서 개인적으로 어떤 교훈을 얻을 수 있습니까? (고린도전서 10:12-13 참조)

18:28-40을 읽으십시오.

4. 33-37절에서 예수님을 고소하는 자들이 예수님을 유대법으로 심판하지 않고 로마법으로 심판하려고 빌라도에게 데려가서 주장한 내용은 무엇입니까? (마가복음 15:1-15 참조)

5. 예수님이 자신을 유대인의 왕이라고 주장하셨다는 고소에 대하여 예수님께서는 어떤 반응을 보이셨습니까?

주: 예수님께서는 자신이 왕이심을 계속 확증하셨습니다. 그러나 예수님의 왕국은 유대 나라처럼 정치적인 것이 아니었습니다(36절).

6. 왕 되심에 대한 예수님의 주장이 왜 중요합니까? (빌립보서 2:5-11, 골로새서 1:13-14, 요한계시록 19:11-16 참조)

7. 종교 지도자들이 예수님을 처형하도록 요구한 실제 이유는 무엇입니까? (요한복음 19:7, 마태복음 26:63-66 참조)

주: 이는 예수님의 신원에 대한 주장 때문입니다. 예수님은 자신이 하나님이라고 주장하셨습니다. 그 주장을 받아들이는 것은 예수님을 왕으로 받아들이는 것을 의미합니다. 이는 그분께 대한 개인적인 복종을 의미합니다.

8. 37절에서 예수님께서는 자신이 세상에 오신 목적이 '진리에 대하여 증거'하기 위해서라고 하셨는데, 그 의미가 무엇이라고 생각합니까? (요한복음 1:14, 골로새서 1:15-17, 2:3 참조)

주: 우리는 예수님께서 우리에게 보여 주시지 않았다면 알 수 없는 그 진리를 이제는 알 수 있습니다. 우리는 하나님을 알 수 있게 되었습니다.

9. 38절에서 빌라도는 "진리가 무엇이냐?"라고 물었는데, 이를 어떻게 생각합니까? 그가 왜 그런 질문을 했다고 생각합니까?

성경공부 #21 - 요한복음 19장

19:1-16을 읽으십시오.

1. 이 구절에서 예수님께서 사형 선고를 받기 전에 유대 종교 지도자들과 빌라도 사이에 최종 교류가 이루어지는 과정을 봅니다. 종교 지도자들이 어떤 동기로 이렇게 일을 추진했다고 생각합니까?

2. 빌라도의 마음속에서는 어떤 일이 일어났다고 생각합니까?

19:17-30을 읽으십시오.

3. 28절에서 예수님께서는 자신의 사역을 다 이루었음을 아시고 "내가 목마르다"라고 말씀하셨습니다. 어떤 목마름입니까? (마가복음 15:33-37, 갈라디아서 3:13 참조)

4. 28,30절에서 무엇이 "이루어"졌습니까? (요한복음 12:24-27 참조)

5. 31-37절에서 십자가 위에서 맞는 죽음은 폐에 공기가 부족해서 생기는 질식이 그 원인이었습니다. 더 빨리 죽이기 위해 로마 병사들은 십자가에 달린 죄수의 다리를 꺾곤 했습니다. 십자가에 매달려 있었기에 다리로 몸을 지탱할 수 없었고 이 때문에 폐를 제대로 확장할 수가 없어서 죄수는 이내 숨이 막혀 죽었습니다. 그런데 로마 병사들이 왜 예수님의 다리는 꺾지 않았습니까?

6. 그리스도께서 왜 죽으셨습니까? 십자가에 못 박혔기 때문이라는 것 말고 더 근본적인 이유는 무엇입니까?

주:
- 우리의 죄 짐을 담당하기 위해(고린도후서 5:21)
- 자신의 결정에 따라(요한복음 10:18)

　　이 장에서는 예수님의 생애의 절정을 보게 됩니다. 예수님의 죽음은 예수님의 대적과 대부분의 제자들이 생각한 것처럼 비참하게 끝나버린 사건이 아니었습니다. 그 반대로 선지자들이 수 세기 동안 예언한 일이 일어났습니다. 또한 예수님께서도 사역을 시작하실 때부터 "이때"에 대하여 말씀하셨는데 바로 주님께서 이 세상에 오신 목적을 이루고 계신 것입니다. 이는 예수님께서 십자가에 못 박히신 것이 인간을 위한 하나님의 영원한 계획의 기초를 이루는 것임을 밝히 보여 줍니다. 이 사건에 대한 여러 예언을 통해 이 장을 좀 더 자세히 살펴보십시오.

7. 가. 요한복음 19장에서 이루어진 내용이 시편 22편에 어떻게 자세히 예언되었습니까?

   나. 이 시편은 예수님의 고난에 대해 요한복음 19장에서는 나타나지 않는 어떤 사실을 보여 줍니까?

8. 가. 그리스도의 죽음으로 성취된 이사야 53장 말씀에서 어떤 내용이 자세히 예언되었음을 발견할 수 있습니까?

   나. 이사야 53장 말씀은 그리스도의 죽음에 대해 어떠한 의미를 부여합니까?

   다. 그리스도의 죽음이 갖는 중요한 의미는 무엇이라고 말할 수 있겠습니까? (로마서 5:6-11 참조.)

   라. 예수님의 죽음이 한 사람의 삶에 어떤 결정적인 변화를 줄 있습니까?

성경공부 #22 - 요한복음 20장

20:1-18을 읽으십시오.
1. 빈 무덤을 본 제자들이 처음에 보인 반응에서 우리는 무엇을 배울 수 있습니까? 그들이 왜 그렇게 행동했다고 생각합니까? (누가복음 24:1-12,19-27 참조)

2. 예수님의 부활에 대해 제자들에게 어떤 증거가 있었습니까?

주:
- 돌이 옮겨져 있었습니다(1절). 바위를 파서 만든 그 무덤은 몇 톤이 되는 둥근 돌로 막혀 있었습니다. 돌은 경사진 곳에서 굴려 내려야만 그 자리에 놓을 수 있었고 쉽게 옮길 수가 없었습니다.
- 빈 무덤. 예수님을 쌌던 세마포는 개켜 있었습니다(3-8절).
- 천사들의 등장(12-13절).
- 예수님 자신의 예언과 선지자들의 예언(누가복음 24:25-27 참조).

3. 제자들은 이 여러 증거 중 아무것도 믿지 못했습니다. 그들에게는 무엇이 더 필요했습니까? (요한복음 20:16, 누가복음 24:25,31, 고린도후서 3:16, 4:3-4 참조)

주: 하나님께서 주시는 이해와 영적인 시야가 필요했습니다.

4. 17절에서 사람과 하나님 사이의 새로운 관계에 주목하십시오.

예수님께서는 처음으로 하나님을 "내 아버지 곧 너희 아버지", 그리고 "내 하나님 곧 너희 하나님"이라고 부르셨습니다. 예수님의 부활이 어떻게 이러한 새로운 관계를 낳게 되었습니까?

5. 예수님의 부활에 함축된 또 다른 어떤 의미를 발견할 수 있습니까? (고린도전서 15:12-19 참조)

20:19-23을 읽으십시오.
6. 가. 이 구절에서 부활하신 예수님께서 제자들에게 사명을 맡기시는 것을 봅니다. 이 사명이 무엇이라고 이해합니까?

나. 그 사명을 이루기 위해 예수님께서 제자들에게 남겨 놓으신 자원은 무엇입니까?

다. 이 사명이 오늘날 우리 삶에 어떤 의미가 있다고 생각합니까?

7. 22-23절에서 예수님께서 제자들에게 주신 특별한 권위에 대해 어떻게 생각합니까? (로마서 1:16-17, 고린도후서 4:5-7 참조)

20:24-31을 읽으십시오.
8. 가. 24-29절에서 예수님의 부활을 의심하는 도마를 봅니다. 예수님께서는 도마의 의심을 어떻게 다루셨습니까?

나. 오늘날 우리가 의심할 때, 예수님께서는 왜 이때처럼 아주 극적인 증명을 통하여 그 의심을 다루지 않으십니까? (요한

복음 20:29, 마태복음 12:38-39, 누가복음 16:31, 요한복음 4:48, 베드로전서 1:8-9 참조)

9. 31절에 나오는 요한복음의 기록 목적을 통해 무엇을 배우게 됩니까? 우리는 어떻게 이 생명을 얻을 수 있습니까?

성경공부 #23 - 요한복음 21장

21:1-14을 읽으십시오.

1. 이 장에서 볼 때 베드로는 행동뿐 아니라 대화에서도 제자들 중 가장 유력한 중심인물로 등장합니다. 이 장에서 그가 어떤 사람인지를 무엇을 통해 발견할 수 있습니까? 그에 대해 어떻게 설명하겠습니까?

2. 예수님께서 시몬을 처음 만났을 때 '베드로'라는 새로운 이름을 지어 주셨는데 '베드로'는 '반석'이란 의미입니다(요한복음 1:42 참조). 왜 예수님께서 그렇게 하셨으리라 생각합니까?

3. 베드로는 예수님과 관계를 맺어 오는 과정에서 여러 가지 큰 실수를 범했습니다(마태복음 16:21-23, 17:2-6 참조). 이러한 사실을 통해 베드로가 어떤 사람인지에 대해 무엇을 더 알 수 있겠습니까?

4. 베드로는 앞에서 이미 예수님을 부인한 적이 있습니다(마가복음 14:27-31,66-72 참조). 요한복음 21장에서 이 사건이 예수님

께 대한 베드로의 태도에 어떤 영향을 끼쳤다고 생각합니까?

21:15-23을 읽으십시오.

5. 15-19절에서 예수님과 베드로 사이에 매우 흥미 있는 대화가 오갑니다. 왜 예수님께서는 베드로에게 거의 비슷한 질문을 세 번씩이나 하셨다고 생각합니까? (마가복음 14:27-31 참조)

6. 예수님의 대답이 의미하는 바가 무엇이라고 생각합니까? (이사야 40:11, 사도행전 20:27-31 참조)

7. 베드로는 이 메시지를 이해했다고 생각합니까? (베드로전서 5:1-4, 베드로후서 1:12-15 참조)

8. "나를 따르라"라는 말씀은 예수님께서 베드로에게 하신 최초의 명령인 동시에(마가복음 1:16-18), 또한 최후의 명령이라 할 수 있습니다(요한복음 21:19-20). 왜 이 두 번째의 부르심이 첫 번째보다 의미가 깊습니까? 그 이후로 베드로가 예수님을 따르는 데 어떤 변화가 일어났을까요?

9. 이 장에서 개인적으로 가장 도전이 되는 내용은 무엇입니까?

성경공부 #24 - 요한복음으로 전하는 다리 예화

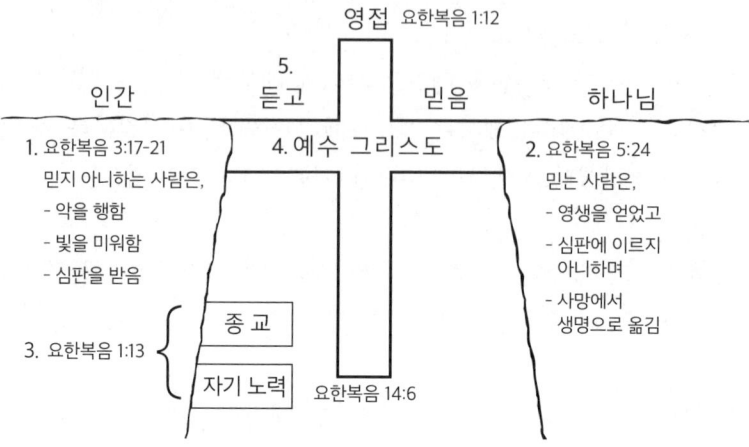

1. 인간은 죄로 말미암아 하나님과 분리되어 있으며 심판 아래에 있습니다(요한복음 3:17-21,36). (로마서 3:23, 6:23, 히브리서 9:27 참조)

2. 영생에 대하여 예수님께서 말씀하신 많은 내용을 통해 이러한 분리에 대한 해결책이 있음을 알게 됩니다(요한복음 5:24).

3. 인간은 자기 스스로 다리를 놓으려고 시도합니다(요한복음 1:13). 그러나 예수님께서는 예수님 자신만이 유일한 길이라고 선언하십니다(요한복음 14:6). (에베소서 2:8-9 참조)

4. 예수님은 예수님의 신원과 행하신 일 때문에 우리를 구원할 유일한 길이 되십니다(요한복음 14:6). 예수님은 하나님이시며(요한복음 1:14), 세상 죄를 지고 가는 하나님의 어린양이십니다(요

한복음 1:29). 그리고 죽으시고(요한복음 6:51, 로마서 5:8) 부활하셨습니다(요한복음 11:25).

5. 예수님께서는 우리가 이 메시지에 따라 행동하기를 원하십니다. 즉, 듣고 믿는 것입니다(요한복음 5:24). 이와 비슷한 말로 영접(요한복음 1:12), 거듭남(요한복음 3:3), 마심(요한복음 4:13), 문을 엶(요한계시록 3:20) 등이 있습니다.

요약 질문

이 공부를 통하여 당신의 삶에 어떤 변화가 있었습니까?

부록 B
유용한 질문 유형 12가지

1. **동의어**: "_____와 같은 의미를 갖는 단어나 말에는 어떤 것이 있습니까?"

2. **정의**: "_____을 어떻게 정의하겠습니까?"

3. **차이점**: "_____와 _____는 어떤 차이가 있다고 생각합니까?"

4. **유사점**: "어떤 점에서 _____와 _____가 유사하다고 생각합니까?"

5. **반대말**: "_____의 반대말이 무엇이라고 생각합니까?"

6. **관계**: "_____와 _____는 어떤 관계가 있다고 생각합니까?"

7. **예**: "_____에는 어떤 예가 있습니까?"

8. **이유**: "몇몇 다른 구절은 _____에 대해 강조하는데 왜 이 구절은 _____라고 얘기합니까?"

9. **설명**: "_____절을 뭐라고 설명하겠습니까? _____의 태도 변화를 뭐라고 설명하겠습니까?"

10. **최상**: "이 중에서 어느 것이 가장 _____하다고 생각합니까?"

11. **양과 질**: "_____가 실제로는 얼마나 중요하다고 생각합니까?"

12. **어떻게**: "어떻게 _____가 오늘날까지도 가치를 지닐 수 있습니까?"

우리 세대를 위한 창의적 전도

초판 1쇄 발행 : 1994년 8월 20일
개정 1쇄 발행 : 2025년 8월 25일

펴낸곳 : 네비게이토 출판사 ⓒ
주소 : 03784 서울시 서대문구 연희로 16 (창천동)
전화: 334-3305(대표), 334-3037(주문), FAX: 334-3119
홈페이지: http://navpress.co.kr
출판등록: 제10-111호(1973년 3월 12일)
ISBN 978-89-375-0668-0 03230

본 출판사의 서면 허락 없이는 본서의 전부 또는
일부의 무단 복제, 또는 원문에 대한 무단 번역을 금합니다.